U0453189

本书为国家社会科学基金教育学一般项目"区域高等教育科技创新能力评价与提升研究"(项目批准号:BIA130090)成果

区域高等教育科技创新能力评价与提升研究

章熙春 赵庆年 等著

中国社会科学出版社

图书在版编目(CIP)数据

区域高等教育科技创新能力评价与提升研究 / 章熙春等著.—北京：中国社会科学出版社，2019.12
（华南理工大学社科文库）
ISBN 978 - 7 - 5203 - 5874 - 3

Ⅰ.①区⋯ Ⅱ.①章⋯ Ⅲ.①高等学校—技术革新—研究—中国 Ⅳ.①G644

中国版本图书馆 CIP 数据核字（2019）第 294428 号

出 版 人	赵剑英
责任编辑	田　文
责任校对	张爱华
责任印制	王　超

出　　版	中国社会科学出版社
社　　址	北京鼓楼西大街甲 158 号
邮　　编	100720
网　　址	http://www.csspw.cn
发 行 部	010 - 84083685
门 市 部	010 - 84029450
经　　销	新华书店及其他书店
印　　刷	北京君升印刷有限公司
装　　订	廊坊市广阳区广增装订厂
版　　次	2019 年 12 月第 1 版
印　　次	2019 年 12 月第 1 次印刷
开　　本	710×1000　1/16
印　　张	26.25
插　　页	2
字　　数	444 千字
定　　价	139.00 元

凡购买中国社会科学出版社图书，如有质量问题请与本社营销中心联系调换
电话：010 - 84083683
版权所有　侵权必究

《华南理工大学社科文库》编委会

主　　编：章熙春　高　松

执行主编：朱　敏

副 主 编：李石勇

成　　员：张卫国　解丽霞　蒋悟真　李胜会
　　　　　钟书能　江金波　苏宏元　樊莲香
　　　　　张　珂　梁　军　王庆年

序

习近平总书记在哲学社会科学工作座谈会上强调："坚持和发展中国特色社会主义必须高度重视哲学社会科学。"哲学社会科学是认识世界和改造世界的重要工具，是推动时代变革和讲好中国故事的重要力量，其代表性成果往往浓缩着时代精神，蕴含着文明精华。在中国特色社会主义新时代，哲学社会科学必须响应时代变革，摸准新时代脉搏，回应新时代要求，与新科技革命、新产业革命、全球治理变革等历史潮流形成合力，创造性地描述、解释和回答重大理论和现实问题，为人类文明交流与国家民族发展提供智识与培养人才，承担起新时代赋予的新使命。

立足新时代，勇担新使命。华南理工大学积极进取、务实担当，深化改革、勇于创新，办学格局深度拓展，办学质量快速提升，综合实力显著增强。2017年，学校入选国家"双一流"建设A类高校，全面建成了国内一流、世界知名的高水平研究型大学。世界一流大学的建设离不开哲学社会科学的有力支撑。一直以来，学校高度重视哲学社会科学发展，紧紧抓住"双一流"建设的契机，深入推进中国特色哲学社会科学建设。近年来，学校哲学社会科学快速发展，整体水平实现质的跃升。社会科学总论进入ESI学科排名前1%，重大项目、重点平台、代表性成果等指标位居全国前列，学术影响力、政策影响力、社会影响力和国际影响力显著提升，为新时代学校哲学社会科学发展打下了坚实的基础。

学校第十七次党代会全面开启了新百年办学的新征程，力争到21世纪中叶，通过"三步走"战略实现"全面建成中国特色、世界一流大学"的奋斗目标，贯彻落实"一面旗帜""五大建设""三个领先"的总体布局：高举习近平新时代中国特色社会主义思想"一面旗帜"，深化学术华工、开放华工、善治华工、幸福华工、大美华工等"五大建设"，在"为党育人、为国育才""服务国家战略、引领区域发展""高等教育路径创新、模式创新"上实现"三个领先"。

学校第十七次党代会报告为学校未来发展指明了方向，描绘了新的发展前景，同时对哲学社会科学提出了新的任务和更高的要求——如何以一流的人才、成果和文化服务国家创新体系构建，为我国实现世界科技强国和创新型国家建设目标贡献重要力量；如何提供坚实的智力支持和精神动力，为国家强盛、粤港澳大湾区加速发展作出一流贡献；如何创新性传承文化脉络，开拓性培育学术经典，为坚定文化自信和提升国家文化软实力不懈奋斗；等等。踏上哲学社会科学发展的新征程，我们将紧紧抓住新的发展机遇，回应新的时代挑战，探寻新的研究方法，构建新的知识体系，通过文理交融、理工结合与跨学科跨领域协同，探索"新文科"建设的华工路径。

怀着这样的愿景，我们在推出《华南理工大学社科文库》第一批著作并取得良好反响的基础上，进一步结合新形势新要求，精心策划推动文库第二批著作的出版。我们希望这一批著作能够承载两项使命：一是，展示华南理工大学文科学者的治学洞见。这批著作汇集了学校哲学社会科学研究者的优秀学术成果，凝结了他们对国家和区域发展重大理论和现实问题的深刻思考，是其多年来对学术热点和前沿话题孜孜探求的学术结晶。二是，展示华南理工大学文科的特色发展路径。在学校"理工见长"的办学背景中发展起来的哲学社会科学，更具有解决实际问题的使命感和开展跨学科协同的资源优势，这批著作体现出文理交融、理工结合的鲜明特征。我们确信，这种跨学科、跨领域的知识创造路径具有十分广阔的发展前景和推广价值。希望经过不断的积累与沉淀，该文库既能成为探索国家发展、民族复兴和地方治理战略的智力资源库，也能成为研究中国问题、讲好中国故事的学术精品库。

在新百年办学的新征程中，华南理工大学将立足中国、放眼世界，继承传统、把握当代，关怀人类、面向未来，激昂奋进、勇攀高峰，进一步加强哲学社会科学建设，打造具有华南理工大学特色的新文科学术品牌，提升哲学社会科学办学水平，为建设具有中国特色中国风格中国气派的哲学社会科学作出贡献。

是为序。

华南理工大学校长

目 录

第一章 导论 …………………………………………………… (1)
  第一节 创新的时代背景 ……………………………………… (1)
  第二节 相关概念解读 ………………………………………… (12)
  第三节 国内研究综述 ………………………………………… (16)

第二章 科技创新实践概要 …………………………………… (28)
  第一节 我国的科技创新政策及演变 ………………………… (28)
  第二节 区域高校科研经费现状及演变 ……………………… (47)
  第三节 区域高校科研成果现状及演变 ……………………… (64)

第三章 国外实践经验借鉴 …………………………………… (81)
  第一节 美国科技创新能力评价的特点与借鉴 ……………… (81)
  第二节 德国科技创新能力评价的做法与借鉴 ……………… (94)
  第三节 日本科技创新能力评价的做法与借鉴 ……………… (109)

第四章 评价指标体系构建 …………………………………… (122)
  第一节 高校科技创新的价值取向 …………………………… (122)
  第二节 科技创新评价目的与意义 …………………………… (129)
  第三节 科技创新评价指标的选取 …………………………… (132)
  第四节 评价的方法与模型的确定 …………………………… (163)

第五章 创新能力测算分析 …………………………………… (181)
  第一节 评价指标体系优化 …………………………………… (181)
  第二节 创新能力静态分析 …………………………………… (199)

第三节　创新能力动态分析 …………………………………（225）

第六章　耦合协调与绩效分析 ……………………………………（323）
　　第一节　与经济发展水平耦合协调分析 ……………………（323）
　　第二节　与科技发展水平耦合协调分析 ……………………（339）
　　第三节　区域高等教育科技资源配置绩效分析 ……………（351）

第七章　科技创新能力提升对策建议 ……………………………（371）
　　第一节　政策支持 ……………………………………………（371）
　　第二节　机制保障 ……………………………………………（382）
　　第三节　模式优化 ……………………………………………（389）

参考文献 …………………………………………………………（396）

后　记 ……………………………………………………………（411）

第一章 导论

第一节 创新的时代背景

人类社会已经进入一个新的发展阶段,面临着知识经济的增长、科技日新月异的发展、国际间日趋激烈的竞争、人与自然的和谐发展问题等挑战。面对诸多的挑战和困境,思考用什么来促进经济增长、科技进步、环境保护,从而为人类社会的可持续发展作贡献,成为时代的命题。纵观世界各国的发展经验,各国都在加强国家创新体系建设,社会各行各业也在探索创新之路。不难发现,"创新"这个历久弥新的话题,正在发挥其独特的魅力和实力,成为21世纪的主旋律。

通常而言,考察时代背景主要包括三个方面的内容:一是时代变化,二是时代特征,三是时代机遇。这三者之间是辩证统一的关系,时代特征因时代变化而变化发展,不同时代特征表征着不同时代及其变化;与此同时,时代变化又会产生新的时代特征、带来新机遇;反过来,时代机遇的把握与否又深刻影响着时代变化的进程,从而进一步塑造出时代新特征,如此循环往复、不断地推进人类社会的变迁演进[①]。那么,结合"创新"这一主题,本节从创新的价值内涵出发,分析创新时代的发展现状和时代特征,结合创新时代的发展趋势,就如何抓住机遇,实施创新发展战略进行探讨。

一 创新的价值内涵

谈及"创新"这一耳濡目染的概念,没有人会觉得陌生。在科技革命和知识经济迅速发展的今天,创新成为人类文明进步的重要条件。有关创新的一系列理念,已发展提高到事关国家和民族前途命运的高度,摆到

---

① 溢琳焱:《时代背景怎么把握》,《浙江经济》2013年第9期。

了国家发展全局的核心地位。创新发展成为党的十八届五中全会提出的五大发展理念之首，创新成为引领发展的第一动力。

创新是一个广泛的概念，涉及人类生活的各种领域。不同的定义角度就会产生不同的理解。《广雅》中提到："创，始也"；新，与旧相对。顾名思义，创新即创造新的事物。英文中，创新表达为"Innovation"，有更新、创造新事物和改变三层含义。虽然在哲学、管理、政治社会学等不同领域，对创新的具体解读存在差异，衍生出理论创新、管理创新、技术创新等多种概念，但总体来讲，其基本内涵大致相同。在这里，暂且把创新的内涵简要概括为两点：第一，创新是一种打破常规，是个性与新颖的结合，属于"无中生有"的新事物；第二，创新是一种有目的、有价值导向的创造行为，属于"主观能动"的新思维。

众所周知，创新是人类文明进步的基本条件。但是，在不同的时代背景下，创新又呈现出不同的变化特征，蕴藏着特有的时代价值，这就要求在分析和把握创新的历史发展进程中，汲取经验和教训，从而进一步回答"为什么要研究创新的时代背景"这一命题。

（一）创新推动人类发展

在人类历史上，不同历史时期，人类的进步、国家的进步都离不开创新。对创新的重视，是对历史经验的总结，也是对当今形势的把握。人类的进化与社会的进步，有赖于个人和社会层面的创新行为，即促进社会生产力进步，推动人类历史发展。我国在封建社会时期，农业为天下之根本，农业领域的创新做得不错，发明创新农业生产工具，改进耕作技术，兴修农田水利等，科技成果颇多，所以农业文明很发达。但是到了工业社会时期，随着蒸汽机的发明和应用，以英国为代表的欧洲人，利用蒸汽机带来的动力，改良和发明技术设备，极大地促进了生产力的发展，率先完成第一次工业革命，走在了世界的前列。

从历史的发展进程来看，哪些国家能够不断地与时俱进，抓住科技革命机遇，就有可能走在时代的潮流前列。当然，近代中国落后的历史也是一个反面例子。它告诫我们：不创新就得落后，落后就得挨打，挨打就得丧权辱国。以史为鉴，人类文明的进步离不开创新。

（二）创新提升国际竞争力

放眼全球，从周边的国家环境看，国与国之间的竞争日趋激烈，创新成为提升国际竞争力的新趋势。党的十八大以来，我国提出经济发展

"新常态"战略，妥善应对重大风险挑战，保持经济运行平稳发展。这是应对国际环境和国内实情，"勇于实践的应然之举，也是善于创新的必然之择"①。在2016年召开的G20杭州峰会上，各国对新形势下发挥创新引领世界经济发展的作用寄予了厚望，创新成为峰会的第一主题。

科技创新一旦有了突破，必将对生产力产生重大影响，创新俨然成为国际竞争力的核心要素。国际上，美国奥巴马政府提出了"再工业化"战略计划，通过"突出高端制造业核心创新优势，将产业结构升级建立在创新的基础上，推动和发展高端制造业创新所需的技术资源、资本资源、人才资源、机制资源等高级生产要素，以市场为导向发生配置结构的不断投入和革新"②，旨在高端制造业能抢占全球的制高点；德国提出工业4.0计划，推行工业"智"造，也是希望"实施创新驱动发展战略，完善产业创新体系，提升企业创新能力，以技术创新推进生产组织的优化和商业模式的创新"③，谋求全球的一席之地。这样的例子还有很多，日本的"数字日本创新计划"，欧洲等国家也都有自己的创新规划等。从某种意义上来说，世界主要国家都把创新摆在了重要的战略位置上，希冀寻找科技创新的突破口，从而抢占未来经济发展的先机，提升国际竞争力。

（三）创新促进经济转型

从国内的情况看，创新之所以很重要，是因为它与我们整个生活、生产密切相关。党的十八大明确提出"科技创新是提高社会生产力和综合国力的战略支撑，必须摆在国家发展全局的核心位置"。强调要坚持走中国特色自主创新道路、实施创新驱动发展战略。

纵观我国40年改革开放的发展，经济保持着高速增长，取得了可歌可泣的成就，成为世界第二大经济体。但是，不能忽略的是，取得的这些成就是建立在经济发展粗放式模式基础之上的。这种经济的发展模式，通俗点讲，就是拼设备、拼资源、拼环境，因而单位GDP所消耗的能源、资源和环境远远高于发达国家，甚至高于同一发展阶段中的发展中国家。前几年，我国京津冀等多地区出现的"雾霾"问题，敲响了生态环境危

---

① 赵超：《行稳致远，驶向新航程》，《光明日报》2016年1月23日，第三版。
② 李俊江、孟勐：《美国"再工业化"的路径选择与启示：创新驱动增长》，《科学管理研究》2016年第2期。
③ 黄阳华：《德国工业4.0计划及其对我国产业创新的启示》，《经济体制比较》2015年第2期。

机的警钟。所以从长远来看,资源与能源难以维持,这种经济增长模式难以为继,经济转型刻不容缓。因此,在"大众创业,万众创新""互联网+"的时代背景,我国要转变经济发展方式,创新成为促进经济转型的重要驱动力。而转变经济发展方式,最核心的就是要创新,通过各种各样的创新来引领经济和社会的发展。为此,我国提出了"中国制造2025""互联网+产业"等战略,促进产业结构的升级,从而实现我国经济社会的可持续发展。

二 创新的时代特征与发展趋势

"从纷繁复杂的事物变化中把握事物发展规律"以及"透过现象看本质",出自马克思主义辩证法中的理论,可谓是分析时代背景的指导思想和方法论[①]。怎么来研究创新时代的背景?也能从这一原理中找出问题解决的突破口。任何一个时代都有其特征表现,而这些特征透过现象在复杂的世界中得以展现,从而使得能够在变化中把握规律,审时度势,按照规律办事。

我国自党的十八大以来,围绕实施创新驱动发展战略,提升科技自主创新能力,党中央国务院出台了一系列政策,大力推动创新发展。创新正成为我国现阶段时代发展的第一动力,这主要体现在创新作为战略理念的提出、创新主体从政府为主导转向企业为主,政府为辅,个人参与的局面、创新与"互联网+"的紧密结合。

(一)创新的时代特征

1. 创新理念的战略性

发展理念是发展行为的先导,是发展方向和着力点的集中体现。党的十八届五中全会提出要牢固树立和贯彻落实"创新、协调、绿色、开放、共享"的五大发展理念。创新位于五大发展理念之首,是引领发展的第一动力。这不仅仅是次序问题,而是实实在在地把创新纳入了国家战略之中,并放在了一个核心的位置。

在认识上,"创新是一个民族进步的灵魂,是一个国家兴旺发达的不竭源泉,也是中华民族最鲜明的民族禀赋"。无论是在推进改革中强调"把科技创新摆在国家发展全局的核心位置",还是在经济转型中提出

---

① 溢琳焱:《时代背景怎么把握》,《浙江经济》2013年第9期。

"科技发展的方向就是创新、创新、再创新",在习近平总书记的执政思路中,"创新"始终占据着重要位置①。把创新放在重要的战略位置,是对当今世界供需矛盾发展格局的深刻诠释,是对抢占世界科技创新的制高点时代趋势的把握,也是对我国长治久安、提升综合国力的发展理念。所以说,创新作为我国治国理政的重要战略,在党的历史上是首次,在社会主义发展史上是首次,对国家和人民的意义重大。

2. 创新主体的社会性

随着我国经济发展进入了新常态,"大众创业,万众创新"成为经济发展的新引擎之一。"大众创业,万众创新"战略思想要追溯到2014年9月在夏季达沃斯论坛上,李克强总理首次发出的号召。此后,他又在政府报告中提出,推动"大众创业,万众创新"的发展战略。

不难理解,面对近几年来越来越严峻的就业形势,国家出台措施鼓励万众创新技术、产品,鼓励大众创业、就业,增加市场主体,增强市场的活力。一方面,创新的主体由过去的政府主导,政府通过科技企业孵化器推动科技创新及科技产业化,转向鼓励企业、个人参与到创新的大浪潮中;另一方面,通过创新主体的社会参与,让创新在全社会蔚然成风。社会崇尚创新,同时也降低了创业的门槛,让一些有能力的人得以施展才华,本质上也是社会公平性的一种体现。创新时代主体性的社会化、多元化,是覆盖整个企业、社会的范畴。"大众创业,万众创新",是让全民参与、全民推动的事业,这既是应对经济下行压力的一个好方法,也是调整经济结构的一个重要抓手,同时也是改善民生的一种手段,促进社会公平的一个重要内容。

3. 创新载体的信息化

信息技术的快速发展,我们正进入一个"互联网+"的时代。随着"互联网+"作为一项行动计划正式在政府工作报告中提出,推动互联网与传统行业相结合,以创新为驱动引擎,不断融入新思维、新技术成为我国经济新常态下又一典型特征。何谓"互联网+"? 它与创新时代又有着怎样的关系? 这是值得我们思考的问题。

2015年7月国务院印发的《关于积极推进"互联网+"行动的指导意见》中,对"互联网+"作出解释:"把互联网的创新成果与经济社会

---

① 卢新宁:《习近平用典》,人民日报出版社2015年版,第233页。

各领域深度融合,推动技术进步、效率提升和组织变革,提升实体经济创新力和生产力,形成更广泛的以互联网为基础设施和创新要素的经济社会发展新形态。"① 这是目前对这一概念最权威的解释。从这里我们可以了解到,首先对于这个"+"的理解,不仅仅局限于"互联网"与"传统行业"相融合这层字面含义,在创新的时代背景下,由于网络的兼容性与创造性,加之传统经济的转型之需,这一概念已逐渐成为一种思维模式、生产模式与产业形态。

具体来说,"互联网+"是一种创新的思维模式,网络购物和教育就是具体的例子,前者正改变着传统的实体店购物思维,创造了一种自由、开放、方便的购物模式,后者是在以"大众创业,万众创新"为导向的浪潮下,以师生实践创新为舞台的创客教育,正改变着传统的教学形式,其利用互联网思维,培养个性化的人才教育模式;"互联网+"促进生产模式创新,仍以网购为例,电商品牌商通过消费者在网购过程中的点击、收藏、购买等操作,对消费者的偏好和销售数据进行分析,实时传递给工厂,工厂再根据反馈进行小批量生产摸索市场,从而为最优化生产做改进。这种生产模式改变了传统的生产与消费之间,隔着多重环节而影响最优化生产的模式;最后,"互联网+"促进产业升级创新,由于过去二十多年我国经济的高速增长,出现传统行业高能耗、低产出的发展形态,在经济新常态下,产业升级更显重要。而互联网技术的发展,促进以"大智云物移"的科技趋势与现代制造业结合,促进经济结构的调整和产业结构加快升级。可以说,"互联网+"不仅仅是创新时代传统行业的互联网化,更是以创新驱动的新引擎,推动我国经济朝着更创新、更绿色、更持续的方向发展。

(二) 创新的力量对比

当今时代,国与国之间综合国力的竞争越来越表现在国家创新竞争力的较量。中央党校国际战略研究院等多单位联合研究的《二十国集团(G20)国家创新竞争力发展报告(2015—2016)》黄皮书(简称黄皮书)显示,国家创新竞争力得分较高的主要集中在发达国家,我国是唯一挤入排名前十的发展中国家,位列第九。该黄皮书是在充分借鉴国内外相关研

---

① 《国务院关于积极推进"互联网+"行动的指导意见》(http://cpc.people.com.cn/n/2015/0705/c64387-27255409.html)。

究成果的基础上，充实完善国家创新竞争力的理论内涵，根据二十国集团各成员创新发展的实际，构建了 G20 国家创新竞争力评价指标体系和数学模型，对二十国集团各成员国的国家创新竞争力进行评价分析，为 G20 各成员国提升国家创新能力提供参考依据①。因此，选取以美国、德国为代表的发达国家和作为发展中国家的我国，进行创新竞争力的力量对比，有利于更加全面把握创新时代的特征。

首先来看美国，长期以来，美国产业结构的"轻型化、空心化、金融化蛀蚀其自身经济增长的动力引擎"②。2008 年的金融危机使美国衰落趋势凸显，新兴工业化国家的影响力突出，其"去工业化"的发展模式陷入瓶颈。为重夺国际制造业的竞争主权，抢占科技创新的制高点，2009 年以奥巴马政府为主的美国提出"再工业化"战略，通过信息化推动工业化朝着高端、先进制造的方向发展，通过技术创新促进产业升级。为此，美国政府集中酝酿和颁布了一系列政策法规，先后制订了"先进制造伙伴计划"和"先进制造业战略计划"，并设立了国家增材制造创新中心、数字制造和设计创新中心等先进制造技术研发创新中心，为"再工业化"的实施和推进奠定了坚实基础③。通过分析美国"再工业化"战略的路径定向，不难发现，主要措施包括通过立法振兴制造业、通过法律手段严把质量、鼓励制造业技术创新④，其核心还是通过创新突出高端制造业的优势。

接着来看德国，与美国的"再工业化"战略不同，德国在制造业领域推行"工业 4.0"计划，这是源自德国人根据人类史上的三次工业革命（分别是蒸汽机为代表的工业 1.0、电力为代表的工业 2.0、计算机为代表的工业 3.0）进行的称谓。根据《高科技战略 2020》报告，智能化是"工业 4.0 计划"的核心。主要体现在以"智能制造"为主导，"促使各种生产设备和生产系统智能化、网络化，并实现彼此之间基于互联网的无缝连接，通过借助信息通信技术和制造技术的融合——信息物理系统，实

---

① 辛闻：《美英日名列二十国集团（G20）国家创新竞争力前三甲》（http：//news.china.com.cn/txt/2016 - 08/26/content_ 39170085. htm）。

② 李俊江、孟勐：《美国"再工业化"的路径选择与启示：创新驱动增长》，《科学管理研究》2016 年第 2 期。

③ 同上。

④ 张力虹：《美国"再工业化"及德国、日本发展制造业对我国的启示》，《质量与标准化》2014 年第 2 期。

现制造业全部环节的智能化"①。通俗点说，在大数据的时代背景下，德国利用互联网技术与制造业融合，建立智能化的创新型生产模式和产业结构，通过打造智能制造的新高标准，使"德国制造"在新一轮的制造业洗牌中保持领先，从而巩固其全球制造业的龙头地位。

结合黄皮书，通过对美德两国国家创新力的分析，主要反映了发达国家长期以来，经济社会发展基础较好，科技创新投入、资源和制度环境优势明显，因而这些国家创新能力和竞争力也比较强②。最后再来看我国，由于创新驱动战略实施取得明显成效，国家创新竞争力显著提高。但有一点不容忽视，我国虽是制造业大国，但"大而不强"，尤其较之制造业发达国家，自主创新能力低，创新核心技术缺乏，能源的利用率较低等。具体表现为：R&D 经费投入强度较之美德日等制造业强国偏低；核心技术和高端装备对外依赖程度较高，在国际分工中处于弱势地位；缺少一些世界著名品牌③，加之劳动力资源丰富、成本低廉的优势逐渐丧失，我国的制造业升级迫在眉睫。为此，借鉴美国重振制造业政策和德国工业 4.0 战略思路，我国提出"中国制造 2025"，其核心是抢占具有国际产业竞争力的战略制高点，具体包括智能化制造、服务型制造、绿色制造和人才资源四个方面④。因此，我国的创新力量较之世界制造业发达国家还有一段距离，"工业强国"的目标任重而道远。

（三）创新的发展趋势

通过对我国创新时代的总体特征、国际创新力量对比的简单梳理，在这个认识的基础上有利于我们把握创新时代的发展态势，尽可能把握其走向，从而提早做好准备，预先谋划。这里主要结合"大众创业，万众创新"的时代内涵、"互联网＋"的发展机遇以及 2016 年 G20 杭州峰会的议题，从创新时代的对象、领域和目标三个方面，简要谈谈创新时代的发展趋势。

1. 创新时代对象日趋多元化

在新的时代背景下，创新对象的多元性包含着两层含义：一是作为客

---

① 王德显：《德国工业 4.0 战略对中国工业发展的启示》，《税务与经济》2016 年第 1 期。
② 辛闻：《美英日名列二十国集团（G20）国家创新竞争力前三甲》（http://news.china.com.cn/txt/2016 - 08/26/content_ 39170085.htm）。
③ 贺正楚、潘红玉：《德国"工业 4.0"与"中国制造 2025"》，《长沙理工大学学报》2015 年第 3 期。
④ 毛伟明：《"中国制造 2025"核心是抢占具有国际竞争力的战略制高点》，《经济日报》2015 年 7 月 6 日，第三版。

观存在的客体对象复杂；二是作为主观存在的实体对象多元。首先，人类社会早期的发现和发明，诸如蒸汽机的改良、万有引力的发现等，很大程度上强调经验与巧合的结合，不仅依赖于科学家自身的理论知识，还与机遇、巧合密不可分。

而当今时代，科学技术发展到一定的程度，各个领域新的突破离不开复杂的科技手段与技术。其次，在我国大地上涌起的"大众创业，万众创新"，对个人、企业和社会都有着重大意义。从个人角度来看，鼓励创新创业，不仅有利于一部分有能力的人实现个人价值，且在一定程度上缓解社会就业压力大的问题，带动第三产业的发展。从企业的角度，"大众创业，万众创新"是我国经济发展新常态下，企业转变发展方式的一次大好契机。这一点对传统企业转型尤为重要，注重绿色效益、创新协调的发展模式成为发展的不二之选。再从社会的角度看，当创新创业成为一种社会风气，人人崇尚创新，社会才能生生不息的发展。

2. 创新时代领域日趋广泛化

创新领域的日趋广泛性，制造业与互联网业的相融合，体现在社会生活的方方面面。在制造业方面，纵观近几年来，我国的高铁技术创新发展，取得举世瞩目的成就；核电技术，以"华龙一号"技术为代表的自主创新成果；成套电控设备、新材料、新能源方面等。在工业发展方向上，我国的"中国制造2025"计划，提出重点发展十大领域。而这些重点攻克、重点发展的领域，很多是与科技创新连在一起的，构成其领域的广泛性。

在互联网方面，"互联网+"为创新创业提供新的机遇。互联网与传统行业相互融合，诸如"互联网+传统银行"，催生了支付宝、微信支付等支付机构、"互联网+传统交通"，就有了滴滴出行、优步等出行平台，这样的例子数不胜数。"互联网+传统行业"催生了众多的创新领域，可以看出，创新时代领域的广泛性，是跟技术创新连在一起的，也是希望通过技术创新和制造业、互联网的深度结合，加快实施创新驱动战略。

3. 创新时代目标日趋持续化

2016年二十国集团领导人峰会在杭州举行，我国提出了"构建创新、活力、联动、包容的世界经济"主题，G20峰会将"创新"作为主题，也是各国希冀创新目标在新形势下发挥引领世界经济发展的作用。本届峰会，致力于创新引领世界经济可持续增长的目标，促进国际合作，共同应对全球经济转型之挑战。

结合当今世界经济发展的低增长趋势，创新时代目标日趋高远。过去的创新目标，在很大程度上，把经济利润作为首要目标。而这种目标带来的经济增长是一种"带血的经济"，以牺牲环境为代价，不利于自然与社会的可持续发展。今天的创新目标，以可持续发展为前提，以科技创新促进发展，不仅满足当代人的需要，且不损害后代发展的能力需要，是一种绿色可持续的发展路径。"经济发展问题要置于全球宏观政策框架的突出位置，围绕落实2030年可持续发展制定系统性计划。"① 在杭州G20峰会"包容与联动发展"议题上，创新时代目标的可持续性得到生动的诠释。

三　把握创新发展机遇

古人有一句话，"机不可失，时不再来"，道出把握机遇之重要性。在对创新时代的特征以及发展脉络有了大致了解的基础上，就如何研究好创新的时代背景，成为我们需要回答的第三个问题。也就是说，把握创新时代的背景，最后的落脚点应该放在"审时度势、脚踏实地又高瞻远瞩地制定实施发展战略"②。

机遇永远属于时刻准备者，在创新成为全球发展重要引擎动力的大趋势下，我国应在研判全球创新发展大势的基础上，利用外部环境变化带来的新发展、机遇和挑战，以"大众创业，万众创新""互联网+""中国制造2025"为契机，牢牢把握时代创新之脉络，抓住机遇，推动创新驱动发展，进一步提高我国的综合竞争力。具体来看，可从以下三方面把握创新发展机遇。

（一）加快推进理论创新和文化创新

十八届五中全会提出的"五大发展理念"，"创新发展"引领头衔，为攻破发展难题、增强发展动力、厚植发展优势提供了重要思想和行动指南③。然而理论创新是行为发展的先导，因此，加快推进理论与时俱进，

---

① 赵建国：《G20：以创新引领世界经济发展》，《中国知识产权报》2016年9月7日，第四版。
② 溢琳焱：《时代背景怎么把握》，《浙江经济》2013年第9期。
③ 段华明：《以创新把握机遇，以创新驱动发展》，《南方日报》2015年11月2日，第二版。

才能更好地把握时代发展机遇。

何为"理论创新"？通俗点说，就是人们在社会实践中，对新环境下出现的新问题、新情况，在把握事物发展规律的基础上，打破原理论的框架，作出新的分析与回答。这种理论的创新，提升层次，提高质量，有利于推动实践活动朝着更好的方向发展。世界经济结构正处于调整中，发达国家提出"再工业化"战略，掀起全球新一轮的科技革命和产业升级浪潮。创新发展成为把握机遇，提高国家竞争力发展的新引擎。为顺应这一趋势，我国提出创新发展理念，这是新时期下对经济进入新常态发展作出的理论创新。把创新放在国家发展全局的核心地位，是对新时期、新环境、新机遇下发展经验的总结和创新，进一步发挥思想理论的引领作用。同时，加快文化创新的发展，培育全民创新意识，加强创新创业教育，引导人们积极投身于创新实践，让创新成为一种基本素养，一种价值观念，为推进国家创新体系建设提供良好的社会文化氛围。

（二）加快促进创新驱动发展战略

通过考察以美德为代表的发达国家提高制造业国际竞争力采取的举措，再结合我国制造业国际竞争力现状，可以得出这样一个结论：抓住发展机遇，重视质量，鼓励创新，加快促进创新驱动发展战略。借鉴美国"再工业化"战略的创新驱动路径，对我国当前经济社会转型，加快创新驱动发展，主要启示表现在：着力推进制度创新和科技自主创新。

首先，"制度创新是技术创新的保障。开辟中国制造业自主创新道路，这需要中国在经济、社会、政治、文化等各方面开展制度创新，为技术创新提供保障"[1]。简单说，就是要采取一系列法律法规保障和刺激创新产业的发展，鼓励自主创新。其次，重视和依靠科技，就是加强科研创新人才队伍的建设、营造良好的创新环境、健全技术创新体系。进一步借鉴德国"工业4.0"战略，结合我国的"中国制造2025"战略，为加快促进创新驱动发展，促进"中国制造"向"中国创造"转型，提供如下对策：坚持中国特色工业化道路，以促进制造业创新发展为主题，以提质增效为中心，夯实工业互联网基础设施，强化产学研相结合[2]。

---

[1] 李俊江、孟勐：《美国"再工业化"的路径选择与启示：创新驱动增长》，《科学管理研究》2016年第2期。

[2] 贺正楚、潘红玉：《德国"工业4.0"与"中国制造2025"》，《长沙理工大学学报》2015年第3期。

（三）加快实施网络强国发展战略

科技改变生活，网络引领未来。网络化与信息化是当今世界显著特征之一，其引领的创新"再工业化"，正成为当今各国综合国际竞争力的重要指标之一。加快实施网络强国战略，是在经济技术发展转型，我国经济由高速增长进入新常态下，抓住创新时代"大众创业，万众创新"的机遇，大力推动以"互联网+"行动计划为代表的发展战略。

加快实施网络强国发展战略，一方面，可以与创新时代发展机遇不谋而合，开辟新兴领域，例如"互联网+金融"带来的第三方支付，众筹模式，互联网银行等领域，不断为经济增长带来新的动力；另一方面，互联网与传统行业的融合，可以加速产业向中高端升级，提高信息化水平，促进传统产业转型升级。

第二节 相关概念解读

一 区域高等教育科技创新能力的内涵

本研究的评价对象为"区域高等教育科技创新能力"，即省域内高等教育科技创新能力。基于其他学者的研究可以看出，区域高等教育科技创新是一个开放的系统，通常被学者们分解为包括科技基础实力、文化创新能力、知识创新能力、技术创新能力、教育创新能力、制度创新能力、科技协同能力等能力，通过参考其他学者对区域高等教育及区域科技创新能力内涵的界定，本研究将区域高等教育的科技创新能力界定为"省域内的高校在充分利用或整合高校内外创新资源的基础上，借助外部科技资源环境的支持，通过知识创造、技术创新及人才培养，解决区域内经济社会发展中面临的关键技术难题的研究，并把研究开发成果成功转化为现实生产力，进而为区域输送高素质人才，支持和引领本地区优势产业和高新技术产业的发展，推进产业结构优化升级和经济发展方式的转变，最终达到提高区域竞争优势，造福于人们生活的能力"。

（一）省域高等教育充分利用或整合高校内外创新资源的能力

本研究选用"区域高等教育科技创新资源"指标来反映"省域高等教育充分利用或整合高校内外创新资源"情况；"借助外部的科技资源环境的支持"，是体现高等教育利用外部资源的能力，本研究选取"区域高等教育科技创新过程"指标来体现；"解决区域内经济社会发展中面临的关键技术难题的研究",主要体现区域高等教育通过科技创新解决区域经济发展瓶颈,促进区域内经济社会发展的推动能力。

区域高等教育科技创新资源即区域内高等教育进行科技创新所依托的各类资源,是高等教育科技活动正常运行的基础条件,是高质量科技创新产出的前提与保障,也是衡量高校科技创新发展潜力的指标,是区域高等教育创新能力发展的战略性指标。通过对现有文献中关于高校科技创新能力的评价研究与区域高校科技创新能力评价研究的整理归纳,经过聚类分析以及对区域高等教育科技创新能力的理解与思考,总结出其主要包括科技创新人力资源、科技创新财力资源、科技创新硬件设备及科技创新软实力。

(二)支持本区域产业,引领本地区优势产业的能力

"把研究开发成果成功地转化为现实生产力,进而为区域输送高素质人才,支持和引领本地区优势产业和高新技术产业的发展",区域高等教育科技创新的目的之一便是将科技创新成果转化为现实生产力,支持本区域产业的发展,区域高等教育与区域经济的发展一直受到学者专家们的重视。本研究认为,基于区位地理原因,区域高等教育科技创新首先应服务于本区域经济社会的发展,区域经济的发展需要区域高等教育的支持,区域高等教育的发展也需要区域经济的支撑,加强区域高等教育与区域经济的合作尤为重要,只有这样才能保证区域高等教育与区域经济的可持续发展。

本研究选用"区域高等教育科技创新过程"指标来反映这一理念,区域高等教育科技创新活力即区域高等教育与区域内企业及科研院所的合作过程,也是高等教育与其他创新主体的协同创新能力。测算省域内的高校在充分利用或整合高校内外创新资源的基础上,借助外部的科技资源环境的支持所进行科研活动的过程,主要是指创新活动从发生到结束过程中运用整合资源的方式,即区域高等教育的发展多少是依靠了区域内的其他资源。

(三)推进产业优化升级,促进区域经济科技转型的能力

"推进产业结构优化升级和经济发展方式的转变,最终达到提高区域竞争优势",区域高等教育科技创新的规模与效益应达到什么状态最佳,其中知识创新与技术创新的规模是否应该与区域经济社会的发展相匹配,这便涉及区域高等教育科技创新结构问题,结构是组成整体的各部分的搭

建与安排，科学合理的搭建各组成部分，对整体高效运行是非常关键的。区域高等教育科技创新能力与区域经济科技的发展紧密相关，提升区域经济科技创新能力也包括提升区域经济科技的能力。区域高等教育科技创新与区域经济科技的发展是否协调，区域高等教育的发展是否依靠了区域经济科技的发展，多大程度上依靠了科技的发展，这都是区域高等教育科技创新能力的一种体现。

从系统论的角度来看，提升区域高教科技创新能力不仅要从提升区域内高校个体的创新能力入手，还要依据区域产业结构与社会发展水平对区域内高校科技创新结构进行优化，科技创新与产业结构是双向影响的，科技创新是产业结构调整的动力，并且影响产业结构变迁的内部机理。相反，产业结构的变更对科技创新也有推动作用[①]。教育能为当地传统产业改造升级、新兴产业培育发展和基本公共服务提供有效的人才支撑和智力支持，本研究主要从科技创新对产业结构角度考察区域高等教育科技创新对区域产业结构的作用，从侧面反映区域高等教育科技创新理论。本研究选取区域高教科技创新与区域产业结构的匹配程度和区域高教科技创新与区域社会发展水平的匹配程度两个指标。

因此本研究选用"区域高等教育科技创新能力结构"指标来测算，区域高等教育科技创新能力在推进区域产业优化升级，促进区域经济科技转型的能力。

（四）造福于人们生活的综合能力

科技创新最终的目的是服务大众，提高人们的生活水平，促进人类社会的前进。区域高等教育科技创新作为科技创新的一个分支，其最终目的也是服务社会，造福人们生活，若脱离大众的生活，那么任何形式的科技创新都失去了意义，因此区域高等教育科技创新服务社会的能力也是至关重要的。

本研究选取区域"高等教育科技创新能力成果"指标，通过测算区域高等教育科技创新所创造出的直接科研成果，并考察其经济效益及社会效益，来测算区域高等教育科技创新能力造福人们生活的能力。科技创新成果是区域高等教育科技创新能力最好的展现，对于科技创新成果与贡献指标，目前国内外学术界已有较为成熟的体系，大都以论文、著作、专

---

① 周叔莲、王伟光：《科技创新与产业结构优化升级》，《管理世界》2001年第5期。

利、技术转让和成果应用等成果数量及质量来反映。本研究认为科技创新成果与贡献不应仅仅指科技成果当量，还要体现科技创新对社会经济的影响，即科技创新的社会服务能力及对经济的贡献率，因此本研究将科技创新的社会效益及经济效益纳入到指标体系中，通过科技成果的数量、质量、社会、经济效益等来评估区域高等教育科技创新能力。

二 区域高等教育科技创新的特征

（一）与科技创新的共性

1. 区域高等教育科技创新的加速发展

随着科研队伍的不断壮大，科研进程的加快以及科学理论物化速度加快，科技事业呈现高速发展状态，现代科学研究高投入与高产出的特征越来越明显，同时伴随着的是现代科技知识的高增长与现代科技成果应用周期的缩短。

2. 区域高等教育科技创新的高度综合与高度分化相结合发展

一方面，现代科学技术的学科逐渐细化，学科分支也越来越多，各类专业化的科研机构也应运而生。另一方面，学科也日渐趋向高度综合化、整体化。现代科技发展高度综合，各学科内部理论高度综合，学科与学科之间交叉渗透和相互联系，众多不同的边缘学科、交叉学科和综合学科迅速形成。不同学科选取不同方向，采用不同方法研究同一客体时，产生碰撞，相互渗透、融合，形成一些新的且内涵更广的综合学科。"综合就是创造、综合就能创新。"例如，把物理学、化学、生物学、地理学和医学等学科的理论、方法和内容综合起来，对发展经济和保护环境之间相互依存和相互促进的内在联系进行研究，便形成了一门综合性学科——环境科学。

3. 科技创新中现代科技与人文社会科学的日益结合

不仅自然科学内部各个学科相互渗透、融合，自然科学与社会科学、人文科学也开始交叉、碰撞和融合。数学和计算机技术的发展为双方的结合创造了条件，结合课题的研究促进了双方的结合。

（二）区域高等教育科技创新的个性

1. 注重高等教育科研自身规律与社会综合影响力

区域高等教育科技创新合乎高等教育发展规律，符合科学的精神。高等教育发展具有自由探索的特点，区域高等教育科技创新在重视高等教育自身发展规律的同时，也要注重其社会影响力。

2. 兼顾科学研究与教育价值的统一，注重育人功能

高等教育与企业及其他科研院所不同，高等教育的科研必须体现教育的价值，具体体现在人才培养功能的实现。创新人才队伍的建设与人才培养是高等教育科研的首要要求。高等教育是人才培养的主体，通过高等教育的创新，培养创新型人才也是区域高等教育的一个明显的特征。

3. 区域高等教育科技创新以价值实现为主要目的

创新是以企业为核心主体，有明显、具体的价值，具有明显的经济效益，强调价值的实现和利润的获取。而区域高等教育科技创新更注重引导价值的实现，注重对区域经济科技可持续发展的引导，对区域高等教育科技创新予以引导，将科技创新的新思想、新理念与新路径等引入区域高等教育科技创新中去。

区域高等教育科技创新既有科技创新的共性，也有高等教育科技创新的个性，因此在构建高等教育科技创新能力评价指标体系时，需要兼顾考虑其共性与个性，更加注重对个性的测算。

第三节 国内研究综述

通过查阅近十年的文献发现，当前关于区域科技创新能力评价指标的研究、高校科技创新能力评价指标的研究较多。因此将相关文献分为两部分：一部分是关于区域科技创新能力的文献，另一部分是关于个体高校或者企业科技创新能力的文献。

一 区域整体创新能力的研究

关于对区域整体创新能力的研究，大致有三个方向。一是关于区域科技创新能力结构要素的研究；二是关于区域创新能力评价指标体系与方法的研究；三是关于区域科技创新能力提升的研究。对创新能力要素的研究中，唐炎钊（2004）把区域科技创新能力分为知识创新能力、企业技术创新能力、知识流动、创新资源、科技创新环境和科技创新绩效六个方面[①]。谷国峰、滕福星（2003）认为区域科技创新结

[①] 唐炎钊：《区域科技创新能力的模糊综合评估模型及应用研究》，《系统工程理论与实践》2004年第2期。

构由区域科技创新的基础设施、区域科技创新的资源、区域科技创新的环境和区域与区域外科技创新互动五大部分构成①。沈菊华（2005）提出了区域科技创新能力评价指标体系，并通过层次分析法与因子分析法将区域科技创新能力分为科研开发能力、科技成果转化能力和科技支撑能力三类指标，对江苏省部分城市进行了比较分析②。毕亮亮、施祖麟（2009）基于《中国区域创新能力报告》建立的由知识创造能力、知识获取能力、企业创新能力、创新环境以及创新绩效的创新能力的指标体系，用因子分析和分层聚类分析相结合的评估方法，对各城市科技创新能力进行评价，通过综合评价与比较分析，对长三角区域科技创新体系的现状、16 个城市科技创新能力与长三角区域科技创新一体化协调发展的前景进行判断③。在区域科技创新能力评价方法与指标体系的研究中，主要在多元统计方法的基础上进行选择，典型的代表方法有：因子分析法、模糊数学综合评价方法、SPA 联系函数、层次分析法（AHP）、神经网络（RBF）、主成分分析法、加权综合评价法和 TOPSIS 等，其中因子分析法与主成分分析法是应用最广泛的方法。唐炎钊（2004）针对区域科技创新能力问题，运用模糊数学的方法构建了一个区域科技创新能力模糊综合评价模型，并以此对广东省科技创新能力进行了评估分析④。荣飞、刘春（2007）将评价系统中的 SPA 联系函数和联系度，运用到区域科技创新能力评价中，并对区域科技创新能力进行动态态势分析⑤。虞震（2011）用加权综合评价法，以泛长三角为一个区域进行科技创新能力评价研究。任胜钢（2011）等人通过区域创新网络结构的研究，建立了区域创新网络结构特征的测评体系⑥。孟晓华（2007）等人

---

① 谷国锋、滕福星：《区域科技创新运行机制与评价指标体系研究》，《东北师大学报》（哲学社会科学版）2003 年第 4 期。
② 沈菊华：《我国区域科技创新能力评价体系的研究和应用》，《经济问题》2005 年第 8 期。
③ 毕亮亮、施祖麟：《长三角城市科技创新能力评价及"区域科技创新圈"的构建——基于因子分析与聚类分析模型的初探》，《经济地理》2009 年第 6 期。
④ 唐炎钊：《区域科技创新能力的模糊综合评估模型及应用研究——2001 年广东省科技创新能力的综合分析》，《系统工程理论与实践》2004 年第 2 期。
⑤ 荣飞、刘春凤：《区域科技创新能力评价与态势分析》，《河北大学学报》（哲学社会科学版）2007 年第 6 期。
⑥ 任胜钢、胡春燕、王龙伟：《我国区域创新网络结构特征对区域创新能力影响的实证研究》，《系统工程》2011 年第 2 期。

运用全局主成分分析方法,以江苏省10年13个市的科技创新能力为实证对象,通过提取立体数据中的全局主因子,构建了比较科学的科技评价指标[1]。方秀文(2001)构建了以科技进步基础、科技活动投入、科技活动产出和科技对经济社会的影响为三个一级指标的科技创新能力评价体系,并对广东省的科技创新能力进行综合分析与评价[2]。周立、吴玉鸣(2006)用因素分析和聚类分析相结合的综合评价方法,对我国31个省份的创新能力进行评价,并认为因素分析法可以替代现有的区域创新能力综合评价[3]。郑雨苹、张良强(2010)针对福建省科技创新的实际特点,运用因子分析赋权法和层次分析法原理,构建了福建省区域科技创新能力评价指标体系,对福建科技创新能力进行实证评价与分析[4]。卢山(2007)结合连云港实际情况构造了区域科技创新能力评价体系,并采用线性综合评价法对连云港的科技创新能力进行分析[5]。Fan P. 和 Wan G. (2012)采用变差系数、基尼系数、两个常用的广义熵指数及泰尔指数四个指标衡量中国区域创新的不平等,评估了1995年到2006年中国区域和区域内的创新不平等,指出中国在2003年以前区域不平等是持续加重的,认为2004年到2006年区域不平等有所缓解,呈现一个倒V形式,并认为国家的支持力度、地理位置以及开放程度通过影响区域创新能力与经济的耦合演化,导致东部地区创新能力优于西部地区[6]。Jin‐ping Wang 和 Lian‐sheng Yang(2013)分析了建设高校科技创新体系的瓶颈,并指出重视教师队伍建设,促进科技成果转化的商业化,建立政策保障机制保障高校科技创新体系的建立[7]。Fan P. (2014)首先通过人力资本、经费、

---

[1] 孟晓华、仇国阳、崔志明:《全局主成分分析在区域科技创新能力指标体系构建中的应用》,《科技管理研究》2007年第12期。

[2] 方秀文:《广东省区域科技创新能力综合分析与评价》,《中国科技论坛》2001年第5期。

[3] 周立、吴玉鸣:《中国区域创新能力:因素分析与聚类研究——兼论区域创新能力综合评价的因素分析替代方法》,《中国软科学》2006年第8期。

[4] 郑雨苹、张良强、郑建锋:《福建省区域科技创新能力实证评价与分析》,《科技管理研究》2010年第20期。

[5] 卢山:《连云港区域科技创新能力评价与对策研究》,《中国科技论坛》2007年第11期。

[6] Fan P., Wan G., Lu M., "China's Regional Inequality in Innovation Capability", 1995 - 2006, *China & World Economy*, 2012, 20 (3): 16 - 36.

[7] Wang J, Yang L. Path Choice of Constructing a Scientific and Technological Innovation System in Universities [C] //The 19th International Conference on Industrial Engineering and Engineering Management. Springer Berlin Heidelberg, 2013: 457 - 465.

专利、论文、服务等方面分析了中国当前的科技创新能力，肯定了中国科技创新的成就，但是认为需要注重质量方面的创新，如：制度创新、海归人才及研发全球化等对中国创新能力的影响，认为应进一步估测"global linkages"的冲击对中国创新能力的促进或削弱作用①。熊玲玲（2018）建立了一套包含科技创新基础能力、投入能力、产出能力、成果转化能力和合作能力等5个维度的指标体系。② 孙枭坤（2018）主要由科技创新基础能力、科技创新投入能力、科技创新产出能力、科技自主创新能力和科技创新效益能力5项一级指标，物质基础、地域基础和人力投入等12项二级指标，专利申请量、R&D人员数和R&D经费支出等33项三级指标构建的区域科技创新能力评价指标体系。③ 张静（2018）分别从投入能力、产出能力、成果转化能力和支撑能力四个方面，构建了一套包含31项指标的科技创新能力评价指标体系，对新疆高等学校的科技创新能力进行了分析，并用因子分析法对2011—2015年全国31个省、市、自治区高校的科技创新能力进行比较评价。④

二 关于高校或企业的科技创新能力的研究

关于高校或企业科技创新能力的研究，大致与区域科技创新体系相似。一是关于科技创新能力构成要素的研究；二是关于创新能力评价指标与方法的研究；三是对科技创新能力影响因素的分析。赵红娟、刘小明、周晔、张立平、卢尚昆、任义君、黄璐、张文利、李广华、闫海燕等的硕士论文分别研究了甘肃省、福建省、河北省、河南省、黑龙江省、湖北省、江西省、山东省、浙江省内的高校科技创新能力，构建了科技创新能力评价指标体系，并用因子分析方法对各省的创新能力进行评估与排名，其中福州大学刘小明的博士论文《福建省高校科技创新能力与体系研究》中，认为高校科技创新是由文化创新、教育创新、技术创新、制度创新构成的，因此将指标体系构建为科技创新基础实力、科技创新投入实力、科技创新产出实力、科技创新成果转化率与科技创新

---

① Fan P., "Innovation in China", *Journal of Economic Surveys*, 2014, 28 (4): 725–745.
② 熊玲玲：《我国高校科技创新能力动态综合评价》，南昌大学，2018年。
③ 孙枭坤：《区域科技创新能力评价指标体系构建及应用研究》，中国科学技术大学，2018年。
④ 张静：《新疆高校科技创新能力评价及提升研究》，石河子大学，2018年。

环境支持率五个一级指标①。武汉理工大学黄璐的博士论文《湖北高校科技创新能力综合评价》（2007）将创新能力评价指标分解为科技创新基础实力、知识创新能力、技术创新能力、科技成果转化能力和创新人才培养能力五个指标②。哈尔滨工程大学任义君的博士论文《黑龙江省高校科技创新能力的研究》（2008）中将科技创新指标分为科技创新资源、科研经费情况、科技成果产出率与学术交流四个一级指标③。江西财经大学张文利的硕士论文《江西省高校科技创新能力评价研究》（2009）将评价指标构建为科技创新基础能力、科技创新投入能力、科技创新产出能力、科技创新成果转化能力和科技创新环境支持能力五个一级指标④。武汉理工大学耿迪的博士论文《高校科技创新能力评价研究》（2013）中在创新投入能力、创新支撑能力、创新产出能力外加入了创新效益指标⑤。吕建荣、姚远（2007）等人通过统计分析与文献分析全面分析了我国西部12个省份的科技创新能力，找出了其存在的问题，并提出相关对策建议⑥。闫笑非、杜秀芳（2009）用因子分析的方法，分析了我国31个省、直辖市和自治区的高校数据，并对区域高校的科技创新能力进行实证研究，认为科技创新的投入与产出能力及基础条件是高校科技创新的关键能力⑦。张乐平、黄跃雄（2006）研究了研究型大学的科技创新能力体系结构，认为创新资源的供给与吸纳能力在研究型大学科技创新能力体系构建中意义重大，并提出要实施开放、集成的创新战略以及创新人才和创新文化战略⑧。施星国（2009）等学者将区域高校科技创新能力分解为：科技创新基础实力、知识创新能力、

---

① 刘小明：《福建省高校科技创新能力与体系研究》，硕士学位论文，福州大学，2003年。
② 黄璐：《湖北高校科技创新能力综合评价》，硕士学位论文，武汉理工大学，2007年。
③ 任义君：《黑龙江省高校科技创新能力研究》，博士学位论文，哈尔滨工程大学，2008年。
④ 张文利：《江西省高校科技创新能力评价分析》，硕士学位论文，江西财经大学，2009年。
⑤ 耿迪：《高校科技创新能力评价研究》，博士学位论文，武汉理工大学，2013年。
⑥ 吕建荣、姚远、陈镱文：《我国西部12省市高校科技创新能力研究》，《西安电子科技大学学报》（社会科学版）2007年第3期。
⑦ 闫笑非、杜秀芳：《高校科技创新能力区域差异实证研究》，《科技管理研究》2009年第12期。
⑧ 张乐平、黄跃雄：《研究型大学教育科技创新能力体系结构及创新战略》，《科技进步与对策》2006年第5期。

技术创新能力、科技成果转化能力和国际交流合作能力五个指标①。李绩才、王晓波（2007）将高校的科技创新活动分为科技人才培养、技术创新与知识创新三部分，并构建相关指标体系，使用主成分分析方法对我国 14 个省市的高等学校科技创新能力进行了评价分析研究，并对 14 个省市高校五年的情况进行综合评价及排序②。任义君（2008）认为高校科技创新能力是一个系统的网络，主要包括教育观念创新能力、制度创新能力、学科组织创新能力、技术创新能力以及知识创新能力。并以黑龙江省高校科技创新能力为切入点，构建了区域高等学校科技创新能力评价指标，对我国 31 个省进行排名③。刘书雷、吕蔚（2009）等人将高校科技创新能力的构成要素分解为人员队伍、科技投入、科技产出、条件基础与文化环境，并以此提出了高校科技创新能力评价参考模型与组织流程④。李宗璋、林学军（2002）建立了以科技创新人力资源指标、科技投入指标、科技产出指标为体系的科技创新能力综合评价指标体系，并用我国 25 个省市的数据，证明了指标的可行性⑤。张晓丰、崔伟奇（2005）等人认为创建中国高校科技创新体系的核心任务是从管理体制与运行机制上对科研活动进行有效的引导与调控，通过加强创新团队、科研平台、产业化平台和评估体系等提升高校科技创新能力⑥。钟灿涛、李强（2008）认为要注重高校科研质量管理体系的目的适用性与方法灵活性，才能处理好强调计划和控制的质量管理与创新所需要的自由和创造力之间的冲突，提高高校的科技创新能力⑦。王永斌、张秀华（2008）认为区域科技创新体系的构建是建设创新型甘肃的重要

---

① 施星国、张建华、仲伟俊：《区域高校科技创新能力的评价研究》，《研究与发展管理》2009 年第 4 期。

② 李绩才、王晓波：《区域高校科技创新能力评价研究》，《科技管理研究》2007 年第 7 期。

③ 任义君：《黑龙江省高校科技创新能力研究》，博士学位论文，哈尔滨工程大学，2008 年。

④ 刘书雷、吕蔚、韩琰：《高校科技创新能力的要素构成及评价体系研究》，《科学学研究》2009 年第 2 期。

⑤ 李宗璋、林学军：《科技创新能力综合评价方法探讨》，《科学管理研究》2002 年第 5 期。

⑥ 张晓丰、崔伟奇、吕营等：《创建中国高校科技创新体系的对策研究》，《研究与发展管理》2005 年第 4 期。

⑦ 钟灿涛、李强、王伟：《科研质量管理体系建设与高校科技创新能力：冲突及解决方法》，《科学学与科学技术管理》2008 年第 3 期。

保障，要坚持创新型办学方向来支撑区域创新体系，培养创新人才推进人才强校战略，创建高水平科研院所，培育企业自主创新能力，促使企业成为创新的主体[①]。梁燕、耿燕（2009）等人运用层次分析法对高校科技创新能力评价指标体系进行赋值，通过对各变量系数的分析，分析了各指标对高等学校科技创新能力的影响程度[②]，还以广东省为研究对象，通过比较分析，提出影响广东高校科技创新能力提高的主要原因是科技资源整合难、效率低、科技投入不足、科技创新和社会发展联系不紧密等[③]。付晔、林艺文（2009）等研究了校企合作对高校科技创新能力的影响，并认为校企科技合作促进了高校科技创新能力的提高[④]。于化龙、薛文飞（2008）对河北省高校的科技创新能力进行了纵向和横向的剖析，认为河北省高校科技创新是有潜力的，但是近几年成果产出与成果转化效果不够理想[⑤]。曲雁、孙燕（2009）从高校科技创新能力的内涵与高校科技创新能力转化的影响因素入手，利用模糊数学综合评价方法，建立科技创新能力转化的计量模型，对大学科技创新能力的转化进行了定量分析[⑥]。王青、曹兆敏（2009）以上海市高校为研究对象，采用管理学中的 SWOT 分析方法，对上海高校进行了较为客观的分析[⑦]。吴军华、张晓磊（2009）等人运用扩展的知识生产函数法与多元线性回归方法研究和计算了创新能力的决定因素，计算了各项分指数和综合指数，分析比较了各省区高校的科技创新能力及其发展趋势[⑧]。李倩、师萍（2010）等采用灰色关联分析法，从科技投入和产出两个方

[①] 王永斌：《面向创新型甘肃的高校科技创新能力建设研究——甘肃省高校科技创新新现状，问题及对策》，《教学研究》2008 年第 6 期。

[②] 梁燕、耿燕、李相银：《高校科技创新能力建设研究的现状分析及研究方向的探析》，《科技管理研究》2009 年第 6 期。

[③] 梁燕、耿燕、李相银：《广东省高校科技创新能力比较研究》，《高教探索》2009 年第 4 期。

[④] 付晔、林艺文、马强：《校企科技合作对高校科技创新能力的影响分析》，《科技管理研究》2008 年第 2 期。

[⑤] 于化龙、薛文飞：《河北省高校科技创新能力分析》，《科技管理研究》2008 年第 6 期。

[⑥] 曲雁、孙燕：《高校科技创新能力转化分析与评价指标的构建》，《河南师范大学学报》（哲学社会科学版）2009 年第 6 期。

[⑦] 王青、曹兆敏：《上海高校科技创新能力的 SWOT 分析》，《科技管理研究》2009 年第 6 期。

[⑧] 吴军华、张晓磊、陆根书：《我国高校科技创新能力省际比较研究》，《高等工程教育研究》2009 年第 1 期。

面构建了科技创新能力的综合评价指标体系,并进行了实证研究①。丁敬达、邱均平(2010)提出一系列对评价指标体系尤其是权重进行优化的思路和方法,并用实践证明了其有效性②。刘伟、曹建国(2010)等人基于主成分分析法对科技创新能力评价指标体系进行了重新设计,发现东部省市高校科技创新能力较强,而西部省市高校科技创新能力较弱③。章熙春、马卫华(2010)等在分析了科技创新能力内涵的基础上,采用层次分析法初步构造了高校科技创新能力评价指标④,又利用灰色关联度的评价理论构造了高校科技创新能力评价模型,并以广东省为样本对其科技创新能力进行了分析⑤。孙燕、杨健安(2011)等认为知识创新能力与解决社会生产实际问题中的技术创新能力是评价高校科技创新能力的关键,并以此构建了评价指标体系⑥。张茂林、董泽芳(2011)发现高校科技创新团队数量和科技创新能力分值具有很高的正相关关系,提出通过创新团队的建设来提高高校科技创新能力⑦。杨宏进、刘立群(2011)运用三阶段 DEA 模型研究得出科技成果转化程度偏低在很大程度上制约着我国高校的科技创新绩效。姜玉梅(2019)通过对区域科技创新促进高质量发展进行系统分析和要素界定,把科技创新促进高质量发展这一复杂的系统过程分为科技创新、高质量发展两个阶段,提出了科技创新促进高质量发展的概念模型,并构建了科技创新促进高质量发展的指标体系。⑧ 兰锦荣(2019)在考虑创新过程内部转化的区域科技创新效率评价研究中认为,东部地区的科技创新效率水平平稳发

---

① 李倩、师萍、赵立雨:《基于灰色关联分析的我国区域科技创新能力评价研究》,《科技管理研究》2010 年第 2 期。
② 丁敬达、邱均平:《科研评价指标体系优化方法研究——以中国高校科技创新竞争力评价为例》,《科研管理》2010 年第 4 期。
③ 刘伟、曹建国、郑林昌等:《基于主成分分析的中国高校科技创新能力评价》,《研究与发展管理》2011 年第 6 期。
④ 章熙春、马卫华、蒋兴华:《高校科技创新能力评价体系构建及其分析》,《科技管理研究》2010 年第 13 期。
⑤ 章熙春、马卫华、蒋兴华:《基于灰色关联度评价方法的高校科技创新能力评价实证研究》,《科技管理研究》2010 年第 14 期。
⑥ 孙燕、杨健安、潘鹏飞等:《高校科技创新能力评价指标体系研究》,《研究与发展管理》2011 年第 3 期。
⑦ 张茂林、董泽芳:《高校科技创新团队数量与科技创新能力关系实证研究》,《科技进步与对策》2011 年第 4 期。
⑧ 姜玉梅:《区域科技创新促进高质量发展绩效评价研究》,山东财经大学,2019 年。

展，中西部地区科技创新效率水平有所提升，这体现了国家协调创新发展的理念，以东部地区较强的经济实力带动中西部地区的发展以缩小区域之间不平等的差异。[①] 陈思远（2019）通过全面地对湖北省科技创新能力进行纵向动态测度和横向静态省际比较分析，得出湖北省科技创新能力整体呈逐年上升的趋势，其非线性动态提升是科技创新投入、产出、环境、企业与创新绩效相互作用的结果。但省级科技创新能力与北京、上海、江苏等发达省市差距巨大。[②] 黄建国、袁伟灿（2019）对8个京津冀高校创新发展联盟中24所高等学校的科技创新能力进行综合评价的结果表明：经费投入对京津冀高校科技创新能力起到强大的推动作用，而且由于联盟、地域和专业院校类型的不同，京津冀高校创新能力存在较大差距。据此，拓展资金渠道、优化人才配置、提升联盟水平是京津冀高校缩小差距，提高科技创新能力的有效策略。[③] 石薛桥、薛文涛（2020）运用面板数据，基于生态位理论，构建高校科技创新能力评价指标体系，采用熵值法确定指标权重，对我国中部六省的高校科技创新能力进行评价分析，以揭示其发展水平和发展趋势。[④] 如表1-1所示[⑤]。

表1-1　　　　较为典型的高校科技创新能力指标体系

研究题目	作者	系统指标层
高校科技创新能力评价体系构建及其分析	章熙春、马卫华、蒋兴华	A 科技创新资源及基础能力；B 知识创造能力；C 知识流动能力；D 技术创新能力；E 科技成果转化能力
高校科技创新能力综合评价原则指标模型与方法	王章豹、徐枞巍	A 科技创新基础能力；B 科技创新投入能力；C 科技创新产出能力
黑龙江省高校科技创新能力研究	任义君	A 科技创新资源；B 科研经费情况；C 科技成果产出率；D 学术交流

---

① 兰锦荣：《考虑创新过程内部转化的区域科技创新效率评价》，山西大学，2019年。
② 陈思远：《湖北省科技创新能力评价与提升对策研究》，中南财经政法大学，2019年。
③ 黄建国、袁伟灿：《京津冀高校科技创新能力评价及提升路径》，《中国高校科技》2019年第3期。
④ 石薛桥、薛文涛：《基于生态位理论的中部六省高校科技创新能力评价》，《经济问题》2020年第11期。
⑤ 杨宏进、刘立群：《基于三阶段DEA的高校科技创新绩效研究》，《科技管理研究》2011年第9期。

续表

研究题目	作者	系统指标层
福建省高校科技创新能力与体系研究	刘小明	A 科技创新基础能力；B 科技创新投入能力；C 科技创新产出能力；D 科技创新成果转化能力；E 环境支持能力
甘肃省高校科技创新能力综合评价分析	贺志亮	A 创新基础能力；B 创新投入能力；C 创新产出能力；D 成果转化能力；E 环境支持能力
甘肃省高校科技创新能力评价研究	赵红娟	A 科技创新基础；B 科技投入；C 科技成果产出；D 科技创新投入产出率
河北省高校科技创新能力评价研究	高献江	A 高校科技创新基础能力；B 高校科技创新投入能力；C 高校科技创新产出能力；D 高校科技创新成果转化能力；E 高校科技创新环境支撑能力
河北省高校科技创新能力评价研究	周 晔	A 科技创新资源；B 科研经费情况；C 科研成果投入产出率；D 成果获奖及学术交流情况

三 文献评述

目前国内关于高等教育科技创新能力研究较多，且大部分围绕评价指标体系的设计与评价方法的选用，都侧重研究高等教育知识和技术原始创新能力。关于指标体系的构建主要有两种方法：一种是以进行高等教育创新活动需要具备的要素如基础实力、投入能力和产出能力等为评价指标体系的。另一种是从高等教育科技创新活动的内容出发，采用了基础实力、技术创新能力、知识创新能力和科技成果转化能力等作为度量指标进行指标体系的构建。这些研究成果为本研究提供了有益借鉴。但综观以上研究，在某些方面也存在不足。

（一）指标选用的理论与方法依据不充分

当前关于区域或高等教育科技创新能力的指标体系研究多为实证研究，对于理论方面的研究少于实证研究，对于评价指标的研究理论和方法及指标理论依据和可行性分析的研究不够，指标选取的方法依据介绍不明确。

（二）部分指标合理性偏差

部分指标科学性不够，例如目前许多在高校科研评价指标体系中，选用"科技人员占全校教职工总数"这一比重指标来衡量高校内部"人员素质",还有通过"每万人中大学生比重"来测算整体人口文化素质,此类指标在教育发展层次较低的年代,还算合理,是可以采用的,但从当代教育与科技发展状况出发,此类指标就存在明显偏差,此类指标未考虑到科技人员水平上的差别,如本科生、硕士生及博士生在文化层次上还是存在一定差别的,因此将科研人员的职称或学历纳入考虑范围,进行折算处理,通过计算得出一个博士或硕士"当量值",是一个较理想而又现实的方法。

(三)指标构建价值取向不够明确

许多研究并没有明确的价值导向,科技创新的核心价值应该是把"以改进为导向"作为其重要导向之一,探究创新能力出现差异的根本原因,我国当前科技创新能力评价制度体系不健全,对于评价的实施缺乏刚性的约束,关于评价什么内容、什么时间评价、由谁来评价以及评价结果的应用等,缺乏制度的规范,存在较大的随意性。

(四)国外研究偏重实用研究,指标的应用范围较窄

相比较而言,国外对于企业科技创新能力的研究较多,且多数从具体行业展开,针对不同行业提出不同的评价指标,对创新能力的研究大多从微观层面展开。理论研究较少,实用性研究较多,关于创新能力的内涵等基础研究较少,而关于科研效率方面的研究较多,其中主要以对高校创新产出绩效方面的研究、创新成果转化研究、高校技术转让部门效率的评价研究三类为主。对科研产出的评价,大都围绕着论文专著与专利等,但是在选取及计算方法上存在争议。在影响科研创新能力因素方面,主要注重个人因素及学校因素(财政、机构数、合作等)的影响。

四 文献分析

首先对有关评价高校、区域内高校科技创新能力的指标进行梳理分析,并将有可能的指标全集列出,经过文献分析法发现:

1. 一级指标大多从科技创新资源及科技创新成果方面展开,科技创新资源是高校进行科技创新的基础,没有资源支撑,科技创新便失去了根基,科技创新成果与贡献是成果指标,看客体创造价值的大小,成果指标便是一个很重要的指标,因此资源与成果指标是能力评价的重要指标,本研究将这两个一级指标纳入所构建的指标体系中。

2. 构建科技创新指标体系普遍存在的问题是各子指标相关程度较高,

内涵界定不够清晰明确，这样会使强者更强，弱者更弱，导致评价结果有失偏颇。本研究首先将有可能的指标全集一一列出，再根据指标属性及内涵将相似指标剔除。

3. 多数指标为原始统计指标，内涵单一，不足以客观全面地反映评价的内涵。根据评价对象的特点及性质，本研究对其指标进行二次开发，可以更为贴切、准确地反映所要评价的对象。笔者在前人采用的指标基础上，根据区域高等教育科技创新能力的特点，二次开发出一系列指标。

第二章 科技创新实践概要

第一节 我国的科技创新政策及演变

一 我国科技创新政策分类概述

科技政策是确定科技事业发展方向的战略原则，是国家为完成特定时期科技发展任务而制定的指导思想和行为准则。创新政策是科技政策、产业政策等政策的组合，注重科技与经济、社会的有机结合，针对的是产业化的过程，是整体性的政策群。由此可见，科技创新政策体系中既包含科学研究的公共知识生产部分，也包含技术创新和产业化运作的私有知识生产部分。也就是说，科技创新政策应是国家为促进科学发现、技术创新，并以此支撑经济发展，推动社会进步，为国家兴旺发达提供不竭动力而采取的一系列政策工具，是一整个体系（见图2-1）。

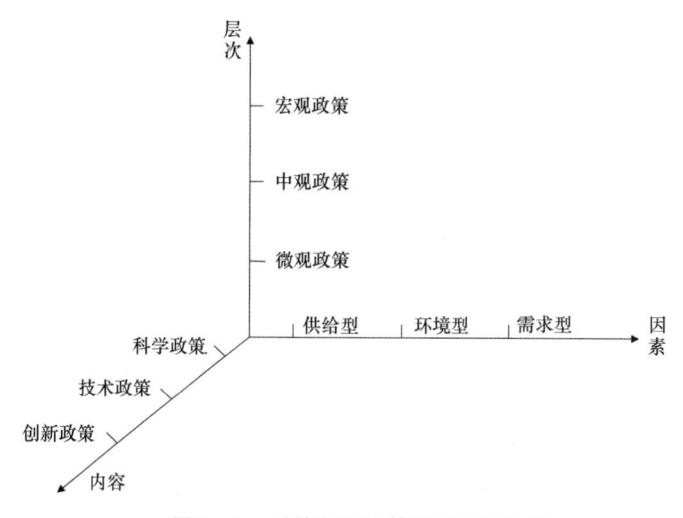

图2-1 科技创新政策工具分类体系

从层次上看,科技创新政策有宏观层次、中观层次、微观层次之分。宏观的政策工具是国家层次的具有前瞻性、战略性和指导意义的理念、规划,体现为一定时期的政策价值取向。中观的政策工具一般是部门层次的针对科技中介的政策,是宏观与微观政策之间的过渡。微观的政策工具是对中观政策工具的细化和具体化,常见为财政政策和科学教育政策。财政政策包括财政支出政策和税式支出政策,其中财政支出政策由财政科技投入政策、公共采购政策、风险投资政策等组成;税式支出政策包括税基优惠、纳税额优惠、税率优惠、纳税时间优惠等[①]。科学教育政策内容包括培养、引进人才政策;创造和保护知识产权政策;教育与科普政策等[②](见图2-2)。

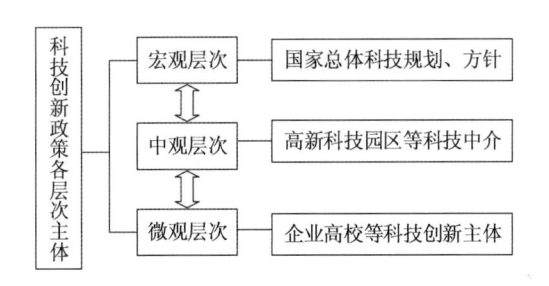

图2-2 科技创新政策纵向层次

从内容上来看,可以分为科学政策、技术政策、创新政策。科学政策主要涉及基础研究阶段和公有知识的产出,包含国民安全与纯科学、科学经济发展政策、科学服务政策、科学教育政策、科学发展政策等[③];技术政策主要关注技术开发工程放大的阶段和私有知识的产出,包括技术产业政策、技术贸易政策、技术进步和技术成果评价、技术信息和中介服务政策[④];创新政策更加注重商业化运作阶段的政策,提高企业的创新能力,协同创新缩短科学技术知识产业化的时滞,包括直接和间接的科技成果转化政策、技术转移政策等(见图2-3)。

---

① 聂颖:《中国支持科技创新的财政政策研究》,中国社会科学出版社2013年版。
② 陈劲:《科学、技术与创新政策》,科学出版社2013年版。
③ 伍蓓、王姗姗:《论科学与科学政策的内涵》,《浙江工商大学学报》2006年第2期。
④ 伍蓓:《技术政策的内涵、分类、评估和支撑体系》,《科技进步与对策》2007年第11期。

```
        公共知识生产              私有知识生产
    ┌─────────────┬──────────────────────────────────┐
    │             │  技术产业政策                    │
    │ 国民安全与纯科学 │  技术贸易政策                    │
    │ 科学经济发展政策 │  技术成果评价政策   公共采购     │
    │ 科学服务政策  │  技术信息和中介     科技成果转化政策 │
    │ 科学教育政策  │  服务政策          技术转移政策   │
    │ 科学发展政策等 │                              │
    ├─────────────┼─────────────────┬────────────────┤→
     科学研究、发明    技术、工程开发       产业化运作
       科学政策          技术政策           创新政策
```

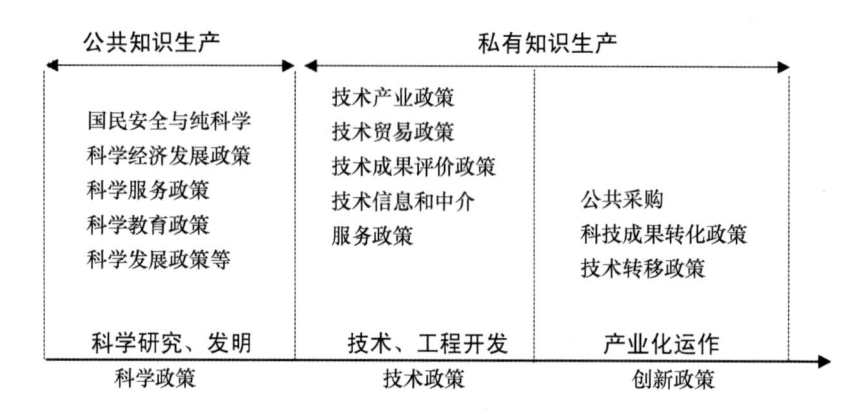

图 2-3　科技创新政策内容分类

从因素上来看，科技创新政策分为供给型政策、环境型政策和需求型政策[①]。供给型政策会推动科技创新活动发展，政府通过对人才、信息、技术、资金等的支持直接扩大技术的供给，推动原始创新、集成创新和引进消化吸收再创新。环境型政策为技术创新等科技活动提供有利的政策环境，能够间接促进科技创新产品开发。需求型政策可以分担创新风险，降低市场的不确定性，开拓新技术应用的市场，拉动科技创新活动的发展（见图 2-4）。

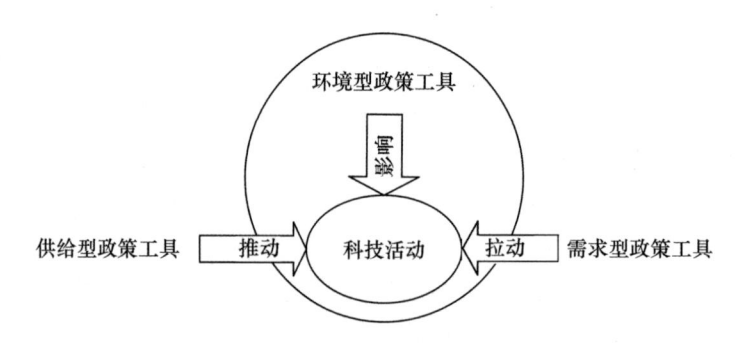

```
              环境型政策工具
                  ↓
                 (影响)
                  
  供给型政策工具 →[推动]→ 科技活动 ←[拉动]← 需求型政策工具
```

图 2-4　科技政策因素分类及其对科技活动的作用方式

---

① 赵筱媛：《基于政策工具视角的公共科技政策分析框架研究》，中国科学学与科技政策研究会，《首届中国科技政策与管理学术研讨会 2005 年论文集（上）》，中国科学学与科技政策研究会，2005 年第 14 期。

二 科技创新政策演变

新中国成立以来,党和国家对科技创新政策进行了持续的探索和实践,根据国际竞争形势不断变化与科技创新政策目标不断调整的现实状况,有针对性地提出指导方针、相关法律、配套法规等一系列政策,丰富了科技创新政策的内容。其中1956年党中央的号召"向科学进军",1978年的全国科学大会,1985年中共中央颁布的《关于科学技术体制改革的决定》,中共中央、国务院1995年发布的《关于加速科学技术进步的决定》,2006年发布的《关于实施科技规划纲要增强自主创新能力的决定》[1],2012年发布的《关于深化科技体制改革加快国家创新体系建设的意见》,是中国里程碑式的重要科技创新政策。

按照历史的演进、政策价值取向的变化和以上重要政策的提出为划分依据,我国科技创新政策大致经历了七个阶段:奠基起步阶段(1949—1955年)、曲折发展阶段(1956—1977年)、转折探索阶段(1978—1984年)、市场竞争阶段(1985—1994年)、体系建设阶段(1995—2005年)、自主创新阶段(2006—2011年)、治理现代化阶段(2012年至今)[2]。

(一)奠基起步(1949—1955年)

1. 价值取向

在新中国初建、战争还未彻底结束的背景下,我国实行"一边倒"的外交政策,"不仅要学习马克思、恩格斯、列宁、斯大林的理论,而且要学习苏联先进的科学技术"[3]。面对百年积弱、百废待兴的局面,为稳固新生的人民民主政权,在社会主义改造时期,我国一方面注重国防科技发展,另一方面号召科学应为国家建设服务、为人民大众服务,推进科学研究与生产实际相结合,具有鲜明的"实用"导向。

2. 政策内容

奠基起步时期新中国模仿苏联的体制,开始了大规模的工业化建设,初步形成了以重工业为主的国家工业体系,相应的科研机构和学科也模仿

---

[1] 刘立:《改革开放以来中国科技政策的四个里程碑》,《中国科技论坛》2008年第10期。
[2] 孙蕊、吴金希、王少洪:《中国创新政策演变过程及周期性规律》,《科学学与科学技术管理》2016年第3期。
[3] 《毛泽东等中共领导人在重大历史关头的鉴史实践》(http://www.wxyjs.org.cn/wxzj_1/dbzb/201602/t20160226_210517.htm),2016年12月6日。

苏联进行了整体规划。

1949 年,《中国人民政治协商会议共同纲领》首次提出新中国科技工作的方针:"努力发展自然科学,以服务于工业、农业和国防建设。奖励科学的发明与发现,普及科学知识",是新中国科技政策之滥觞。同年 11 月 1 日,中国科学院在北京成立,国家整合科研机构,调配科技人员,并组建了第一批研究所。中华全国自然科学工作者代表大会于 1950 年召开,确立了科技奖励制度和科技团体组织路线等,被誉为"共和国科学事业的开篇"[①]。1955 年 6 月,在北京成立了中国科学院学部。我国为培养和造就科技人才队伍、延揽英才为新中国建设贡献力量,一方面吸收改造旧中国从各种渠道发展起来的科研组织,争取海外的科学家回国参加建设;另一方面通过《专科学校暂行规定》《高等学校暂行规定》《中国科学院研究生暂行条例》等文件[②],自主培养科技人才,也标志着新中国教育制度的建立。

3. 政策特点

起步时期的政策将苏联相关政策作为范本。主要目的是维护国家主权、提高国家地位、加强国防建设,侧重点在于建立和完善科技、教育体制和提高科研人才地位;以国家整体计划的科技政策为主,运用国家行政的力量、政府计划的方式建立起了科技体制,并以此体制分配科技资源、规划科技事业、调整科研工作。

4. 政策效果

新中国成立伊始,全国科技人员不超过 5 万人,专门的科研机构只有 40 多个;到 1955 年底,全国科研机构发展到 840 个,科研人员达到了 40 多万人[③],我国此时初步建立了以科学院为领导机构和科研中心的集中型科技体制,奠定了我国科技工作的基础。时至今日,薪火相传的中国科学院科研工作者们已经建立起了自然科学的各主要学科领域,形成了我国重要战略科技力量,在全国科技界发挥着榜样作用。

但这一时期的政策也存在明显的不足,一方面许多模仿苏联的"舶

---

① 王扬宗:《1949—1950 年的科代会:共和国科学事业的开篇》,《科学文化评论》2008 年第 2 期。

② 巢宏、方华婵、谢华:《我国科技体制改革进程及政策演变研究》,《中国集体经济》2013 年第 24 期。

③ 王渝生:《共和国科技奠基——中华科技六十年(一)1949—1955 年》,《科学中国人》2010 年第 1 期。

来"政策后来被证实并不符合我国特殊和复杂的国情;另一方面,许多基于新中国成立初期为恢复国民经济的目标而制定的政策不够规范细致,容易导致政策执行的偏差。

(二)曲折发展(1956—1977年)

1. 价值取向

全面建设社会主义时期,我国开始反思前一时期照搬苏联模式的诸多弊端。毛泽东主席1956年在政治局扩大会议上发表了著名讲话《论十大关系》,提出今后各项工作要对苏联走过的弯路引以为戒,不能再僵化地照搬,而是有分析有批判地学习。尽管"文化大革命"期间科技发展道路有过曲折和偏离,但这一时期政策主要是围绕"向科学进军"思想和"百花齐放、百家争鸣"方针展开的。

2. 政策内容

1956年1月全国知识分子问题会议上,党中央发出了"向科学进军"的号召,会上周恩来在《关于知识分子问题的报告》中提出"为了适应国家建设的急速发展的需要,我们的知识分子队伍必须在数量上加以扩大,在业务水平上加以提高",批评了党内存在的对待知识分子问题上的宗派主义倾向。会后发布了《中共中央关于知识分子问题的指示》,同年制定了新中国首个长期科技发展规划——《1956至1967年全国科学技术发展远景规划》,开创了科技领域国家统一领导的长远规划和阶段性计划相结合的先河,对全国科研体制、人才使用政策等作出规定,确定了"重点发展,迎头赶上"的方针[①]。3月和5月为完善科技体系分别成立了科学规划委员会和国家技术委员会。4月,在《中共中央政治局扩大会议上的总结讲话》中毛泽东提出了"百花齐放,百家争鸣"的繁荣社会主义科学文化事业的基本方针。

1958年,我国对科研行政机构进行调整合并,组建国家科学技术委员会,各省、市、县也相应陆续成立各级科委,在全国范围形成了完整的科技管理体系。同时,"大跃进"时期中国科技政策出现了"左"倾错误,为了纠正科学政策的偏差,1961年国家提出了《关于自然科学研究机构当前工作的十四条意见》(简称《科研十四条》),着重指出科研机构的

---

① 李安平:《新中国科学技术发展史上的里程碑——十二年科学技术发展远景规划》,《科学新闻》1999年第28期。

根本任务是"出成果、出人才",要"保持科学研究工作的相对稳定"。1962年在广州召开的科学技术工作会议提出,不应让所谓阶级属性问题成为贯彻落实知识分子政策和充分发挥知识分子作用的阻碍,要鼓舞知识分子的科研积极性。1964年12月,周恩来在第三届全国人民代表大会上第一次引出"四个现代化"的概念,即要在20世纪把中国建设成为"一个具有现代农业、现代工业、现代国防和现代科学技术的社会主义强国"。

1966年至1976年,我国科技政策产生扭曲,《科研工作十四条》等许多重大政策遭到全盘否定。科技管理部等科技管理和科研机构被裁撤,许多基础研究被迫停滞,实验仪器设备被毁弃,高校停止教学。

1975年周恩来在第四届人民代表大会政府工作报告中再次描绘了"四个现代化"的远大蓝图。1976年,"四人帮"被粉碎,我国的科技政策随之出现重大转折。1977年,邓小平发表《关于科学和教育工作的几点意见》的讲话,揭开了科技事业拨乱反正的序幕。他再三申明若想赶上世界先进水平就要注重科学和教育,"要实现现代化,关键是科学技术要能上去",同年9月重建国家科学委员会,标志着中国科技体系重回正轨。

3. 政策特点

这一时期不再僵化地照搬其他国家的政策,但仍然实行计划式集中型的科技体系,秉持赶超发展的科技思想。按照"集中力量,形成拳头,进行突破"的原则,政府通过行政力量直接进行科技政策的制定和执行,管理科研机构,并形成企业、高等院校、中央和地方科研机构、国防科研机构等相互独立的科研系统。

4. 政策效果

《1956至1967年全国科学技术发展远景规划》的实施,首先解决了国家经济和国防建设中迫切需要解决的科技方面的问题,同时也奠定了中国整个计划经济时代的科技政策模式。一方面这种模式是"自封闭"的垂直型结构,科研机构缺乏与企业和社会发展的横向联系,只需对上级部门负责,因此科研与市场严重脱节[①]。科研经费由国家财政统一支付,科技成果也被各生产单位无偿使用,缺少公平的科研成果有偿转让机制,阻

[①] 朱效民:《科技体制改革的"体"与"用"——兼谈科技体制改革的一点思路》,《自然辩证法研究》2012年第7期。

碍了研究成果的推广应用和技术扩散。

另一方面这种模式能够高效地将当时有限的科技资源向特定领域集中，十几年间我国成功发射"两弹一星"、研发结晶牛胰岛素等，在航空、生物学等自然科学领域取得了举世瞩目的科技成果，是我国步入首个科技发展繁荣时期的标志。"四个现代化"的提出更是激发了全国科研工作者的科研热情，但这一原本准备从1966年起开始实施的宏伟目标以及"两步走"的战略方针，被"文化大革命"打断了进程，导致对先进自然科学和社会科学的理论研究停滞不前，新兴科学技术得不到发展和广泛应用，科研队伍出现严重断层。

（三）转折探索（1978—1984年）

1. 价值取向

经过了十年"文化大革命"，当时我国许多科研基地、科研设施、技术设备等遭到毁灭性破坏，国民经济发展受到极大摧残。除了体制上的变革，经济的发展也急需科学技术的支撑，因此国家重新关注科技发展。邓小平根据中国科技事业发展情况，提出"科学技术是第一生产力"的战略思想，一系列科技政策应运而生，科学技术发展和创新活动重新起步。

2. 政策内容

一是使科技事业发展回归正轨。1978年发布的《1978—1985年全国科学技术发展规划纲要》申明："四个现代化的关键在于科学技术现代化"，提出要向"部分重要科学技术领域接近或达到70年代的世界先进水平；专业科学研究人员达到80万人；拥有一批现代化的科学实验基地；建成全国科学技术研究体系"的目标努力。政府相继实施了国家重点科技攻关计划、国家重点实验室建设计划等重大科技计划和产业政策，一定程度上复苏了我国的科技创新能力。

二是确立了科技在经济发展中的地位。1978年3月全国科技大会召开，邓小平提出了"科学技术是第一生产力"这一马克思主义观点和科学技术发展战略思想。1981年4月，为肃清"文革"期间好高骛远、不切实际的思想，以科技促发展，国家科委在《关于我国科学技术发展方针的汇报提纲》中提出"科学技术必须为经济建设服务，科技与经济、社会协调发展"的科技发展新方针，使科学技术工作适应经济建设的要求。

三是注重尊重人才和保护知识产权等制度法规建设。1978年中共中央组织召开"落实知识分子政策"座谈会,会后中组部印发《关于落实党的知识分子政策的几点意见》,提出要尊重知识,尊重人才。1980年发布了《中华人民共和国学位条例》。1982年五届全国人大常委会第24次会议通过了《中华人民共和国商标法》,1984年通过了《中华人民共和国专利法》,用法律的形式落实对知识产权的保护。为克服科技创新的外部性,赵紫阳1982年10月24日在全国科学技术奖励大会上的讲话中指出,国家决定实行科技成果有偿转让,鼓励科研单位多出、快出成果①。

3. 政策特点

首先,创新政策工具较多采用供给型政策、环境型政策,需求型政策还未受到重视。其次,科技创新政策以科技政策和产业政策为主,创新政策总量较少,具体政策措施还不健全。税收政策和金融政策相对较少,财政政策还处于空白阶段,也意味着科技与经济仍然相对分离。最后,开始注重保护知识产权,加强制度环境建设。

4. 政策效果

邓小平提出了"科学技术是第一生产力"的著名论断后,发展高科技、应用新技术的一系列政策相继出台,一大批国家项目、重点工程相继启动,迎来了"科学的春天"。从此,中国的高技术研究发展进入了一个新阶段。我国政府实施一系列科技政策,使得我国科技实力与经济发展同步上升,也使社会建设和人民生活水平得到了提高。

但在当时的国情和时代局限下,这些科技政策的实施效果受到了一定影响,其中最突出的是在政府主导的计划经济体制下,各科技部门出现科研项目重复设置、冗编冗员、设备闲置等资源配置不合理的现象。而且这一时期科技与经济、教育结合仍不紧密。虽然在一些政策中可以看出国家认识到了这一问题,但是科技各部门仍处于缺乏协调、相互分离的状态。

(四)市场竞争(1985—1994年)

1. 价值取向

"经济建设要依靠科学技术,科学技术要面向经济建设"是这一时

---

① 《经济振兴的一个战略问题》(http://www.china.com.cn/cpc/2011-04/12/content_22343770.htm),2017年3月25日。

期的主题。此前的科技创新政策具有科技与经济"两张皮"的现象，科学技术成果与现实生产力脱节，以及无偿转移科技成果的旧体制造成研发积极性不足的问题，严重影响科技事业的发展。1985年邓小平指出："新的经济体制，应该是有利于技术进步的体制。新的科技体制，应该是有利于经济发展的体制。双管齐下，长期存在的科技与经济脱节的问题，有可能得到比较好的解决。"明确提出科技与经济相结合的思想。

2. 政策内容

第一，确立了中国科技政策的新范式（"面向依靠"范式[①]），科技与经济相结合，从计划经济体制向市场经济体制转型。1985年，中共中央发布了《关于科学技术体制改革的决定》，对科技管理体制、科技拨款制度、国家重点项目管理、科研机构的组织结构、人事制度等方面进行了改革，科技体制改革正式启动[②]。1986年，我国实施《高技术研究发展计划纲要》（简称"863"计划）、《中国科学技术政策指南——科学技术白皮书》，跟踪世界先进水平发展，我国高技术为国民经济向更高水平发展储备后劲。此后，我国还相继出台了"星火计划""火炬计划"、《国务院关于进一步推进科技体制改革的若干规定》《国务院关于深化科技体制改革若干问题的决定》等环境型政策，推动以市场为导向的体制改革，鼓励多种所有制科研机构和高等院校以各种形式直接介入经营活动[③]。

第二，放活科研机构和科研人员，实现科技资源的合理优化配置。1991年我国开始实施"攀登计划"，并颁布《中华人民共和国科学技术发展十年规划和"八五"计划纲要》，说明了放活科研对优化科研资源的作用。1992年颁布了《关于分流人才、调整机构、进一步深化科技体制改革的若干意见》，指出改革的基本方针是"稳住一头，放开一片"，稳定支持基础性研究，优化基础性科研机构布局，尝试科技成果产业化[④]。

---

① 经济建设要依靠科学技术，科学技术要面向经济建设。
② 刘凤朝、孙玉涛：《我国科技政策向创新政策演变的过程、趋势与建议——基于我国289项创新政策的实证分析》，《中国软科学》2007年第5期。
③ 扈春香：《改革开放以来中国科技政策发展回顾》，《生产力研究》2009年第12期。
④ 国家科委、国家体改委：《关于分流人才、调整结构、进一步深化科技体制改革的若干意见》，《科技进步与对策》1992年第6期。

1994年，国家科委、国家体改委发布了《适应社会主义市场经济发展，深化科技体制改革实施要点》，明确"深化科技体制改革的中心任务是调整科技系统组织结构"，分流科技人员，优化科技运行机制，合理配置科技资源，不断增强市场机制在资源配置和科技运行中的作用[①]。1995年前后，"211工程""技术创新工程"相继实施，国家更加重视技术创新，重点推动产学研相结合。

第三，注重建设制度软环境，制定了国家层面的基础性法律。其中包括1987年第六届全国人民代表大会通过的《中华人民共和国技术合同法》、1990年第七届全国人民代表大会通过的《中华人民共和国著作权法》，以及1993年第八届全国人民代表大会通过的《中华人民共和国科学技术进步法》等。

3. 政策特点

这一时期整体上创新政策数量有所增加，但仍然以科学政策和技术政策为主。最重要的特点是引入竞争与市场机制。国家由计划经济体制逐渐转型为市场经济体制，不再只依靠政府行政手段管理，而是改革拨款制度，重大科技项目竞争立项。科技拨款制度的转变，也意味着科学技术成果转化政策开始，开拓技术市场，促进科技成果商品化，鼓励产学研横向联合。

4. 政策效果

一方面，这十年间建立起了比较完备的科技法律体系，加强了制度软环境建设。另一方面，通过科技体制改革，打破了原本指令型、封闭体制，多种所有制科研机构得到长足发展，科技与经济相互脱节的"两张皮"现象逐渐改观，市场的作用日益扩大。科技人员的流动更加合理，市场意识和科研积极性显著提高，创新驱动经济发展的效应开始显现。

虽然"面向依靠"范式促进了改革开放后的中国经济迅速增长，但另一方面，也导致了此后有关社会文化发展的科技创新政策被长期忽略，社会领域科技创新投入远不及社会发展的需要[②]。

---

① 国家科委、国家体改委：《适应社会主义市场经济发展、深化科技体制改革实施要点》，《杭州科技》1994年第5期。

② 张文霞、樊立宏、赵延东：《改革开放以来我国促进社会发展的科技政策回顾与展望》，《软科学》2013年第4期。

（五）体系建设（1995—2005年）

1. 价值取向

随着社会的不断进步，科技创新对政策的制定、实施等提出了更高要求。尤其是我国加入WTO后，国际形势不断变化，科技创新的国际竞争日趋激烈，科技创新政策既要立足本国基础和条件，又要符合国际竞争需要。这一时期科技创新工作以"科教兴国""建设创新型国家"为重要战略思想，推进国家创新体系建设、促进科技成果转化成为政策重点。

2. 政策内容

第一，建设国家创新体系。1996年国务院颁布了《关于"九五"期间深化科学技术体制改革的决定》，要在"九五"期间初步建立既适应社会主义市场经济体制又符合科技自身发展规律的科技体制，构建"以企业为主体、产学研相结合的技术开发体系，以科研机构、高等学校为主的科学研究体系以及社会化的科技服务体系"[①]，优化科技力量战略布局。1996年国家开始实施针对企业的"技术创新工程"，在大型企业建立R&D中心。随着科技创新能力日益受到重视，1997年全国技术创新大会应时而开，会议强调要抓住机遇，加强科技创新，实现技术发展的跨越。为达到这一目标，1998年教育部设立了转向高层次人才的计划——"长江学者计划"。同年开始在中国科学院试点"知识创新工程"，与此前的"211工程""技术创新工程"并称三大工程，构成了国家创新系统的战略布局。

第二，加速科技成果转化。1995年中共中央、国务院颁布了《关于加速科学技术进步的决定》，首次提出实施科教兴国战略。其后一年，颁布了《中华人民共和国促进科技成果转化法》。1999年，科技部等七部委发布了《关于促进科技成果转化的若干规定》《关于建立风险投资机制的若干意见》《关于加强技术创新 发展高科技 实现产业化的决定》等政策，使我国科技政策体系进一步完善。另外还出台了《关于进一步培育和发展技术市场的若干意见》《关于加快技术成果转化优化出口商品结构的若干意见》、"国家重点科技成果推广计划""国家重点新技术推广计划""产学研联合开发工程计划""企业技术中心建设计划"等促进科技成果

---

① 国务院：《关于"九五"期间深化科技体制改革的决定》，《科技进步与对策》1996年第6期。

转化的政策。

第三，完善法律制度。2002年第九届全国人大通过《中华人民共和国科学技术普及法》，推动科学技术知识的普及，弘扬科学精神，贯彻科教兴国和可持续发展战略。2003年国务院根据《中华人民共和国海关法》制定《中华人民共和国知识产权海关保护条例》，旨在实施知识产权海关保护，促进科技文化交流。

第四，扶持科技企业发展。国家为了推动企业这一创新主体的发展，相继提出了《关于加快乡镇企业科技进步的意见》《关于大力发展民营科技企业的若干意见》《关于促进民营科技企业发展的意见》。这一时期尤为关注中小企业和高新技术企业，1999年5月，科技部、财政部出台《关于科技型中小企业技术创新基金的暂行规定》，2000年7月，国家经贸委出台《关于鼓励和促进中小企业发展的若干政策意见》，2006年第九届全国人大常委会通过了《中华人民共和国中小企业促进法》，出台了《关于进一步支持国家高新技术产业开发区发展的决定》和《关于加速国家高新技术产业开发区发展的若干意见》等政策。

3. 政策特点

这一时期，企业开始成为科技创新主体。我国科技政策的调整创新，改变了国家单纯的以项目为核心的计划资助方式，变为支持项目和科研基地建设并重的方式，支持方式更加多元化，从制度上保障科技人员发挥自主性、积极性和创造性。创新政策得到了全面发展，以科技政策和金融政策为主，产业政策虽然从数量上看有所减少，但是仍然发挥重要作用，财政政策和税收政策开始进入快速发展阶段。

4. 政策效果

科教兴国战略的提出，是中国科技事业发展进程中的第4个重要里程碑。全国技术创新大会对于深化科技改革，全面推进技术创新和科技成果产业化，促进技术创新和科技成果产业化任务的落实，起到了重要的推动作用。实施的人才专项政策为人才引进、培养提供了平台，相继培养了一大批学术领军人物，极大地促进了经济的发展和社会的全面进步，增强了我国的综合国力。

与前一时期的忽略社会科技政策相较，《关于"九五"期间深化科学技术体制改革的决定》中提出建设"社会化的科技服务体系"，既有助于科技创新产业化又关注社会效益，增加了科研人员服务社会的重要途径。

（六）自主创新（2006—2011 年）

1. 价值取向

党的十七大高度重视科技进步和自主创新，强调把建设创新型国家摆在突出位置，以科技创新推动国民经济又好又快发展。同时科技创新发展价值取向开始凸显人文关怀，体现科学发展观，要求科技创新也要全面、协调、可持续发展，构建绿色科技，把科技发展和人的发展、社会和谐发展联系起来。

2. 政策内容

党的十六届五中全会提出了建设创新型国家的重大战略思想。2006 年提出"要坚持走中国特色自主创新道路，用 15 年左右的时间把我国建设成为创新型国家"。同年，国务院发布了重要科技规划——《国家中长期科学和技术发展规划纲要（2006—2020 年）》，以及《实施〈国家中长期科学和技术发展规划纲要（2006—2020 年）〉的若干配套政策》（国发〔2006〕6 号），把提高自主创新能力作为国家战略摆在全部科技工作的突出位置，提出未来 15 年的科技工作的十六字指导方针："自主创新，重点跨越，支撑发展，引领未来"，设定了"争取到 2020 年，总体达到自主创新能力显著增强，科技促进经济社会发展和保障国家安全的能力显著增强，基础科学和前沿技术研究综合实力显著增强，取得一批在世界具有重大影响的科学技术成果"的目标。

在科技投入方面，一方面大幅度提高财政科技投入的基数，"2006 年中央财政科技投入大幅度增长，在此基础上，'十一五'期间财政科技投入增幅明显高于财政经常性收入增幅"[①]。另一方面，2006 年财政部联合科技部发布了《关于改进和加强中央财政科技经费管理若干意见》《国家重点基础研究发展计划专项经费管理办法》《国家科技支撑计划专项经费管理办法》《中央级公益性科研院所基本科研业务费专项资金管理办法（试行）》等政策来优化财政科技投入结构，规范和加强财政科技经费的管理。

在税收激励方面，2007 年《中华人民共和国企业所得税法实施条例》规定创业投资企业减免税，企业的固定资产由于技术进步等原因，确需加

[①] 《国家中长期科学和技术发展规划纲要（2006—2020 年）》的若干配套政策（http://www.gov.cn/zwgk/2006-02/26/content_211553.htm），2016 年 11 月 4 日。

速折旧的,可以缩短折旧年限或者采取加速折旧的方法。《国家重点支持的高新技术领域》和《当前优先发展的高新技术产业化重点领域指南》规定特定费用允许纳税所得额加计扣除。

在产业政策方面,2008年12月,为解决我国企业技术创新能力不强,自主创新成果转移机制不健全,产业化资金难以筹措,配套政策措施不到位的问题,发改委、科技部、财政部等9部委联合制定了《关于促进自主创新成果产业化若干政策》,以提高产业核心竞争力。2009年5月,为指引产业技术发展方向、合理配置资源,工业和信息化部、科技部、财政部、国家税务总局共同研究制定了《国家产业技术政策》,将市场需求与政策引导相结合。

3. 政策特点

企业基本成为技术创新的主体,开始建立面向全球的开放式企业创新体系。大学在国家创新体系中的作用增强,关注科技创新活动的群众性和普及性。增强自主创新能力成为科技创新政策的关键,将创新置于政策的核心地位。

政策体系逐步形成并不断成熟,国家中长期规划和部门规章等配套政策相对完善,《国家中长期科学和技术发展规划纲要(2006—2020年)》是社会主义市场经济条件下制定的第一个全面的中长期科技发展规划,本身就是一个政策体系,与相关科技支撑计划有机结合,充分发挥财政、金融、税收、人才等方面政策的综合作用,逐步向系统化创新政策过渡。

4. 政策效果

科技自主创新能力得到提高,我国与世界先进水平的差距进一步缩小,但差距仍客观存在。2006—2011年,政府科技投入快速增加,我国R&D经费支出从3003.1亿元增长到8610.0亿元,但是R&D占GDP只增长了0.54%[①]。

然而,绿色科技环境保护政策成效显著。"十一五"期间,共有443项科技成果获得国家环境保护科技成果登记,218项科研成果获得环境保护科学技术奖励,部分成果获国家科技进步奖励[②]。在环境污染治理和环

---

① 2006年至2011年《中国科技统计年鉴》。
② 孟伟:《"十一五"环保科技发展与"十二五"展望》,《环境保护》2011年第23期。

境管理技术方面取得了长足进步。

(七) 治理现代化 (2012 年至今)

1. 价值取向

党的十八届三中全会提出全面深化改革的总目标,要求"完善和发展中国特色社会主义制度,推进国家治理体系和治理能力现代化"。在新技术更新换代周期越来越短,科技创新成果越来越多的背景下,要突破自身发展瓶颈、解决深层次矛盾,习近平提出要坚持"自主创新、重点跨越、支撑发展、引领未来",指出科技创新的三大方向:"面向世界科技前沿、面向经济主战场、面向国家重大需求。"习近平总书记强调要把科技创新摆在更加重要位置,要增强改革创新精神,着力推进国家治理体系和治理能力现代化,依靠改革为科技创新提供持续动力[①]。2012 年全国创新大会将国家发展的指导方针从"科技推动经济发展"转变为"创新驱动发展"。

2. 政策内容

科技体制改革纵深推进。2012 年 9 月,中共中央、国务院印发《关于深化科技体制改革加快国家创新体系建设的意见》,再次强调企业的主体地位,要求推进科研院所和高等学校科研体制机制改革,完善国家创新体系,改革科技管理体制,完善人才发展机制,进一步优化创新环境。2015 年中共中央办公厅、国务院办公厅印发了《深化科技体制改革实施方案》和《关于深化体制机制改革加快实施创新驱动发展战略的若干意见》,全面深化科技体制改革。

实施创新驱动发展战略。十八大报告提出了实施创新驱动发展战略,并指出:"要坚持走中国特色自主创新道路,以全球视野谋划和推动创新,提高原始创新、集成创新和引进消化吸收再创新能力,更加注重协同创新。"2015 年中共中央、国务院提出《关于深化体制机制改革加快实施创新驱动发展战略的若干意见》,旨在破除一切制约创新的思想障碍和制度藩篱,激发全社会创新活力和潜能,让科技创新成为我国经济发展的"新引擎"。2015 年 5 月,我国颁布了《国家创新驱动发展战略纲要》,全国科技创新大会、两院院士大会、中国科协第九次全国代表大会在京召

---

① 孙蕊、吴金希、王少洪:《中国创新政策演变过程及周期性规律》,《科学学与科学技术管理》2016 年第 3 期。

开,"四会合一"可以媲美1978年"科学的春天",预示着创新中国正在翻开新的篇章。2016年7月,国务院通过了"十三五"国家科技创新专项规划,对未来5年科技创新系统谋划,是实施创新驱动发展战略的重大举措。

激发科研人员创新活力。2016年6月李克强总理召开的国务院常务会议提出五大措施,推动科技资金管理升级。随后审计署《关于审计工作更好地服务于创新型国家和世界科技强国建设的意见》、最高人民检察院《关于充分发挥检察职能依法保障和保护科技创新的意见》、中共中央办公厅国务院办公厅《关于进一步完善中央财政科研项目资金管理等政策的若干意见》、教育部科技部《关于加强高等学校科技成果转移转化工作的若干意见》等措施,具体提出了要简化中央财政科研项目预算编制、简化科研仪器设备采购管理、落实和研究完善股权激励政策、审计工作要服务于科技创新、检察职能要依法保障和促进科技创新的要求,强化科技人才激励机制,"在服务上做加法,在检查上做减法,在管理方面更多赋予高校、院所自主权"①,给予科技人员更多的利益回报和精神鼓励。

3. 政策特点

将创新置于核心地位,开始重视需求型政策和协同创新,注重与经济、法律、产业等各领域的有机结合,科技创新政策互相配合和系统化,充分发挥财政、税收、人才等政策的综合作用。

实施创新驱动发展战略,推动以科技创新为核心的全面创新,坚持需求导向和产业化方向,企业在创新中处于主体地位,着力解决要素驱动、投资驱动向创新驱动转变的制约,注重市场在资源配置中的决定性作用和社会主义制度优势的结合。

4. 政策效果

科技创新政策造就了一批带动产业发展的核心技术,各部门相互作用的协同创新网络形成。2015年我国创新指数目前在全球排名第18位,是全球唯一的多年来排名持续上升的国家②。初步建立了面向全球的开放式

---

① 万钢:《科研经费管理需在服务上做加法在检查上做减法》(http://finance.sina.com.cn/roll/2017-03-11/doc-ifychavf2421786.shtml),2017年3月18日。

② 中国科学技术发展战略研究院:《国家创新指数报告2015》(http://www.most.gov.cn/cxdc/cxdcpjbg/201607/P020160706603195938182.pdf),2016年11月4日。

企业创新体系，改善了人才发展环境，提升了国家科技创新综合实力。"十二五"期间，全国高新区收入保持了年均17.4%的增长速度①，17个国家自主创新示范区对区域经济发展发挥了不容忽视的辐射作用，带动区域形成众创空间、科技企业孵化器、加速器等企业孵化服务链条，创新创业企业提供大量就业岗位。

综上所述，我国的科技创新政策有明显的由科技政策到科技政策和创新政策并存的演变趋势②，具体表现在以下四个方面。

从政策工具的类型上看，由只注重供给型政策，到环境型和需求型政策越来越受到重视。前期我国科技创新政策专注于科技资金投入、教育、科技基础设施建设等供给型政策，尤其在起步阶段，基本以此初步构建了我国的科技体系。后期侧重营造创新环境，通过财政、税收、金融、知识产权、法律法规等环境型政策进行宏观调控，注重通过政府采购等需求型政策拉动和稳定创新市场。

从政策工具的数量上看，由独立的科技政策向创新政策群转变。前期主要是由政府主导实施各项科技创新工程、制订具体的科技计划。后期打破只有计划的局限，由国家整体计划大包大揽转变为政府、市场两手抓打组合拳，体现了我国科技创新政策由计划型到政府调控与市场主导相结合的转变。引入市场机制后，突出了市场在创新资源和创新要素上的调节和配置作用，特别是重视企业自主创新能力培养。注重科技与经济的有机结合、科技政策与其他政策的结合，政策之间关联和配合增强。注重产业化，全链条设计从原始创新到技术创新再到产业化的政策，资源配置从以研发环节为主，向产业链、创新链、资金链统筹配置，基础研究、技术研发和产业化科技活动统筹发展转变。

从政策制定的目标上看，由"跟踪"为主，向"并行""领跑"为主转变。前期我国的科技落后，照搬其他国家发展模式和政策体系，只能做"跟跑者"，实施赶超发展的战略，跟踪世界先进水平发展我国科技。新中国成立以来，我国逐步建立起全面独立的科研体系，取得了一系列先进的科技成果，正如2014年习近平在两院院士大会上所指出："我国科技

---

① 人民网：《国家高新区十二五期间实现年均增长17.4%》（http://finance.people.com.cn/n1/2016/0724/c1004-28580176.html），2016年10月21日。

② 刘凤朝、孙玉涛：《我国科技政策向创新政策演变的过程、趋势与建议——基于我国289项创新政策的实证分析》，《中国软科学》2007年第5期。

整体水平大幅提升，一些重要领域跻身世界先进行列，某些领域正由'跟跑者'向'并行者''领跑者'转变。"只有在更多科技领域成为"领跑者"，才能在未来发展中拥有更多主动权。

从政策覆盖的群体上看，以科技人员的小众为主向"大众创业，万众创新"转变。前期政策更多侧重于提高知识分子科技人才的地位，科技投入主要是拨款给国家科研项目。后期是改革科技拨款制度，调整国家资助方式，企业成为科技创新主体。《国家创新驱动发展战略纲要》中更加明确了企业、科研院所、高校、社会组织等各类创新主体功能定位，着力推动"大众创业，万众创新"，在"互联网+"时代构建开放高效的创新网络，促进各主体协同创新。

从高校科技创新政策来看，政策导向由基础性科学技术研究为主，向注重高等学校科技成果转移转化、重视创新教育和培养创新人才转变。此外，高校科技创新政策涉及的学科门类和范围越来越广，科研学术行为规范不断完善。高校从与科学研究机构相互独立、曲折发展阶段的人才培养主要面向国防与关键技术，到市场竞争阶段的科技体制改革，以市场和发展经济为导向，鼓励高校科技成果转化。再到体系建设阶段，科技成果转化规范化法制化，完善相关法律法规保护高校科技创新知识产权，促进"产学研"相结合。近年来，高校科技创新政策更加重视培养高层次、复合型人才和创新人才，推进学科交叉，将科学研究与人才培养有机结合，推进高校自主创新和科技自立。

三 科技创新政策的未来方向

我国科技创新政策发展的未来方向，一方面要继续充分发挥市场在科技创新中的决定性作用，另一方面要更好地发挥政府在科技创新中的引导作用。

市场机制是高效配置资源的方式，科技创新政策要形成有利于企业为主体的市场导向机制。首先要强化企业的科技创新主体地位。推动创新型领军企业国际竞争力提升、中小企业健康发展。加强企业研发能力建设，完善激励企业加大研发投入的政策。依托企业、高校、科研院所等建设国家技术创新中心，发挥其辐射带动作用。第二，政产学研用结合，完善促进科技成果转化的市场运行机制。供给型政策与需求型科技政策结合，使创新政策、需求政策成为科技创新政策的主流。所以，要鼓励科技人员创办科技型企业，推动其在高校、科研机构和企业之间多边流动，研究制定支持非营利性民办科研机构税收优惠；促进大学科技园、科技企业孵化器、投资科技型中小企业的创业投资机构等发展，加强市场环境和法律制度环境建设，健全市场导向机制。

资源配置的市场机制所固有的缺陷，创新本身所具有的不确定性和外部效应表明，需要强化政府政策安排对创新进行激励和支持。首先，要更加注重政策系统设计，加强不同领域政策的衔接，提高科技创新政策体系的协调性。在财税政策、贸易政策、金融政策、产业政策、教育政策上确立创新导向，形成目标一致、手段配合的政策合力。第二，加强科技公共服务和资源共享。完善对技术创新公共服务平台的财政税收支持政策，研究制定财政资金支持区域科技创新服务机构的办法，建立国家科技计划项目成果报告制度[①]。第三，完善科技人才发展机制。建立科学的人才业绩考评体系，完善事业单位科技人员收入分配政策，建立奖励和约束机制。继续实施各类人才专项政策，加强领军人才的培育。

第二节 区域高校科研经费现状及演变

高校作为我国科技发展中重要的科研主体之一，发展速度加快，国家对高校科研的人力、物力以及财力投入也逐年攀升。但对于各区域来说，由于社会、经济、历史、文化以及自然资源等因素的影响，加上改革开放政策对于东部地区的重点扶持，使得高校科研活动平稳发展的过程中也逐渐暴露出明显的区域间水平、数量、规模等不平衡问题。东部地区高校具有良好的科研条件和科研环境，在科研财力、人力、组织等方面的投入规模都较为领先，科研水平整体上较高；中西部地区蕴藏着巨大的发展潜力，凭借"西部大开发""中部崛起"等战略的实施，实现了高校科研的稳健提升。总体看来，经过二十年的发展，各区域高校科研水平均有一定提升，个别地区提升幅度较大，位序有所提升，但仍呈现明显的阶梯状差距，区域差异显著。因此高校作为区域知识创新体系的重要组成部分，有必要深入探索不同地区高校科研经费现状及演变。本节采用定量方法，对

---

① 徐建培：《中国特色科技创新政策框架体系初步形成》（http://h.wokeji.com/special/2013pjcxlt/zclt/201310/t20131027_312517.shtml），2017年2月14日。

近 20 年来我国区域高校科研经费的时空演变和竞争格局进行探讨，以此对我国在制定相应的科研经费政策和促进区域高校间协调发展的研究上起到一定的借鉴意义，来进一步优化我国高校科研经费配置，加快推进我国区域高校科研的均衡发展。

本节研究对象是全国 31 个省级行政区划单位（不含港、澳、台）高校，选取的样本区间是 1993—2012 年，数据均来源于各相应年度的《高等学校科技统计资料汇编》。

一　区域高校科研经费投入特点

（一）区域高校科研经费总体情况

利用空间聚类分析功能，将 2012 年各区域高校投入经费分成四个层次，从空间分布格局可得出以下结论。

1. 区域高校科研经费大体呈现东中西地带性分布的空间格局

从区域科研经费的省区分布看，2012 年全国 31 个省区高校科研经费达到 1170 亿元，北京、江苏、上海排名相对比较靠前，西藏、青海、宁夏等排名则比较靠后，其他西部地区除陕西、四川、重庆外排名都基本靠后，而中部地区除湖北暂时略领先于部分东部地区外，其他地区围绕排名中间地区上下波动。总体上看，高校科研经费大体上显现东中西三大地带梯度分布的空间格局。

2. 区域高校科研经费呈现非均衡性分布的空间特征

从 2012 年各地区高校科研经费占全国的比重看，排名前五位地区高校的比重之和超过 49%，前十位地区高校的比重之和接近 73%，排名后十位的地区高校科研经费比重却仅有 3.7%。此外，占全国的比重最高的是北京，其比重超过 16.9%，而比重最低的是西藏，占全国的比重只有 0.03%，两者相差 638 倍。总体上，区域高校科研经费不仅分布不规则，且在各地区的分布差异较大。

（二）区域高校科研经费来源结构分析

我国高校科研经费的来源结构包括政府资金、企事业单位委托资金及其他，其中政府资金为主要来源主体。研究期内政府资金、企事业单位委托资金及其他资金都在逐年增加，其年平均增长率分别为 22.14%、19.54% 和 17.87%。

从高校科研经费来源的构成上看，政府资金占科研经费的比重总体上呈上升趋势,而企事业单位委托资金总体上呈下降趋势,双方变化趋势相反。其中1995年科研经费来源于企事业单位委托资金的比重达到最大值47.47%,来源于政府经费的比重达到最小值43.59%;2012年科研经费来源于政府资金的比重达到最大值60.59%,企事业单位委托经费来源降到最低值33.48%。

2012年的区域高校科研经费来源中,西藏、新疆、青海、宁夏、海南科研经费的80%都依赖于政府资金,尤其是西藏的高校科研经费96%都来源于政府资金,企事业单位委托资金为0;相对而言,辽宁、四川、河北对政府资金的依赖程度在40%左右,对企事业单位委托资金依赖程度在45%以上,特别是高校科研经费在全国排名第八位的四川省,科研经费只有41.39%来源于政府投入,53.23%来源于企事业单位委托资金投入。在这种强烈对比下,高校科研经费排名第一位的北京有67.58%是来自于政府资金,29.04%来源于企事业单位委托资金。由此可见,全国各省(市)高校科研经费来源结构因地区不同而呈现不同特征,按照对政府资金依赖程度的不同,大致可分为三大类型。一是以西藏、青海等为代表的高度依赖区域;二是以北京、上海为代表的中度依赖区域;三是以四川、辽宁为代表的低依赖区域。同时,可进一步发现无论是哪一类型,除个别省以外,政府资金均是高校科研经费的主要来源。

(三)区域高校R&D经费总体分析

1. 区域高校R&D经费呈现明显的沿海高、内陆低的空间格局

我国幅员广阔,再加上历史发展、地理位置、经济状况以及国家战略等诸多因素的差异影响,使各地区R&D经费支出存在显著的不均衡状态。从区域分布(见图2-5)来看,高校R&D经费投入总体格局为沿海沿湖高、内陆低,地域之间差异明显。从四大区域1993—2012年的R&D平均投入经费分布上看(西藏数据只有2003—2012年数据,故按照10年平均经费算;重庆数据只有1997—2012年数据,故按照16年平均经费算),西部、中部、东部、东北部R&D经费投入占R&D经费总额的比重分别为16.73%、14.50%、56.18%和12.59%,东部地区与西部地区R&D总经费投入分别为2619.86亿元和676.25亿元,前者是后者的3.87倍,四大区域R&D经费投入较为不平衡。从各地区平均R&D经费分布上看,北京R&D经费投入雄居榜首,达到46.2亿元,占R&D经费比重20%,是投入最少的西藏(R&D经费仅0.095亿元)的489倍,两者之间地域差异

十分显著。总体而言，区域高校 R&D 经费在东部地区高度聚集，处于绝对领先地位，而相对于东部地区的优势地位而言，西部、中部、东北部地区之间 R&D 经费相对平衡但与总量比较来说占比相对较少。

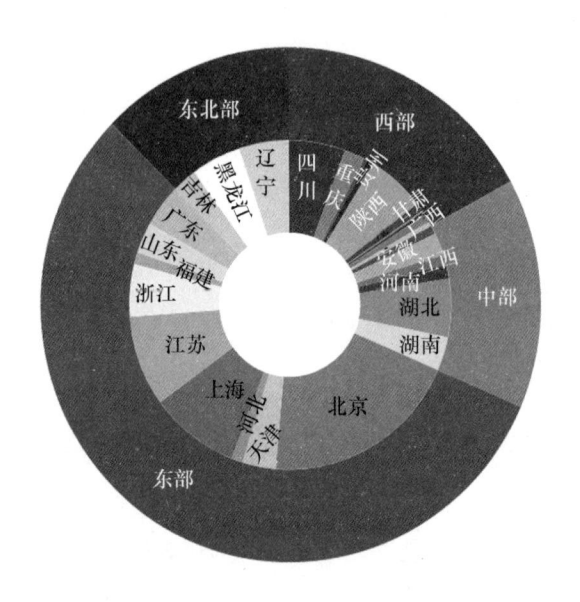

图 2-5　1993—2012 年区域高校 R&D 平均投入经费分布

数据来源：《高等学校科技统计资料汇编》（1993—2012 年）。

2. 各区域高校 R&D 经费呈现年均高速增长态势

图 2-6 呈现了 1993—2012 年全国各省份（未含港澳台）高校 R&D 经费投入的年均增长率。据此可知，自 1993 年《中华人民共和国科学技术进步法》颁布以来，高校 R&D 经费呈现较高程度的增长，全国各省年均增长率均超过 15%。具体来看，按 R&D 增长率可将全国各省（区、市）分为三个增长区间。高增长区间（30% 以上）：包括西藏、青海两地；中增长区间（20%—30%）：包括江西、宁夏、海南等 19 个省级地区；低增长区间（20% 以下）：包括浙江、天津等 10 个省级地区。从区间总体分布来看，2/3 的省份高校 R&D 经费年均增长超过了 20%，集中于中高增长区间，东部部分省份则主要集中于 15%—20% 这一增长区间，原因在于浙江、上海等东部省份高校的 R&D 经费基数大，因此相对增长率稍低。但总体看，全国各区域高校的 R&D 经费年均增长都处于一个较

高水平。

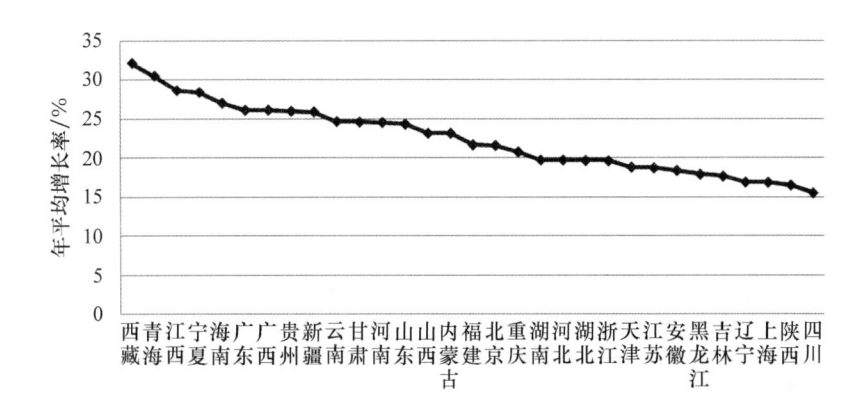

图 2-6　1993—2012 年区域高校 R&D 投入经费年平均增长率

数据来源：《高等学校科技统计资料汇编》（1993—2012 年）。

（四）区域高校 R&D 经费资源在不同研发活动之间的配置情况

从 1993—2012 年区域高校 R&D 经费在三大研发活动上的平均投入（见图 2-7）来看，应用研究是大部分地区 R&D 经费投向的第一大研发类型，其次是基础研究，第三是试验发展；北京、上海、江苏、浙江、四川这五个地区在三大研发活动平均投入经费中始终处于第一水平，新疆、青海、西藏、宁夏、贵州这五个地区在三大研发活动平均投入经费中始终比较落后。从四大区域所占的比重上看，西部、中部、东部、东北部占基础研究平均经费的比重分别为 15.00%、2.31%、59.50% 和 11.74%，东部基础研究经费投入占据一半以上，中部地区在基础研究上投入最少，差异十分显著；西部、中部、东部、东北部占应用研究平均经费的比重分别为 15.88%、2.37%、57.31% 和 12.97%，四大区域的比例与基础研究相似，东部地区仍占据大部分比例，相对来说东北地区的比重稍微有所加大；西部、中部、东部、东北部占试验发展平均经费的比重分别为 24.17%、2.69%、47.52% 和 12.70%，东部地区仍居于榜首位置，西部地区在试验发展所占的比例是三大研发活动中最高的。究其原因，一是因为我国高校特别是"985 工程""211 工程"高校相对集中于东部地区，在高校数量和规模上具有明显优势；二是由于东部地区经济发达、城市化水平高，其高校科研经费资源比较有保障。

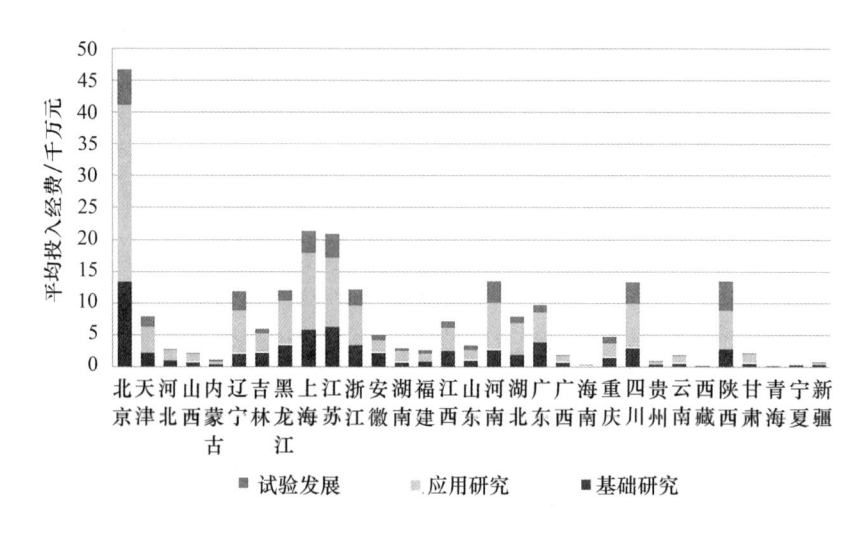

图 2-7 1993—2012 年区域高校各类研究平均投入经费分布

数据来源：《高等学校科技统计资料汇编》（1993—2012 年）。

二　区域高校科研经费空间分布演变特征

本研究借鉴区域经济学中常用到的集中度指数、静态不平衡差、基尼系数、变差系数来考察高校科研经费空间分布的演变规律。

1. 集中度指数是指前 n 个最大的地区所占的份额，是衡量事物空间分布集中程度和相对规模的重要指标，常用 CR_4 和 CR_8 两个指数，CR_4 和 CR_8 分别是指四个／八个最大的地区占有该相关区域的份额，其计算公式如下。

$$CR_n = \sum_{i=1}^{n} X_i \Big/ \sum_{i=1}^{m} X_i$$

其中：x_i 表示第 i 个地区的 R&D 经费投入（$x_1 \geq x_2 \geq x_3 \geq \cdots \geq x_m$）；$m$ 表示区域样本总数；n 表示排名前 n 位地区。CR_n 的取值范围为 $0 < CR_n \leq 1$，当 CR_n 越大（越小），表示 R&D 经费投入空间分布越聚集（越均匀）[1]。

2. 静态不平衡差表示 R&D 经费前几位与后几位之差占前几位之和的比重[2]。

---

[1] 张永凯：《全球 R&D 活动的空间分异与新兴研发经济体的崛起》，博士学位论文，华东师范大学，2010 年。

[2] Oz Shy, *Industrial Organization Theory Andapplication*, Cambridge, MA: MIT Press, 1995.

$$VR_n = \frac{1}{\sum_{i=1}^{n} L_i} \left(\sum_{i=1}^{n} L_i - \sum_{j=1}^{n} S_j \right)$$

其中：L_i、S_j 分别表示前几位与后几位区域的 R&D 经费投入；VR_4 和 VR_8 分别表示前 4、8 位地区与后 4、8 位地区的对比关系，即 VR_4 和 VR_8 指数[①]。VR_n 越接近于 1（接近于 0），R&D 经费投入空间分布越聚集（越均匀）。

3. 基尼系数是最常用于衡量地区差距程度的重要指标之一，是根据洛伦兹曲线用以计算 R&D 经费分布不平等程度的指数，本节采用克鲁格曼 1991 年的区位基尼系数方法来分析区域间的高校科研经费的差异程度，其计算公式如下。

$$Gini = \frac{1}{2 m^2 \bar{X}} \sum_{i=1}^{m} \sum_{j=1}^{m} | X_i - X_j |$$

其中：m 表示区域样本总数；X_i、X_j 分别表示第 i、j 个地区的 R&D 经费投入；$\bar{X}$ 表示变量 X_i 的平均值，即区域平均 R&D 经费。$Gini$ 的取值范围为 $0 \leq Gini \leq 1$，[②] 当 $Gini$ 越大（越小），表示 R&D 经费投入差异越大（越小），空间分布越聚集（越均匀）。

4. 变差系数是把各区域当作均质区（人口、地理面积等），用来衡量区域间 R&D 经费投入分布相对差异的指标[③]。

$$C.V = \left(\sqrt{(X_i - \bar{X})^2} \right) / \bar{X} = \frac{\sigma}{\bar{X}}$$

其中：x_i 表示第 i 个地区的 R&D 经费投入；σ 表示标准差；$\bar{X}$ 表示变量 X_i 的平均值，即区域平均 R&D 经费[④]。当 $C.V$ 越大（越小），表示 R&D 经费投入差异越大（越小），空间分布越聚集（越均匀）。

本节分别从空间集中程度和差异程度来考察区域高校科研经费空间分

[①] 魏守华、吴贵生：《区域 R&D 经费空间分布及其变动特征研究》，《研究与发展管理》2008 年第 1 期。

[②] 张永凯：《全球 R&D 活动的空间分异与新兴研发经济体的崛起》，博士学位论文，华东师范大学，2010 年。

[③] 魏守华、吴贵生：《区域 R&D 经费空间分布及其变动特征研究》，《研究与发展管理》2008 年第 1 期。

[④] 同上。

布变动,通过集中度指数、静态不平衡差指数作为空间集中程度指标,运用变差系数、基尼系数作为区域差异程度指标,对我国高校1993—2012年科研经费投入、经费来源、R&D经费投入、R&D基础研究经费、R&D应用研究经费、R&D试验发展经费几个方面进行考察,得到表2-1,可以发现高校科研经费空间集中和区域差异程度及其随时间演化呈现以下特征。

第一,各类高校科研经费的区域空间集聚程度及其区域差异程度整体较高,但无显著性差异。

从经费集中程度(见表2-1)可看出,各类平均经费的空间集中度指数和静态不平衡指数两个指标大小变化较为一致,且CR_4都在0.44以上,CR_8在0.67以上,VR_4和VR_8在0.96—0.99之间,表明各类平均经费投入的空间集中程度较高。从横向对比看,CR_4、CR_8、VR_4和VR_8的最小值与最大值之间的差维持在0.06以下,说明各类平均经费之间的集中度差异不明显。

在经费来源方面,企事业单位委托经费投入的CR指数和VR指数略高于政府经费投入,说明企业的科研经费投入比政府经费投入的空间分布具有更强的空间集聚效应。恰好体现企业是利益主导型的,注重能迅速获得经济效益的且处于发达区域高校的投入,而政府则要兼顾公平与效率原则。在三大研发活动经费投入方面,基础研究经费的CR指数和VR指数略低于应用研究经费和试验发展经费,应用研究经费也略低于试验发展经费,说明基础研究经费在空间分布格局趋于均匀分布,表明基础研究处于稳定发展期。

根据经费差异程度(见表2-1)可发现,各类经费的$Gini$系数和$C.V$系数两个指标大小变化大体一致,$Gini$上下浮动保持在0.57—0.61之间,$C.V$维持在1.20—1.32之间,各类平均经费投入的空间差异程度较为明显。横向上看,$Gini$的最大值与最小值之间的差为0.0459,$C.V$的最大值与最小值之间的差为0.1827,表明各类平均经费之间的差异程度差异不显著。

在高校科研经费来源分析中,可发现政府经费和企事业单位委托经费投入的$Gini$系数和$C.V$系数略高于其他经费投入,这可以解释为高校依赖于除政府和企事业单位委托以外的经费来源不稳定,变化较大。按三大研发活动经费投入来看,基础研究经费的$Gini$系数和$C.V$系数都略低于应用研究经费和试验发展经费,说明应用研究和试验发展经费的空间更为聚集，区域差异程度高于基础研究，同样表明基础研究在各地区相对比较稳定，重视对基础研究经费的投入是高校技术创新得以持续发展的根基。

表2–1 1993—2012年高校各类平均经费投入的空间分布指标对比表

经费分类		空间集中度指数		静态不平衡指数		基尼系数	变差系数
		CR_4	CR_8	VR_4	VR_8	Gini	C.V
科研经费	科技总经费	0.4585	0.6767	0.9929	0.9740	0.5763	1.2055
	政府经费	0.4703	0.6796	0.9887	0.9668	0.5750	1.2868
	企事业单位委托经费	0.4698	0.7216	0.9991	0.9868	0.6080	1.2326
R&D经费	R&D总经费	0.4636	0.6919	0.9943	0.9750	0.5901	1.2787
	基础研究经费	0.4775	0.6713	0.9913	0.9669	0.5761	1.3236
	应用研究经费	0.4942	0.7152	0.9950	0.9775	0.6100	1.3882
	试验发展经费	0.4546	0.7390	0.9976	0.9886	0.6162	1.2341

数据来源：《高等学校科技统计资料汇编》（1993—2012年）。

第二，随着时间的推移，各类高校科研经费的空间集中程度和区域差异程度总体呈现轻微下降态势，有小幅度的连续变动。

从高校科技总经费和R&D总经费投入的空间集中程度和区域差异程度（见图2–8）来看，整体上CR指数、VR指数、Gini系数、C.V系数四个指标大小在时间上的演变都保持轻微下降趋势。其中，R&D总经费投入的变化相对而言比科技总经费变化大，CR、VR、Gini、C.V四个指数大部分在2000—2001年之间达到高点，在2011—2012年达到低点，空间集聚与区域程度变化相对比较大。不过总体上看，科技总经费和R&D总经费在研究期内呈略微下降趋势，反映了科研经费区域之间的发展差距在略微缩小，开始进入相对均衡分布的发展时期。随着中国区域经济的发展和高校科研创新能力的凸显，区域政府逐渐加大了对高校的科研活动支持力度，区域高校也充分发挥社会服务职能，累积社会资源，因而区域高校科研创新能力得到提升，科研经费区域差距因此缩小。

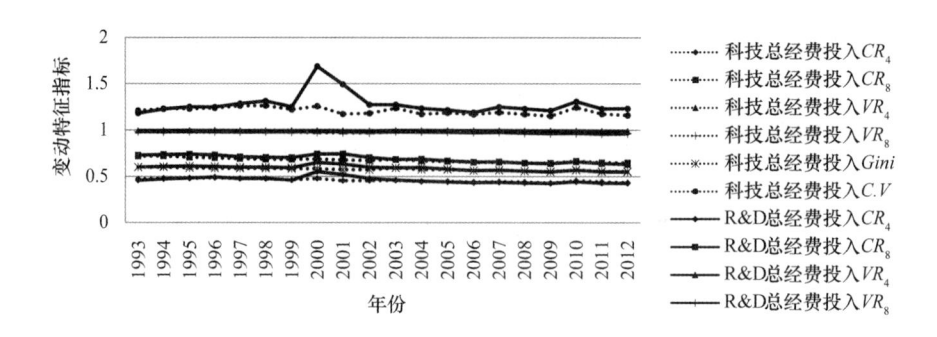

图 2-8 1993—2012 年科技总经费和 R&D 总经费投入的
空间分布及其变动特征指标对比图

数据来源：《高等学校科技统计资料汇编》（1993—2012 年）。

从经费来源的空间集中程度和区域差异程度（见图 2-9）来看，政府经费投入的变动幅度高于企事业单位委托经费投入的变化幅度，其中企事业单位委托经费投入的 CR_4 和 CR_8、VR_4 和 VR_8、$Gini$、$C.V$ 年平均下降率分别为 0.0001、0.004、0.0001、0.001、0.003 和 0.00001，总体上呈波动轻微下降趋势，空间集聚和区域差异程度呈现出小幅下降趋势；政府经费投入的 CR_4 和 CR_8、VR_4 和 VR_8、$Gini$、$C.V$ 年平均下降率分别为 0.007、0.005、0.0004 和 0.001、0.004 和 0.008，总体上都有所降低，反

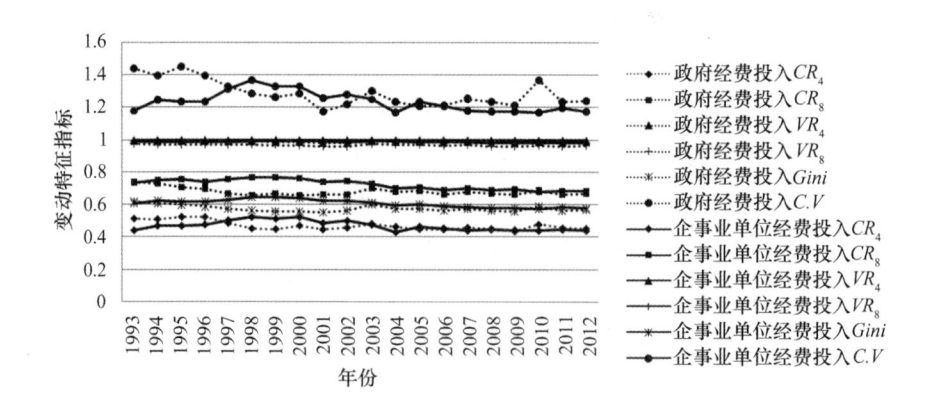

图 2-9 1993—2012 年政府经费和企事业单位委托经费投入的
空间分布及其变动特征指标对比图

数据来源：《高等学校科技统计资料汇编》（1993—2012 年）。

映了政府资金在空间集聚和区域差异程度有所减小，往均衡分布方向转变；从（见图2-9）中还可发现政府经费和企事业单位委托经费呈相反变化趋势，这也解释了一种情况，政府经费和企事业单位委托经费作为区域科技总经费的重要组成部分，两者作用刚好相反且政府经费的变化稍大于企事业经费变化，所以科技总经费在研究期内呈略微下降趋势，均衡分布程度逐步得到加强。

从三大研发活动投入经费的空间集中程度（见图2-10）来看，基础研究经费的 CR_4 和 CR_8 指数最大值与最小值之间的差值分别为0.1411和0.1218，试验发展经费的 CR_4 和 CR_8 指数最大值与最小值之间的差值分别是0.1107和0.1088，应用经费的 CR_4 和 CR_8 指数最大值与最小值之间的差值分别高达0.1826和0.1295，应用研究经费在研究期内的变化幅度最大，变化程度明显高于基础研究和试验发展经费，表明应用研究经费空间分布较为不稳定，时间演变的连续性较弱。此外，基础研究经费与试验发展经费投入在研究期间内分别呈"上升—下降"和"下降—上升"的相反演变趋势，基础研究经费投入 CR_4 和 CR_8 指数在1993—1998年期间呈波动略有上升趋势，在2000年升到最高点，在2001—2012年期间呈波动略有下降趋势，空间集聚程度略有下降；而试验发展经费投入 CR_4 和 CR_8 指数在1993—2001年期间呈波动略有下降趋势，在2002年降到最低点，在2003—2012年期间呈波动略有上升趋势，空间集聚程度略有上升，试验发展经费投入的 CR 指数幅度变化与基础研究经费投入刚好相反。

进一步从三大研发活动经费配置的区域差异（见图2-10）分析，基础研究、应用研究经费的 $Gini$ 和 $C.V$ 指数都在2000年达到了最大值，分别为0.6472、1.7831和0.6884、1.9412，两者的区域差异程度在2000年达到了最高点；基础研究经费、应用研究经费、试验发展经费的 $Gini$ 和 $C.V$ 指数最大值与最小值之间的差值分别为0.1174、0.7353和0.1294、0.7383以及0.0699、0.2967，试验发展经费的变化程度明显低于其他两个经费，表明试验发展经费变异程度较小，时间演变的连续性较好。另外，基础研究经费与试验发展经费投入在研究期内演变方向同样大致相反，基础研究经费的 $Gini$、$C.V$ 指数年平均增长率分别为0.0015、0.0088，试验发展经费的 $Gini$、$C.V$ 指数年平均增长率分别为 -0.0014、-0.0006，两者呈相反变化趋势。

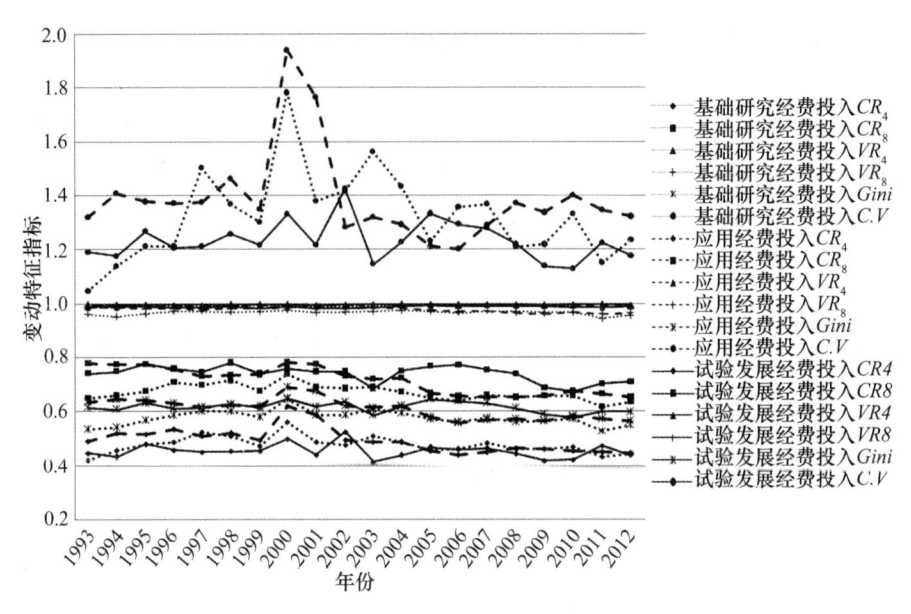

图 2 – 10　1993—2012 年三大研发活动经费投入的空间分布
及其变动特征指标对比图

数据来源：《高等学校科技统计资料汇编》（1993—2012 年）。

从以上的结论得知基础研究经费和试验发展经费的 CR_4 和 CR_8、VR_4 和 VR_8、$Gini$、$C.V$ 指数都显示出相反的变化过程，另外基础研究、应用研究、试验发展经费的 CR_4 和 CR_8、VR_4 和 VR_8、$Gini$、$C.V$ 六个指数的年增长率分别为 0.0028、-0.0013、0.0001、-0.0003、0.0015、0.0088 和 -0.0049、-0.0093、-0.0003、-0.0011、-0.0061、0.0000 以及 -0.0011、-0.0023、-0.0001、-0.0002、-0.0014、-0.0006，基础研究经费的六个指数在研究期内总体上呈略微上升非均衡分布的趋势，应用研究和试验发展总体上呈略微下降趋势，且应用研究变化程度大于其他研究，基础研究经费变化程度明显大于试验发展经费，说明 R&D 总经费在研究期内空间集中程度和区域差异程度都呈略微下降趋势的原因归功于应用研究和试验发展经费均衡分布的趋势大于基础研究经费非均衡分布的趋势。

三　区域高校科研经费的偏移增长情况

偏移—分享法是由美国经济学家 Creamer 首次提出的，被广泛应用于区域经济增长的研究。本节把偏移—分享法引入高校科研经费的研究中，以期考察区域高校科研经费空间分布的时空演变规律。根据偏移—分享方法，某一地区在一定时期内的高校科研经费增长可分解为"分享"增长和"偏移"增长两部分，其中，分享增长量是指 i 区域 j 地区以高校总科研经费增长率增长时取得的增长量；偏移增长量是指其实际经费增长相对于分享增长量的偏差量[①]，经费增长速度较快（较慢）地区其值为正（负），反映了该地区对高校科研经费投入的相对规模为增加（减少）。具体计算公式如下。

$$SHIFT_{ij} = ABSGR_{ij} + SHARE_{ij} = FUN_{ij}(t_1) - (\sum_{i=1}^{n} FUN_{ij}(t_1) / \sum_{i=1}^{n} FUN_{ij}(t_0)) FUN_{ij}(t_0)$$

$$INTERSHIFT_i = \sum_{j=1}^{m} SHIFT_{ij}$$

$SHIFT_{ij}$、$ABSGR_{ij}$、$SHARE_{ij}$ 分别代表某一地区在（t_0，t_1）这段时间内的偏移增长量、绝对增长量、分享增长量，FUN_{ij} 为 i 区域内 j 地区的科研经费，$INTERSHIFT_i$ 为子区域之间的偏移增长量，i 表示四大区域，j 表示四大区域中的子区域，n 为研究区域中各大区域的数目（本节中 $n=4$，分别为东部、中部、西部、东北部），m 为各大区域中子区域的数目（本节中 $m=10/6/12/3$）[②]。

（一）区域高校科研经费投入的偏移增长

从表 2-2 中看出，两个不同时期四大区域之间的偏移增长过程中，西部地区的偏移增长由负值 -5.57 亿元到正值 11.36 亿元，东部地区和中部地区的偏移增长始终为正值，分别为 6.89 亿元、13.38 亿元和 4.24 亿元、0.91 亿元，东北地区的偏移增长始终为负值 -5.56 亿元和 -25.65 亿元。可见，东北地区科研总经费投入增长速度保持下降状态，其科研总经费集聚能力正不断下降；东部地区和西部地区科研总经费投入增长速度加快，集聚科研总经费能力不断提升且西部地区集聚能力大于东部地区，说明 21 世纪以来，东部地区仍然是科研总经费集聚的第一地区，经费增长速度始终领先，西部地区对于科研总经费的集聚能力迅速提高，经费增

---

① 高超、金凤君、傅娟、刘鹤：《1996—2011 年南非人口空间分布格局与演变特征》，《地理科学进展》2012 年第 7 期。

② 杨剑、蒲英霞、秦贤宏、何一鸣：《浙江省人口分布的空间格局及其时空演变》，《中国人口·资源与环境》2010 年第 3 期。

表 2-2　　1993—2012 年我国四大区域高校科研总经费投入偏移增长情况（亿元）

区域	子区域	1993—2003 年	2003—2012 年
	经费增长总量	221.22	917.00
西部	重庆	4.45	0.00
	四川	-10.87	8.16
	贵州	0.16	1.87
	云南	0.35	1.13
	西藏	0.02	0.21
	陕西	-1.44	-4.93
	甘肃	0.21	-0.77
	青海	0.15	0.60
	宁夏	0.10	0.69
	新疆	-0.06	2.60
	广西	1.28	0.71
	内蒙古	0.08	1.09
中部	山西	0.82	-0.80
	安徽	0.70	-4.66
	江西	0.19	6.67
	河南	0.05	9.81
	湖北	0.01	-1.17
	湖南	2.47	-8.94
东部	北京	1.36	-6.80
	天津	-2.73	7.92
	河北	1.89	-3.95
	上海	-0.14	-13.84
	江苏	-0.43	-1.12
	浙江	3.24	-7.38
	福建	-0.02	7.63
	山东	0.49	11.19
	广东	3.15	18.94
	海南	0.08	0.79
东北部	辽宁	-2.61	-6.67
	吉林	-3.66	4.20
	黑龙江	0.71	-23.18

数据来源：《高等学校科技统计资料汇编》（1993—2012 年）。

长速度逐年攀升；中部地区科研总经费投入速度减慢，偏移增长由4.24亿元降到0.91亿元，说明科研总经费向中部地区的集聚速度有所减缓，集聚能力也在降低。

从两个时期各个区域之间的偏移增长量可发现，正偏移较大的地区有：四川19.03亿元、广东15.79亿元、山东10.70亿元、天津10.65亿元，表明其科研总经费集聚程度高，集聚强化能力远高于其他地区。且排名前四名的地区中，除四川外，都位于东部地区，这进一步说明了前文所述，东部地区科研总经费集聚能力在全国处于较高水平。而负偏移较大的地区有：黑龙江 -23.89亿元、上海 -13.70亿元、湖南 -11.41亿元、浙江 -10.62亿元，黑龙江的科研总经费集聚能力下降尤其明显，这也解释了东北地区科研总经费集聚能力正在下降的主要现象。

（二）区域高校各来源主体科研经费投入的偏移增长

各来源主体科研经费之间的偏移增长量在不同时间段存在较大差异，高校科研经费竞争力呈波动性变化。从两个不同时期的偏移增长量可看出，西部地区的偏移增长由 -0.59亿元到 -2.50亿元（降低了1.91亿元），东部地区由 -2.56亿元到26.15亿元（增长了28.71亿元），中部地区由1.53亿元到7.87亿元（增长了6.34亿元），东北部地区由1.63亿元到 -31.52亿元（降低了33.15亿元）。这表明东部地区和中部地区政府经费投入增长速度较为迅速，且东部地区遥遥领先于其他地区，集聚能力不断增强；西部地区和东北部地区的政府经费投入的偏移增长远远落后于其他地区，尤其东北地区的降幅最为剧烈，这两个地区政府经费投入的增长速度明显低于其他地区，科研经费集聚能力不断下降。从两个时期各地区之间的偏移增长量可看出，广东10.91亿元的偏移增长量最高，其次是四川7.54亿元、浙江7.16亿元、吉林6.11亿元，排名前四名的地区中，有两名都在东部地区。而负偏移增长量较大的有：黑龙江 -41.28亿元、陕西 -8.43亿元、重庆 -3.07亿元，同位于西部地区的陕西和重庆有轻微的负偏移，位于东北部地区的黑龙江有较大的负偏移，解释了西部地区和东北部地区政府科研经费投入的增长速度较慢且东北地区最慢，政府科研经费集聚能力不断下降。

根据两个时期内各地区企业科研经费投入偏移情况（见表2-3）可看出，西部地区和东北部地区的偏移增长分别由负值 -3.49亿元、-9.54亿元到正值11.90亿元、8.10亿元，东部地区和中部地区的偏移增长分别由正 12.05 亿元、0.97 亿元到负值 -15.76 亿元、-4.25 亿元。说明全国各区域高校对企事业单位投入的科研经费呈现出不同的吸引能力。特别是东部地区反而呈现比西部还低的情况。具体原因为何？结合各区域经济及市场发展程度，可以对该情况进行有效解释。企事业单位向高校投入的科研经费的偏移度高，说明该区域高校对企业科研资金的集聚能力强，东部地区高校之所以对企业科研经费的集聚能力相对弱，并不是东部高校的研究能力差，而是因为东部区域（如上海、北京、浙江等偏移度最低的省市）其市场发育程度高，已形成了高校、研究机构、研发型服务企业鼎足而立的局面，研究机构和研发型服务企业也形成了对企事业单位科研资金的集聚能力。而西部地区（如四川、重庆）则尚未形成如东部的研发格局，高校仍是最具研发能力的机构。因此，其对企业的科研资金的集聚能力呈现上升趋势。从以上分析来看，高校对企业研发资金的集聚能力，会因市场发展程度的不同而呈现倒 U 型的变化趋势。

表 2-3　　1993—2012 年我国高校四大区域各来源主体科研经费投入偏移增长情况（亿元）

区域	子区域	政府资金		企事业单位委托资金	
		1993—2003 年	2003—2012 年	1993—2003 年	2003—2012 年
经费增长总量		101.23	592.03	95.38	283.24
西部	重庆	1.79	-1.28	1.84	2.23
	四川	-4.82	2.72	-5.15	7.38
	贵州	0.07	0.70	0.01	0.87
	云南	0.26	-1.89	0.20	2.01
	西藏	0.02	0.17	0.00	0.00
	陕西	1.51	-6.92	-1.33	-0.32
	甘肃	-0.42	0.68	0.46	-0.69
	青海	0.14	0.18	0.00	0.08
	宁夏	0.02	0.77	0.00	0.18
	新疆	0.02	1.95	-0.09	0.41
	广西	0.73	-0.57	0.55	0.06
	内蒙古	0.09	0.99	0.02	-0.31

续表

区域	子区域	政府资金		企事业单位委托资金	
		1993—2003年	2003—2012年	1993—2003年	2003—2012年
中部	山西	0.23	-0.86	0.30	0.38
	安徽	1.31	-1.34	-2.17	-1.72
	江西	-0.37	4.04	0.49	1.72
	河南	0.08	5.01	-0.18	2.77
	湖北	-1.08	0.61	1.72	-2.33
	湖南	1.36	0.41	0.81	-5.07
东部	北京	-5.99	-2.62	8.17	-0.58
	天津	-0.98	2.34	-1.16	3.97
	河北	0.63	-1.88	1.76	-1.94
	上海	1.92	3.62	-1.05	-14.79
	江苏	-1.57	-4.43	0.03	4.41
	浙江	0.86	8.02	1.68	-15.70
	福建	-0.15	3.68	0.28	1.05
	山东	0.47	3.91	0.45	5.46
	广东	2.18	13.09	1.89	2.21
	海南	0.07	0.42	0.00	0.15
东北部	辽宁	-2.05	-0.03	-2.62	4.66
	吉林	-1.33	4.78	-2.61	0.37
	黑龙江	5.01	-36.27	-4.31	3.07

数据来源：《高等学校科技统计资料汇编》（1993—2012年）。

四 结论及建议

利用我国1993—2012年31个省区高校科研活动的面板数据，分析了高校科研活动的区域性差异特征，得出以下结论和建议。

（一）区域高校科研经费总体上呈东中西三大地带梯度分布格局，各类高校科研经费的空间集中和区域差异程度都普遍偏高。不过随时间演变呈略微下降趋势，反映了科研经费区域分布差距在略微缩小，开始往均衡分布的趋势发展。建议国家把握好宏观调控与政策的节奏和力度，促进区域科研的协调健康发展，针对落后区域构建倾斜的政策体系，尽快缩小地区间的科研资源配置差距，以促进高校整体科研能力的提高。

（二）当前高校科研经费仍是政府主导型，政府资金、企事业单位委托资金总量都在逐年增加，不过企业科研经费投入相对来说空间分布的集中程度更聚集，区域差异程度更高，而政府资金开始往均衡分布方向转变。建议政府继续加大高校科研经费投入力度，适当向中西部地区高校倾斜；各区域高校要加快校企合作和科技成果转化，凝聚协同企业力量共创科研成果，使科研经费来源结构不断合理化。

（三）高校 R&D 经费来源结构分布不平衡，基础研究和试验发展经费投入比例相对偏低。基础研究经费总体上呈略上升非均衡分布的趋势，应用研究和试验发展呈略微下降趋势，空间集中程度和区域差异程度有所下降。政府要改善高校科研经费空间非均衡性的问题，须先在基础研究经费上下手，在保持政府作为经费来源的主体时，应当强化政府的引导功能，引导社会等资金来源的集聚发挥资金杠杆效应。

（四）在政府科研经费投入偏移增长方面，东部和中部地区增长速度较为迅速，集聚能力不断增强，西部地区和东北部地区的偏移增长远远落后；企业科研经费投入的偏移增长与政府的趋势相反，西部和东北部增长速度明显快于东部和中部，东北部地区的企业科研经费集聚能力最大，东部地区最小。目前，在坚持区域协调发展的战略前提下，应充分发挥珠三角、长三角、京津冀环渤海地区这三大经济圈的经济辐射作用，同时借由"西部大开发"和"一带一路"战略带来的发展契机，让落后地区尤其中西部地区跳出偏安一隅的地理区位制约，挖掘科研潜力，东西南北中互动协同发展，缩小区域间差距。

第三节　区域高校科研成果现状及演变[*]

科研成果一般指对"某一科学技术研究课题，通过观察实验、研究试制或辩证思维活动取得的具有一定学术意义或使用价值的创造性

---

[*] 本节主要内容刊发在《中国科技资源导刊》2018 年第 4 期上。

的结果"①，它是高校科研产出的重要表现形式。党的十八大以来，我国大力实施创新驱动发展战略，加快推进以科技创新为核心的全面创新，把创新摆在五大发展理念之首，成为推动经济社会发展的新引擎。高校作为国家科技创新的主体之一，在创新知识的产出和传播方面扮演着基础性的角色，每年都有大量的科研成果涌现。据统计，高校每年承担国家自然科学基金项目占全国总量的80%多，论文总数约占全国的80%以上，获国家科学技术奖总数占全国的60%左右。

与此同时，受社会、经济、文化和政策等影响，社会经济差异化发展是我国区域发展的一个常态现象。区域化发展随着社会经济发展水平的提高而逐步凸显，区域高校发展逐渐成为高等教育研究的一个重要领域②。而高校科技创新作为国家、区域知识创新的重要组成部分，探讨不同地区高校科技成果的地区差异和演变趋势，对各级政府及有关部门的科技管理工作，提高区域科技创新竞争力，促进高等教育资源的合理配置及推进区域高校协同创新发展的战略目标，具有一定的借鉴意义。

基于文献的角度，目前关于我国区域高校科研成果的研究大致可分为宏观和微观两个层面。宏观上，主要从区域高校科研能力的绩效考核出发，有的学者探讨了高校成果评价存在的问题，构建了不同评价指标的区域高校科研成果的考核体系③；也有学者通过定量分析对我国31个省份的科研成果进行横向比较，揭示区域高校科研成果质量总体提升，但中、东、西部地区高校科研实力之间仍存在差距④。微观上，主要从高校科研成果转化出发，有的学者基于个别省区高校成果转化的现状，分析出特定省份高校科研成果转化率与其教科大省的地位有悖⑤；也有学者基于熵权法对辽宁省高校科研成果评价，得出不同类型高校科研成果水平呈现区域性差异，不同类型高校应扬长避短，优势发展的结论⑥。

---

① 中国科学院：《中国科学院科学技术研究成果管理办法》，《中国科学院院刊》1986年第3期。
② 赵庆年：《区域高等教育发展差异问题研究》，博士学位论文，厦门大学，2009年。
③ 余阳：《高校科技成果绩效评价研究》，硕士学位论文，武汉理工大学，2012年。
④ 柳劲松、刘贵华：《区域高校科研质量综合评价研究》，《高等教育研究》2014年第9期。
⑤ 马治梅：《浅析陕西高校科技成果转化现状与对策分析》，《企业导报》2016年第5期。
⑥ 丁华、孙萍：《基于熵权法的高校科技成果评价——以辽宁省高校为例》，《现代教育管理》2016年第7期。

通过梳理发现，介于宏观和微观之间的省区内科研成果空间分布特征及其演变特征却鲜有研究。因此，本节对我国省区高校科技成果分布特征进行定量研究，分析探讨区域高校科研成果某一阶段的静态现状，结合时空演变动态分析其特征，为深入开展区域高等教育科技创新能力研究奠定基础。

一　区域高校科研成果分布现状

科研成果是科研工作者在科研活动中所取得的各种具有学术的或者经济价值的结果。根据教育部科技司主编的《高等学校科技统计资料汇编》中分地区高等学校科研成果的统计指标，主要包括：科技专著、学术论文、国家级项目验收和知识产权与专利。科研成果产出，不仅能直接反映出区域高校科研水平与区域科技创新能力，而且与区域的经济水平、文化、政策甚至与区域民族、环境等都存在一定的联系。

因此，本小节以31个省级行政区划单位（除港、澳、台）高校为研究对象，依据《高等学校科技统计资料汇编》中分地区高等学校中科技人力、科研成果的统计指标，其中科技人力采用教学与科研人员，知识产权与专利指标选取授权专利这一指标。从静态层面上，对2015年我国31个省区高校成果进行定量分析，探讨区域高校科研成果的现状分布特征，以期对我国区域高校科研成果发展现状及产出能力有个大致的了解。

为客观反映各省区高校科研成果产出能力和科研发展水平，本文利用均量指标考察分析区域高校科研成果现状。将2015年区域高校科研成果总量与教学和科研人员数量之比，分别计算出各个省区的每百人年均出版科技专著、发表学术论文、国家级验收项目和授权专利数，如表2－4所示。

表2－4　　　2015年区域高校科研成果产出水平分布概况

成果项目 省区	科技专著 （部/百人）	学术论文 （篇/百人）	国家级项目 （项/百人）	授权专利 （项/百人）
北京	1.45	115.24	1.43	12.39
天津	0.57	99.07	0.59	8.91
河北	1.29	66.59	0.10	7.43

续表

成果项目 省区	科技专著 （部/百人）	学术论文 （篇/百人）	国家级项目 （项/百人）	授权专利 （项/百人）
山西	1.10	67.91	0.06	5.22
内蒙古	2.10	71.22	0.11	3.70
辽宁	1.76	80.83	0.37	8.21
吉林	0.89	94.30	0.33	7.91
黑龙江	1.63	85.23	2.34	16.89
上海	1.01	121.06	1.29	12.35
江苏	1.79	118.46	0.52	25.29
浙江	1.01	65.49	0.27	27.97
安徽	1.32	78.58	0.25	13.70
福建	0.87	51.29	0.14	10.96
江西	1.22	58.87	0.05	8.85
山东	1.20	66.57	0.15	13.06
河南	2.29	95.45	0.04	11.88
湖北	1.45	104.81	0.40	12.12
湖南	1.57	82.35	0.15	10.07
广东	0.79	77.28	0.14	7.97
广西	0.71	68.33	0.01	7.82
海南	2.47	80.54	0.15	6.58
重庆	1.50	87.63	0.13	13.80
四川	1.58	109.28	0.52	10.62
贵州	1.09	71.12	0.05	7.23
云南	1.07	77.00	0.11	7.33
西藏	0.18	63.11	0.09	1.20
陕西	1.58	101.76	1.09	16.12
甘肃	2.72	104.03	0.06	5.91
青海	0.61	42.80	0.00	0.54
宁夏	0.71	98.46	0.08	2.91
新疆	0.40	75.71	0.07	2.77

数据来源：《2016年高等学校科技统计资料汇编》。

根据表 2-4，可探讨区域高校科研成果的百人平均分布相关特征，具体见表 2-5。

表 2-5　2015 年区域高校每百人科研成果基本统计特征

科研成果＼特征	最大值	最小值	标准差	全国百人人均值	变差系数/%（C.V）
科技著作（部/百人）	2.72	0.18	0.59	1.29	46
学术论文（篇/百人）	121.06	42.80	19.86	83.24	24
国家级项目（项/百人）	2.34	0	0.52	0.36	145
授权专利（项/百人）	27.97	0.54	6.06	9.93	61

数据来源：《2016 年高等学校科技统计资料汇编》。

（一）区域高校科研成果空间分布不规则，各省区分布差异较大

2015 年我国区域高校科研成果总体呈非均衡空间分布特征，各省区内部之间也存在较大差异。鉴于各省级区域科研资源配置差异，教学与科研人员的数量不同，为直接比较反映区域高校四项科研成果产出指标的分布特征，根据表 2-4 数据结果，绘制成柱状图，具体见图 2-11 至图 2-14。

作为高校科研产出中知识创新产出的指标，科技著作的出版和学术论文的发表，成为评判区域高校科研水平最直接有效的方法[①]。而人均科技著作和论文发表，则是衡量高校科研产出能力的两项重要指标。结合图 2-11 和图 2-12，分析可知：

省级区域每百人出版科技专著排在前六位的省区分别是甘肃（2.72 部/百人）、海南（2.47 部/百人）、河南（2.29 部/百人）、内蒙古（2.10 部/百人）、江苏（1.79 部/百人）和辽宁（1.76 部/百人）；排在后九位的省区，当年每百人出版科技专著均不足 1 部/百人，最少的是西藏地区，年均出版科技著作每百人仅为 0.18 部/百人，是当年甘肃省科技专著数的

---

① 吴军华、张晓磊、陆根书：《我国高校科技创新能力省际比较研究》，《高等工程教育研究》2009 年第 1 期。

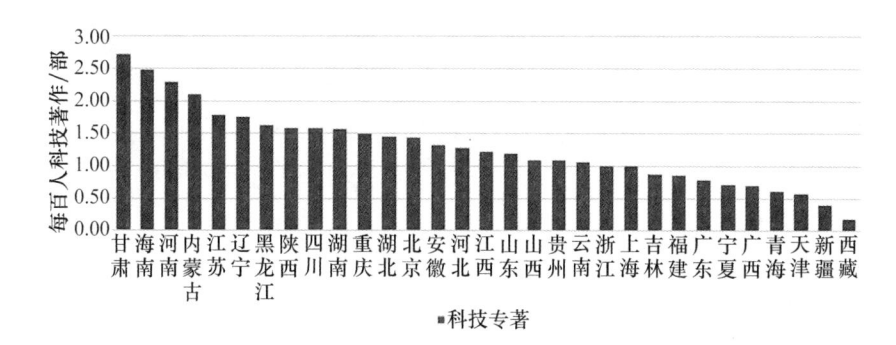

图 2-11　2015 年省级区域高校每百人科技著作数

数据来源：《2016 年高等学校科技统计资料汇编》。

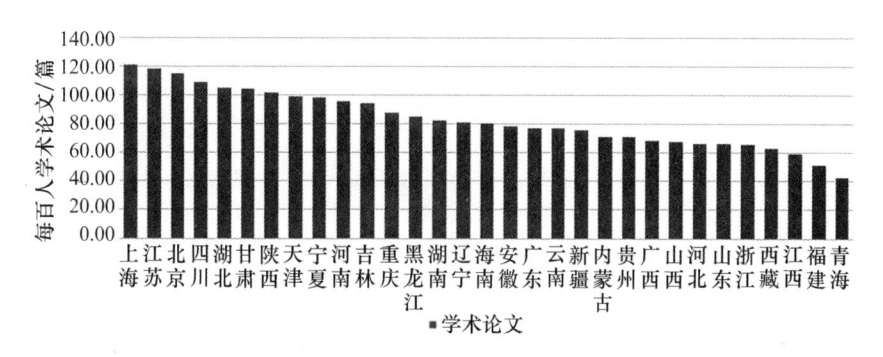

图 2-12　2015 年省级区域高校每百人学术论文数

数据来源：《2016 年高等学校科技统计资料汇编》。

7%，地区之间存在较大差距；其中，甘肃、内蒙古、海南等高等教育基础较薄弱的省区排名靠前，而广东、天津等一些经济发达、高等教育资源丰富的区域排名落后。其余各省级区域每百人出版科技专著数主要分布在1—1.70 部/百人之间，基本在当年全国每百人出版科技专著的均值（1.29 部/百人）之间波动，差异性较小。

在省级区域每百人发表学术论文数方面，最多的三个省级区域分别是上海（121.06 篇/百人）、江苏（118.46 篇/百人）和北京（115.24 篇/百人），这三个区域经济基础条件、高等教育发展整体水平相对较高，且优质高等教育资源充裕，因而这 3 个区域的每百人发表学术论文数居于全国前列；同时，四川、湖北、甘肃和陕西的当年每百人发表学术论文数均突破 100 篇/百人。除最少的青海省（42.80 篇/百人）之外,其余各省级区域每百人发表学术论文集中分布在 50—100 篇/百人之间;且当年全国省区每百人发表学术论文的平均值为 83.24 篇,变差系数(标准差相对于平均数大小的相对量)为 24%,低于科技著作的变差系数,表明区域高校每百人发表学术论文区域间差距更小,分布相对更加均衡。

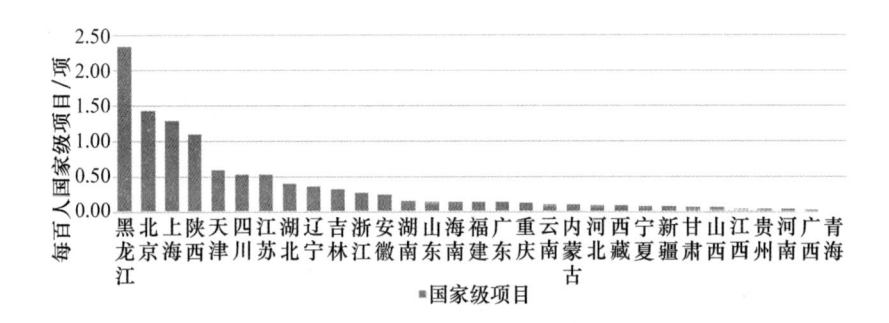

图 2－13　2015 年省级区域高校每百人国家级项目数

数据来源:《2016 年高等学校科技统计资料汇编》。

国家级项目验收是高校社会服务产出的重要表现形式,有基础性科研成果的研究,也有应用性科研成果的转化与使用(见图 2－13)[①]。其主要项目来源包括:国家重点基础研究发展计划(973 计划)、国家科技攻关计划、国家高技术研究发展计划(863 计划)、国家自然科学基金项目等。而研究区域高校每百人国家级项目验收数,反映了一个地区高校每百位科研人员所承担的科研项目验收的数量,是高校科研成果转化工作中的重要一步,同时也是区域科技创新能力的重要指标之一。如图 2－13 所示,2015 年我国省级区域每百人国家级项目验收数呈现非均衡性的分布特征,区域差异性显著。每百人国家级项目验收数突破 1 项/百人的省级区域分别为:黑龙江(2.34 项/百人)、北京(1.43 项/百人)、上海(1.29 项/百人)和陕西(1.09 项/百人);其余省级区域的每百人国家级项目数主要分布在 0—0.60 项/百人之间,最低的是青海省,为 0 项/百人,即当年无国家级项目验收。不难发现,北京、上海、江苏、四川和湖北等省区因其高等教育总体发展水平相对较高,区域高校科研条件较佳,

---

① 张男星:《高等学校绩效评价报告 2012》,教育科学出版社 2013 年版。

整体科研实力较强,因而在每百人国家级项目验收数这一指标上排名靠前;而排名后10位的省区,如西藏、宁夏、新疆、青海、贵州、宁夏等省区每百人国家级项目验收数均在0.10项/百人之下,远低于全国平均值(0.36项/百人),科研整体水平较弱;同时,全国仅9个省区高校的每百人国家级项目验收数高于平均值,且变差系数达到145%,进一步反映区域每百人国家级项目验收数这一指标普遍较低,且区域之间差距较大。

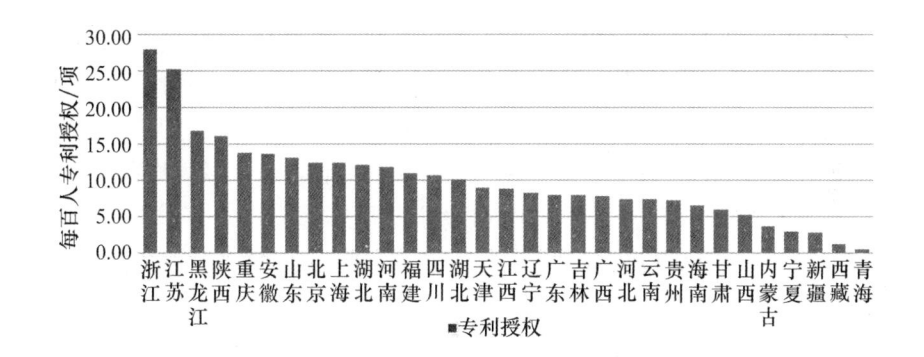

图2-14　2015年各区域高校每百人授权专利数

数据来源:《2016年高等学校科技统计资料汇编》。

区域高校授权专利是高校科技创新产出中的技术创新产出指标之一,是衡量科技创新能力的有效指标。而每百人授权专利数反映出一个地区高校将科研成果转化为知识产权的程度,不仅体现了高校对科研成果的产权保护意识,一定程度上也反映了教学与发展人员的科研能力和地区的整体科研水平[①]。从图2-14中可得出:2015年我国省级区域每百人授权专利数区域分布差异显著。从区域每百人授权专利数排名前4位的省区来看,分别是浙江(27.97项/百人)、江苏(25.29项/百人)、黑龙江(16.89项/百人)和陕西(16.12项/百人);而排名后5位集中在西部省区,分别是内蒙古(3.70项/百人)、宁夏(2.91项/百人)、新疆(2.77项/百人)、西藏(1.20项/百人)和青海(0.54项/百人),高校授权专利数均不足5项/百人,远低于9.83项/百人的全国平均值,区域高校科研产出

---

① 高文兵、李书磊:《中国高等教育资源分布与协调发展研究》,高等教育出版社2008年版。

水平整体很低；其余各省市该指标的数值分布在 5—14 项/百人之间，其中高于全国平均值的省区为 14 个，区域高校每百人授权专利数整体偏低，这也说明了我国区域高校科技成果转化能力较为薄弱，科研成果转化率有待进一步提高。

结合图 2-11 到图 2-14，可综合分析区域高校科研成果内部空间分布的特征：区域高校科研成果呈现非均衡性的空间分布。具体来说，每百人科技著作和学术论文指标数上，甘肃省排名均靠前，但在每百人国家级项目和授权专利数指标上排名靠后。与之相反，上海在每百人发表学术论文、国家级项目验收、授权专利数指标中，排名靠前，但在科技著作指标中排名中下（15 名之后），而江苏省、陕西省在每项指标上都保持前列位置，西藏和青海省在各项指标上均排名靠后。总体上，区域高校科研成果不仅分布不规则，而且在各省区分布差异较大。

（二）高校科研成果区域分布大体呈东部、东北部高，中西部低的格局

在省级区域高校科研成果内部分布的基础上，进一步根据经济发展区域的划分标准对高校科研成果的大区域分布格局进行分析。根据不同区域的社会经济发展状况，我国将经济区域划分为东部、中部、西部和东北部。

根据 2015 年各区域高校科技著作、学术论文、国家级项目和授权专利以及教学与科研人员指标，利用均值考量法得出我国东部、中部、西部及东北部每百人出版科技著作、发表学术论文、验收国家级项目和授权专利指标数值，具体结果如表 2-6 所示。

表 2-6　　2015 年我国四大经济区域每百人高校科研成果分布

成果指标 区域	科技著作 （部/百人）	学术论文 （篇/百人）	验收国家级 项目（项/百人）	授权专利 （项/百人）
东部	1.24	86.16	0.48	13.29
中部	1.49	81.33	0.16	10.31
西部	1.19	80.87	0.19	6.45
东北部	1.42	86.79	1.01	11.00

数据来源：《2016 年高等学校科技统计资料汇编》。

根据表2-6，分析可得出：

2015年我国四大区域高校科研成果每百人分布相对分散。每百人科技著作数，东北部和中部地区排名前列，东部和西部地区其次，且从该指标横向比较来看，最大值与最小值之差仅为0.3，分布差异性较小，四大区域分布较为均衡；东部和东北部地区在每百人学术论文指标上，排名靠前，中部地区次之，西部最低，且区域间差距不大；在每百人验收国家级项目数上，东北部、东部领先优势明显，中部和西部地区处于相对劣势地位；在每百人授权专利数上，东部、东北部地区排名靠前，中部地区次之，西部最低。

综上分析得出：除每百人科技著作指标外，东部地区在其余三项指标中都较高，每百人科研产出实力优势明显，这与东部地区高等教育发展水平相对领先，经济基础条件较优越，科研质量水平整体高等多方面因素相关[①]；其次，东北部地区在这4项指标中均居于前列，尤其在每百人国家级项目验收指标数上领先优势明显，达到1.01项/百人，是东部地区的2倍多。通过对东北部地区高等教育资源的分析，东北部地区科研基础资源数量充足且高度集中，加之科研投入力度的增大，科研产出与其基础资源和科技投入匹配的成效显著，可以认为随着"东北老工业基地振兴战略"的持续推进，东北三省高等教育一体化发展的趋势愈加凸显，整体实力得到较大提升[②]。最后，中部地区每百人科技著作件数上最高，但优势并不明显。除此以外，其他指标均处于落后位置。总体上，中西部地区高校在各项指标上都处于一个相对落后的位置，整体科研产出能力不及东部、东北部高校。究其原因，可以认为这与中西部地区受制于地方经济基础，高校科技投入建设滞后，人才流失严重等因素相关。

二 区域高校科研成果空间分布演变

上文从静态层面，分析了我国科研成果空间分布的现状特征。下文借

[①] 高文兵、李书磊：《中国高等教育资源分布与协调发展研究》，高等教育出版社2008年版。

[②] 刘国瑞、董新伟：《东北三省高等教育区域振兴战略研究：基于东北老工业基地全面振兴与开放战略背景》，辽宁人民出版社2014年版。

鉴区域经济学中测算经济集聚和地理集中度的方法，运用集中度指数和基尼系数进一步探讨我国区域高校科研成果空间分布演变特征。在时空动态层面上，研究对象横向覆盖我国 31 个省级行政区划单位的（不含港、澳、台）高校，样本数据纵向选取 2003—2015 年各相应年份的《高等学校科技统计资料汇编》中分地区高校科研成果统计。

从区域高校科研成果空间集中程度和均衡程度两方面，选择集中度指数作为衡量空间集中程度指标，选择基尼系数作为衡量空间均衡程度指标。两指标的计算模型见本章第二节。

结合区域高校科技专著、学术论文、国家级项目和授权专利考察区域高校科研成果空间分布的演变特征，制成表 2 - 7 和表 2 - 8。

表 2 - 7　　2003—2015 年区域高校科研成果产出空间分布及其演变特征对比表

科研成果	年份	集中度指数/%		基尼系数
		CR_4	CR_8	
科技著作	2003	32.57	55.62	0.46
	2004	32.01	55.33	0.46
	2005	30.47	53.16	0.44
	2006	33.68	56.11	0.45
	2007	31.82	53.47	0.44
	2008	31.95	53.57	0.44
	2009	34.02	54.08	0.45
	2010	29.42	51.71	0.42
	2011	30.13	53.55	0.43
	2012	29.21	52.69	0.41
	2013	31.77	53.79	0.42
	2014	31.92	53.68	0.44
	2015	29.81	51.45	0.41

续表

科研成果	年份	集中度指数/%		基尼系数
		CR_4	CR_8	
学术论文	2003	31.39	52.40	0.42
	2004	30.89	52.67	0.42
	2005	31.69	52.76	0.43
	2006	31.52	52.94	0.43
	2007	31.17	52.71	0.42
	2008	31.16	52.57	0.42
	2009	31.88	52.71	0.42
	2010	32.00	52.65	0.42
	2011	32.26	53.02	0.42
	2012	32.64	53.22	0.42
	2013	32.63	52.97	0.42
	2014	32.80	52.93	0.41
	2015	32.70	53.63	0.42
国家级项目	2003	48.47	74.35	0.65
	2004	44.14	68.27	0.60
	2005	56.32	80.55	0.70
	2006	60.27	76.95	0.68
	2007	52.68	72.65	0.64
	2008	47.53	72.46	0.64
	2009	49.12	71.83	0.63
	2010	51.97	73.80	0.65
	2011	56.33	72.55	0.65
	2012	57.26	76.86	0.67
	2013	62.54	83.31	0.72
	2014	59.15	77.50	0.68
	2015	61.65	81.90	0.71

续表

科研成果	年份	集中度指数/%		基尼系数
		CR_4	CR_8	
授权专利	2003	50.71	70.94	0.62
	2004	46.91	71.40	0.61
	2005	49.33	71.93	0.61
	2006	48.14	69.91	0.60
	2007	46.47	69.12	0.59
	2008	48.58	69.89	0.59
	2009	51.33	70.96	0.60
	2010	52.03	71.88	0.61
	2011	48.60	68.89	0.59
	2012	49.65	68.33	0.59
	2013	45.83	67.63	0.57
	2014	41.04	62.71	0.53
	2015	39.31	59.92	0.51

数据来源：《2004年高等学校科技统计资料汇编》—《2016年高等学校科技统计资料汇编》。

表2-8　2003—2015年区域高校科研成果产出空间分布指标平均值

科研成果	集中度指数/%		基尼系数
	CR_4	CR_8	
科技著作	31.44	53.71	0.44
学术论文	31.90	52.86	0.42
国家级项目	54.42	75.61	0.66
授权专利	47.53	68.73	0.59

数据来源：《2004年高等学校科技统计资料汇编》—《2016年高等学校科技统计资料汇编》。

（一）区域高校科研成果集中程度演变趋势：从高度集中向均衡分布发展

从考察期内集中程度看，区域高校科技著作数和授权专利数的集中度指数（CR_4和CR_8指数）变化较为一致，总体呈降低的趋势。2003年到

2015年，区域高校科技著作数的CR_4和CR_8指数分别降低了8.4%和7.5%，集中度指数降低7.99%，总体呈0.68%/年的线性降低趋势；而授权专利数的CR_4和CR_8指数分别降低了22%和16%，集中度指数降低19.01%，总体呈2%/年的线性降低趋势，这说明区域高校科技著作和授权专利的空间集聚程度下降，空间分布差距减小，向均衡分布方向发展；且区域高校科技著作的CR指数的平均值低于授权专利数，反映了相较于授权专利，区域高校科技著作的空间分布更加均衡；同时，科技著作、授权专利的集中度指数CR_4降低速率是CR_8的1.13倍和1.45倍，进一步说明科技著作和授权专利数由高度集中（前4位）的空间分布朝均衡分布的演变趋势。

区域高校发表学术论文数、国家级项目验收数集中度指数均呈增加的趋势。在考察期13年内，区域高校学术论文的CR_4和CR_8指数分别增加了4%和2%，集中度指数增加3%，总体呈0.25%/年的线性增加趋势；区域高校国家级项目验收的CR_4和CR_8指数分别增加了27%和10%，集中度指数增加17%，总体呈1.3%的线性增加趋势；这说明这两项指标的空间聚集增大，区域之间呈非均衡分布发展趋势；相比较而言，区域高校国家级项目比区域高校学术论文的空间集聚程度更高，地区差异性愈加凸显，其区域差异性发展程度明显。

（二）区域高校科研成果均衡程度演变趋势：从均衡失调向均衡分布发展

从考察期内差异程度看，具体如图2-15所示，13年间，区域高校出版科技专著和授权专利的基尼系数变化较为一致，大体呈现降低的趋势，科技著作和授权专利的基尼系数分别在平均值0.44和0.59上下浮动，差异性较小，说明地区间这两项科研成果指标朝均衡发展的趋势；考察期内，区域高校发表学术论文的基尼系数变化幅度不大，基本围绕其平均值0.42上下轻微浮动，说明区域高校学术论文的地区差异性较小，整体呈均衡分布的趋势；同时，国家级项目验收的基尼系数主要分布在0.60—0.70，平均值达到0.66，大体呈增加的趋势，表明该指标的空间差异程度明显，且这种差异随着时间愈加凸显。

综上，区域高校科技著作、学术论文、国家级项目和授权专利指标的集中程度、差异程度的变化较为一致。随着时间演变，区域高校科技著作和授权专利的集中度指数和基尼系数均呈降低趋势，区域差异性缩小，往

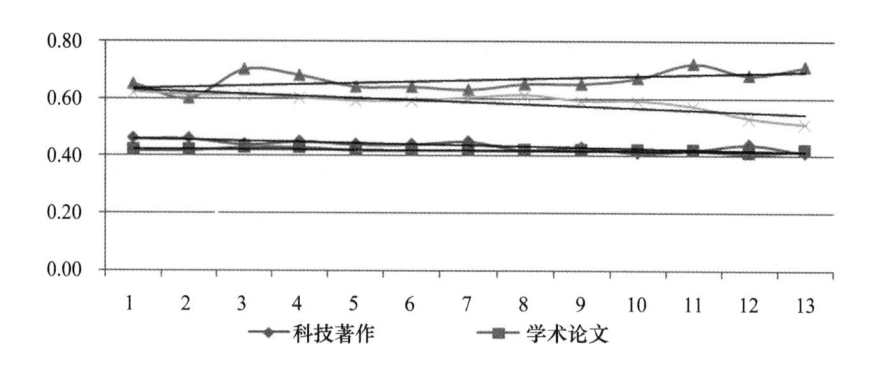

图 2-15　区域高校科研成果基尼系数变化趋势

数据来源：《2004 年高等学校科技统计资料汇编》—《2016 年高等学校科技统计资料汇编》。

均衡分布的方向发展；而区域高校学术论文和国家级项目的集中度指数和基尼系数大体呈增加趋势，其中前者的区域差异性变化幅度不大；区域高校国家级项目指标的差异性增大，集中和均衡程度较为突出，其集中度指数和基尼系数分别超过了 50% 和 0.6，这揭示了随着时间推移，在区域高校科研整体水平提升的背景下，区域高校高水平、高质量科研成果产出能力的差距将进一步凸显，这也反映出区域高校科研成果大体朝着均衡分布的趋势发展，但同时也存在区域科研创新能力强弱的差异。综合分析，结合图 2-15，由表 2-8 可绘制出各科研成果集中度指标系数的变动特征关系（见图 2-16），可见区域高校科研成果分布均衡性基本满足：学术论文均衡性＞科技著作均衡性＞授权专利均衡性＞国家级项目均衡性的关系。

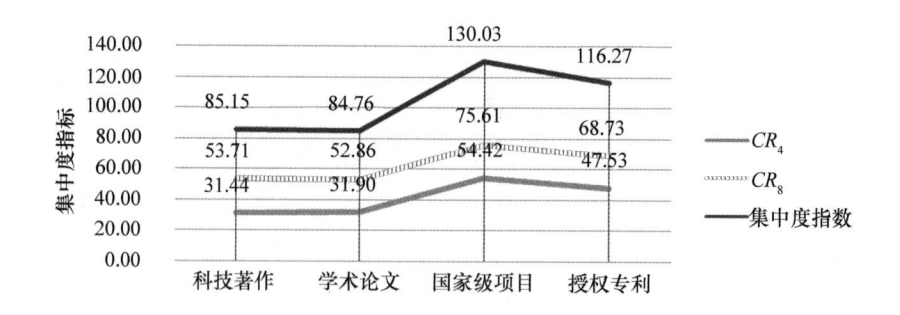

图 2-16　区域高校各科研成果集中度指标变动特征关系图

数据来源：《2004 年高等学校科技统计资料汇编》—《2016 年高等学校科技统计资料汇编》。

三 区域高校科研成果时空特征的启示

区域高校科技成果产出是衡量高校科研创新能力，评价科技成果转化率的重要组成部分。本节基于2003—2015年我国31个省级区域高校科研成果面板数据的定量分析，探讨区域高校科研成果的时空分布情况。总体来看，区域高校科研成果在空间分布上差距较大，但随着时间演进呈缩小趋势。

从区域横向比较看，以2015年的样本数据为例，各省级区域高校每百人科研成果产出数量上存在差距，具体科研成果指标不仅分布不规则，而且在各省区分布差异较大，但大体上呈东中西梯度递减的空间分布格局。我国西部地区大部分省市高校总体科研成果产出能力低于东部、东北部和中部地区高校。究其原因，根据区域发展梯度格局理论，受区域经济非均衡发展的影响，西部地区受制于经济基础条件，科研投入力度较为薄弱，加之区域高等教育发展的非均衡性政策对区域科研成果差异因素的影响[1]。具体来讲，西部地区因经济基础条件较东部、东北部、中部地区薄弱，科研投入力度不足，导致科研基础实施条件建设落后和科研人才流失严重，加之我国自实施科教兴国战略以来，"211工程"和"985工程"的落实在一定程度上促使科研资源逐步向经济发达区域的高校聚集，使得区域高校科研资源非均衡配置，从而制约西部高校科研能力的提升[2]，进而导致西部地区科研成果产出低于东部、东北部和中部地区。

从时间纵向比较看，2003—2015年间各省区高校科研成果的差距总体上呈缩小趋势。这说明，随着时间的演变，反映了科研成果产出在区域分布上的差距逐渐缩小，正逐步向均衡布局发展转变。这也符合区域经济学中的梯度转移理论，即区域经济按梯度由高向低推进，具体到科研成果产出分布，随着时间的推移，科研水平高梯度地区向低梯度地区传递，总体朝向均衡化分布发展[3]。但同时，具体到不同科研成果指标，国家级项目验收却呈现高度不均衡分布的局势，经济基础、科研实力较好的地区与

---

[1] 柳劲松、刘贵华：《区域高校科研质量综合评价研究》，《高等教育研究》2014年第9期。

[2] 同上。

[3] 高文兵、李书磊：《中国高等教育资源分布与协调发展研究》，高等教育出版社2008年版。

西部大部分省区的差距进一步拉大。一方面，这说明了"科技布局开始注重区域效应，带动地方经济发展"①；另一方面，东部、东北部和西部经济基础和科研投入地域性的"先天差异"有可能使科研实力差距陷入恶性循环之中。因此，在协调区域高等教育发展的前提下，继续加大对中西部地区的政策支持力度，优化科研环境支持、缩小地区间科研资源的配置差异，促进区域高校整体科研创新能力的提升。同时，在国家"双一流"建设的时代背景下，促进区域高校协同创新发展，以科研实力较强的地区带动较落后地区的科技发展，实现科技资源开放共享，推动区域高校间相互交流与合作，缩小区域高校科研成果的差距，实现高等教育均衡发展。

---

① 魏守华、吴贵生：《区域 R&D 经费空间分布及其变动特征研究》，《研究与发展管理》2008 年第 1 期。

第三章　国外实践经验借鉴

第一节　美国科技创新能力评价的特点与借鉴[*]

美国的科技实力举世瞩目，庞大的高等教育体系、密集的产业形态、成熟的市场机制、高质的人力资本带给美国源源不断的创新活力。2010年，奥巴马总统在美国国家科学奖章、技术与创新奖章授奖仪式上指出，一直以来，美国的成功倚赖于开发新产品、衍生新产业，以保持美国作为世界科技发明与创新的领导者地位。尽管美国仍是世界上最大的经济体，但在新一轮的全球经济较量中，面对欧盟、日本的追赶，美国也面临着来自全球日益密集的创新研发与经济竞争的挑战。然而，最大的挑战则是来自于如何鼓励创新，正如美国信息技术与创新基金会在其评价报告中频频引用达尔文的一句话："适者并不是最强大最聪明的，而是能因时作出改变的。""改变"一词萦绕在美国上空，但单纯的政策判断缺乏事实根基，在这种背景下，美国成为较早开始科技创新能力评价的国家之一。

自20世纪90年代起，美国国家科学基金会率先发布《科学与工程指标》，反映美国在科学、技术、工程上的教育与学术研究，以及产业、经济领域的发展水平。科技创新能力评价的目的在于通过对过去的成就作出中肯的评价、反思与比较，以指引未来制胜的产业领域与发展方向。2007年《美国竞争法》获得授权后，开展科技创新能力评价活动的主体更加多元化，各项指标体系也在不断深化完善的过程之中。

一　美国科技创新政策体系建设

美国超级大国的地位与其向来重视科技、知识与人才在经济发展中的

---

[*] 本节主要内容刊发在《当代经济管理》2017年第10期上。

关键作用是分不开的，政府与民间组织力促科技发展的理念与作为可以说是这个年轻国家的一项传统。从 1945 年《科学：无止境的前沿》这一著名报告的发布开始，包括 1980 年的《技术创新法》（史蒂文森—怀德勒法）、《大学和小企业专利程序法》（拜杜法案），1982 年的《中小企业技术创新促进法》，1984 年的《国家合作研究法》，以及 1986 年的《联邦技术转移法》等一系列政策法案相继涌现，鼓励科研成果向实际生产力转化，成为美国在二战后保持强劲势头的动力来源。

2005 年 10 月，美国科学院出台了一份名为《站在风暴之上》（*Rising above the Gathering Storm*：*Energizing and Employing America for a brighter future*）的报告，从教育、人才、科技等多个方面对美国的技术竞争力现状进行了陈述。根据这份报告，2006 年，美国前总统布什在国情咨文中发表了"美国竞争力计划"（the America Competitiveness Initiative，ACI），提出美国"引领世界创新"的口号，旨在通过提高教育水平、增大 R&D 投资来维持美国现有的国际领先优势。计划指出，持续的创新竞争力来源于国家产生和利用最新科技进展，并进一步将其转化为现实生产力的能力，要培育和获得此种能力则取决于三个因素：领先的科学研究、强大的教育系统以及良好的创新与创业环境[①]。至此，美国政府进一步加大了对 R&D 活动与教育事业的投入与支持。

竞争力计划提出一年后，《美国竞争法》（America Competes Act）颁布，并于 2010 年获得了美国国会的再授权。在 2010 年版的《美国竞争法再授权法案》中，除了对美国科学技术政策办公室、标准技术研究所、国家科学基金会等组织机构的说明外，增加了包括创新与创业办公室、区域创新计划、美国创新竞争力报告、创新咨询委员会等内容（见图 3-1）。

《美国竞争法》的主旨还是以多种方式提升国家创新能力，其中涉及科技创新能力评价的内容主要有以下两点：一是美国商务部下属的经济与统计管理局（The Economic and Statistics Administration）于 2012 年发布的《美国创新竞争力报告》（*United States Innovation and Competitive Capacity*），对美国经济创新绩效、创新环境、区域创新能力、贸易政策、知识产权政策等内容进行了评价。这份报告的评价重点在于联邦及州政府创新政策的实施绩效，并据此提出了由上而下的具体建议，属于政府咨文的形式。二

---

① 刘权：《美国竞争力计划及其对 NSF 战略规划的影响》，《中国基础科学》2008 年第 2 期。

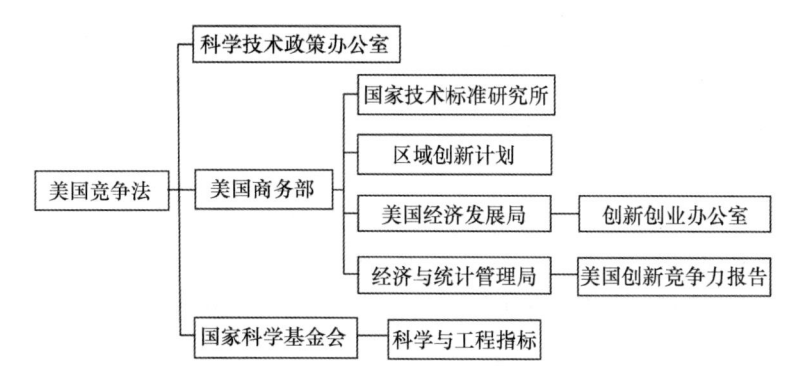

图 3-1　美国竞争法体系下创新与创新能力评价推进部门

是由国家科学基金会（National Science Foundation，NSF）每两年发布一次的科学与工程指标（Science and Engineering Indicators，SEI），这是一个分析美国及世界主要经济体创新能力的定量指标体系。作为授权法案，《美国竞争法》仍在不断修订之中。

二　美国科技创新能力评价实施概况

随着科技创新活动的复杂性逐渐提升，单一指标只能看出一国科技实力的局部情形，若要对整体的科技竞争力有更全面的了解，则必须广泛地探讨各项指标[①]。一般来说，衡量国家科技创新能力的指标可以分为三大类：创新投入指标、创新产出指标和创新环境指标。但由于创新活动涉及的主体范围之广、形式之多、表现方式之不同，随着指标体系构建程度的加深，指标涵盖的内容也愈加丰富。本节即介绍美国现行的几大主要科技创新能力评价，归纳其评价方法与指标体系。

（一）美国国家科学基金会的科学与工程指标评价

美国国家科学基金会成立于 1950 年，是美国科学界最高水平的四大学术机构之一，担负资助 R&D 活动、制定研究领域的战略规划等责任，其对科研项目的资助与评估体系类似于中国的国家自然科学基金。作为独立的咨询机构，NSF 在每个偶数年的 1 月 15 日之前，向美国总统和国会提交该年度有关美国科学、技术与工程发展状况的指标报告，并与其他国家和地区进行综合比较，至 2016 年已经发布了 12 次。NSF 以中立立场，

---

① 林惠玲、郑秀玲：《中国大陆技术追赶与产业发展》，台湾大学，2014 年。

通过定量指标的形式呈现数据事实，充当美国国会在科学和工程相关领域的顾问。尽管 NSF 并不直接提供政策选择和建议，其真实的指标数据则成为国会及联邦行政部门制定科技政策的可靠信息来源。

自 2010 年起，科学与工程指标（Science and Engineering Indicators，SEI）由 NSF 的国家科学委员会（National Science Board）指导国家科学与工程统计中心（National Center for Science Engineering Statistics，NCSES）主持撰写，该中心是美国科学基金会依据 2010 年《美国竞争法再授权法案》第 505 款规定，在原科学资源统计部门（The Division of Science Resources Statistics）的基础上建立，专门负责收集、解释、分析和发布有关科学与工程的竞争力数据和与 STEM 教育有关的统计数据[①]。

基于中立态度，科学与工程指标几乎只是用简单的统计说明，报告以呈现事实数据与图表为主，而这些数据的进一步分析利用，则交由不同的读者自行把握。其指标领域主要体现在七个章节的统计与分析中（见表 3-1）。

表 3-1　　　　　　美国科学与工程指标结构与内容

章节名称	内容
中小学科学教育	中小学生数学和科学成绩；数学和科学课程选修状况；数学和科学老师状况；教学技术等
大学科学教育	高等教育系统；科学与工程专业本科、研究生的招生、就读意愿和学位获得数等
科技人力资源	科学与工程劳动力的规模、教育水平、增长情况；科学与工程劳动力在各就业部门的分布；薪资、失业率，年龄分布与退休情况；科学与工程劳动力中的女性、少数族裔及移民
研究与发展	研发投入与产出的趋势与国际比较；企业研发活动
学术研究与发展	学术研发投入、基础设施；科技工程领域的博士生数；学术研究成果（出版物与专利）
工业，技术和全球市场	知识和技术密集型产业；贸易和全球化指标；创新指标的国际比较；清洁能源技术的投资与创新
公众对科技的态度与理解	公众获得科技信息的来源和感兴趣程度；公众的科学技术知识水平；公众对科学技术的态度

资料来源：美国国家科学基金会（http://www.nsf.gov/statistics/2016/nsb20161/#/）。

---

① 张超、罗晖、何薇、任磊：《美国〈2014 科学与工程指标报告〉解读》（http://www.crsp.org.cn/m/view.php?aid=1369）。

科学与工程指标中的数据是建立在12个美国国家科学基金会专门调查项目以及国际范围内公开统计数据的基础上统计得出的。问卷调查由专门调查项目在严格定义调查对象的标准后，采用分层抽样的方式开展，使样本代表性最大化。在报告的附录，也同样呈现了对这些数据精确度的测度与说明。科学与工程指标经多年定期发布，其中包含的丰富的定量化信息为美国提供了反映国家科学与工程发展水平的可信的量化指标数据和国际比较，不仅成为美国政府、产业界、学术界等组织定位发展的重要依据，也成为许多国际竞争力评价报告所引用的数据来源，为国际科技创新能力评价提供了可靠的参考。

（二）美国信息技术与创新基金会的创新能力评价

美国信息技术与创新基金会（Information Technology & Innovation Foundation，ITIF）是一个非营利无党派的智库团体，致力于研究创新政策如何在全美乃至世界范围内发挥创造新经济机会、促进经济增长和提高生活质量的关键性作用。其使命在于帮助决策者更好地了解创新经济的性质和类型，以促进公共创新政策的推行。

目前，ITIF 已发布三种有关创新能力评价的指标，包括大西洋世纪（The Atlantic Century）、国家新经济指标（The State New Economy Index）和全球创新政策指数报告（The Global Innovation Policy Index，GIPI）。

1. 大西洋世纪创新竞争力评价

ITIF 联合欧美商业理事会（现并为大西洋商业理事会，Transatlantic Business Council，TABC），至今已发布了2009年、2011年两版《大西洋世纪：基准化分析欧盟与美国的创新竞争力》（*The Atlantic Century: Benchmarking EU & U. S. Innovation and Competitiveness*），其指标体系由6个一级指标、16个二级指标构成，两版创新竞争力评价所采用的指标并无差别，但有几项指标的权重则略有调整（见表3-2）。

ITIF 大西洋世纪创新竞争力评价的数据大多来源于OECD公布的各年数据，采取定量分析的方法，使用原始分数逐一计算各个国家的各项指标，并根据各项指标的重要性设计其权重比例。另外，综合测量各国之间等级的差距，而不仅仅只是对其进行单一排名，每项指标的最终得分基于所有国家平均分的标准差得出，从而更加客观地进行国际比较，减少偏差。从指标权重的设计上来看，ITIF 大西洋世纪创新竞争力评价强调"经济绩效""创新能力"和"信息技术基础设施"对国家竞争力的贡献，

表3–2　ITIF 大西洋世纪创新竞争力评价指标体系（2009 年、2011 年）

一级指标				二级指标			
指标	2009 年权重（%）	2011 年权重（%）	权重变化	指标	2009 年权重（%）	2011 年权重（%）	权重变化
人力资本	10	10	=	25—34 岁人群的高等教育毕业率	5	5	=
				单位就业人口的科研人员数量	5	5	=
创新能力	20	22	↑	企业研发投入	9	10	↑
				政府研发投入	7	8	↑
				学术出版物的数量和质量	4	4	=
创业情况	12	12	=	风险资本投资	6	6	=
				新企业数量	6	6	=
信息技术基础设施	20	20	=	电子政务	3	4	↑
				宽带通信	5	6	↑
				企业信息技术投资	12	10	↓
经济政策	13	11	↓	企业有效边际税率	8	6	↓
				经营活动的便利程度	5	5	=
经济绩效	25	25	=	贸易平衡	6	6	=
				外来直接投资	3	3	=
				单位工作年龄人口的实际 GDP	6	8	↑
				单位工作时间的 GDP	10	8	↓

资料来源：Robert D. Atkinson, Scott M. Andes, The Atlantic Century: Benchmarking EU & U. S. Innovation and Competitiveness, 2009. Robert D. Atkinson, Scott M. Andes, The Atlantic Century 2011: Benchmarking EU & U. S. Innovation and Competitiveness, 2011.

将这三项指标分别赋予25%、22%和20%的权重,几乎占到整个指标体系的七成比重。此外,该评价涉及的创新竞争力要素还包括创业情况(12%)、经济政策(11%)和人力资本(10%)①。

从指标权重变化来看,与2009年相比,2011年ITIF大西洋世纪创新竞争力评价提升了"创新能力"的指标权重,而相对弱化了"经济政策"②,表明包括"企业研发投入""政府研发投入"以及"学术出版物的数量和质量"三项二级指标在内的创新能力在衡量一国创新竞争力中重要性的增强。

2. 国家新经济指标评价体系

国家新经济指标(The State New Economy Index: Benchmarking Economic Transformation in the States)也是由ITIF发布的衡量美国国家创新能力的评价报告,相对而言,这份报告更侧重于对美国各州创新经济表现的测度与基准化分析,从而描绘区域与国家经济结构的状态。新经济指标至今已发布1999年、2002年、2007年、2008年、2010年、2012年和2014年七个版本。

不同于其他评价国家创新经济绩效或国家经济政策的报告,国家新经济指标更加关注国家经济结构现实与理想状态之间的匹配程度。例如,全球性是新经济的一大显著特质,因此,国家新经济指标就使用了多个指标来衡量经济一体化程度,并且,这些指标及其权重比例也是随着科技经济的发展而变化的,每个版本的国家新经济指标都会根据现实情况对原有指标体系进行适时调整。最新版的国家新经济指标(2014)将25项子指标归入五大一级指标中,以此对美国各州的经济创新能力进行评价(见表3-3)。

国家新经济指标的数据来源于最新公布的统计数据(由于联邦统计数据的滞后可能会有部分误差)。在取得合适数据后,将原始数据标准化为控制因素。同样,为了避免单纯地将美国50个州从1到50进行排序,进一步衡量各州之间的实际差距,在计算时首先对原始分数进行标准化,

---

① The Atlantic Century 2011: Benchmarking EU & U.S. Innovation and Competitiveness, http://www2.itif.org/2011-atlantic-century.pdf?_ga=1.64386927.1550613642.1460193731.

② The Atlantic Century: Benchmarking EU & U.S. Innovation and Competitiveness, http://www2.itif.org/2009-atlantic-century.pdf?_ga=1.64386927.1550613642.1460193731.

表 3 - 3　　ITIF 国家新经济评价指标及权重（2014 年）

一级指标		二级指标	
指标	权重	指标	权重
知识密集型工作	5.00	信息技术工作	0.75
		管理与专业技术工作	0.75
		劳动力受教育水平	1.00
		知识型人才移民	0.50
		国内知识型人才流动	0.50
		制造业生产力	0.75
		高薪服务产业就业	0.75
全球化	2.00	外国直接投资	1.00
		制造与服务业出口	1.00
经济活力	3.50	工作流失	1.00
		快速成长型企业	0.75
		首次公开募股	0.50
		创业活动	0.75
		发明专利	0.50
信息技术经济	2.50	在线农业	0.50
		电子政务	0.50
		电信宽带	1.00
		健康信息技术	0.50
创新能力	5.00	高技术工作	0.75
		科学家与工程师雇佣数量	0.75
		专利拥有量	0.75
		产业界 R&D 投资	1.00
		非产业界 R&D 投资	0.50
		清洁能源经济	0.50
		风险投资	0.75

资料来源：Robert D. Atkinson, Adams B. Nager, The State New Economy Index: Benchmarking Economic Transformation in the States, 2014.

并根据各个指标的相对重要性来确定、调节其相应权重，使密切相关的指标不至于对最终结果产生偏差。一级指标的分数由二级指标的标准化分数与各自的权重相乘并求和，在此基础上再加上10而得出。

就一级指标权重而言，"知识密集型工作"与"创新能力"都占到了5分的权重，体现了国家新经济指标（2014）对这两项要素的重视程度，同时，与先前版本相比，可以明显地发现这两项所占比重的增加。在1999年的最初版本中，"创新能力"的权重为4.0，且没有把产业与非产业的R&D投入做区分，而"知识密集型工作"的权重在1999年仅为2.5，其下二级指标只体现了国家范围内知识工作与知识人才的存量。将各个版本的国家新经济指标体系加以比较，可以发现其指标体系设计具有逐步细分二级指标、与时俱进的趋势。如在"信息技术经济"中逐步删去了"信息化教学""教师网络培训""上网人数""域名数量"，而增加了"在线农业""健康信息技术"等具有时代特色的子项目。与创新经济一样，新经济指标也体现了不断变化调适的特征，每一次的调整都是在对当下经济现状的考量下完成的，更能凸显出知识与人才的流动性与时代性。

和以往的版本一样，国家新经济指标（2014）在同时考量企业活动和一国的产业部门结构，包括研发、出口、专利和制造业增加值。要把握产业结构的混合常数，因为有些行业本身在对研发活动投入更多，出口更多，产生更多的专利，并且比其他行业更有生产效率。因此，解释一个国家的产业构成将更准确地呈现出各行各业的状态。同样，制造业增加值以部门为基准进行核算，确保评价对象主体是企业在全国同行业范围中的表现水平。

由于各个版本的国家新经济指标使用的指标和方法都略有不同，因此，要是根据国家新经济指数报告对各州创新能力进行时间上的纵向比较，其结果并没有直接的可比性，纵向对比各州经济创新能力排名的提升或下降并不能直接反映其经济结构的实际变化。

3. 全球创新政策指数报告

《全球创新政策指数报告》（*Global Innovation Policy Index*，GIPI）是由美国信息技术与创新基金会和美国考夫曼基金会于2012年联合发布的，它基于全球创新生态系统，构建创新政策评价体系（见表3-4），并采用结构化方法对全球55个国家和地区的创新政策情况进行了分类评价，以促进创新政策的有效制定。

表 3-4　　全球创新政策指数报告指标体系

核心领域		细分领域	
指标	权重（%）	指标	在核心领域中所占权重（%）
贸易与外国直接投资（FDI）	17.5	市场准入	65
		贸易便利化	15
		外国直接投资	20
科学与研发（R&D）	17.5	研发税收激励	20
		政府研发支出	50
		高等教育研发绩效	20
		产业集群发展	10
国内市场竞争	15	企业监管环境	60
		企业竞争环境	25
		创业环境	15
知识产权	15	知识产权保护	40
		知识产权执法	30
		IP 盗用	30
数字化与信息通信技术	17.5	信息与通信技术基础设施及政策的竞争力	25
		信息与通信技术市场及竞争的国际开放性	40
		法律环境	10
		信息与通信技术的使用	25
政府采购	10.0	参与世贸组织政府采购协议	40
		促进贸易的公共采购政策	20
		透明度和问责制	20
		政府采购先进技术产品	20
高技术移民	7.5%	高技术移民率	25
		高技术移民率与低技术移民率之比	25
		高技术移民在总人口中占比	50

资料来源：Robert D. Atkinson, Stephen Ezell, Luke A. Stewart, Global Innovation Policy Index, 2012.

《全球创新政策指数报告》共评估了七大核心创新政策领域的 84 个子指标，评价的主要方法是通过一系列计算得出各个子指标得分情况，再根据各个评价对象加权后的核心创新政策领域得分情况划分等级，把包括经合组织成员国（OECD）、欧盟成员国（EU）、亚太经济合作组织（APEC）中的部分国家和地区，以及几个较大的发展中国家在内的共计 55 个国家和地区的创新政策指数分为高级、中高级、中低级和低级四个等级，反映其创新政策能力的强度[1]。从指标权重来看，贸易与外国直接投资（FDI）、科学与研发（R&D）、数字化与信息通信技术各占 17.5%，国内市场竞争和知识产权各占 15%，政府采购占 10%，高技术移民占 7.5%。其数据也同样来源于 OECD、世界经济论坛（WEF）、世界银行等国际组织的权威统计结果[2]。

（三）美国创新能力评价指标体系的对比

本小节介绍了科学与工程指标，大西洋世纪创新竞争力报告，国家新经济指标和全球创新政策指数报告四种美国创新能力评价指标体系。需要指出的是，这些指标体系各有侧重，由不同机构发布，也面向不同受众，把它们拿来对比只是为了凸显各自特征，并无优劣之分。

从数据来源看，只有科学与工程指标是通过一手调查取得数据信息，其他三个评价报告则都是引用 OECD、WEF 等国际组织以及其他国家公布的数据，对其加以二次加工与整合。就这一方面而言，科学与工程指标可以作为美国本土最为权威的科技指标数据。近年来，一些国际的科技评价活动也多次引用其指标与数据，如经济合作与发展组织（OECD）的《主要科学技术指标》（*Main Science and Technology Indicators*）、联合国教科文组织的《世界科学报告》（*UNESCO Science Report*）以及由瑞士洛桑国际管理学院开发的《洛桑报告》（*The World Competitiveness Scoreboard*）等。

就一级指标分类而言，也只有科学与工程指标把中小学和大学的 STEM 教育单列出来，其他三个指标体系则多以人力资本、研究发展囊括了教育对科技创新的影响。这可能是由于其他三个指标体系更侧重于

---

[1] 魏喜武、杨耀武：《全球创新政策，中国有待加强——〈2012 全球创新政策指数报告〉解读》，《华东科技》2012 年第 7 期。

[2] Global Innovation Policy Index，http：//www2.itif.org/2012-global-innovation-policy-index.pdf?_ga=1.31421567.1550613642.1460193731.

从经济发展与竞争力的角度对国家创新能力进行评价，把教育放到二级指标中加以评量，而科学与工程指标更多的是以一种工具性参考的方式呈现其数据统计结果，其发布单位——美国国家科学基金会与教育界的联系也更加紧密，因而产生了这点不同。但无论如何，教育、人力资本、贸易、通信技术等因素在衡量创新能力中的重要性都在这些指标体系中有所体现。

三　对中国科技创新能力评价的启示

从本节的介绍可以发现，美国的科技评价大多以报告或政府咨文的形式呈现，政府在评价中并不扮演主要角色，而由民间非营利组织担当重任，各个有关科技创新能力的指标评价体系都体现出指标数据庞大、评价机构多为非营利组织、价值中立的特征。综合美国与中国科技创新能力评价的现状，提出以下几点借鉴与参考。

（一）保持评价的相对独立性，对评价指标标准从严把关

美国科技创新能力评价的各类报告都特别强调了其中立立场，这一方面源于"数据胜于雄辩"的理性观念，另一方面则是评价力求客观真实，通过详密的指标数据和简要的说明，为有不同需求的利益相关者提供一手信息，再由他们进行数据的深加工与分析处理，形成产业界、学术界报告。因此，这些非营利组织发布的科技创新能力指标报告，意在促进公众对当下创新环境的认识与理解，而进一步的政策制定工作，则交由相关部门与利益团体审慎决策。这样的做法将评价尽可能地以客观方式呈现，同时也在一定程度上减少了评价成本，缩短了指标报告发布的流程与时间。另外，数据指标由专门机构主持采集整理，使得指标体系保持了相对的稳定性与延续性，并根据现实情况的变化作出适时调整，经过长期连续的数据积累后，非常有利于长期的数据分析比较。

但美国这种信奉数据与量化结果的评价理念，使得定性评价在各类科技创新能力评价中存在感较弱，尽管在指标选取与数据调查过程中也有专家研讨的部分，但最后的报告成果仍是用数据说话，国际排名的竞争性在这个生机勃勃的国家一览无遗。就我国科技创新能力评价而言，《中国科学技术指标》等报告也相当重视数据指标的说服力，但要使其评价结果成为政策制定的依据，实现为创新政策服务的功能，就需要政府部门与产

业界、学术界共同重视评价结果的发表,而这种肯定又来源于数据指标的真实性与可靠性。因此,对我国来说,首先要保证科技创新能力评价指标体系的科学性与客观性,借鉴国际经验,制定统计标准,统一统计口径,多以图表形式对数据进行可视化表达,以便展开国际比较与时间比较,进而提高我国本土科技创新能力评价的水准与权威性,为学术研究、政策制定提供数据信息来源。

(二)重视评价结果的国际比较与国内区域间比较

在美国的各类创新竞争力报告中可以发现,几乎每一章节都有国际比较的部分,覆盖了全球各大主要经济体及一些新兴的发展中国家的科技创新发展状况,在国别比较的选取上,还重点关注了欧盟、日本、加拿大、中国、韩国等经济体的指标评价,表明了其注重与发达经济体比较的意图。同时,多数报告还把美国各州间科技与经济发展水平的差异做了横向比较,说明各州科技方方面面的优劣势所在。比较,体现的是一种竞争意识,一种恐落人后的危机感。正是这种时刻存在的紧迫感,促使美国产业界与学术界不断求变求新。

从科技创新能力评价的目的来看,无外乎就是通过指标评价明确发展现状,尽管各评价发布组织都宣称保持中立立场,但数据始终服务于美国保持创新性、提升竞争力的决策。换句话说,如果不把采集的数据加以分析,使其转化为政策制定的依据,那么评价将会止于报告,止于对现状的"一目了然"。要真正发挥科技创新能力评价的效用,有必要通过数据指标的国际比较和国内比较,了解本国及区域在该项指标上的相对位置,明确提升空间,从而规划可行的政策措施。

(三)关注科学教育评价,丰富指标多样性

目前,中国科技创新能力评价的指标体系中,有关教育的部分主要体现在高等教育领域的研发投入与产出、硕博士学位授予数量,而对大学乃至中小学的科学教育质量的关注较少。人力资本作为科技创新的人才保证,不只仰赖于高新技术移民,更多的可能性则产生于下一代的教育之中。STEM 教育概念由美国提出,即科学(science)、技术(technology)、工程(engineering)、数学(mathematics)教育的统称。美国高度重视 STEM 教育,认为 STEM 教育对国家未来的创新能力和竞争力有决定性的影响,这个理念尤其体现在科学与工程指标中,其前两个章节就专门论述了美国中小学及大学的 STEM 教育及国际比较,以此反映国家的科技发展潜力。反观中国，目前的科技指标探讨的是高等教育研发活动（包括投入产出、成果转化、研发人员的情况等），忽视了大学在人才教育和培养方面理应体现的作用，这就导致大学在指标衡量中等同于科研机构，甚至等同于企业部门，使大学在创新事业中的功能没有完全体现出来。近年来，中国的 STEM 教育发展尤其是中小学的 STEM 成就已经取得了世界认可，但在指标选取上却没有体现，指标的关注点依然聚焦于出版物、专利等易于量化的成果，说明指标体系仍须进一步充实与丰富，逐步扩大与深化指标涉及的领域和内容、涵盖的数量与范围，形成多样化的指标分析维度。

第二节　德国科技创新能力评价的做法与借鉴*

德国是老牌的工业国家之一，也是当代典型的创新型国家，其科研成果转化率、创新产品商业化程度和知识密集型产品出口额一直在各项科技创新竞争力评价中名列前茅。2015 年的全球创新指数（The Global Innovation Index 2015，GII）以高等教育、学术论文影响力和专利申请为依据，将德国的创新质量排在了世界第四的位置。同年，欧盟的创新联盟记分牌（The Innovation Union Scoreboard，IUS）也将德国视为欧洲的创新领导者。顶尖且为数众多的大学和研究机构，大力度的研发投入经费是这个两度迅速从世界大战中恢复的欧洲大国在科技发展上的鲜明特色。以严谨理性著称的德意志民族，在科技创新能力评价方面也彰显了一丝不苟的作风，科学委员会、马普学会、研究与创新专家委员会等公共机构成为评价工作的主要组织部门与规范单位。德国分工有序的科研体制为其科技评价的有序进行奠定了基础，也为世界其他国家作出了有益示范。

一　德国科技创新体制建设

德国科学研究的高效性以其卓越的政策框架与创新体系为基础。德国政府大力支持各个社会部门进行大量的研究、开发与创新，不但以充足的竞争性资金予以支持，更从政策制度上为社会创新铸造坚实后盾，先后推

---

* 本节主要内容刊发在《科技管理研究》2017 年第 2 期上。

出了多个高科技战略,真实可靠地发布研究现状与进展,高瞻远瞩地指明德国未来研究需要关切的领域。同时,在多年的累积下,德国的国家创新系统逐渐聚合,创新主体与创新活动不断丰富,对国家创新系统的综合评价也就应运而生。

(一)德国创新政策体系建设

德国联邦及州政府致力于运用政策和法规来构筑创新体系,并积极推动科研战略从"研究政策"向"创新政策"转化。从2006年联邦政府制定的"高科技战略2006—2009"(Hightech Strategie,HTS),2010年推出的"创意·创新·增长——德国2020高科技战略",2012年推出"高科技战略行动计划"并通过《科学自由法》,再到2014年9月提出"创新为德国"的"新高科技战略"(The new High-Tech Strategy: innovations for Germany),其创新政策愈发完善,不断因时因地作出调整,形成了一个全面的、跨部门的国家创新战略框架。这些政策颁布的目的不外乎加强德国知识生产与转化的能力,使德国在国际竞争中占得主导地位。创新政策颁布与实施的前瞻性与连贯性,则成为激发各界创新活力的有效催化剂。每一份科技战略都拟定出各重大领域的创新目标,成为当期德国科技发展的总纲领,引领着全社会特别是产业界的技术进步。

在整体规划的同时,德国还强调引入社会共同参与,对创新政策进行评估与补充。这在由德国教育研究部(Bundesministerium für Bildung und Forschung,BMBF)于2001年提出的创新政策概念——"创新与技术分析"(Innovations und Technikanalysen,简称ITA)——中得以体现。ITA旨在通过研究机构或智库单位对创新过程的调查,发挥其专家支援的作用,帮助政策制定者了解社会所期望的技术发展,提供最为关切的政策行动选择空间[①]。参与ITA的管理部门与研究机构如图3-2所示。

德国政府对创新政策的重视,源于将科学研究投入市场,产生经济效益的需求。技术创新的非线性模式使研究成果需要依赖由各项创新政策组成的支撑系统,继而应用到最前沿的产业领域当中去。创新政策将创新的

---

① 张朝钦:《创新政策的社会取向:德国教育研究部"创新与技术分析"(ITA)介绍》,《科技发展政策报道》2009年第3期。

主动权交由产业部门尤其是中小企业,政策在创新活动中起到"保驾护航"的作用,为创新主体营造良好的外部环境与生长空间,鼓励其向上发展。

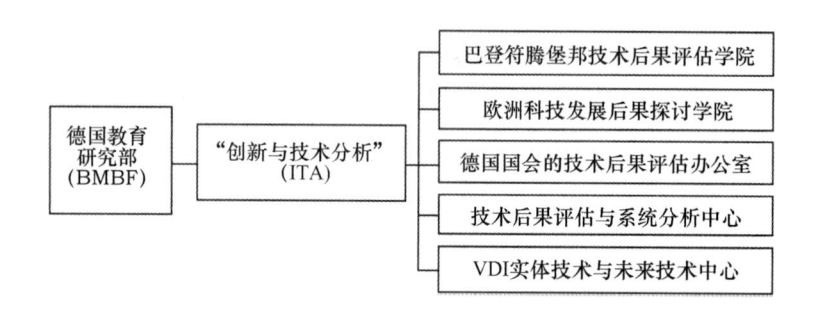

```
德国教育         ┌─ 巴登符腾堡邦技术后果评估学院
研究部 ─ "创新与技术分析" ─┼─ 欧洲科技发展后果探讨学院
(BMBF)    (ITA)      ├─ 德国国会的技术后果评估办公室
                     ├─ 技术后果评估与系统分析中心
                     └─ VDI实体技术与未来技术中心
```

图3-2 "创新与技术分析"参与部门

(二)德国国家创新系统建设

目前,德国国家创新系统是由政府部门、公共机构(包括高校和科研院所)、非营利咨询组织及产业界联合构建的多元化创新体系,可分为立法、规划与投资、管理与监督、咨询协调以及执行五个层次(见图3-3)。其中,立法、规划与管理属于联邦及各州的议会与政府所统筹的范围,负责总体创新环境建设;咨询协调部门以科学委员会为代表,还包括创新与增长咨询委员会、联邦州文教部长常设会议等智库团体,他们在调查分析的基础上向政府建言献策,提升政策制定的科学性;执行层面则包括高等教育机构、研究机构、学会及产业部门,各部门在各自领域分工合作,形成有层次有差别、高效率高水准的国家创新系统。

联邦教育研究部(BMBF)是德国国家创新系统的主管部门,负责研究政策的制定和研究资助,在国家层面上为德国研究领域确定发展目标和重要发展方向。同时,各个联邦和州政府也都提出了立足本地的发展战略。德国科学委员会(Wissenschaftsrat,WR)是一个独立的政策顾问机构,由联邦与州政府共同负责且各出资一半组成,其成员来自各个科学团体,发挥咨询协调的作用,为包括大学在内的科研机构、国家创新领域的发展做规划与评估。

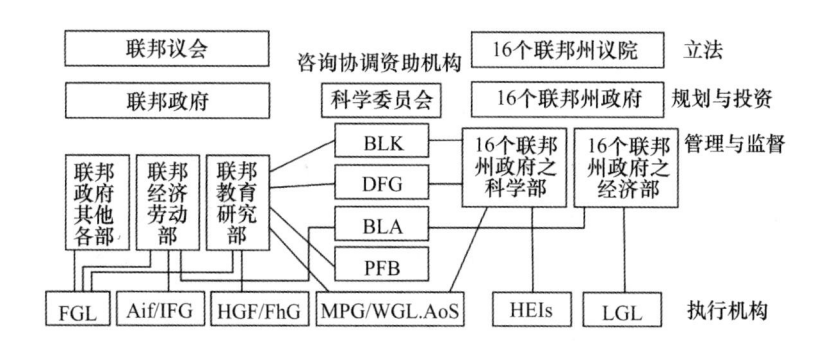

FGL：联邦政府实验室　　　　LGL：联邦州政府实验室　　　MPG：马普学会
FhG：弗朗霍夫协会　　　　　DFG：德国研究联合会　　　　PHB：德国大学建筑规划委员会
HGF：亥姆霍兹联合会　　　　AiF/IFG：工业研究协会工作联合会　　AoS：科学院
WGL：莱布尼茨科学联合会　　BLK：联邦—州教育规划与研究促进委员会
HEIs：高等教育机构　　　　　BLA：联邦—州研究与技术政策委员会

图 3-3　德国国家创新系统基础构架①

德国具有多元的创新主体，其研究体系按机构划分，整个体系内的决策权分散到各个机构②。其中最具鲜明特色的当属其定位清晰的公共科研体系，尤其是马普学会（MPG）、亥姆霍兹联合会（HGF）、莱布尼茨学会（Leipniz）和弗朗霍夫协会（FhG）四大研究机构在各自权责范围内的研究活动与项目评审、机构评估活动，对德国创新体制产生了巨大的影响。以其研究方向来说，马普学会侧重于创新导向及跨学科领域的基础研究；弗劳恩霍夫协会偏向技术导向型的应用研究，特别是为产业界部门进行研究；亥姆霍兹联合会着眼于战略规划的顶尖科研领域，面向前瞻性的高新技术研究，以求国家和社会发展的长远目标；莱布尼兹学会则主要负责与应用相关的基础研究③。同时，整个国家创新

---

①　德国科技创新态势分析报告课题组：《德国科技创新态势分析报告》，科学出版社 2014 年版，第 21 页。

②　经济合作与发展组织：《公共研究的治理：走向更好的实践》，科学技术文献出版社 2006 年版，第 113 页。

③　高鑫：《〈2014 年德国研究与创新报告〉（节选）翻译报告》，硕士学位论文，四川外国语大学，2015 年。

系统中的各个部门之间都频繁地开展密切而广泛的合作，使人员交流、知识流动得以高效运作。

二 德国科技创新能力评价实施概况

发达的高等教育系统和公共研究体系是德国科技体制的组织特征，同时，德国也拥有丰富的科研机构绩效评价经验和规范的同行评议制度，各个研究机构在所属学会的监督下开展自我评价与第三方评价活动。随着国家创新系统日趋成熟，科技竞争力评价工作也有了长足的进展。

（一）德国科研机构绩效评价

对科研机构的评价，其目的在于检视德国公共科研体系的科学研究质量，探讨科研机构未来的发展战略与研究侧重点，并进行资源的合理分配。对科研机构的绩效评价多采用内外部评价相结合的方式。鉴于德国科研机构系统庞大，各个机构的研究领域各不相同，因此评价以同行评议为基础，但评价的内容及程序则各具特色。德国林林总总的科研机构绩效评价都强调对评估专家的多元化选择与专业化匹配，突出评价的学术导向性与实际应用意义。

1. 德国科学委员会对科研机构评价的统领性建议

2011年，德国科学委员会通过了《关于科研绩效评价与监管办法的建议》，指出高等院校和科研机构的内部评价程序必须满足复杂性、多样性、适切性和自我反思性等要求，在保证评价质量的同时兼顾施测时间周期和评价费用的经济性。该建议陈述了科研绩效评价与监管的指导方针、指标调整、方法改进、具体措施等内容，成为科学委员会及德国其他科技组织实行科研绩效评价的行动指南。

为了使评价结果具有可比性，科学委员会对主要指标的选取概念作出解释，建议要考虑到各学科质量标准的差异性，尽可能宽泛地去理解科研成果的概念，除了成果转化外，也要把科研的服务功能包括在内。因此，科学委员会将科研院所按其特征分为科研类与服务类研究院所，并针对其特性按不同标准进行评价。研究型科研机构的评价标准主要包括：①科研项目质量；②出版物、学术会议与专利等产出；③内部质量控制；④合作；⑤研究成果实施情况。对于服务型科研院所则主要考察其服务质量，具体包括服务提供情况、客户满意度、服务提供的形式与技术、质量控制情况、社会效应等①。根据科技评价所需不同信息类型，弗劳恩霍夫系统与创新研究所的评价专家从数量与质量两个方面给出的科研机构评估框架体系也比较具有代表意义（见表3-5）。

表3-5　　　　　　　　　　德国科研机构评价框架

信息类型	指标	数量	质量
研发资源	研究人员	研究人员数量；非研究人员数量	授予博士学位科学家数量；科学家同非科学家的比例；助教与教师比例；年龄结构；研究领域情况
	资助	数量；数量的变化	经费来源；可用性
	基础设施	面积	房龄；房屋状况
		人均计算机拥有量	计算机配置质量情况
研发产出	研究表现	项目（第三方资助）	研究使用时间；资助；研究性质
		访问学者	规律性；资助情况
	知识生产	出版物	专著/论文；会议/非会议；国家/国际
		专利	技术含量
	培养青年科学家	授予博士学位数量	获学位的时间；获学位的成绩
研发效益	可见影响	引用率	引用持久性；引用半衰期
		评论和回复	会议/国际杂志
	学术界声望	聘任情况	聘任大学的声望
		研究奖项获得情况	奖项的类型和形式
	社会辐射范围	许可证、专利	收益使用形式；技术领域
		专家意见、顾问能力	委托机构类型
		演讲、报告	主办方类型（产业界、学术界）

资料来源：Stefan Kuhlmann, Information zur Forschungsevaluation in Deutschland – Erzeuger und Bedarf; Gutachten für die Gesellschäftsstelle der Deutsch Forschungsgemeinschaft, 2003.

---

① 陈强、鲍悦华等：《德语国家科技管理的比较研究》，化学工业出版社2012年版，第130—131页。

出于评价可靠性的考量,科学委员会要求评价主体及早公开所使用的评价标准及方法、途径和程序。评价数据以具有较高稳定性和权威性的国际公开出版物为来源,在定量分析的基础上对评价对象进行有针对性的同行评议,并将所得结果予以公开发表。由于对大学及其他科研机构的评价周期通常为5—10年一次,还需要关注中期动向,对两次评价之间可能发生的变化进行合理评价,以期评价结果能从时间维度上有一个动态的指向[1]。

此外,为了在保证评价效果的同时降低评价活动所产生的经费支出,科学委员会建议提升评价的延续性,将评价活动延伸到报告的汇编工作与数据系统建设上,使评价结果有案可循,进一步体现评价的反思性。

2. 四大研究机构的内部评价

马普学会、亥姆霍兹联合会、莱布尼茨学会和弗朗霍夫协会四大研究机构都沿袭了同行评议的定性评价方法对下属的研究所进行评价,评价过程大致由遴选专家、提交状态报告、专家实地考察、形成评价报告四个部分组成[2]。评议专家的遴选采取外聘的方式,研究所根据自身性质,拟定专家名单。同行评议中外国专家比例较高,力求评价的前瞻性。

由于四大研究机构之间具有研究领域的分化,因此在评价标准与专家构成上存在差异(见表3-6)。由于弗朗霍夫协会主要经费来源于外争项目,因此其评价结果并不会直接影响对研究所经费的发放,而马普学会和亥姆霍兹联合会采取项目经费竞争的方式,它们的评价结果则成为学会内部资源配置的主要参考依据。莱布尼茨学会的各个研究所每七年接受一次总部评价委员会(the Senate Evaluation Committee,SAE)的评议,评价结果不合格的研究所将被关闭。

(二)德国国家创新系统评价

由于创新体系不断发生的新变化,科技创新体系整体绩效作为更高

---

[1] 德国科技创新态势分析报告课题组:《德国科技创新态势分析报告》,科学出版社2014年版,第258—262页。

[2] 王晋萍、甘霖、杨立英:《国内外科研绩效评价方法比较》,《科学学研究》2006年第24期。

层次的科技评价也开始引起重视。科技创新能力是多维度的复杂议题，从定量分析的角度来说，它无法直接调查或测量，只能通过多项指标来进行考查。根据国际经验，综合性创新能力评价指标体系的建立大致分为三个步骤：基于理论模型的指标选取与数据收集、指标数据标准化、权重计量与总结。综合的指标体系将复杂信息简单明了地组织起来，使评价报告具有可读性与实际意义。德国研究与创新专家委员会、教育研究部、国家科学与工程学术会等机构相继发布了有关科技创新能力评价的报告，彼此之间相互辉映，共同为德国研究创新与生产创新的战略规划提供事实依据。

表3-6　　　　　　　德国四大研究机构科技评价比较

研究机构	主要研究领域	同行评议标准重点	专家构成
马普学会	基础研究	研究成果与研究绩效，主要以出版物为指标	来自高校与研究机构的高水平科学家，60%来自国外
亥姆霍兹联合会	高新技术研究	研究质量（包括原始性创新与竞争能力），研究优势，组织机构运行，潜在的创新能力及成果转化的可能，国内外合作①等	各大研究机构的主席、科学家、政府官员、管理专家等
莱布尼茨学会	应用相关基础研究	科研、咨询与服务工作的质量，与外部机构（邻近大学）的合作，国际知名度，成果转化，青年研究员素质	外聘的学术界人士，1/3来自国外
弗朗霍夫协会	应用开发	考察研究所的科技竞争力以及完成战略计划的情况，外争经费在年度总经费中所占比例，外争经费来源构成，专利数量，客户满意度等	来自学术界和产业界的专家各占一半，50%来自国外

资料来源：Leibniz Association：http：//www.leibniz - gemeinschaft. de/en/about - us/evaluation/the - evaluation - procedure - conducted - by - the - senate - of - the - leibniz - association/.

1. 德国研究、创新与技术能力评估报告

研究、创新和技术发展对一国经济的作用多体现在长期效益上，而不

---

① 李晓轩：《德国科研机构的评价实践与启示》，《中国科学院院刊》2004年第19期。

是简单的线性因果关系。因此，对科研成果和创新政策的评价往往具有时间差，这使得对创新政策与创新能力进行前瞻性评估成为一项重要议题。德国研究与创新专家委员会（Expertenkommission Forschung und Innovation，EFI）就是在这样的背景下由德国政府设立。该委员会是由在创新研究领域具有专业知识和经验的专家学者组成的独立智囊团队，它的一项重要职责就是定期向联邦政府提交有关德国研究创新和经济增长等相关议题的研究报告，即《研究、创新与技术能力评估报告》。该报告于2008年发布第一期，此后每年报告一次，其主要内容包括德国科技创新的发展现状及趋势、核心议题和国际比较三大部分。前两部分是专家委员会对上一年度德国科技发展新态势的考察与陈述，国际比较部分则由指标显示（见表3-7）。

表3-7　　　　　　　研究、创新与技术能力评估指标

核心领域	指标
研究资助与创新	公共部门资助企业研发支出占GDP的百分比
	风险投资占GDP的百分比
	风险投资额
教育和技能	劳动力受教育水平
	高等教育入学率
	高等教育毕业率
	本科毕业人数及专业结构
	高等教育机构中的外籍学生
	继续教育
研究与开发	研究开发强度
	政府研发投入预算
	研发投入在产业界、高等教育机构和政府部门的分配比重
	各州的研究开发强度
	企业内部研发投入
	企业研究开发强度

续表

核心领域	指标
私人部门创新活动	企业创新强度
	知识密集型产业的创新强度
	知识密集型产业通过新产品所创造的营业额比率
	国际标准化组织委员会分布数
创业	初创企业比例
	知识经济中的初创企业比例
	初创企业失败率
	各州初创企业率
专利	跨国专利申请数量
	在研发密集型领域的跨国专利申请数量
	高价值技术的专业化指数
	尖端技术的专业化指数
科技出版物	论文数量
	论文国际认可程度
	论文被引率
生产、产业附加值和就业	研究密集型产品国际贸易的比较优势
	研发密集型产业和知识密集型产业在产业附加值中的比重
	各产业附加值总额
	就业社会保障

资料来源：EFI, Jahresgutachten zu Forschung, Innovation und Technologischer Leistungsfähigkeit Deutschlands, 2016.

指标共涉及八个领域，由专家委员会委托德国创新体系研究选取，以指标衡量德国研究和创新系统的结构、效能及前景，并进行国内的跨期、跨州比较和与重要竞争国家的国际比较[①]，为德国创新发展的道路

---

① Jahresgutachten zu Forschung, Innovation und Technologischer Leistungsfähigkeit Deutschlands 2016, http://www.e-fi.de/fileadmin/Gutachten_2016/EFI_Gutachten_2016.pdf.

选择作出参考。目前，评估并报告德国研究和创新绩效已成为研究与创新专家委员会年度报告的一个组成部分，并以例行常规事务的形式延续下来。

2. 德国联邦研究与创新报告

《德国联邦研究与创新报告》（Bundesbericht Forschung und Innovation，BuFI）由德国教育研究部（BMBF）组织发布，它对德国创新系统内各个要素进行考察，是关于德国创新活动及创新体系建设的综合性定期报告，对德国整体及各州、高等教育机构、科研院所、经济部门等创新主体的创新绩效做评估分析，为联邦及各州政府提供创新政策制定的意见参考。该系列报告的前身是始于 1963 年的《联邦研究报告》，目前每两年出版一次，对两年内德国研究与创新状况的进展进行全面介绍，并提出新的政策目标。这份报告与 EFI 的《研究、创新与技术能力评估报告》相得益彰，互为补充，共同成为德国国家创新系统建设的反馈性文件。

在指标数据方面，《德国联邦研究与创新报告》主要涵盖了三项内容：研发资源（包括研发支出经费和研发人员）、研发产出（包括出版物和专利）和经济利用研发成果的原始创新（见图 3-4）。

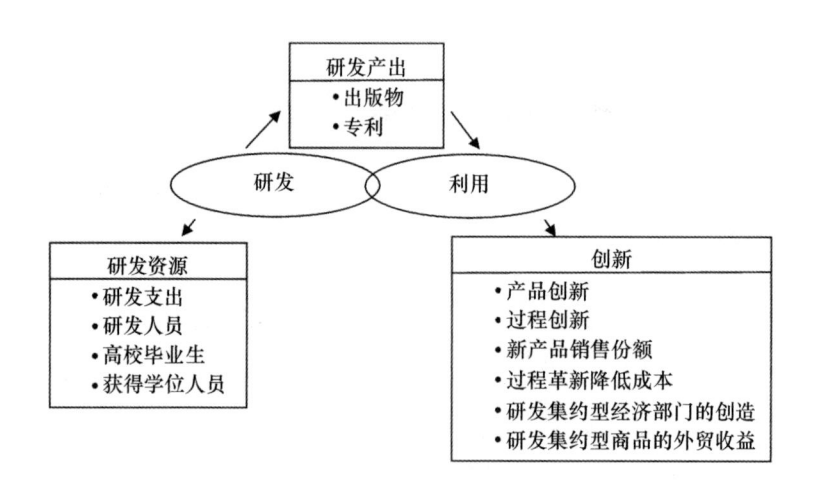

图 3-4 德国研究与创新体系投入与产出指标[①]

---

① 德国科技创新态势分析报告课题组：《德国科技创新态势分析报告》，科学出版社 2014 年版，第 57—58 页。

研发资源即创新主体能为研究开发活动投入的财政经费及人力资源，研发的直接产出则以出版物和专利数量进行衡量，而对研发成果的利用就体现在创新成效上，创新是研发与利用相互衔接、彼此交融的衍生物，由创新发挥研发活动对经济社会的实际效用，因此创新指标通常由经济要素加以测度。这些理念在《德国联邦研究与创新报告》中具体以表 3-8 所示的指标反映出来。

表 3-8　　　　　　　德国联邦研究与创新报告主要统计指标

核心领域	指标
研发资源	研发支出总额；研发投入的地区、产业分布；研发投入主体；研发投入资金来源；高校研发资金；研究人员数量及分布；外籍研究人员数量；高校区域分布等
研发产出	每百万居民的科研出版物数量；跨国专利；各州专利申请数量；各产业部门的创新强度等
教育	教育财政资金投入；高等教育入学率；高等教育毕业率；毕业生专业分布；劳动力受教育水平；就业和 GDP 等

资料来源：Bundesministerium für Bildung und Forschung，https：//www.bundesregierung.de/Content/DE/_Anlagen/2014/05/2014-05-21-bericht-forschung-innovation.pdf?__blob=publicationFile&v=1.

3. 德国创新指标

创新指标由德国电信基金会发起，国家科学与工程学术会、德国工业联合会、弗劳恩霍夫系统与创新研究所和欧洲经济研究中心四个机构联合发布。在指标体系的设计上，弗劳恩霍夫系统与创新研究所起了主导作用，将创新系统分为产业、科学、教育、政府和社会五个子系统（见图 3-5）。考虑到各个国家创新结构的不同，德国创新指标囊括了 38 项创新指标，并将所有数据信息通过指标测量整合到综合指标当中。除了整体国家创新系统之外，创新指标也对各个子系统做了逐个分析，分析各个国家在不同领域的创新优劣势，使创新政策的行动领域可以更好地被识别。

德国创新指标的开发基于实证模型，同时，这些指标之间要保持相对高的独立性，避免过分重合，以确保选定的指标在各自维度上拥有对国家创新能力进行评价的最高解释力。创新指标的优势在于它结合了不同来源的数据来调查国家创新能力。但数据来源的多样性，也导致了指标测定存在时间周期的差异问题。有些数据已更新到最新年份,也有数据是两年或两年以上统计一次。为了保证数据的时效性和国家间的可比性,创新指标尽量选取最新数据,对无法获得同期数据的指标采用时间序列计量的预测方法进行赋值,以此将数据选取造成的误差降到最低。

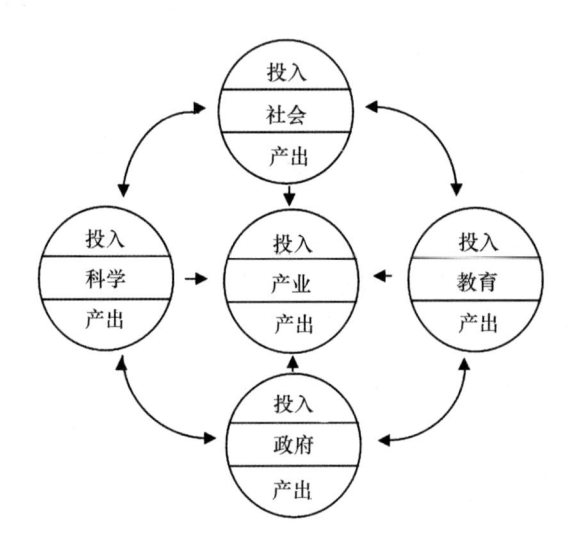

图 3-5　德国创新指标模型的主要内容①

在指标赋值方面,创新指标对指标权重进行灵敏度分析,产生一系列随机权重与相应的国家排名。将这一过程重复多次,综合所得结果,以各个国家排名结果的稳定性将 35 个被测国家的创新能力分为高、中、低三个等级。也就是说,高创新表现的国家在指标权重的灵敏度分析中能保持较好的稳定性,低创新表现的国家则反之。德国创新指标将高创新表现的国家列为创新领导者,并在报告中特别关注了这些国家的创新发展现状与趋势②。

由于创新系统是高度动态发展的,变化每时每刻都在发生,一点微小的改变都会对创新系统的运作产生一系列影响,因此每一期的创新指标报告都需要对所选取的指标进行审查。报告还指出,纯粹量化的指标方法必

---

① Innovation Indicator 2015,http://www.innovationsindikator.de/fileadmin/2015/PDF/Innovationsindikator_ 2015_ Web_ en. pdf.

② Ibid.

须与定性评价互为补充，创新指标针对性地衡量国家创新系统及其五个子系统的重要要素，而定性评价则可以结合定量的数据结果，更加深入细致地考察定量指标没有反映的部分，从中预测未来可能的发展。

三　对中国科技创新能力评价的启示

随着国家创新系统的发展，德国的科技评价体系从对单一研究机构的评价转向了各创新主体联动的创新体系评价，创新的内涵也包括了科技创新和服务创新、组织结构创新等非技术层面的创新行为。总结德国成熟的科研机构绩效评价与势头强劲的国家创新系统评价，本节提出以下几点建议。

（一）根据评价对象设定评价方法，提升评价结果的全面性与综合性

就科研成果评价以及对科研人员、科研机构的绩效评价而言，一般都采用同行评议的方法，由同一学科领域的专家学者所形成的"科学共同体"实施评价，是提升评价质量的一种有效手段。德国在科研机构绩效评价上大力推行了外聘专家尤其是国际专家的做法，部分评价活动中外籍专家所占的比例甚至过半。这既有助于以前瞻性的眼光审视被评价对象，也有利于各国专家在评价方法上的交流与借鉴，使评价活动趋于国际化与尖端化。四大研究机构的同行评议标准与专家遴选也各有千秋，基于评价对象的特质与使命实施差别化的评价方法，形成面面俱到而富有针对性的评价报告。

在同行评议时，定量评价居于次要地位，而在国家科技创新能力的评价方面，应对创新主体的复杂性与多样性，需要运用综合指标体系对其加以量化，运用数据的辅助性手段总结出国家与地区科技创新能力的水平与国际地位。然而定量的手段时常受人诟病，要使综合指标成为在相关领域进一步讨论的基础，就需要提升评价人员的专业化水平，对指标体系进行可靠性和可信性的监测。

尽管我国实施国家创新系统评价的经验还不丰富，但鉴于目前国际上衡量科技创新能力或创新竞争力的指标体系已经成为一种系统化的应用方式，我们大可参考并适当引入这些体系中的成熟指标，关注国际评价动态，将各类权威指标体系的最新版本介绍到国内的科技评价工作组织中。同时，这也是使评价结果具有可比性的一种可行办法。例如，采用比例、比重等效率指标而非总量指标，可以使指标体系同样应用到区

域创新体系的评价中去，使其适用范围更具灵活性。但这并不意味着指标体系可以信手拿来，为我所用，模仿式的指标测度只会造成评价的滥用与误用。应当加深对指标的理解程度，尤其是对不能直接进行测量的指标，要以更加谨慎的方法选取合适的数据，对指标的内涵、统计口径、数据来源等方面的应用都予以充分把关，从而全面地反映整体创新体系。

（二）兼顾评价成本与评价质量，促进评价的标准化与信息化建设

德国在科技评价的过程中特别重视对评价成本的掌控，尽管评价程序的复杂性使得费用支出尤其是人力花费必不可少，但仍要尽力限制额外费用，以便将评价委托方的经费负担降到最低限度。具体来说，这样的成本控制也是基于评价体系不断完善、评价流程逐步成熟之上的。德国在这方面的做法主要有两个方面：一是以四大研究机构为代表的评价方式，他们的研究机构绩效评价已经形成了各自的标准化评价操作模式：选定的外聘专家通常有一定年限的任期，对评价工作内容就不至于太过陌生；由被评价机构自陈指标类与研究领域进展的状态报告，为专家的评估工作提供必要的参考，缩短了评审专家了解研究所状况需要花费的时间，从而降低了专家费用。二是加强评价结果的档案数据系统建设，汇总历次评价报告，同时也为相关研究人员获取资料与信息提供方便。

对评价成本的考量并不是要降低评价的质量，而是希望把更多的经费用于实质性研究开发活动的一种表现。相对来说，我国用于科技项目与机构评审、科技创新能力指标体系建设上的支出并不算少，但由于评价氛围还不浓厚，自发自觉的评价文化尚未成型，目前我国在科技创新能力评价上的投资回报率还比较低，评价过程与结果没能达到理想效果。为此，需要有主管单位制定标准化评价流程，督促评价的公开化与信息化，在实现评价经济性有效性的同时，使评价委托方、研究经费投入方、社会公众切实享有对评价结果的知情权；并通过评价报告反映科技创新现存的优劣势，及时作出政策上的调整，使评价报告成为各方决策的来源与实施监督的参考。

（三）将科技创新能力评价的组织部门纳入国家创新系统中，形成联动的创新体系

科技创新能力评价是国家创新系统的有机组成部分，评价是下一轮科

技战略决策的开始,是下一轮国际竞争角逐的支撑点。德国科技评价的效率性与规范性,与其严密而有组织的科技体系是分不开的,各个公共研究机构对经费投资方负责,接受其评价与监管。尤其是莱布尼茨学会的"不合格即关闭"政策,以危机感激发研究机构的工作绩效。适当的激励手段与奖惩措施能在一定程度上规范研究人员与研究机构的行为导向,以突破创新为主要测度点的同行评议,也使研究部门能进一步了解研究领域的最新动态和国家需求,密切国际交流,使政策制定部门能及时对下一步科技战略的拟定作出科学合理的判断。

德国的科研机构绩效评价活动在科学委员会和四大研究机构的指引下展开,对国家创新系统的评价与比较则由政府部门或委托其他独立的非营利性机构进行调查与研究。我国目前的科技评价多以科技部于 2003 年颁布的《科学技术评价办法(试行)》为准则,但由于发布已有时日,其中的指导内容以科技计划评价、项目评价、机构评价、人员评价与成果评价为主,尚未把对国家创新系统的评价原则列入其中。2015 年,中办国办印发了《深化科技体制改革实施方案》,提出要加强科研院所和高等学校的分类管理和绩效考核,筑牢国家创新体系基础,要研究制定科研机构创新绩效评价办法,对基础和前沿技术研究实行同行评价,将评价重点放在研究质量、原创价值和实际贡献,并将评价结果作为财政支持的重要依据[①]。建立科研院所的创新绩效评价体系,围绕创新基础、创新产出、创新能力等方面开展评价,已经成为我国国家创新体系建设中的规划重点之一。但评价由谁负责、评价活动的组织机构与施测部门等权责分配的问题还需要进一步明确,自我评价与同行评议的标准也有待商榷。为此,可以开展科研机构创新绩效评价的先行先试工作,率先在试点单位进行评价探索,再逐步把相对完善的评价流程设定推广到各个部门,形成具有联动效应的科技创新能力评价体系。

第三节 日本科技创新能力评价的做法与借鉴

科技创新(Science & Technology Innovation,STI)意味着科技驱动下

---

① 袁勃:《中办国办引发〈深化科技体制改革实施方案〉》,《人民日报》2015 年 9 月 25 日。

的创新活动，国家创新体系（National Innovation System，NIS）理论与实践的发展使世界各国都把目光聚焦到了科技创新驱动发展上。随着研发活动的不断开展和创新成果的不断涌现，如何评判创新效果、保证创新质量成为探索增进科技创新效能中的关键一环，科技评价涉及的评价主体、指标选取、评价方式也越来越复杂，对评价人员的素质和评价方法的掌握与改进都提出了更高的要求。目前，比较权威并得到广泛应用的国家创新能力指标有欧盟委员会的欧洲创新记分牌（European Innovation Scoreboard）、OECD 的科学技术与产业记分牌（STI Scoreboard）等指标体系与评价报告。借鉴这些相对完善的指标体系，可以减少评价的时间和人力成本，但正如美国科学促进会的科学政策专家 Irwin Feller 指出的："评价标准并不是单一、完美无瑕和放之四海而皆准的，而是经过不断相互批评和改进的、更加规范、正式的评价方法"[1]，"拿来主义"并不是应对各学科、各地区科技发展实践的长久之计。中国已经把创新驱动发展摆在了国家发展全局的核心位置，近年来的科研成果产出也受到广泛关注，然而评价意识不强、评价过程形式化等现象使科研人员和管理部门无法对科技项目的完成度和社会意义形成完整的认识，部分科研成果市场开发潜力不强、生命周期短的问题仍然存在。反观邻国日本，持续不断的科技创新活动使其在急速发展的世界经济形势下完成了多次产业转型与升级。OECD 发布的《科学技术与产业记分板 2013》报告显示，日本企业的 R&D 活动对 GDP 的贡献率为 2.6%，R&D 活动强度位居世界第四，60% 的研发活动涉及试验开发[2]。世界经济论坛（World Economic Forum，WEF）发布的《全球竞争力报告 2014—2015》通过指标分析将日本的创新竞争力排在全球第四，在科研机构质量、企业 R&D 投入、科研人力资源、专利人均占有量方面都表现不俗，而中国则位居第 32 名[3]。

日本能在较短时间内获得科技水平的极大提升，其背后是日本政府对各类科技创新政策的支持与激励。从 20 世纪五十年代"引进—消化—吸

---

[1] I. Feller, A. Glasmeier, M. Mark, "Issues and Perspectives on Evaluating Manufacturing Modernization Programs", *Research Policy*, Vol. 25, 1996.

[2] Science, Technology and Industry Scoreboard 2013: Innovation for Growth, http://www.oecd.org/sti/sti-scoreboard-2013-japan.pdf.

[3] The Global Competitiveness Report 2014-2015, http://reports.weforum.org/global-competitiveness-report-2014-2015/.

收—创新"的"技术追赶",到七十年代的"技术立国",日本政府又在于1995年发布的第三期《科学技术基本计划》中提出了"科学技术创新立国"的口号,把科技创新提到了国家战略的高度,大力推进国家创新体系的改革。日本各政府部门定期组织开展的科技评价活动也日益完善,乃至对政府部门内部组织结构也进行了调整与设置,逐步形成了以综合科学技术创新会议为主,文部科学省、经济产业省等中央省厅及下属部门依据自身业务范围开展相应科技评价的评价机构体系,使评价活动的专门性和专业性得到保障。日本的科技评价政策、方法与指标设计建立在对OECD、英美等科技评价的学习基础之上。近年来,产业界对研发活动创新性的需求日益增加,日本立足本国实际与现实挑战,构建了科学技术综合指标体系,从国家创新体系建设的角度对国内科技创新相关事宜进行评价与国际比较。可以说,日本在评价事业开展过程中一直保持着谦逊的"学习者"态度和严谨的"完善者"作风,其日渐完备的科技评价原则、方法与体系建设也值得我们研究与学习。

一 日本科技评价政策体系建设

日本科技评价体系建设可以追溯到20世纪40年代建立的科技审议会制度,其科技审议机构被认为是日本最初的科技评价机构[①]。在此后半个多世纪中,日本政府在政策推进过程中也成立了许多新的评价部门和机构,以适应评价事业发展的需要。1995年,日本颁布了《科学技术基本法》,提出"科学技术创新立国",正式把科技评价作为管理和推进研发活动的手段,并定期发布《科学技术基本计划》,修订《国家研究开发评价大纲性指针》。20世纪初,随着大学和研究机构法人化改革的推进,科技评价又步入了一个新的台阶,政府科技主管部门和科研院所大都成立了专门的科技评价机构,并根据实际情况制定各自的评价指南、指标体系和运行规定等制度,处理自己的评价事务,一个开放型评价组织框架基本建立(见图3-6)。

《国家研究开发评价大纲性指针》在评价体系中具有统领性作用,规定了科技评价的方式、对象、人员选拔、实施步骤等基本内容。实施评价的一般程序包括:确定评价对象,明确评价意图和目标,选派评价人员,

---

① 叶茂林:《科技评价理论与方法》,社会科学文献出版社2007年版,第186页。

```
                          ┌──────┐
                          │ 内阁 │        ┌──────────────┐
                          └──┬───┘        │基本政策推进  │
                     ┌───────┴──────┐ ──┤专门调查会    │
                     │综合科学技术  │     └──────────────┘
                     │创新会议      │     ┌──────────────┐
                     └──────┬───────┘ ──┤评价专门调查会│
                            │            └──────────────┘
```

```
┌──────────┐    ┌──────┐    ┌──────────────┐
│文部科学省│    │总务省│    │其他政府行政机关│
└──────────┘    └──────┘    └──────────────┘
```

文部科学省:
- 大学评价与学位授予机构 —— 大学评价
- 科学技术·学术政策局 —— 科学技术白皮书、科学技术要览
- 科学技术·学术政策研究所
- 科学技术·学术基金调查研究室 —— 科学技术指标、全国创新调查报告
- 学术振兴会 —— 科研项目评价

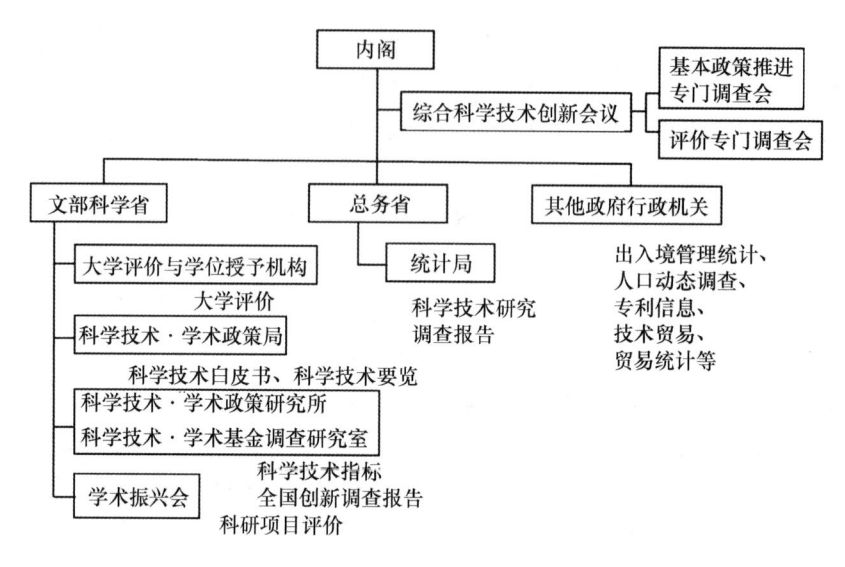

总务省：统计局 —— 科学技术研究调查报告

其他政府行政机关：出入境管理统计、人口动态调查、专利信息、技术贸易、贸易统计等

图 3-6　日本政府部门科技评价组织结构图

确定评价时间，确定评价方法，评价结果的利用与公开。《大纲性指针》指出，统一的评价标准缺乏灵活性，将忽视研发活动的创造性，导致 R&D 环境趋于平庸，丧失活力，而这绝对背离了评价的初衷。因此在进行评价时，应考虑到各种 R&D 活动的具体性质，采用适合于各自特点的评价方法和评价标准。各政府部门主管范围内的评价活动都在《大纲性指针》的指导下展开，以经济产业省组织的企业研发项目评价为例，其评价基准的制定流程如图 3-7 所示。

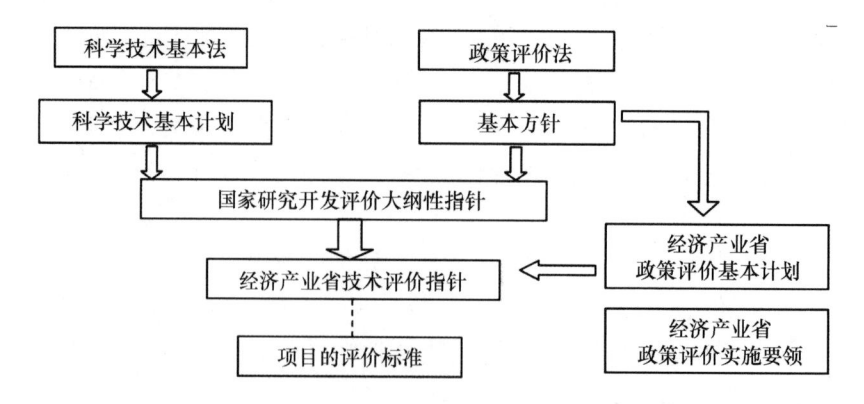

```
┌──────────────┐          ┌──────────┐
│科学技术基本法│          │政策评价法│
└──────┬───────┘          └─────┬────┘
       ↓                        ↓
┌──────────────────┐      ┌──────────┐
│科学技术基本计划  │      │基本方针  │
└──────┬───────────┘      └─────┬────┘
       ↓                        │
┌──────────────────────────┐    │
│国家研究开发评价大纲性指针│ ←──┤
└──────┬───────────────────┘    │
       ↓                   ┌────┴─────────┐
┌──────────────────┐  ←── │经济产业省    │
│经济产业省技术评价指针│  │政策评价基本计划│
└──────┬───────────┘      └──────────────┘
       ↓                  ┌──────────────┐
┌──────────────┐          │经济产业省    │
│项目的评价标准│          │政策评价实施要领│
└──────────────┘          └──────────────┘
```

图 3-7　经济产业省评价基准制定流程图

由此，日本形成了以科学技术基本法、研究开发评价大纲性指针、政策评价法和独立行政法人通则为主线与基本原则，各政府部门、评价机构制定的具体评价实施办法为辅的较为全面完整的科技评价规章制度体系。

二 日本科技创新能力评价实施概况

目前对科技创新能力评价的研究多数把科技创新能力放在国家创新体系中，瓦格纳等人（Wagner, Horlings & Dutta, 2015）将科技能力（Science and technology capacity）定义为：一国吸收、保留科学知识，并将这些知识用于研究和开发的能力[1]。大学及研究机构、企业部门、政府机关等都是创新活动开展的主体，所涉及的活动范围有所侧重，也有交叉。由科学研究（Research）直接推动的创新耗时长，前沿性水平高，因此其参与主体往往是从事基础研究、生产知识的大学和研究机构，其成果转化以校企合作的方式展开，创新成果往往属于突破性创新，能够为企业带来超额利润[2]。技术创新则以工艺工程和技术开发（Development）为基础，企业等社会产业链上的部门组织成为参与创新活动的主体，创新成果多为渐进式创新。尽管两者在创新主体比例和创新活动过程上有所区别，但创新性始终是活动开展的出发点和最终目的。日本对科技创新能力的考察，主要基于国家创新体系，但笔者认为高等教育机构作为知识和人才的聚集场所，在创新体系中具有举足轻重的地位，因此本节将阐述日本文部科学省组织的大学科研水平评价和科学技术·学术政策研究所的国家科学技术指标评价。

（一）日本大学科研水平评价

目前日本有两个政府机构对大学的科技创新能力评价活动进行规范与组织，一是文部科学省于2002年改组成立的大学评价与学位授予机构（NIAD-UE），专门在大学自己评价的基础上对大学实施定性的第三方评价；二是内阁领导下的综合科学技术创新会议，以评价轴对大学科技创新能力进行等级划分。

大学科技创新能力评价是日本大学评价与学位授予机构现行大学评价

---

[1] An Index of Science and Technology Capacity, http://arxiv.org/ftp/arxiv/papers/1501/1501.06789.pdf.
[2] 赵晓婷：《科学知识资源对企业创新绩效的影响》，硕士学位论文，浙江大学，2013年。

体系的子项目之一，其评价方式由大学及研究机构的自己评价和以此为基础的第三方评价展开。自己评价，指的是各大学对照自身定位，对本校教育及研究活动状况进行的以定性分析为主的自我检查与评价。为了避免"自己评价自己"的主观片面性使评价活动趋于形式化，大学评价与学位授予机构对大学实施第三方评价，以改进大学的教育和研发活动，提高大学评价的透明度，获得广泛的公众支持。大学评价与学位授予机构组织的第三方评价首先由各界专家学者组成大学认证评价委员会，再结合各个大学的特点，选择合适的专家担任评价人员，并由其制定具体的评价实施细则。评价人员通过书面调查、实地访问调研等方式收集资料，结合大学提供的自评报告书，对其目标的完成情况进行评价，形成最终的评价报告书。对大学目标实现的评价结果分为"优秀""良好""一般""不合格"四个等级，指出大学需要改进的方面，并向社会公布。评价每七年进行一次，对评价结果为不合格的大学责令改进，并作出再评价。

随着大学评价活动的开展，大学评价与学位授予机构不断完善指导评价工作的规范指引性文件，深究评价实施细则。《自己评价实施指导意见》指出，大学的研发活动从广义上来说，不仅限于基础研究和应用研究等通常意义上的研发活动，也包括出版学术著作、翻译国外著作，发布有助于政策形成的调查报告，文体活动和作品的创新等等，概括地说，大学科研水平的评价就是指向大学创造性活动的评价[1]。大学评价与学位授予机构组织的第三方评价主要监督大学研发活动是否符合其定位与使命，是否为社会发展作出了合理贡献。其《实施大纲》对大学科研水平的评价标准有两个维度：一是大学的科研体制，二是大学科研活动及成果产出。两个维度下各设三个小点，分别是科研体制和激励机制的正常运行与发展、研究活动相关政策的切实制定与实施、研究活动质量提升状况和对现存问题所作的改进；研究活动开展状况、研究活动成果质量、研究成果在社会经济文化领域的利用状况[2]。在实际评价实施过程中，将对大学的特色创新研发活动作重点报告，如在2014年神户大学科研水平评价结果报告中，介绍了其交叉学科科研项目的发展状况，并分学部、研究院所对

---

[1] 《大学機関別選択評価・自己評価実施要項》（http：//www.niad.ac.jp/n_hyouka/sentaku/__icsFiles/afieldfile/2015/05/20/no6_1_1_daigaku7sentakujikohyouka28.pdf.）。

[2] 《実施大綱・選択評価事項》（http：//www.niad.ac.jp/n_hyouka/sentaku/__icsFiles/afieldfile/2015/05/20/no6_1_1_daigaku6sentakutaikou28.pdf.）。

论文和著作等研究发表、科研项目经费申请、学科强势特色、主要科研项目、参与国际会议、海外合作、共同研究的情况进行了评价[①]。

综合科学技术创新会议下设的评价专门调查会,以适应当前科学技术水平飞速发展、社会经济形势变化等宏观环境为出发点,提出在科技评价中设定评价轴的必要性。评价轴从科学技术创新政策等国家政策推进的视角出发,考虑评价指标及其权重的合理性,以其灵活性和适当性保证评价的有效性。因此,由综合科学技术创新会议推进的科技评价是以评价轴为基准,同时从定性和定量两个方面开展的。评价前,首先要充分考虑客观的定量评价指标设定对研究开发活动发展的影响,对评价指标和检测指标进行合理选取。评价轴的具体评级分类主要有科研成果创新性(包括独创性、革新性、先导性、发展性),科研活动及成果对产业经济活动的贡献,科研成果的社会价值,科技人力资源管理与人才开发四个方面,评价等级由高到低为S级、A级、B级、C级和D级。S级代表科技创新能力达到了世界最高水准乃至划时代效果;A级仅次于S级,代表科技创新取得了可观绩效;B级意味着科技创新能力稳步发展;评价结果是C级和D级意味着大学的科研活动需要进一步努力与改进,综合科学技术创新会议也有必要对其提供建议与实施监督[②]。

(二) 日本国家创新体系的科学技术指标

迈克尔·波特和斯科特·斯特恩(Michael E. Porter & Scott Stern, 2003)认为,国家创新能力是一国内的政治和经济实体在一段时期内生产的创新技术流,并使之商业化的潜力与可能性。这种能力并不仅是简单地实现创新,也能反映一国的基础设施水平、投资和政策导向等创新区位环境。国家创新能力的高低取决于尖端技术的掌握程度和科技人力资源的规模以及政府和企业部门为激励研发活动作出的投资和政策选择。与纯粹的科技创新成就不同,国家创新能力要求新技术的经济应用性和价值创造性[③]。OECD认为,科技创新能力表现为一国通过在科技领域的创新和提

[①] 《平成26年度に実施した大学機関別選択評価の評価結果について》(http://www.niad.ac.jp/sub_hyouka/ninsyou/hyoukahou201503/sentaku/no6_1_1_kobe_d_s201503.pdf.)。

[②] 《独立行政法人の評価に関する指針》(http://www8.cao.go.jp/cstp/tyousakai/hyouka/haihu107/siryo3-2b.pdf.)。

[③] "National Innovative Capacity"(http://www.hbs.edu/faculty/Publication%20Files/Innov_9211_610334c1-4b37-497d-a51a-ce18bbcfd435.pdf.).

升所创造的经济和社会价值。对科技创新能力的定义普遍强调创新主体对知识的应用能力，这是由于研究开发投入或科技论文、专利数量等直接数据并不能显示一个国家在科技活动多样性、国际合作等方面能力的发展[1]，知识的流动性和非独占性使得一味增加知识存量并不能可见地提升主体的竞争力，而技术应用则可以创造实际价值，实现知识（研究成果）的转化与利用，实现科技创新向市场价值的转变，从而提升一国在这一领域的国际竞争力。因此在目前日本国家创新体系的科技创新能力评价指标中，经济贸易指标成为一项重要内容。

日本国家科技创新能力评价采用指标体系定量评价的方式，并进行国际比较。其科学技术指标研究始于1984年，在科学技术厅资源调查所（科学技术·学术政策研究所的前身）下设了科学技术指标研究会，对OECD《弗拉斯卡蒂手册》和美国国家科学基金会（NSF）的评价指标等相对成熟的指标体系进行调查与整合，在较短时间内形成了科技指标的相关知识体系。在前期学习借鉴的基础上，结合国内科技研发现状与评价实际开展的可能性，日本逐步建立了应用于考察全国科学技术活动的综合指标体系[2]。1991年，科学技术·学术政策研究所发布了第一版《科学技术指标》，分析了日本研发活动的投入产出及效益状况。

对于国家创新体系来说，其科学技术指标构建可以根据研发活动的阶段流程进行分类，将评价指标分为研发活动各类资源投入（投入指标），研发活动的直接产出成果（产出指标），以及其他受研发活动影响较大的因素（成效指标）三种类型，如图3-8所示。可以发现，研发活动的直接产出（outputs）和间接成效（outcomes）的界限是比较模糊的，1993年美国国会颁布的《政府绩效与成果法》（GPRA）将研发活动所产生的可见产物，如论文、专著、专利等定义为产出，而将研发活动所产生的中长期效果，如产业贸易额的增长、国家科技竞争力的增强称为成效，其他如研发经费、研发人力、研发基础设施等支撑条件则是投入（input）[3]。

---

[1] Ryong L S, Su J S, "Comparing between OECD Member Countries Based on S&T Innovation Capacity", *International Proceedings of Economics Development & Research*, 2012.

[2] 《科学技術指標体系の比較と史の展開》（http://data.nistep.go.jp/dspace/bitstream/11035/789/1/NISTEP-RM085-FullJ.pdf.）。

[3] 沈新尹：《关于对美国国家科学基金会基础研究绩效评价若干方法的思考》，《中国科学基金》2001年第5期。

这三类指标都是科技评价体系中的重要组成部分,它们都显示了国家科技发展的现状和未来可持续发展的能力,对于掌握技术密集型产业的发展趋势,完善科技体制,打造国际比较优势都具有重要意义。

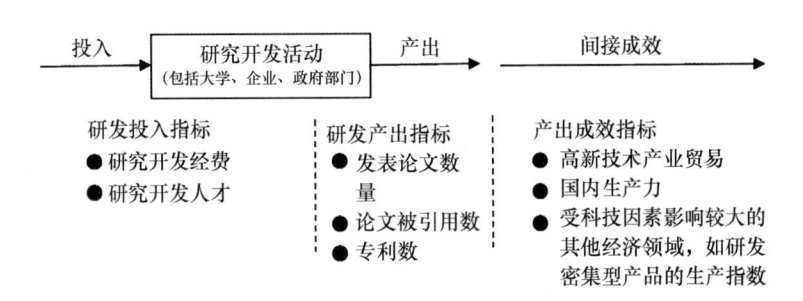

```
投入 →  研究开发活动      → 产出 →          间接成效           →
        (包括大学、企业、政府部门)

研发投入指标        研发产出指标         产出成效指标
● 研究开发经费      ● 发表论文数量       ● 高新技术产业贸易
● 研究开发人才      ● 论文被引用数       ● 国内生产力
                   ● 专利数            ● 受科技因素影响较大的
                                        其他经济领域,如研发
                                        密集型产品的生产指数
```

图3-8 科学技术基本指标分类

日本《科学技术指标》中的数据来源于总务省统计局每年发布的科学技术研究调查报告,其评价基于客观量化数据,分析日本科学技术活动。从1991年第一版《科学技术指标》发布以来,日本至今已发布了17部科学技术指标调查报告书,自2004年起每年都发行一版,对评价指标选取作调整。最新版科学技术指标的评价分类包括研究开发经费、研究开发人才、高等教育、研究开发产出(R&D output)和科学技术与创新五项内容,基本遵循了投入、产出、成效的指标分类(见图3-9)。《指标》

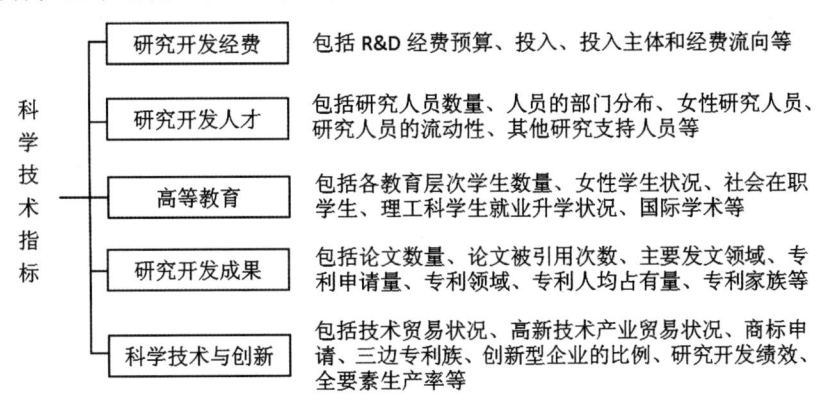

```
              ┌ 研究开发经费 ─ 包括R&D经费预算、投入、投入主体和经费流向等
              │
              ├ 研究开发人才 ─ 包括研究人员数量、人员的部门分布、女性研究人员、
科                            研究人员的流动性、其他研究支持人员等
学            │
技            ├ 高等教育 ─── 包括各教育层次学生数量、女性学生状况、社会在职
术 ──         │              学生、理工科学生就业升学状况、国际学术等
指            │
标            ├ 研究开发成果 ─ 包括论文数量、论文被引用次数、主要发文领域、专
              │              利申请量、专利领域、专利人均占有量、专利家族等
              │
              └ 科学技术与创新 ─ 包括技术贸易状况、高新技术产业贸易状况、商标申
                              请、三边专利族、创新型企业的比例、研究开发绩效、
                              全要素生产率等
```

图3-9 日本科学技术指标分类[①]

[①]《科学技術指標2014》(http://data.nistep.go.jp/dspace/bitstream/11035/2935/114/NISTEP-RM229-FullJ_20150407.pdf.)。

将"高等教育"分列出来，显示出高等教育机构对一国科学技术发展的不可替代性，高等教育机构主要从事基础研究，既需要研发投入，同时也源源不断地产出新知识和新生代人才，这些特性使高等教育机构在国家创新体系中占据重要地位。同时，这种分列还可以使科学技术指标评价与大学评价互相补充，从国家层面和大学层面形成对高等教育机构研发创新活动较为完整的认识。

2003年，日本第一次实施了全国创新调查，并将其作为常规性统计调查项目固定下来，目前已经进行了三次。调查根据OECD与欧盟统计署发布的《奥斯陆手册》规范指引开展，并与欧盟的创新调查（Community Innovation Survey，CIS）结果进行国际对比。随着调查活动的有序开展，还对国内第一次调查（1999—2001年期间）和第三次调查（2009—2011年期间）进行了时间上的纵向比较。科学技术与创新对一国经济发展、民生改善、竞争力增强具有越来越显著的影响，基于全国调查，日本对评价指标作出了调整。2011年起，科学技术指标中原有的"研究开发成效"（R&D outcome）以"科学技术与创新"的新提法进行表述，对其二级指标也进行了补充，增加了商标申请和三边专利族数量、研究开发和创新的关系两项内容。在"科学技术与创新"这一项的指标选取上，日本用技术贸易和技术密集型产业的整体状况，包括技术贸易进出口差额、高新技术产业贸易额等经济数据显示国家的技术竞争力，进行科技预测；用商标和专利族数据反映企业新产品和新服务在市场中的差别化，衡量创新与市场的关系；用全要素生产率（TFP）表示技术进步对经济增长的贡献。国家创新体系由官产学相互作用的三螺旋关系构成，因此国家科技创新能力评价，不仅要考察科技创新的产出与影响能力，也必须考虑到科技投入及其回报率、高等教育机构发展、政府科技、财政政策扶持等其他投入与支撑能力。

三 对我国科技创新能力评价的启示

前文所述内容大体都是在日本文部科学省、综合科学技术创新会议、大学评价与学位授予机构的官方网页收集资料的基础上整合完成的，文部科学省作为日本统筹国内文化、教育、科学技术等事务的政府机关，相当于我国的教育部、科技部和文化部。笔者在教育部科技发展中心官网上找到中国科学技术发展战略研究院发布的《国家创新指数报告2014》报道，报告显示中国创新能力全球排名居第19位，日本则位居第2位。科学技术发展战略研究院官网也刊登了这一消息，并公布了部分国际对比的报告结果，但无法找到其报告全文及指标划分、数据来源等信息。科技部每两年发布一版《中国科学技术指标》，但对其相关信息的检索结果很少。总体来说，在各部门的门户网站上都难以见到诸如"评价""评估"此类字眼，少数可见的科技项目评估实施办法也都是21世纪初或者更早以前的。同样，政策措施条目也处于久未更新的状态，对科技评估中心也只有大致的介绍。

2002年，国家教育部、科技部在《关于发挥高等学校科技创新作用的若干意见》中强调：高等院校应充分利用自身的技术优势和人才优势，建立和培育独立的社会化的中介性科学评价机构，积极开展科学评价工作[1]。2003年，科技部先后印发了《关于改进科学技术评价工作的决定》和《科学技术评价办法（试行）》两份文件，成为我国科技评价的政策指引。关于大学评价，我国主要有中国科学评价研究中心发布的《中国高校竞争力评价报告》，构建了投入、产出、效益的高校科研竞争力指标体系，并为重点大学和一般大学设立了不同的指标权重，分别对其竞争力进行排名。《中国高校竞争力评价报告》在数据收集、指标构建、量化分析上已经初具规模，但这种排名的方式也带来了国内大学评价重排名轻反思的后果。随着创新型国家建设的推进，我国的科技创新能力评价事业建设成为一项急切任务。本章从日本科技评价的发展脉络出发，结合我国科技评价实际，做了一些思考。

（一）明确各类科技评价的目标导向，促进评价与科研共同演进

积极的科技评价首先要明确评价目的，在评价机构与体制建设中不断向目标靠拢，使评价结果能为科技的进一步发展与创新作出反思与指引。评价工作围绕评价目的有序展开，才不会造成评价结果的偏差，才能保证评价的有效性和可靠性。日本《文部科学省研究开发评价指针》开篇就指出，评价机构和人员需要明确评价是实现某种决策（资源分配、改善质量、检查进度、责任追究等）的手段，应当根据不同的评价目的构建一个相应的研发评价体系，而不是从形式上推出一个统一的评

---

[1] 邱均平、赵蓉英、余以胜：《中国高校科研竞争力评价的理念与实践》，《高教发展与评估》2005年第1期。

价体系①。我国《科学技术评价办法（试行）》将评价对象分为科学技术计划、项目、机构、人员、成果五个方面，并分别阐述了其评价重点②，说明制定者已经意识到对不同评价对象，需要作相应区分。总体来说，中国和日本都在评价政策中指出科技评价的目的是促进研究开发效用的最大化，确保科技人才培养与发展，实现资源合理配置，营造能够最大限度发挥研发人员能力的研发创新环境。日本还提出，要通过评价反馈科研资金去向与用途，增强国民对本国科技事业的信心。在实际评价工作中，要谨防"业绩观导向""为评价而评价"的行政做法，评价并不是科技活动的终结，而应该起到为下一轮科技创新提供参考与价值判断的作用。在这一点上，日本通过科技评价进行技术预见，对今后研究开发态势做先行估计，探究科技与社会经济的长期未来，把评价结果反映到每期《科学技术基本计划》中，用政策调控本国科技活动向前沿发展。因此，评价不仅是对项目完成度、人员与机构绩效的判断，还应当拓展评价结果的使用范围，挖掘新的研究领域，以学习和提高为目标导向。

（二）建立专门的评价部门与机构，搭建评价制度体系框架，逐步形成评价文化

日本的科技评价，带有很明显的自上而下的特点，政府牵头建立了层次分明各司其职的组织运行机制，《科学技术基本法》以法律形式明确了科技评价的地位，综合科学技术创新会议负责基本评价指针的修订和科技计划的制订与检验，文部科学省、厚生劳动省等政府部门都在各自管辖范围内开展广泛的以第三方评价为主体的评价事业，对不同的评价对象，由专家组制定不同的评价方案与指标。这种层级分工并不断因时改进的组织体系，显示了政府对推进国内科技发展的决心。而政策制定的公开化、政策下达的效率性使日本企业界和学界对政策的反应速度也有了相应提升，使评价活动在日本成为一种常态。评价主体包括外部专家、内部专家、企业管理者，同时它们也有可能是学术、研究开发创新的主体，在这种评价他人与自我评价的路径中，独创性与严谨的探究态度深入人心，进而形成评价文化。建立权责明确的评价机制，需要依靠法律政策与机构建设的并

---

① 《文部科学省における研究及び開発に関する評価指針》（http://www.mext.go.jp/component/a_menu/science/detail/__icsFiles/afieldfile/2014/05/27/1314492_01.pdf.）。

② 科技部：《科学技术评价办法（试行）》（http://program.most.gov.cn/htmledit/BC1DB37E-3B10-E7F5-1288-24388A32590E.html）。

行发展，我国应对国内现有评价机构的研究成果加以重视，与国外相关机构进行合作交流，在评价活动与学习中培育批判性及反思性的评估文化。

（三）联系评价理论与实践，重视评价人员队伍建设

目前我国的评价研究论述著作数量还是比较多的，但多数是对评价"纯方法"的研究，与评价实践脱节。一方面，评价研究人员参与评价实践的机会少，所研究的方法得不到尝试；另一方面，从事实践的评价人员也缺乏将案例提升为评估方法的能力[①]。在日本科技创新能力评价中起到指挥部作用的综合科学技术创新会议由首相担任议长，议员由6名内阁部长、7名来自企业与大学的专家和1名负责人组成，把政府、大学和企业三者的动向联系起来，成为评价事业推进的良好支撑。随着科技活动的日益复杂多样，评价方法已经不能用"定性与定量相结合"来简单概括，更要求评价人员队伍的多重学科背景和对评价的基本共识。要鼓励高校研究人员应用评价方法，鼓励各个创新主体在科技评价上的合作，形成政府、高校、企业共同参与的评价局面。

（四）公布评价结果，在合理范围内实现评价透明化

评价作为一种反馈机制，是论证科技活动合理性的手段。日本在各种评价指针中反复强调要使评价结果公开化，对民众和投资者负责，以科技活动的有效性和对社会经济的贡献提升公众对科技活动的信心与支持。大学作为公共资金的使用者，仅仅对其进行排名是远远不够的，评价要更关注大学在教学、科研、社会服务上的贡献，发挥大学在国家创新体系中创造知识的功用。

在网络普及的背景下，我国部分门户网站的建设显然跟不上时代需求，这也从侧面反映出我国民众对科技活动和国家政策的关心程度不高，但网站建设与更新对企业来说，是牢牢把握国家整体走向的信息来源之一。信息化时代，数据获得与储存更加容易，其量的增减也日益加速，建设创新型国家，不仅要在国际上进行横向创新能力的对比，也要通过建立科技活动相关数据库，关注国内时间发展上的纵向比较，把握科技动态全局，使科技评价成为创新体系中的支撑与动力。

---

① ［英］夏皮拉：《科技政策评估：来自美国与欧洲的经验》，科学技术文献出版社2015年版，第328页。

第四章 评价指标体系构建

第一节 高校科技创新的价值取向*

科技创新作为人类一项有目的的实践活动,其科技创新价值是多元的。为此,在科技创新活动开始之前并伴随着活动过程始终,均存在价值取向问题。科技创新价值取向不仅决定着科技创新实践活动的方向和过程,也对科技创新成果评价等产生较大影响,因为"科学技术评价的首要任务就是要对科学技术活动的科学价值和社会价值进行判识"①。

那么,何谓科技创新价值?当前我国高校科技创新价值取向又存在一些什么样的问题?高等学校的科技创新应遵循怎样的价值取向?这些问题是搞好科技创新评价的重要前提,为此本节予以探讨。

一 科技创新价值及其体系

科技创新价值是指"创新主体通过创新实践活动,使创新客体由'实然'变成'应然'形态,从而达到满足创新主体或其他主体在某些方面的某种需要的效应关系"②。科学技术本身是价值中立的,但科学技术行为即科学技术的发现(发明)与应用都是有目的的,即作为科学技术发现(发明)载体的科技创新其作为一种实践活动是有价值的。科技创新价值体现在科技创新成果价值与科技创新过程即科技创新本体价值两个方面。

我们探讨的科技创新既包括自然科学的创新,又包括人文社会科学的

---

* 本节主要内容刊发在《中国高等教育》2017 年第 6 期上。
① 金碧辉:《高论文量与低引文量带给我们的思考——关于科技评价的价值导向与定量指标》,《科学学与科学技术管理》2004 年第 3 期。
② 易显飞:《技术创新价值取向的历史演变研究》,东北大学出版社 2014 年版。

创新。科技创新成果相应涉及知识、技术与人文几个方面。科技创新成果价值随之也包括知识价值、技术价值与人文价值。知识价值反映的是人们通过科技创新能够更多地了解和掌握客观事物存在和变化的规律，丰富人们认识现实世界的知识，形成和发展各个学科的理论体系，提升人类理解现实世界的能力。知识价值可以进一步延展为学科价值，但学科价值又不完全等同于知识价值。学科价值的知识强调学科框架之下的知识，且注重知识的系统性和完整性。而知识价值的知识只关注知识本身，不关注知识之间的联系。技术价值反映人们通过科技创新能够获得更多更优处理和解决现实问题的思路、方法与手段，提升人类解决现实问题的能力。技术价值可向多向度延展价值。如将技术应用于解决生产力问题，促进经济发展的时候，其价值体现为经济价值；将技术应用于解决环境问题，促进人与自然和谐发展时，其价值体现为生态价值；将技术应用于军事方面，使国家和民族在国际上获得更高的政治地位或者利用军事手段来维持世界和平的时候，其价值体现为政治价值；人文价值反映的是人们通过科技创新能够获得更多优秀的、先进的思想、理念、伦理、道德、价值观与信仰等，更加科学地回答人类存在的根本意义、人类生存的总体状况、人类未来发展命运等根本问题，提升人类社会的精神境界与处理和解决各种社会矛盾与冲突、社会关系异化和传统伦理道德危机的能力，包括不同种族之间的关系、不同国家之间的关系、不同信仰之间的关系如何处理等人类社会生存与发展的重大问题。

科技创新本体价值蕴含在科技创新过程之中，包括文化价值、育人价值、主体自我价值等。文化价值是指科技创新必须秉持理性、质疑、批判、求真、效率、协作、卓越等科学精神，经过长期的积淀进而形成一种以科学精神为核心的创新文化。创新文化不仅对创新实践起到导向与引领作用，对其他社会实践活动也具有同样的促进作用。科技创新史就是一部文化史，每一项新的科技创新活动都丰富科技创新文化，促进创新文化的发展。育人价值是指科技创新是一项十分复杂的实践活动，尤其是随着社会的发展，其复杂程度越来越高。要想开展好这项实践活动，不仅需要科学的方法，还需要较强的能力和必要的经验，而这些仅靠课堂教学是无法向学生全部传授的，必须在科技创新实践中培养未来的科技工作者。科技创新过程不仅是科技成果诞生的过程，还是科技工作者自身成长的过程。高等学校在科技创新过程中培养学生的创新意识、创新精神和创新能力正是科技创新育人价值的体现。主体自我价值是指科技创新的主体进行科技创新不是为了任何的社会目的，包括生产知识与技术以及实现人文价值，而是为了自我价值的实现，即科技创新主体存在的价值。主体自我价值在于从科技创新中获得自我满足，甚至是将科技创新视为一种"闲逸的好奇"。

科技创新价值具有层次性和更替性特征。科技创新价值的层次性是指科技创新价值往往是多元的而非唯一的，是一个价值体系。在这个价值体系中，不同的创新主体、不同的创新活动，其在价值体系中的地位是不同的，对科技创新的导向作用是有差异的，有的处于主导地位，有的处于次要地位，因此存在着主次之分。科技创新价值的更替性是指科技创新价值会随着时代的发展而变化，即科技创新价值始终处于不断变化之中，没有一成不变的价值体系。这种变化既包括主要价值与次要价值地位的转换，更包括历史上的创新价值的消失和新的创新价值的诞生。

社会需求在多元的背景下，任何价值取向都有其存在的合法性基础，不存在哪种类型的价值取向优、哪种类型的价值取向劣的问题。作为具体的某一项科技创新实践活动，往往是多种价值取向共存进而形成一个价值体系。只有多元的价值取向才能满足社会多样化的需求，才能更好地促进社会的全面繁荣进步。

二 高校科技创新价值取向及其失衡

科技创新价值取向是指科技创新主体在科技创新实践中对主导科技创新价值的倾向与选择，规定和影响着科技创新实践活动。现代科技创新活动的复杂性导致创新主体的多元，进而引致科技创新价值取向的多元。即使是单一的科技创新主体，由于创新主体的内在需求往往也不是唯一的，进而单一创新主体的创新实践活动同样可能出现多元的创新价值取向。科技创新主体的价值取向不仅受到创新主体内在需求的制约，同时还受到其他创新主体价值取向、创新客体及外部其他利益相关者需求的影响。因此不同主体在面对同一客体时，其科技创新价值取向可能是相同的；同一主体在面对不同客体时，其科技创新价值取向也可能是不同的。在特殊的情况下，其他创新主体的价值取向、创新客体或外部利益相关者需要的影响甚至可能超越创新主体自身的内在需求。

尽管如此，任何一个科技创新主体都会具有与其组织特性相一致的科技创新的价值取向，这一价值取向之所以作为这一组织的基本价值取向，无论其面对的科技创新的客体如何改变，这一价值取向都是不会丧失的。这种由组织特性所决定的价值取向可称之为基本价值取向。此外，创新主体往往都会增加与客体价值取向相一致的新的价值取向，这一价值取向是附加在科技创新主体或客体之上的价值取向，其特点是会随着客体或主体的改变而改变。我们可以将这种价值取向称之为附加价值取向。在创新实践活动日益复杂的情况下，某一创新实践活动往往是多个创新主体同时存在，如某企业委托某大学开展一项研究，企业和高校就同时成为创新主体。此时，创新实践活动的价值取向就不会是单一主体的价值取向。作为科技创新的主体或客体，任何创新实践活动的价值取向都是基本价值取向与附加价值取向的集合。同时，任何一项科技创新实践活动都会受到研究对象自身属性的限制。

尽管任何一项科技创新活动都是创新主体内部多元需求或多元主体价值取向之间价值博弈的结果，但衡量科技创新价值取向不可或缺的标准之一仍然是科技创新主体的基本价值（自然属性）是否得到充分体现，没有得到充分体现的价值取向是不科学的选择。高校科技创新价值是一个体系，我们不仅需要了解掌握高等学校科技创新附加价值取向，更需要知晓高等学校科技创新基本价值取向，因为基本价值取向虽更重要，但往往被忽略。

科技创新主体与客体的结合是建立在主体价值取向与客体价值取向兼容并包的基础之上的，但是这种包容、不排斥并不是主体或客体对各自基本价值取向的放弃。当前，全社会普遍存在着由于科技创新经济价值取向过度膨胀，导致科技创新价值取向多极向单极转变，以导致科技创新价值体系的单一化、简单化，忽视了其多元价值，如技术至上理念导致人文关怀退化，因技术的应用过度泛化致使自然环境、人文精神遭到严重破坏，甚至是加剧了国家、民族之间的矛盾与冲突。一些高等学校及其教师所开展的科技创新活动的确存在放弃高等学校科技创新基本价值取向的现象，导致功利性，引起社会的广泛诟病。

目前高校科技创新实践价值取向存在如下几个比较突出的问题。

一是过于强化经济价值而使价值体系失衡。经济价值取向关注的是解决经济发展问题，以获得经济效益为目的。由于经济价值取向往往会给科技创新主体带来直接的经济利益，以满足科技创新主体的物质需要，因此经济价值取向往往成为科技创新的直接动力。经济价值取向是市场经济的基因，是科技创新的主要源动力。但是，过分注重经济价值取向会导致科技创新主体以经济利益为唯一选择而忽视其他价值取向；容易导致科技创新主体只选择那些容易带来经济效益的自然科学研究，重视应用研究而忽视基础研究；容易导致科技创新主体只注重科技创新成果的量而忽视科技创新成果的质，甚至违反科技创新规律和学术道德规范。

在企业和科研院所两类科技创新主体将经济价值视为科技创新核心价值的同时，高等学校也将科技创新价值取向定位为经济价值。具体表象是单位和个人往往希望围绕经济社会发展的具体问题进行选题，单位往往用科研经费的多少、科技成果的转化率、创造的经济效益来衡量科研的实力与水平，甚至是科研人员的科研贡献。三类科技创新主体过于集中于创新价值取向致使科技创新价值体系失衡，严重有碍于社会的全面发展进步。

二是过于强化学科价值而使知识价值异化。学科价值的本质是知识价值，但目前我国高校其科技创新的学科价值并没有真正体现在知识价值上，而是致力于学科的强弱即学科的排名上。高校和教师开展科学研究不是追求知识，而是追求体现知识数量的成果要比别人多、档次高，导致学科价值异化。在重点大学建设政策的导引和大学排行榜的助推下，很多大学尤其是重点建设大学都把学科建设水平置于重中之重的地位，甚至是将建设若干世界一流学科作为建设目标，试图通过学科建设来全面提升办学水平。为此，论文、专著、获奖成果的数量等便成了学科建设水平的重要标志。科技创新的知识价值虽得到了体现，但由于过于强化了学科水平，导致教师过于追求成果的数量而忽视了成果的质量，使学科价值越来越背离知识价值，甚至频频出现了违背科研规律和弄虚作假的现象。

三是忽视了育人价值而使高等学校失去了科技创新的基本价值。高素质创新型人才的培养离不开创新实践，仅靠课堂和课本是不可能培养出高层次创新型人才的。尽管目前很多大学大量的研究生已经参与到了教师的课题研究之中，但由于仅仅定位为"科研为教学服务"，没有将科研活动作为创新型人才培养的途径。目前的研究生参与教师科研的行为基本处于教师与学生的个人行为，没有纳入到人才培养方案之中，缺乏规范的制度和组织保障,科技创新育人价值并没有得到应有的发挥,而育人价值恰恰是高等学校科技创新的基本价值。忽视育人价值对于高等学校而言,是一种弃本逐末行为。

四是忽视了文化价值而使大学雷同于其他组织。校园文化对人才的培养具有潜移默化和深远的影响,是一种隐性课程,是高素质人才培养不可或缺的。科技创新本身就是文化的范畴,创新文化的精髓是科学精神。科学精神是人们在长期的科学实践活动中形成的共同信念、价值标准和行为规范的总称。科学精神是规范科学行为、导引科学能力(潜力)充分发挥的决定性因素。大学尤其是研究型大学校园文化与中小学校园文化的核心区别之一在于大学校园文化的主体是以科学精神为核心的创新文化,大学不同于其他社会组织的核心也在于以科学精神为核心的校园文化上。而我们今天的大学恰恰未能足够重视这一点,未能通过科技创新而形成创新文化,并通过这一文化来熏陶青年学生。这一点也许能够很好地回答"钱学森之问",即目前我们所培养的人才不是缺少科学能力(潜力),关键在于缺少科学精神[①]。

三 高等学校科技创新价值取向的回归

历史地考察科技创新实践活动,有学者对不同历史阶段科技创新价值取向的特征进行了梳理。易显飞认为农业时代的技术创新以生存价值为核心价值取向,但与生态价值、人文价值保持着原始的协调与统一;工业时代的技术创新以经济价值为核心价值取向,同时缺乏对创新的生态、人文向度的考量,导致创新的异质价值取向之间严重地不协调;后工业时代的技术创新追求创新的经济价值、生态价值和人文价值的全面实现,在异质价值取向之间形成相互规范、相互制约的关系[②]。这一研究成果提醒处于后工业时代的科技创新主体必须对科技创新价值取向作出统筹合理的安排,实现科技创新价值的多元与协调。在此背景下,高等学校作为人类社会最具思想性的组织,从构建有利于社会和谐发展的科技创新价值体系出发,依据自身的组织特性,对科技创新的价值取向重新进行考量。另外,从我国的实际情况来看,过去,我国的科技创新主体基本是科研院所和高

---

① 章熙春、赵庆年:《把握高校科技创新的价值取向》,《中国高等教育》2017年第6期。
② 易显飞:《技术创新价值取向的历史演变研究》,东北大学出版社2014年版。

等学校，在这样的背景下，高等学校科技创新价值取向偏向经济价值等是在情理之中的。随着我国企业科技创新能力的逐步增强，目前我国企业已经成为科技创新三大主体之一，未来将成为第一主体。在此状况下，我国高等学校科技创新价值取向回归到其本来的选项上恰逢其时。

就科技创新本身而言，科技创新具有普适性的价值，但高等学校作为一种特殊的学术型组织，其科技创新价值与企业和专门的科研机构既有相同的地方，也有不同之处。相同的地方体现在作为研究机构的研究属性，是科技创新主体所具有的共性价值。不同之处体现在高等学校有别于其他组织的组织属性，是高等学校科技创新的特有价值，是这一特殊学术性组织内在品质的外在表现。高等学校作为公共服务的提供者，除了向社会输送人才外，还必须承担起文化的传承与创新的社会职能，包括知识的传承与创造，符合人类社会终极发展目标的思想、伦理、道德、信仰与价值观的构建。为此，高等学校科技创新价值取向必须是多样性且协调的。当下，高等学校需要内敛的是经济价值取向，需要回归的是育人价值取向、文化价值取向，需要彰显的是知识价值取向，需要提倡的是自我价值取向。只有这样，才能使全社会科技创新价值取向形成一个有机整体，满足社会发展多样化需要。同时，使高等学校组织特性得到彰显。

作为科技创新的主体，高等学校科技创新价值取向不仅有别于其他创新主体，即使同为高等学校，因高等学校的类型与职能不同其科技创新价值取向也会有所侧重。由于高等学校类型多样化，且每一种类型的高等学校在组织目标和组织行为上的差异，进而会导致不同类型高等学校在科技创新实践中的价值取向不尽相同。即使是相同类型的价值取向，在具体的内涵以及重要性上仍存在一定的差异。例如研究型大学与应用型本科高校在科技创新价值取向上就应存在明显的差异。

目前，通常将科学研究划分为三种类型，即基础研究、应用研究与试验发展或对策研究（理工科为试验发展，人文学科为对策研究）。基础研究"指为了获得关于现象和可观察事实的基本原理的新知识（揭示客观事物的本质、运动规律，获得新发展、新学说）而进行的实验性或理论性研究，它不以任何专门或特定的应用或使用为目的"。应用研究是"指为获得新知识而进行的创造性研究，主要针对某一特定的目的或目标。应用研究是为了确定基础研究成果可能的用途，或是为达到预定的目标探索应采取的新方法（原理性）或新途径"。试验发展是"指利用从基础研究、应用研究和实际经验所获得的现有知识，为产生新的产品、材料和装置，建立新的工艺、系统和服务，以及对已产生和建立的上述各项作实质性的改进而进行的系统性工作"[1]。对策研究是指为寻找解决社会发展具体问题的政策、措施、机制、办法等而进行的系统性工作。

由三种类型科技创新活动的内涵与特征可知，基础研究的价值取向一定是知识价值的，而绝不是经济价值取向或政治价值取向；应用研究往往是经济价值或其他价值取向；试验发展往往是经济价值取向；对策研究虽然是多种价值取向，但当今更多的是经济价值取向。研究型大学的特性决定了其应以基础研究为主，其科技创新的价值取向应重点坚持知识价值、育人价值和文化价值的和谐统一；应用型大学主要以应用研究和对策研究为主，其科技创新价值取向应技术价值与人文价值并重，兼顾育人价值、知识价值与文化价值[2]。

如此，不仅实现了高等教育系统科技创新价值取向的多元，也会极大地促进全社会科技创新价值取向的多元，进而提升全社会科技创新的价值。

第二节 科技创新评价目的与意义

随着社会经济发展水平的提高，我国经济、社会、文化等各方面的区域化特征越来越明显，不同区域的经济发展程度呈现较大差别。各地区自然条件、经济水平和科技状况也都不尽相同，因此借助区域内部的资源优势，整合区域资源，提高区域经济科技效益，通过区域经济科技的发展促进国家的发展，对我国经济社会发展是非常重要的。高等院校作为科技创新的重要主体之一也日益受到地方的重视，地方政府也希望通过本区域高等教育的科技创新来促进地方经济社会发展。区域高校的科技创新绩效对区域经济发展来说至关重要，区域高等学校科技创新能力不仅关系到本省域内高校自身的办学实力，还关系到整个区域乃至国家的经济社会的可持续发展。提高区域高等教育科技创新能力也是构建国家创新体系的重要方面，日益受到重视。

---

[1] 国家统计局、科学技术部：《2014 中国科技统计年鉴》，中国统计出版社 2014 年版。
[2] 刘君：《区域高等教育科技创新能力评价研究》，硕士学位论文，华南理工大学，2016 年。

一 评价引导目的

作为第三方,测算和评价各个地区高等教育的科技创新能力,对区域高等教育科技创新予以引导,将科技创新的新思想、新理念与新路径等引入区域高等教育科技创新活动。

(一) 引导部分高校重视基础研究

基础研究是科技创新能力与水平提升的根基,同时利用基础研究能更好地培育高质量的科技创新人才,本研究希望通过对区域高教科技创新能力的评价引导部分高校重视基础研究。

(二) 企业是科技创新重要主体的理念

企业、高校、科研机构是区域的三大创新主体,企业是自主创新的主体,政府是企业自主创新的支持者,高校科研机构是企业自主创新的合作者。在企业自主创新的进程中,加强校企联合,实现优势互补,用科学的理论方法武装人,把先进科研成果转化为现实生产力,就如同为企业插上腾飞的翅膀,使其在激烈的市场竞争中立于不败之地,促进三者在科技创新领域的合作与竞争,形成有特色的区域科技创新体系。

(三) 协同创新的理念

为实现共同的目标,企业、高校、科研机构等之间相互合作,发挥各自的优势,整合资源,把各种分散的资源联合起来,使整体创新效果优于个体创新效果之和,从而控制创新成本,提高创新绩效。当前许多知名大学都将协同创新作为一种大学理念,渗透到高校的科研活动中,协同创新可以保证企业、高校和科研机构之间相互合作,聚合各种分散的资源,发挥各自的优势,降低创新成本,提高创新效率。

(四) 树立科技创新结构的理念

科技创新结构是组成科技创新整体的各部分的搭建与安排,科学合理地搭建各组成部分,对整体高效运行非常关键。提升区域高教科技创新能力不仅要从提升区域内高校个体的创新能力入手,还要依据区域产业结构与社会发展水平对区域内高校科技创新结构进行优化。区域高等教育作为一个整体,要考虑到整体结构对科技创新能力的影响。

(五) 高等学校引领科技创新的思想

高等学校是我国人才培养的主要机构,高等学校的思想观念、师资力量、人才规模及科研仪器设备都较为先进,因此高等教育科技创新有能力也有实力引领科技创新。多数学者也认为高等教育科技创新应该适度地超前发展于社会科技创新,其中胡瑞文认为,"为了全面建设小康社会,我国高等教育必须继续适度超前发展"[1],许玲也认为,"高等教育适度超前发展的省份的经济发展潜力更大"[2]。

二 提升高等教育科技创新能力

科技评价是对科学技术活动的科学性及合理性进行判断的有效手段,科技评价具有导向和激励作用,因此科学合理的科技评价体系对科技事业的发展至关重要。科技评价具有导向和激励作用,科技评价对于科技资源的优化配置及科技决策水平的提升具有重要意义。我国科研评价实践已历经许多年探索并获得了一定的经验,但当前对于科技评价的研究成果并不能满足当前科技发展的需要。总结科技评价的研究成果,进一步探索科学合理的科技评价方法,对我国科技事业持续健康发展具有重要意义。

区域高等教育科技创新能力评价是激励与提升区域高校科技创新能力的重要手段。我国的区域高等教育科技创新能力与发达国家还有较大差距,不同区域高等教育创新能力也参差不齐,这迫切需要正确地衡量区域高等教育创新能力,通过分析评价区域高等教育的创新能力,从整体上把握高等教育科技创新的现状,深入分析各个地区高等教育科技创新的优势与劣势,找到制约各地区高等教育科技创新能力的瓶颈,对症下药,采取多种措施提升高等教育的科技创新能力。

三 促进经济和社会发展进步

区域高等学校是一个复杂又特殊的系统,区域科技创新能力的提升不仅依赖于各高校创新资源的优化配置,而且依赖于整个区域高校科研结构的协同优化,还在于与区域的产业结构、区域社会经济的相互协调发展。评价是提升科技创新能力的重要举措,对科技创新能力进行评价是实现提升的必要手段。通过一系列的计算、观察和咨询等方法对科技创新进行量化或者非量化的复合分析研究和评估,最终得出一个合乎逻辑的关于科技

---

[1] 胡瑞文:《高等教育应坚持适度超前和可持续发展》,《中国高等教育》2004年第13期。
[2] 许玲:《区域高等教育与经济发展水平协调性研究——基于2004年和2011年横截面数据的分析》,《教育发展研究》2014年第1期。

创新的意义、价值或者状态的总体结论，可以全面地了解及分析科技创新的现状及活跃度，从而使科技创新可以更好地服务于经济社会的发展。

通过对区域高等教育科技创新能力的评价分析，可以比较全面地认识和判别区域高等教育科技创新的实力和活跃强度，分析区域高等教育科技创新以及高等教育科技创新与区域产业结构及社会经济环境的协调程度，促使科研结构与产业结构相匹配，从而促进经济社会的发展。

四　丰富关于区域高等教育科技创新能力的理论

区域高等教育科技创新能力作为一个整体集合能力，具有个体高校在孤立状态中所不具备的整体特性，其创新能力并非省域内每所高校科技创新能力的简单叠加，如何优化省域高等教育科技创新能力，实现整体能力大于部分能力之和的最优状态，是提升区域高等教育科技创新能力的重要要求。当前关于科技创新能力评价指标体系和方法的研究较多，但是对科技创新活动本身的认识及区域创新理论层面的研究还不够深入。本研究通过指标体系的构建，进一步丰富关于区域高等教育科技创新能力的理论。

五　为地方政府编制科技发展规划出台科技政策提供参考

本评价方法可用于评价区域的创新能力，为探寻全面提升科技创新能力举措提供咨询服务，为区域政府规划本区域的高等教育及企业的科技创新、制定科技政策提供参考。本评价不用于排行榜和绩效考核，因此本研究考虑各地区历史存量的同时也注重考察区域增量的变化情况。

第三节　科技创新评价指标的选取

一　指标选取的原则

（一）科学性原则

在构建评价指标体系过程中，从指标元素的选取到指标体系结构的设计，从每一个指标权重的确定到合成都必须科学、合理、精确，要做到科学性，需要处理好以下几组关系。

1. 理论性与实践性的统一。理论上的完备与实践的可操作性始终是一对矛盾，实践的可行性总是受到现实状况的制约，因此无法达到百分之百的理论上的完备性，只能尽量兼顾。

2. 规模与质量的统一。不同评价对象及目的，在规模及质量指标方面应有不同侧重。

3. 定性与定量的统一。在指标构建过程中需要将定量指标与定性指标相结合。

（二）全面性与标志性统一原则

全面性体现指标体系的大而全，标志性体现指标的精而细，在实际操作中应注意这两种指标。所构建的指标体系，必须能够全面地反映被评价对象的各个侧面，决不能取长补短，否则会影响评价的公平性。本研究同时兼顾存量指标与增量指标。存量是指所拥有的全部可确定的资产或资源，而增量则是比初期增加的资产或资源，这两类指标都能很好地反映区域高教科技创新能力，对于不同的评价对象及不同的评价目的，存量与增量指标的选用是有一定区别的，到底谁更重要些，这需要专家赋予权重。

（三）通用可比性原则

构建的评价指标体系必须是通用可比的，必须适用于同一类型的评价对象，不能含有一些具有明显倾向性的指标，比如我们在设计"城市现代化评价指标体系"时，若将某些含有地方性色彩的指标纳入其中就是不合理的。

（四）目标导向性原则

评价指标体系的构建必须紧紧围绕着评价的目的展开，指标元素的选取，指标权重的确定，指标数据的合成都必须紧紧围绕着综合评价的目的展开，这样才能使最后的结论反映我们的真实评价目的。

（五）数据的可得性原则

指标选取的一个重要原则就是指标数据的可获得性，有些指标虽能很好地反映区域科技创新能力水平，如区域科技创新能力对社会文明进步的贡献率、犯罪率、人们的受教育水平等这类指标、承担重大科研任务的能力、创造知识的能力、传播知识的能力和服务社会的能力等，由于当前处于初级研究阶段，还无法做到深入研究此类定性指标，但随着以后研究的深入，最终可以用定量的方法测算此类定性指标。

（六）指标弱相关原则

在指标选取过程中，为了保证指标体系的区分度与科学性，应尽量采用弱相关的指标，选取最典型，弱相关的指标，才能使每个指标得到充分的发挥，这需要确定好每个指标测量体系的内涵及边界，避免显著相关的指标出现。

二　指标精选

指标的初选只是给出区域高等教育科技创新能力评价指标体系的一个可能的指标全集，是本着只求全而不求优的原则，因此这些初选指标一般都不是充分必要的指标的集合。从内容上来看，初选的指标完整性较强，但其重叠度与区分度也较高。鉴于数据来源的可行性，有些指标可能无法付诸实施，因此需要进一步筛选指标。从结构上来看，初选指标构成的指标体系主要强调的是概念与目标的划分，相比之下指标间数据的相似与亲疏关系就无法得到很好的体现，因此需要采用一定的方法对初选的指标进行优化与删选，当前学术界主要有定量与定性两种方法确定指标，主要采用专家咨询法、单体和整体测验的方法对指标体的内容、方向及可行性进行详细的讨论与分析。

（一）专家咨询法

本研究于 2015 年 9 月 24 日，邀请专家对初步构建的指标体系进行讨论分析，其中包括高等教育界及管理学界等 13 位专家，经过专家的反复讨论及论证，并通过指标的测验，最终确定了以下指标体系，其中部分专家意见如下。

有学者认为应该注意存量指标与增量指标的选取，科技创新能力的概念内涵有点模糊，应明确界定科技创新能力的内涵，在进行评价的时候应注意评价的必要性与可行性，建议按照投入、过程、结构和效果这个思路对一级指标进行分解，评价尽量从客观角度测量，对评价主体、评价对象、评分标准及评价实施等需进一步说明。因此本研究参考管理学中投入、过程、结构和效果这一思想理念，对一级指标进行科学合理的调整。考虑将一级指标的 C 区域高等教育科技创新活力指标改为 B 区域高等教育科技创新过程指标，对指标的顺序进行适当调整，并对相关概念进行了明确的界定。有学者指出，构建指标体系时要对指标选取的来源进行说明，对区域高等教育科技创新能力结构需做进一步界定，并提出是否存在非能力结构的问题，对高等教育概念界定不够明确，是否包括职业教育。因此本研究对区域高等教育科技创新能力及高等教育进行了更为明确详细的解释与界定，对所选取的指标的依据都做了详细的介绍。有学者认为应将高等教育创新能力的评价目的是什么以及评价视角界定清楚，是以政府的视角，还是高校管理者抑或是社会第三方组织，认为区域高等教育科技创新的人才、技术应服务于全国，基础研究也不是地方政府支持对象，因此建议将匹配度分成为区域高等教育与区域高等教育科研活动类型、区域经济及国家经济三个层次，并建议将 C_{23}（高等学校与地方政府或企业合作研发中心数（个））与 C_{24}（产学研合作基地数（个））两个指标合并改为"产学研服务的营业收入"，因为"个数"并不能很好地反映规模或是质量的多寡。有专家认为需重视指标选取的可行性，即如何构建既简单又实用的指标体系，在内容方面应选取更多侧重于与企业结合的指标，应重视科技成果的转化，指出产学研合作的项目（科技孵化器、企业顾问等）、成果登记及技术合同在科技厅有数目登记，建议可将它们纳入指标体系中，作为一个数据测评，建议在评估区域高教对本区域和其他区域的服务方面需要慎重考虑，在指标体系的适用性方面，提出指标体系除了为区域高校服务，能否为某一高校服务，研究过程中能否将监测部分考虑进去。有专家认为指标选取及分类应有明确的标准，认为"高等学校与地方政府或企业合作研发中心数"与"产学研合作基地数"两指标内涵相互包含，在科技创新能力方面，由于评价对象与评价主体具有差异性，因此用一套体系来评价不同类型院校困难很大。有专家认为需要考虑历史存量与增量，建议将既有的存量基础归零，在指标上主要看增量，提出能力与水平是否为一个概念，如何划分两者边界，提出人力资源年龄结构指标是否是越均衡越好的问题，著作、论文数量很难体现出科技创新能力，从"个""项"的角度能否真正体现能力，建议可以从经费角度进行评估。

本研究考虑以上建议，将部分数量指标修改为质量指标。有专家认为匹配度与 B_3 中的经济效益有重合，应用增量来表现，在科技创新人力资源中，专家、学部委员及社科专家是否应纳入其中，省里面的社会科学奖是否考虑进去，顶级刊物、一级和二级刊物是否考虑进去。有专家认为，在构建指标体系的同时，能否边模拟边研究？在内涵上应对创新能力进行更为深入的界定，指标体系中能否纳入科技创新环境（科研创新新政策）指标。有专家认为，在指标的组成中，可以将人、财和物改为人力资本和物质资本，硬件资源可以改为平台资源（重点实验室、国家工程技术中心）；从协同创新来说，科技活力指标不够充实，不能很好地体现科技协同创新，科技活动的增长情况是非常重要的，而现在的指标是存量指标，无论是跨学科团队还是跨学科研究项目或基地还不太能够真正反映一个地方的创新活力；在科技创新能力结构方面，可以从科普知识、基础研究、应用基础、应用和转化这些方面来考察一个地方的科技创新的能力结构？有专家认为，B_2 横向课题指标可以考虑"产学研结合"指标，C_{24} "个数"可以换做合作经费。有专家认为选取较为典型的指标，表观数据不能细究，将复杂的问题简单化，构建即能充分测量评价对象特点又简单实用的指标体系，在用词方面有争议性：经济和效益是匹配度、相关度还是关联度？科技活力可换成协作能力。

（二）单体测验与整体测验

单体测验与整体测验为指标精选的两种重要方法，如表 4-1 所示。

表 4-1　　　　　　指标体系的单体测验与整体测验法

方法	概念	测验目标	方法
单体测验	整个评价体系中的每一个元素进行可行性、正确性、真实性三方面分析	可行性、正确性、真实性	"内容测验"　"方向测验""可行性测验"
整体测验	对整个指标体系中指标之间的协调性（一致性）、整体必要性、整体齐备性（全面性）进行检查	协调性、冗余度、区分度与齐备性	"变异系数分析""极小广义方差法""分离重叠源""修正指标权重""专家评估法"

单体测验主要采用逻辑测验与实践测验两种途径，其中逻辑测验就是通过逻辑分析来检查构造的指标体系的评价指标在计算内容与取值上是否符合评价的目的。主要方法有"内容测验""方向测验""可行性测验"等，即为效度测验。

指标可以看作是关于指标体系的函数，函数值首先取决于 F（x）中 x 的完整与合理性，即纳入指标体系 F（x）中的 x，应该是对函数值起到作用的尽量或全部的因素。因此内容测验即检查所选取的指标是否包含了应该包含的内容和不该纳入的内容，需要分析。在其他指标要素不变的情况下，哪些应该影响指标结果的因素增减是否引起了该指标值的相应变化，哪些不应该影响指标计算结果的因素的增减是否引起了指标值的变化，通过内容测验可以发现指标在计算内容上是否完整科学。

方向性测验首先检查选取的评价指标标志值（指标内部各组成部分）变化与构建评价指标的取值在方向变化上是否协调，若将统计指标与标志值写成函数形式：$y = f(x_1, x_2, \cdots, x_j, \cdots, x_n)$，则当 x_j 与 y 呈负相关的时候，其一阶偏导也为负数，不然其一阶偏导应为正数，若选用的指标公式不满足此要求则说明其有误；其次检查每一个选取的评价指标与评价目标在它们的评价方向上是否相协调；构建评价体系的目的就是为了在实践中进行运用，所以可行性测验是要对数据来源的可行性（技术与经济可行性）、真实性与数据质量进行考查，若在指标测验中其中任一方面不合格，则该指标就无法付诸实施，就需要重新修正所选指标。实践测验主要是用定性分析与定量分析两种方法，实为信度测验。

指标体系的整体测验是测验构建的评价指标体系的协调性、冗余度、区分度与齐备性。协调性就是检查指标体系中各指标的计算公式、方法与范围应该协调一致；冗余度是指从整体出发，检查构建的指标体系的所有指标是否存在冗余，一般是通过定性和定量相结合的方法来计算指标的冗余度，主要在检验选取的指标的交集是否为空集；区分度是指构建的评价指标体系在辨识评价对象各方面特征的能力，主要在检验指标的评价能力。原则上讲，评价指标的区分度应该尽量高，如若不然，参与评价的对象在该指标取值上没有明显的差异，评价对象的优劣程度就无法给予准确的判断。

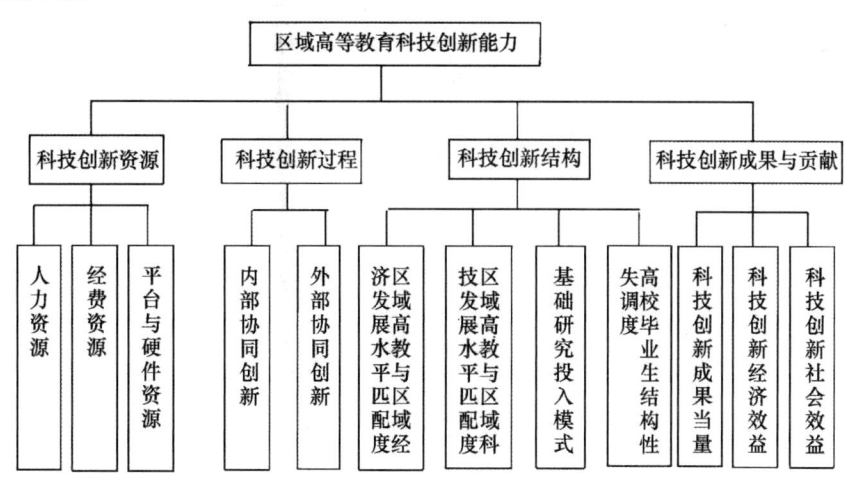

图 4 - 1 指标精选后区域高等教育科技创新能力评价指标模型

综合考虑以上的建议与方法，本研究对指标作出了相应的调整与修改，将一级指标由原来的四个指标即区域高等教育科技创新资源、区域高等教育科技创新成果与贡献、区域高等教育科技创新活力、区域高等教育科技创新能力结构,调整为区域高等教育科技创新资源、区域高等教育科技创新过程、区域高等教育科技创新结构及区域高等教育科技创新成果与贡献四个指标。并对部分二级三级指标作出调整与修改,以图 4-1 为最终确定的指标体系,以下三、四、五、六节为各级指标体系及指标内涵的界定及修改详情。

三 区域高等教育科技创新资源指数

(一) 人力资源指数

如表 4-2 所示,本研究通过人力资源指数来测算一级指标人力资源状况。"人力资源指数"(HRI)在企业界最早由克里特提出,当前企业对人力资源的开发与管理的重视程度远远高于高等教育,人力资源指数分析法是测定企业人力资源实际状况的量化指标,其中包括 15 个一级指标与 73 个二级指标,涉及企业的报酬制度、信息沟通、组织结构、人际结构、参与管理及关心员工等方面。在科技创新人力资源指标方面,本研究构造高等教育界科技活动的人力资源指数,主要从人力资源的数量、质量、结构出发,包括科技活动人力资源投入的时间数量、人力质量、人力结构三方面。

表 4-2　　　　　　　　科技创新资源指标

一级指标	二级指标	三级指标
A:科技创新资源	A_1:人力资源	A_{11}:每万人中 R&D 全时人员数量(人)
		A_{12}:"高层次科技人才"(人)
		A_{13}:科技人力学历指数
		A_{14}:科技人力年龄结构
	A_2:财力资源	A_{21}:实际科研经费人均支出(万元/人)
		A_{22}:人均科技投入经费的年增长率(%)
		A_{23}:科技投入经费占区域 GDP 比重(%)
	A_3:平台与硬件资源	A_{31}:重点实验室(个)
		A_{32}:国家级智库与研究基地(个)
		A_{33}:固定资产购置费(千万元)
		A_{34}:人均拥有信息化设备资产值(千元)
		A_{35}:拥有科技图书量(册)

注:表 4-2、表 4-3、表 4-4 指标中"人均"的"人"系指 R&D 人员数。

A_{11}：每万人中 R&D 全时人员数量（%）

科技活动人员总数、R&D 人员和 R&D 全时人员当量均为高等教育科技创新人力资源指标，三个指标存在相互交叉部分，因此本研究选取 R&D 人员数量作为人力资源数量指标。R&D 人员是指为了增加人类文化或社会文化的知识总量，以及通过这些知识去进行创造性活动的人员，当前国内外通常采用 R&D 投入强度与规模来反映本国科技创新活动的能力，国家的 R&D 水平体现其政治经济实力及综合国力，企业的 R&D 水平则体现着该企业的整体实力与竞争力，许多著名的企业都视 R&D 活动为企业的生命，因此本研究选取 R&D 人员指标来测量科技创新人力资源。R&D 全时人员是指从事 R&D 活动满 9 个月/年的 R&D 人员，R&D 全时人员当量即参加 R&D 项目人员的全时当量及应分摊在 R&D 项目的管理和直接服务人员的全时当量两部分相加测算，一个折合全时当量是 1 人/年，例如一个人在 R&D 活动上花费了 30%的正常工作时间而 70%的时间用于其他工作，则其折合全时当量为 0.3，采用 R&D 全时人员当量可以反映当前投入科技创新活动的时间量。

A_{12}："高层次科技人才"

科技创新能力离不开优秀的科技领头人及高层次科研人员，本研究选取的高层次科技人才包括院士人数、"国家杰出青年科学基金"获得者人数和"长江学者"人数、新世纪优秀"人才支持计划"入选人数和在校的硕博士生人数等，考虑到数据的可获取性及代表的典型性，本研究最终选取了院士人数、"长江学者"人数和"国家杰出青年科学基金"获得者数及国家一级学会常务理事占区域 R&D 人员的比例这四个典型指标。"两院院士"是对中国科学院院士和中国工程院院士的统称，他们是从国内外最优秀的科学家中选出，"长江学者奖励计划"是 1998 年共同筹资设立的专项高层次科技人才计划，该计划包括实行特聘教授岗位制度和长江学者成就奖两项内容。"国家杰出青年科学基金"（简称"杰青"）是我国高端科技人才资助项目，资助国内与尚在境外但即将回国定居工作的优秀青年学者，在国内进行自然科学的基础研究和应用基础研究，是我国科技创新人力资源的重要指标。国家一级学会常任理事往往是某学科的学术精英，因此能够体现本区域高等教育的学术地位及学术影响力。

对于科技人力结构所选取的指标：科技人员的创新意识、青年教师所占比重、R&D 人员年龄结构、R&D 人员中具有研究生（博士）学历的密度、R&D 全时人员占科技人力比重和科学家与工程师占科技人力比重这一类指标，本研究将其总结为科技人力的学历结构与年龄结构两大指标。

A_{13}：科技人力学历

本研究采用科技人员的学历指数来测算科技人力资源质量指标，人力资源质量是指在一定社会制度、一定社会生产力下，人们所具备的思想、体质水平、专业技术水平、文化知识水平等方面，随着经济社会的发展，对人力资源的质量要求越来越高。科技活动中人力资源的质量对高等教育科技创新能力具有重要影响，因此本研究着重从人力资源质量方面进行指标的筛选。从科技创新人力资源的文化科学素质角度进行分析，主要有人员的学历、专业水平、经验等，在校的硕博士生人数等，都从不同角度反映出本区域高等教育的人力资源质量。本研究中的科技人力是指高等学校在册职工在统计年度内，从事大专以上教学、研究与发展、研究与发展成果应用及科技服务工作人员以及直接为上述工作服务的人员，包括统计年度内从事科研活动累计工作时间一个月以上的外籍和高教系统以外的专家和访问学者。①

博士学位学历当量 F 测算公式为

$$F = \sum_{m=1}^{4} a_n x_m \quad (4-1)$$

其中：

a_n——针对不同学历的科技人力的折算指数

x_m——某一学历科技人力的总人数（人）

a_1——1，博士学历科技人力的折算系数

a_2——7/10，硕士学历科技人力的折算系数

a_3——4/10，本科学历科技人力的折算系数

a_4——3/10，专科学历科技人力的折算系数

x_1——博士学历的科技人力数量（人）

x_2——硕士学历的科技人力数量（人）

x_3——本科学历的科技人力数量（人）

---

① 国家统计局：《历年中国科技统计年鉴》，中国统计出版社 1993—2014 年版。

x_4——专科学历的科技人力数量（人）

因此科技人力学历指数 H 测算公式为

$$H = \frac{F}{P} \qquad (4-2)$$

其中：

P——R&D 人员数（人）

F——区域高等教育科技人员学历指数，学位越高代表学术水平与学术素质就越高，在我国主要有学士、硕士与博士三层学位，其中博士学位为最高学位，因此根据修业年限将学士（4 年）与硕士学位（7 年）折合为博士学位（10 年）当量。

A_{14}：科技人力年龄结构

"人力资源结构分析"（Analysis of Human Resources Structure）是指对企业中人力资源进行评估、审核与调查，以便充分了解与高效应用人力资源，企业界主要通过"人力资源数量分析""人员类别分析""工作人员的素质""年龄结构分析""职位结构分析"等方法。关于高等教育科技创新的人力资源结构的分析，主要由科技人力年龄结构、教学与科技人力比重、研究类型结构、区域内科技人力流动指数几个角度入手，学历结构在人力资源质量方面已经提出，这里不再赘述。

高等教育科技人力资源年龄结构是指从事科研活动的人员年龄结构是否合理，青年教师是科技创新的后继力量，但短时间内无法充当学术带头人的作用，而中年教师经验往往比较丰富且精力充沛，老教师经验丰富但由于身体原因往往力不从心，因此高等教育科技人力年龄结构的匀称性是高等教育科技创新能力的重要指标。本研究选取了科技人员的年龄结构，而不是职称结构，主要原因在于职称结构比例并不是自然演进的，而是人为主导的结构，人事部门专门会按一定的指标及比例进行评审，而有些科技人员虽已达到条件，但由于一些人为客观原因，无法评审相应的职称，这对区域科技创新人力资源质量来说，没有很大的意义。因此我们舍弃职称结构这一指标。从人力资源可持续发展角度来看，随着时间的推移，老教师由于年龄增长对于科技活动往往会力不从心，但青年教师会逐渐历练成为资深的科研带头人，因此一个组织需要均匀的人力资源结构。本研究选取科技人力的年龄结构作为科技人力创新力的指标，分别将科技人力分为 30 岁以下、31—35 岁、36—40 岁、41—45 岁、46—50 岁、51—55 岁、

56岁及以上7个阶段,用高等教育科技人力年龄结构的离散程度 σ(均方差)来刻画高教科技人力的年龄结构指标,均方差是各数据偏离平均数的距离的平均数,它是离均差平方和平均后的方根,用 σ 表示。公式为

$$\sigma = \sqrt{\frac{1}{7}\sum_{n=1}^{7}\left|n_m - \frac{n}{7}\right|^2} \qquad (4-3)$$

其中:

n——区域高等教育科技人力的总数(人)

n_1——高校30岁以下的科技人力数(人)

n_2——高校31—35岁的科技人力数(人)

n_3——高校36—40岁的科技人力数(人)

……………………

n_7——56岁及以上科技人力数(人)

因为离散程度 σ 越小越好,为逆向指标,本文采用相反数作为其指标值,则 A_{14} 的测算公式为

$$A_{14} = -\sigma \qquad (4-4)$$

综上,科技创新人力资源指数 A_1 的测算公式为

$$A_1 = \sum_{i=1}^{4}\frac{(A_{1i} - A_{1i-\min})}{A_{1i-\max} - A_{1i-\min}}\omega_{1i} \qquad (4-5)$$

其中:

$A_{1i-\min}$——A_{1i} 指标中的最小值

$A_{1i-\max}$——A_{1i} 指标中的最大值

ω_{1i}——单项指标的权重

(二)经费资源指数

本研究通过科技创新经费资源指数来测算区域高教的科技创新财力资源水平,科研经费体现高等教育科技创新能力,一方面表现为高等教育当前可以动用的现实资源,另一方面则表现为高等教育继续获得这种现实资源的能力,可以分别称之为现实财力与潜在财力。我们从数量、结构两个角度对科技创新经费资源进行指标的分解与筛选。

A_{21}:实际科研经费人均支出(万元/人)

科研经费的获取能力反映了某区域高等教育的实力,反映了区域内高等教育承担和完成课题的综合实力,体现了国家和区域对高等教育的重视

程度及区域内高等教育筹集资金的能力。

A_{22}：人均科技投入经费的年增长率（％）

在指标体系构建过程中，要注意存量指标与增量指标的关系，A_{21}指标为高等教育科技创新的存量指标，因此本指标采用人均科技投入经费的年增长率为增速测算指标，以此体现了区域内高等教科技创新能力的续航能力及活跃程度。

A_{23}：科技经费占区域 GDP 比重（％）

经费的来源结构与经费的支出结构都在不同程度上反映了高校的实力，只有优化科研经费的投入结构，合理配置有限的科技经费才能更好地发挥高等教育的科技创新能力。科技经费数占区域 GDP 比重这一指标，是指区域内体现了区域对区域高等教育科技创新能力的发展与扶持力度，及区域对科研的重视程度。

综上，科技创新经费资源指数 A_2 的测算公式为

$$A_2 = \sum_{i=1}^{3} \frac{(A_{2i} - A_{2i-\min})}{A_{2i-\max} - A_{2i-\min}} \omega_{2i} \qquad (4-6)$$

其中：

$A_{2i-\min}$——A_{2i}指标中的最小值

$A_{2i-\max}$——A_{2i}指标中的最大值

ω_{2i}——单项指标的权重

（三）平台与硬件资源指数

如今科技创新活动对基础设施与科研设备的依赖性越来强，要求也越来越高，因此体现区域高等教育科技创新能力的硬件设施是评估区域科技创新能力的一个重要指标。本研究从国家级重点学科、国家级重点实验室、省部级重点实验室、科研仪器设备原值、1990 年后设备仪器所占比例、科研仪器设备开放程度、科技园区企业数、科技园区企业资产规模、数据库、校园网络覆盖率、科技情报信息中心与信息网络几个初选指标中凝练出重点实验室、智库与研究基地、固定资产购置费、信息化设备资产和科技图书量五个典型指标反映平台与硬件资源，本研究构造了硬件资源指数来反映区域高教科技创新的硬件条件，由于设备仪器所占比例、科研仪器设备的开放程度、数据库及科技情报信息中心与信息网络的数据较难获得，且国家重点学科现在取消评选，本研究遂舍去以上指标，选取人均拥有国家级重点实验室、部级重点实验室及国家级智库与研究基地的个数

来反映区域高等教育科技创新能力的硬件资源条件。

A_{31}：区域内重点实验室（个）

A_{311}：区域内国家级重点实验室（个）

A_{312}：区域内省部级重点实验室（个）

国家级及部级重点实验室是科技创新体系的重要组成部分，主要以中科院的研究所或重点大学为依托，是聚集和培育优秀的科学家，进行较高水平的基础研究与应用研究，是高层次学术交流的基地，是区域高等教育科技创新的重要基地；人均科研基地能够将区域内高等教育的硬件设施与科技人力的效率联系起来，能体现评估的公平性与客观性。

A_{32}：国家级智库与研究基地（个）

《2013年中国智库报告》定义，智库是指：以公共政策为研究对象，以影响政府决策为研究目标，以公共利益为研究导向，以社会责任为研究准则的专业研究机构。从组织形式和机构属性上看，智库既可以是具有政府背景的公共研究机构（官方智库），也可以是不具有政府背景或具有准政府背景的私营研究机构（民间智库）；既可以是营利性研究机构，也可以是非营利性机构。① 智库是人文社会科学进行社会服务的重要载体，智库的水平体现人文社会科学创新的水平。本研究的研究基地为"教育部人文社会科学重点研究基地"，自1999年以来，"高等学校人文社会科学重点研究基地（以下简称重点研究基地）在体制改革、科学研究、人才培养、咨询服务、资料和信息化建设等方面取得显著成绩，科研创新能力和社会服务水平居于国内领先地位，在海内外享有较高声誉，引领了高等学校哲学社会科学的繁荣发展，为新时期重点研究基地建设奠定了坚实基础，为建设高等学校哲学社会科学创新体系提供强有力的支撑"②。故本研究选取区域内国家级智库与研究基地的数量指标。

A_{33}：固定资产购置费（千万元）

固定资产购置费是指使用非基础建设项目资金购置的，按固定资产管理的科研仪器设备费用和为研究所（室）设备改造、维修支付的费用等，

---

① 《2013年中国智库报告》，上海社会科学院智库研究中心。

② 中华人民共和国教育部教社科：《高等学校人文社会科学重点研究基地建设计划》，〔2011〕6号。

该经费不包含教学所使用的仪器设备,可以体现高等教育在科研仪器设备及实验室建设的经费投入情况。

A_{34}:人均拥有信息化设备资产值(万元)

信息化设备资产值是相对于教学与科研仪器设备资产值而言的。在信息化时代,信息化设备在科技创新中扮演重要角色,高教拥有的信息化资产对其科技创新具有重要作用。

A_{35}:拥有科技图书量(册)

科技图书分为纸质版图书与电子图书两类,由于电子版图书的特殊属性,因此需对两种图书赋予不同的权重。

A_{351}:纸质版科技著作数(册)

A_{352}:电子版科技著作数(册)

科技创新经费资源 A_3 的指数测算公式为

$$A_3 = \sum_{i=1}^{5} \frac{(A_{3i} - A_{3i-min})}{A_{3i-max} - A_{3i-min}} \omega_{3i} \quad (4-7)$$

其中:

A_{3i-min}——A_{3i} 指标中的最小值

A_{3i-max}——A_{3i} 指标中的最大值

ω_{3i}——单项指标的权重

综上,科技创新资源指数的测算公式为

$$A = (A_1 \omega_{A_1} \times A_2 \omega_{A_2} \times A_3 \omega_{A_3})^{1/3} \quad (4-8)$$

其中:

ω_{A_1}——二级指标 A_1 的权重

ω_{A_2}——二级指标 A_2 的权重

ω_{A_3}——二级指标 A_3 的权重

四 区域高等教育科技创新过程指数

创新过程是指省域内的高校在充分利用或整合高校内外创新资源的基础上,借助外部的科技资源环境的支持进行科研活动的过程,即创新活动从发生到结束过程中运用整合资源的方式。鉴于数据的可获得性,本研究选取协同创新指标来反映科技创新过程,如表4-3所示。李祖超和梁春晓概括协同创新为:"为实现共同的目标,不同的创新主体,如企业、高校和科研机构等之间相互合作与整合,发挥各自的优势,获取外部性效应,把各种分散的资源联合起来,使总的效果优于单独效果之和,从而降低创新成本,提高创新绩效。"[1] 当前许多知名大学都将跨学科知识的交融创新作为大学理念,渗透到高校的科研活动中,以高等教育主导的协同创新包括区域高等教育内部的科技创新、区域内高等教育外部协同创新两个方面。

表4-3　　　　　　　区域高等教育科技创新过程指标

一级指标	二级指标	三级指标
B：区域高等教育科技创新过程	B_1：区域高等教育内部协同创新	B_{11}：跨学科团队（个）
		B_{12}：跨学科研究项目（项）
		B_{13}：跨学科研究基地（个）
	B_2：区域高等教育外部协同创新	B_{21}：区域内科技园区企业年产值（亿元）
		B_{22}：高等教育科研经费来自企业的比例（%）
		B_{23}：产学研服务的营业收入（亿元）

（一）内部协同创新指数

区域高等教育内部协同创新是指区域内高校内部的协同创新与区域内高校之间的协同创新,也可以称为高等教育的内部协同创新。其主要实现形式是跨学科研究协同创新,即通过融合两个或者两个以上的学科专业或科研团队的知识、技能、方法及理论等,解决当前无法用单一学科或单一研究领域无法解决的难题,以此来拓展科学领域,实现科技协同创新。本研究选用：跨学科团队的组建、跨学科研究项目和跨学科研究基地三个指标。

B_{11}：跨学科团队（个）

其特点是拥有不同专业知识结构的科技人力,可以融合不同的思想与方法,提高科技创新的可能性。

B_{12}：跨学科研究项目（项）

以高等学校的重点优势学科为依托,利用多个学科的知识、方法、设备,通过统一的管理来解决具体的问题,实现目标的项目。

---

[1] 李祖超、梁春晓：《协同创新运行机制探析——基于高校创新主体的视角》,《中国高教研究》2012年第7期。

B_{13}：跨学科研究基地（个）

根据具体的研究领域，设立跨学科基地，以促成不同学科专家的交流与合作，共同就某一领域开展相关研究。

区域高等教育内部的科技协同创新指标 B_1 的测算公式为

$$B_1 = \sum_{i=1}^{3} \frac{(B_{1i} - B_{1i-min})}{B_{1i-max} - B_{1i-min}} \omega_{1i} \quad (4-9)$$

其中：

B_{1i-min}——B_{1i}指标中的最小值

B_{1i-max}——B_{1i}指标中的最大值

ω_{1i}——单项指标的权重

（二）外部协同创新指数

B_{21}：区域内科技园区企业年产值（亿元）

大学科技园是高等教育产业化的产物，产业链上下互动以产学研为突破口，是高等教育成果转化的重要基地。国家大学科技园作为科技企业孵化器的组织部分，是区域经济发展和行业技术进步的主要创新源泉之一，是大学实现社会服务功能和产学研结合的重要平台。

B_{22}：高等教育科研经费来自企业的比例（％）

B_{23}：产学研服务的营业收入（亿元）

区域高等教育外部的协同创新指标 B_2 的测算公式为

$$B_2 = \sum_{i=1}^{3} \frac{(B_{2i} - B_{2i-min})}{B_{2i-max} - B_{2i-min}} \omega_{2i} \quad (4-10)$$

其中：

B_{2i-min}——B_{2i}指标中的最小值

B_{2i-max}——B_{2i}指标中的最大值

ω_{2i}——单项指标的权重

综上，创新活力指数 B 的测算公式为

$$B = (B_1 \omega_{B_1} \times B_2 \omega_{B_2})^{1/2} \quad (4-11)$$

其中：

ω_{B_1}——二级指标 B_1 的权重

ω_{B_2}——二级指标 B_2 的权重

五 区域高等教育科技创新结构指标

目前学术界认为区域高等教育与区域经济有一定关联程度，本研究采取区域高等教育科技创新与区域经济发展的协同度来反映区域高等教育科技创新能力结构,如表4-4所示。判定区域高等教育科技创新与区域经济结构是否合理,要看两者的发展是否协调。两者的协调包括科技创新与经济的内部结构的协调和科技创新与经济发展的协调,我们主要测量科技创新与经济发展两者间的互相协调,即经济的发展是否依靠了科技创新,科技的创新是否面向了经济的发展,评判的关键点就是区域高等教育科技创新对区域经济的推动作用与区域经济对区域高等教育科技创新的支撑作用,这两者之间是否相关,相关程度如何。若是相关程度低,则说明两者协调性不好;如相关性较高,则说明两者协调匹配程度较高。根据以上分析,可以得出以下模型:$C(k) = F(Z_i)$,其中$C(k)$为区域高等教育科技创新对区域经济的促进作用,$F(Z_i)$为区域经济对区域高等教育科技创新能力的支撑作用,此方程也可称为区域高等教育科技创新对区域经济的二元相关评判理论模型。

表4-4 **区域高等教育科技创新结构指标**

一级指标	二级指标
C:区域高等教育科技创新结构	C_1:区域高教科技创新与区域经济发展水平的匹配程度
	C_2:区域高教科技创新与区域科技发展水平的匹配程度
	C_3:区域高等教育基础研究投入模式
	C_4:高校毕业生结构性失调度

具有普适性的协同学理论被引入高等教育学领域,对高等教育学理论的发展及对解决现实高等教育学领域的现实问题,具有启迪意义,也为研究高等教育学提供了新的思维模型和新的理论视角。在区域高等教育科技创新能力中,协同学理论也显得格外重要,区域高等教育作为一个系统,其是否能够发挥其协同效应,要靠高等教育内部各因素的结构匹配及分工协作,若是高校内部各子系统协调得好,则整个高等教育系统的创新能力就强,并产生整体之和大于部分之和的最好效果。

区域高等教育科技创新系统的子系统包括区域高等教育科技创新资源、区域高等教育科技创新过程、区域高等教育科技创新结构及区域高等教育科技创新成果与贡献四个部分,区域高等教育科技创新能力的提升不仅需要这四大一级指标的协同,还包括其子指标的协同程度。宏观来讲，区域高等教育科技创新能力提升需要充分利用区域内科技创新的资源，包括区域高等教育内的人力资源、财力资源及平台与硬件资源。

（一）发展匹配度

C_1：区域高等教育科技创新与区域经济发展匹配度

C_2：区域高等教育科技创新与区域科技发展匹配度

基于协同学的协调度测算模型——离差系数最小化协调度模型。协同学理论是通过特殊的函数方法求出"序参量"，以此来研究复杂系统的耦合关系。"耦合是对实体间相互依赖程度的度量，用在协调型分析中以反映系统间协调作用的强弱，其度量标准即为协调度"[1]。本研究将协同度引入对区域高等教育科技创新能力的评价中，来计算区域高等教育科技创新能力与区域产业结构及区域社会经济的协调匹配程度。

设 x_1、x_2、x_3、…、x_n 是反映区域高等教育科技创新水平的 n 个指标的无量纲值，y_1、y_2、y_3、y_m 是反映经济发展水平的 m 个指标的无量纲值，利用协调度测算方法，则区域高等教育科技创新与经济发展协调度的测算公式为

$$K(x) = \sum_{i=1}^{n} w_i x_i \qquad (4-12)$$

$$J(y) = \sum_{i=1}^{m} w_i y_i \qquad (4-13)$$

其中：

$K(x)$——表示区域高等教育科技创新综合水平

$J(y)$——表示经济发展综合水平

w_i——各指标的权重。

基于协同学理论，本研究借鉴与改进王国维[2]建立的国民经济协调系数模型及吴跃明等学者[3]建立的经济系统协调度模型。本研究所采用的协调度模型的核心为离差系数最小化，对区域高等教育科技创新能力与区域

---

[1] 吕肖：《高校科技与经济协调发展综合评价》，硕士学位论文，南京信息工程大学，2013年。

[2] 王国维：《论国民经济协调系数体系的建立》，《统计研究》1995年第4期。

[3] 吴跃明、郎东锋、张子琦、张翼：《环境—经济系统协调度模型及其指标体系》，《中国人口·资源与环境》1996年第6期。

经济发展水平及区域科技发展水平的协调度进行测算，依据协调概念的分析，离差系数越小越好，用离差系数表示即是希望：

$$\sigma = \frac{S}{[K(x)+J(y)]/2} = \sqrt{2\left\{1-\frac{K(x)\times J(y)}{\{[K(x)+J(y)]/2\}^2}\right\}} \quad (4-14)$$

其中：

S——标准差

越小越好，而 σ 越小越好的充分必要条件是上式中的：

$$\frac{K(x)\times J(y)}{\{[K(x)+J(y)]/2\}^2} \quad (4-15)$$

越大越好，为了使测算的协调度具有层次性，引入协调系数 h (h≥2)，由此得出协调度的最终测算模型：

$$c = \left\{\frac{K(x)\times J(y)}{\{[K(x)+J(y)]/2\}^2}\right\}^h \quad (4-16)$$

其中：

C（0≤C≤1）——为区域高等教育科技创新与经济（科技）发展协调度，反映区域高等教育科技创新与经济（科技）发展的协调性的数量程度。

h——为调节系数（h≥2），h 的作用为调节区分度，h 越大区分度越高，本研究选取 h=2。

为了更好地反映区域高等教育科技创新与经济（科技）发展协调程度，引入"协调发展度"（将协调度与系统发展水平的高低进行综合），表示两者的综合协调发展水平。

$$C_d = \sqrt{C \times t} \quad (4-17)$$

其中：

$$t = \left(\frac{K(x)+J(y)}{2}\right)$$

C_d 反映区域高等教育科技创新与经济（科技）发展协调程度，t 为区域高等教育科技创新与经济（科技）发展的综合评价指数。根据测算的协调发展度将协调发展水平改编，并划分为 5 个协调等级，根据不同的协调等级即为相应的分值，如表 4-5 所示。

表 4-5　　　　　　　　协调度等级划分标准①

协调度 C_d	0—0.20	0.20—0.40	0.40—0.60	0.60—0.80	0.80—1.00
协调等级	严重失调	轻微失调	基本协调	良好协调	优质协调
分值	0—0.20	0.20—0.40	0.40—0.60	0.60—0.80	0.60—0.80

对于区域高等教育的科技创新能力水平，本研究采用前文构造的科技创新能力的四个指数：科技创新资源、科技创新成果与贡献、科技创新活力及科技创新结构。对于区域经济及科技的综合水平，本研究选取以下指标，其权重由专家打分给出，如表 4-6 所示。

表 4-6　　　区域经济发展水平、区域科技发展水平指标选取

测算指标	权重	二级指标	权重	三级指标	权重
区域经济发展水平	1	区域经济规模	0.153	人均 GDP 总值（万元/人）	0.076
				就业人员工资总额（万元）	0.077
区域经济发展水平	1	区域经济质量	0.466	人均可支配收入（万元）	0.253
				GDP 增长率（%）	0.071
				单位 GDP 能耗	0.142
		区域经济结构	0.381	第一产业与第二产业之比（%）	0.116
				第三产业占 GDP 的比重（%）	0.265
区域科技发展水平	1	区域科技资源	0.392	R&D 人员全时当量（人/年）	0.137
				科普专职人员（人）	0.084
				R&D 经费支出（万元）	0.110
				科技资产（万元）	0.062
		区域科技成果	0.608	研究与开发机构科技产出（论文、著作、专利）	0.129
				高技术产品出口贸易总额	0.155
				国外技术引进合同数	0.138
				国家产业化计划项目落实资金（火炬计划、星火计划）（万元）	0.185

（二）基础研究投入模式

基础研究对区域高等教育科技创新能力的提升具有不可估量的作用，

---

① 廖重斌：《环境与经济协调发展的定量评判及其分类体系——以珠江三角洲城市群为例》，《热带地理》1999 年第 6 期。

对基础研究投入规模及投入模式的研究对提升区域高等教育科技创新能力也有很高的参考价值,本研究选用基础研究的投入模式作为测算指标。经过文献分析法,本文选用王明明、张恩瑞和张文一的《我国基础研究投入格局——基于熵测度法的研究》一文的研究成果,采用此文的"Gini - Simpson 指数"与"申农指数"[①]。

Gini - Simpson 指数简称 G - S 指数,数据分布越集中,$\sum P^2$ 的值越大,Gini - Simpson 指数越小,表示数据离散程度越小,即多元化程度低。

Gini—Simpson 指数:

$$\Delta_1 = 1 - \sum_{i=1}^{N} P_i^2 \qquad (4-18)$$

申农指数:

$$\Delta_0 = \sum_{i=1}^{N} P_i \ln \frac{1}{P_i} \qquad (4-19)$$

其中:

N——我国基础研究投入渠道,数值为 5,具体指教育部、科技部、国家自然科学基金委员会、中国科学院以及其他行业部委

P_i——第 i 个投入部门投入经费占我国基础研究投入总经费比重

《我国基础研究投入格局——基于熵测度法的研究》一文将基础研究的投入与产出分为七个不同模式,如图 4 - 7 所示:

表 4 - 7　　　　　　　　基础研究投入模式分析

	单一型 ($P>90\%$)	主导型 ($60\% \leq P < 90\%$)	多元型 ($P \leq 60\%$)
低度多元化 ($\Delta 0 \leq 0.5$)	单一化 投入模式	主导型低度多元化投入模式	多元型低度多元化投入模式
中度多元化 ($0.5 < \Delta 0 \leq 1$)		主导型中度多元化投入模式	多元型中度多元化投入模式
高度多元化 ($\Delta 0 > 1$)		主导型高度多元化投入模式	多元型高度多元化投入模式

《我国基础研究投入格局——基于熵测度法的研究》一文认为,多元化的发展策略可以有效避免基础研究中存在的高风险问题,提高基础研究

---

① 王明明、张恩瑞、张文一:《我国基础研究投入格局——基于熵测度法的研究》,《中国科技论坛》2011 年第 2 期。

经费的利用效率。但若是各部委都以自己的利益为导向,这容易破坏基础研究鼓励自由探索的初衷,因此基础研究投入模式最理想的模式为多元型中度多元化投入模式,且此模式与我国当前区域高等教育发展现状最为契合,因此本文按数值平均法,设置如下评分标准,如表4-8所示。

表4-8　　　　　　　　基础研究投入模式分值表

	单一化投入模式	主导型低度多元化投入模式	主导型中度多元化投入模式	主导型高度多元化投入模式	多元型低度多元化投入模式	多元型中度多元化投入模式	多元型高度多元化投入模式
分值	0.15	0.32	0.49	0.66	0.83	1	0.7

(三) 高校毕业生结构性失调度

我国高等教育进入高速发展的大众化时期,在规模与速度快速发展的同时也引起高校毕业生结构性失衡问题。我国市场经济环境对人才的需求取向与高等教育人才培养、高等教育结构与整个社会经济结构特别是产业结构不协调,区域高等教育人才结构与区域产业结构优化动态匹配是客观规律要求,经济社会的可持续发展对区域高等教育人才结构优化与区域产业结构升级的协同发展需求性越来越强。本研究参考了中南大学张延平(2011)在其博士论文《区域人才结构动态适配区域产业结构升级研究》中的测算指标及其测算方法,对区域高校毕业生结构性失调度进行测算,其权重按此论文给出,具体指标及公示如表4-9所示[①]。

表4-9　　　　　高校毕业生结构性失调度测算指标及公示

评价对象	指标	测算公式
高校毕业生结构性失调度	现代农业未来发展人才需求满足率	高等教育未来五年内培养的某专业人才数量/现代农业发展未来五年内某行业人才需求数量
	新型工业未来发展人才需求满足率	高等教育未来五年内培养的某专业人才数量/新型工业发展未来五年内某行业人才需求数量
	现代服务业未来发展人才需求满足率	高等教育未来五年内培养的某专业人才数量/现代服务业发展未来五年内某行业人才需求数量
	人才占人口比率	区域人才数量/区域人口数量
	人才占从业人员比率	人才占从业人员比率=区域人才数量/区域从业人员数量

---

① 张延平:《区域人才结构动态适配区域产业结构升级研究》,博士学位论文,中南大学,2011年。

综上，C 区域科技创新结构指数的测算公式为

$$C = (C_1\omega_{c_1} \times C_2\omega_{c_2} \times C_3\omega_{c_3} \times C_4\omega_{c_4})^{1/4} \qquad (4-20)$$

其中：

ω_{c_1}——二级指标 C_1 的权重

ω_{c_2}——二级指标 C_2 的权重

ω_{c_3}——二级指标 C_3 的权重

ω_{c_4}——二级指标 C_4 的权重

六 区域高等教育科技创新成果与贡献指数

科技创新成果是区域高等教育科技创新能力的体现，是指科技人力通过复杂的智力劳动所创造出的具有公认的学术或者经济价值的知识产品。中国科学院在《中国科学院科学技术研究成果管理办法》中把"科技成果"定义为："某一科学技术研究课题，通过观察试验和辩证思维活动取得的，并经过鉴定具有一定学术意义或实用价值的创造性结果。"[①] 因此可以通过科技成果的数量与质量，学术、社会和经济效益等逆向评估区域高等教育科技创新能力，本研究采用科技创新成果与贡献指数来测算区域高教科技创新成果与贡献水平，如表 4-10 所示。

表 4-10　　科技创新成果与贡献指标

一级指标	二级指标	三级指标
D：科技创新成果与贡献	D_1：科技创新成果	D_{11}：论文
		D_{12}：著作
		D_{13}：专利
		D_{14}：技术转让（千万元）
		D_{15}：人才培养（人）
		D_{16}：科技奖（项）
		D_{17}：人文奖
		D_{18}：成果登记数
	D_2：社会服务效益	D_{21}：人均科技服务课题投入经费（万元/人）
	D_3：经济效益	D_{31}：区域高等教育科技创新对区域经济的贡献率（%）

[①] 中国科学院：《中国科学院科学技术研究成果管理办法》，《中国科学院院刊》1986 年第 10 期。

(一) 创新成果当量指数

科技成果包括知识创新成果与技术创新成果,具体又可以分为显性科技成果与隐性科技成果。科技论文、科技专著及专利数量等都是较易衡量的科技创新成果指标,隐性科技成果产出往往隐含在科技人员当中,因此增加了评估的难度。有学者认为对隐性科技成果的评估可以参照科学机构中的成员,因为这些科技人员就是隐性科技成果的载体,因此可以用科技创新过程中所培养人才的数量与质量来衡量这一指标。为此,本研究从科研论文、科研著作、专利指数、技术转让、人才培养、学术交流、科技进步奖、成果鉴定数及咨询报告几个方面,利用科技成果当量来衡量各地区的科技创新成果。

D_{11}:论文

主要反映高等教育科技活动的近期产出情况。当前科技评价界的一个普遍现象是"重量轻质",而且依照数量与质量的辩证关系,质量可以代替数量,但是数量绝对无法取代质量。本研究将论文的数量及质量予以综合考虑,利用论文指数这一指标代表。首先,将论文分为四个不同等级,不同等级论文赋予不同的权重,以体现质的差别。其次,选用科研论文的产出率(科研论文的万元经费产出率)与科研论文的增长率两个指标。其中采用科研论文的人均篇数与科研论文的产出率指标主要是为了规避因科研机构规模不同而导致数量与质量不同的问题,采用增长率主要是为了测算论文的产出速度。

D_{111}:特一级(被国际三大检索系统录用的文章)(篇/人)

D_{112}:一级(国家一级学会的会刊)(篇/人)

D_{113}:二级(其他核心期刊)(篇/人)

D_{114}:三级(其他非核心期刊)(篇/人)

D_{115}:科研论文产出率(每万元科研支出经费产出率,篇/万元)

D_{116}:科研论文增长率(%)

综上,论文指数 D_{11} 的测算公式为

$$D_{11} = \sum_{i=1}^{6} \frac{(D_{11i} - D_{11i-\min})}{D_{11i-\max} - D_{11i-\min}} \omega_{11i} \qquad (4-21)$$

其中:

$D_{11i-\min}$——D_{11i} 指标中的最小值

$D_{11i-\max}$——D_{11i} 指标中的最大值

ω_{11i}——单项指标的权重

D_{12}：著作

科技著作是科技创新成果的重要指标，本研究从数量、产出率与增长率三个角度形成一个著作指数，并以此来考察区域高教科技创新能力在著作方面的贡献水平。

D_{121}：每万人著作产出数（本/万人）

D_{122}：著作产出率（每万元科研经费著作产出率，本/万元）

D_{123}：著作增长率（%）

综上，著作指数 B_{12} 的测算公式为

$$D_{12} = \sum_{i=1}^{3} \frac{(D_{12i} - D_{12i-min})}{D_{12i-max} - D_{12i-min}} \omega_{12i} \qquad (4-22)$$

其中：

$D_{12i-min}$——D_{12i} 指标中的最小值

$D_{12i-max}$——D_{12i} 指标中的最大值

ω_{12i}——单项指标的权重

D_{13}：专利

本研究利用专利指数来衡量区域高教科技创新在专利方面的贡献大小。专利分为发明专利、实用新型专利及外观设计专利，由于不同专利的科技含量不一，本研究对不同专利通过层次分析法确定权重。

D_{131}：每万人发明授权专利数（项/万人）

D_{132}：每万人实用新型授权专利数（项/万人）

D_{133}：每万人外观设计授权专利数（项/万人）

D_{134}：专利出售总金额（千万元）

D_{135}：专利增长率（%）

综上，专利指数 D_{13} 的测算公式为

$$D_{13} = \sum_{i=1}^{5} \frac{(D_{13i} - D_{13i-min})}{D_{13i-max} - D_{13i-min}} \omega_{13i} \qquad (4-23)$$

其中：

$D_{13i-min}$——D_{13i} 指标中的最小值

$D_{13i-max}$——D_{13i} 指标中的最大值

ω_{13i}——单项指标的权重

D_{14}：技术转让

采用每万人技术转让成交金额总数指标（万元/人），测算公式为

$$D_{14} = \frac{J}{P} \times 1000 \quad (4-24)$$

其中：

J——技术转让成交金额总数（万元）

P——R&D 人员数（人）

D_{15}：人才培养：

每万人拥有科技创新人才数量（硕士、博士）。在读研究生是高等教育科技创新的一支重要的力量，应该充分考虑在校研究生的作用，因此将其纳入考虑范围。考虑到硕士与博士之间的差异，此处仍采用折合博士当量法统一处理，即 $T = B + 0.7S$。由此测算公式为

$$D_{15} = \frac{T}{P} \times 1000 \quad (4-25)$$

其中：

B——博士研究生人数（人）

S——硕士研究生人数（人）

P——R&D 人员数（人）

D_{16}：科技奖

每万人获得科技奖数。科技奖包括：国家自然科学奖、国家技术发明奖和国家科技进步奖，国务院各部门科技奖，省、自治区、直辖市科技奖，且根据不同奖项的重要程度赋予不同权值。测算公式为

$$D_{16} = \frac{I}{P} \times 1000 \quad (4-26)$$

$$I = G\omega_1 + W\omega_2 + S\omega_3 \quad (4-27)$$

其中：

I——科技进步奖（项）

G——国家级科技奖（项）

W——国务院各部门科技奖（项）

S——省、自治区、直辖市科技进步奖（项）

P——R&D 人员数（人）

ω_1、ω_2、ω_3——为权重，须由专家赋值

D_{17}：人文奖

每万人获得人文奖数。

D_{18}：成果登记数

成果登记是经鉴定或验收的国家和省、市科技计划内登记的科技成果，以增强财政科技投入效果的透明度，规范科技成果登记工作，保证及时、准确和完整地统计科技成果，促进科技成果信息的交流，为科技成果转化和宏观科技决策服务。

科技创新成果当量 D_1 的测算公式为

$$D_1 = \sum_{i=1}^{8} \frac{D_{1i} - D_{1i-\min}}{D_{1i-\max} - D_{1i-\min}} \omega_{1i} \qquad (4-28)$$

其中：

$D_{1i-\min}$——D_{1i} 指标中的最小值

$D_{1i-\max}$——D_{1i} 指标中的最大值

ω_{1i}——单项指标的权重

（二）社会服务效益

本研究的社会服务效益指科研的社会服务效益，即区域高教通过科研活动培养人才或利用自身的资产直接为社会而进行的服务。为此本研究选取人均科技服务课题（横向课题）投入经费数来考察区域高等教育科技创新的社会服务效益水平，人均科技服务课题投入经费数（万元/人）测算公式为：

$$D_2 = \frac{F}{P} \qquad (4-29)$$

其中：

F——横向课题经费数（千万元）

P——R&D 人员数（人）

研究与发展（R&D）成果应用和其他科技服务统称为科技服务。R&D 成果应用活动是指为使试验发展阶段产生的新产品、材料和装置，建立的新工艺、系统和服务以及作实质性改进后的上述各项能够投入生产或在实际中运用，解决所存在的技术问题而进行的系统的活动，它不具有创新成分。其他科技服务活动是指与 R&D 活动相关并有助于科学技术知识的产生、传播和应用的活动，包括为扩大科技成果的适用范围而进行的示范推广工作；为用户提供信息和文献服务的系统性工作；为用户提供可行性报告、技术方案、建议及进行技术论证等技术咨询工作；自然、生物现象的日常观测、监测，资源的考察和勘探，有关社会、人文、经济现象的通用资料的收集，如统计、市场调查等，以及这些资料的常规分析与整理；对社会和公众的科学普及；为社会和公众提供的测试、标准化、计量、质量控制和专利服务等，两类研究统称为科技服务课题类研究。

（三）经济效益

本研究选用区域高等教育科技创新对区域经济进步的贡献率作为区域高等教育科技创新能力的经济效益指标。

科技进步贡献率："指广义技术进步对经济增长的贡献份额，它反映在经济增长中投资、劳动和科技三大要素作用的相对关系，其基本含义是扣除了资本和劳动后科技等因素对经济增长的贡献份额"[1]，它是衡量区域科技竞争实力和科技转化为现实生产力的综合性指标，对于科技进步贡献率的测算，当前国内外理论界广泛采用生产函数法，"在多种计算广义技术进步作用方法中，由索洛（R. M. SoLow）建立的增长速度方程采用'索洛余值法'来测定技术进步对经济增长贡献率的方法，它是由道格拉斯生产函数（C-D函数）计算得来的，因其经济意义清晰，数学推导合理且较为简单而被普遍采用"[2]。科技进步速率方程为

$$V = Y - \alpha \times K + \beta \times L \tag{4-30}$$

其中：

Y——经济的年均增长速度（%）

V——科技的年均增长速度（%）

K——资本的年均增长速度（%）

L——劳动的平均增长速度（%）

α——资本产出弹性

β——劳动产出弹性，通常假定生产在一定时期内 α、β 为一常数。

对于年均增长速度的计算，本研究采用几何平均法进行测算，公式为

$$Y = \left[\sqrt[t]{\frac{Y_t}{Y_0}} - 1 \right] \times 100\% \tag{4-31}$$

$$K = \left[\sqrt[t]{\frac{K_t}{K_0}} - 1 \right] \times 100\% \tag{4-32}$$

---

[1] 国家统计局：《历年中国科技统计年鉴》，中国统计出版社1993—2014年版。
[2] 许刘俊、张益欲：《C-D生产函数的实证研究》，《科技管理研究》1993年第4期。

$$L = \left[\sqrt[t]{\frac{L_t}{L_0}} - 1\right] \times 100\% \qquad (4-33)$$

其中：

　　t——年份数

　　Y_t——经济产出量的末期值

　　K_t——资本投入量的末期值

　　L_t——劳动力投入量的末期值

　　Y_0——经济产出量的比较基数

　　K_0——资本投入量的比较基数

　　L_0——劳动力投入量的比较基数

科技进步贡献率为：$V/Y \times 100\%$

与科技进步速率方程合并，便可导出科技进步贡献率测算的一般公式为

$$D_3 = 1 - \frac{(\alpha \times K)}{Y} - \frac{(\beta \times L)}{Y} \qquad (4-34)$$

其中，弹性系数 α、β 是通过计算获得的，这也是"索洛余值法"最难及最关键的部分，本研究采用国内外大多数学者采用的办法，即将产出成果、资本及劳动率三个变量的时间序列套入计量模型：$LnY = \varepsilon + \lambda LnK + \mu LnL$ 中，使用回归方法估算弹性系数。

对区域高等教育科技创新能力对区域经济的贡献率进行测算时，涉及产出量 Y、资本投入 K、劳动力投入 L。关于产出量 Y，本研究采用国民生产总值 GDP 作为经济产出量。利用 GDP 指数将历年的产出量都以 2010 年为基期进行无量纲化，以排除价格变动对产出的影响，使时间序列具有纵向可比性；对于资本投入量 K，本研究以区域高等教育科技投入资金作为资本投入量，用 2010 年为基期将区域高等教育科技投入资金进行无量纲化；对于劳动投入量 L，本研究区域高等教育 R&D 人员作为劳动投入量，以 2010 年为基期对其进行无量纲化。

综上，科研产出与成果指数 D 的测算公式为

$$D = (D_1 \omega_{D_1} \times D_2 \omega_{D_2} \times D_3 \omega_{D_3})^{1/3} \qquad (4-35)$$

其中：

　　ω_{D_1}——二级指标 D_1 的权重

　　ω_{D_2}——二级指标 D_2 的权重

ω_{D_3}——二级指标 D_3 的权重

综上所述，区域高等教育科技创新能力评价的最终测算公式为

$$Z = (A\omega_A \times B\omega_B \times C\omega_C \times D\omega_D)^{1/4} \quad (4-36)$$

其中：

ω_1——为一级指标 A 的权重

ω_2——为一级指标 B 的权重

ω_3——为一级指标 C 的权重

ω_4——为一级指标 D 的权重

经过指标的精选，最终我们确定了如表 4-11 所示的指标体系，一级指标 4 个，二级指标 12 个，三级和四级指标 32 个。

七 指标结构优化与量化

（一）指标体系层次"深度"与"出度"分析

在构建综合评价指标体系的时候，评价指标的层数（深度）与评价指标中所包含的指标总个数以及每一层控制的下一层指标数都是有关联的。在图论及信息系统设计中有"出度"（也称扇出数）与"入度"（扇入数）[1]，出度数是指上一层指标控制下层指标的个数，入度数是指控制某一下层指标的所有上层指标的个数，依据评价对象的复杂程度，层数可以多一些，层次的深度与层次出度之间是相互制约相互关联的。根据以往经验，综合评价指标的结构图主要是用来构建权重的，因此最科学的层次出度为 4-6 层，最多不能超过 9 个层次，综合评价指标体系的层次深度一般设置在 3-6 层是比较科学的，层次过少则会使评价对象的各因素得不到充分地反映，评价过多会使评价问题的各因素分析变得复杂，因此本研究构建的综合评价指标体系大致的层次深度应该控制在 3-6 层，出度控制在 4-6 层最为科学。经征询专家意见，本研究尽量将指标精简到 6 个以内，将每层的出度都控制在 6 层以内，本研究构建的指标深度为 4 层，除科技创新成果指标"出度"超出了 6 个外，其他各级指标均在 6 个以内，"科技创新成果当量"指标所包含的内容较多，且不易合并精简，而且出度没有超过 9 个，因此将此指标保留，从图论的角度来看，本研究构造的指标体系在理论上是较科学的。

---

[1] 左孝凌等：《离散数学》，上海科学技术文献出版社 1982 年版。

（二）指标体系结构齐备性

齐备性是对构建的评价指标体系进行分析，查看其是否可以完整地、毫无遗漏地表示评价对象的各方面特征，是否符合评价的目的与任务，一般采用定性的方法进行分析，主要检验所构建的指标体系中各指标的并集是否为全集，表 4-11 所示为最终确定的指标体系。

表 4-11　　　　　　　　　　最终指标

一级指标	二级指标	三级指标/四级指标
A：科技创新	A_1：人力资源	A_{11}：每万人中 R&D 全时人员数量（人）
		A_{12}："高层次科技人才"（人）
		A_{13}：科技人力的学历指数
		A_{14}：科技人力年龄结构
	A_2：财力资源	A_{21}：实际科研经费人均支出（万元/人）
		A_{22}：人均科技投入经费的年增长率（%）
		A_{23}：科技经费占区域 GDP 比重（%）
	A_3：平台与硬件资源	A_{31}：重点实验室（个）
		A_{32}：国家级智库与研究基地（个）
		A_{33}：固定资产购置费（千万元）
		A_{34}：人均拥有信息化设备资产值（千元）
		A_{35}：拥有科技图书量（册）
B：区域高等教育科技创新过程	B_1：区域高等教育内部协同创新	B_{11}：跨学科团队（个）
		B_{12}：跨学科研究项目（项）
		B_{13}：跨学科研究基地（个）
	B_2：区域高等教育外部协同创新	B_{21}：区域内科技园区企业年产值（亿元）
		B_{22}：高等教育科研经费来自企业的比例（%）
		B_{23}：高等学校与产学研服务的营业收入（亿元）
C：区域高等教育科技创新结构	C_1：区域高等教育科技创新与区域经济发展水平的匹配程度	C_{11}：区域高等教育科技创新与区域经济发展水平的协调匹配度
	C_2：区域高等教育科技创新与区域科技发展水平的匹配程度	C_{21}：区域高等教育科技创新与区域科技发展水平匹配度
	C_3：高等教育基础研究投入水平	C_{31}：区域高等教育基础研究投入模式
	C_4：高校毕业生结构性失调度	C_{41}：高校毕业生结构性失调度

续表

一级指标	二级指标	三级指标/四级指标
D：科技创新成果与贡献	D_1：科技创新成果	D_{11}：论文
		D_{12}：著作
		D_{13}：专利
		D_{14}：技术转让
		D_{15}：人才培养
		D_{16}：科技奖
		D_{17}：人文奖
		D_{18}：成果登记数
	D_2：社会服务效益	D_{21}：人均科技服务课题投入经费（万元/人）
	D_3：经济效益	D_{31}：区域高等教育科技创新对区域经济发展的贡献率（%）

第四节 评价的方法与模型的确定

一 评价的理论

评价是人类社会特有的一种活动，当前的现代管理学理论认为，评价是通过一系列的计算、观察和咨询等方法对某个对象进行量化或者非量化的复合分析研究和评估，最终得出一个合乎逻辑的关于评价对象的意义、价值或者状态的总体结论。由此可见，评价的过程是一个对评价对象的判断过程，是一个综合计算、观察和咨询等方法的复合分析过程。从评价的概念可以看出，评价是由评价者、评价对象、评价方法、评价标准、评价结果和评价结果阅读者组成。系统论认为，世界上的万事万物都构成了大大小小的系统，大系统由许多子系统组成，而每个子系统则由更小的子系统组成，通过对系统之间和系统内部的分析，使得许多国家纷扰复杂的问题层次化、简单化，从而达到解决问题的目的。以系统论来分析创新能力评价问题，对提高评价质量无疑是很有益处的，系统评价理论是把评价对象看成一个系统，评价指标、评价权重和评价方法均应按系统最优的方法运作。

（一）评价方法理论

任何形式的评价直接结果大都表现为一个量化的综合评价值，人们可以根据此评价值对评价对象的综合水平或规模给予排序，以此了解评价对象的运行规律，进而可以根据综合评价值对评价对象的水平、现状、规模进行鉴定与排序。这种评价为广义排序评价，"包括'单纯性排序评价'与'价值排序评价'。价值评价又包括'价值排序评价'与'价值分类评价'，因此综合评价的最终结果也可以分为'排序评价'与'价值评价'或分为'排序评价'与'分类评价'，其中各类评价都是存在交叉部分的"[①]。单纯性排序评价只关注评价对象的排名，不关心整体水平的好坏，是一种绝对评价，类似于招生考试制度，它只关心谁得了第一名，谁得了第二名，好与坏仅仅是参照参与评价的单位而言；"排序评价"也只能看出评价对象纵向的变动方向，但无法给出其总体水平的优良中差，这类评价量化类似于定序尺度。当前广泛应用于评价的数据处理方法，如主成分分析法、神经网络分析法和因子分析法等，若不采用变换技术进行处理，最后得出的综合评价值往往只能用于排序评价，排序评价适用于有两个或两个以上的参评对象。

"价值排序评价"与排序评价不同，它适用于在一个参评单位中进行，选用百分制或千分制等，并设置关键点（优秀线、及格线）对参评对象进行价值排序，"效用函数平均数法"中的很多方法都兼有排序与价值评价的功能，其最终评价值具有明显的物理含义，从量化级别来看属于定距尺度。"价值分类排序"是通过排序评价进行分类，类内不加区别，得到的评价结果是分类型或者分等级的，它类似于考试制度中的"等级制"，如优、良、中、差四级制。其典型的评价方法有聚类评价与识别评价，我国当前评价理论界往往忽视了"分类评价"而过分注重"排序评价"，这无法满足各评价主体对评价实践的需要。以上三类评价是可以通过一定技术处理而相互转化的，如我们可以用价值排序评价中设置的关键点作为组限来划分类别或采用"动态聚类法"将价值排序评价转化为价值分类评价；采用定性变量量化或者二次评价等方法，将定性的分类评价结果量化进而实现其排序功能；把单纯性排序中因子分析或判别的得分进行特殊的函数处理，也可以转化为价值排序或分类评价。

（二）评价的价值理论

评价的目的并不是证明而是改进，评价是实现控制的最好手段，评价具有导向、评定、激励的功能。评价是通过一系列的计算、观察和咨询等

[①] 苏为华:《多指标综合评价理论与方法问题研究》，博士学位论文，厦门大学，2000年。

方法对某个对象进行量化或者非量化的复合分析研究和评估,最终得出一个合乎逻辑的关于评价对象的意义、价值或者状态的总体结论。由此可见,评价的过程是一个对评价对象的判断过程,是一个综合计算、观察和咨询等方法的复合分析过程,本质上是一个判断的处理过程。

(三) CIPP 评价模型

CIPP 评价模式是美国评论学家斯塔弗尔比姆等学者提出的,此评价模式是针对课程模式所提出的,该评价模式认为,评价的目的不应只局限在目标的达成程度,还应该为课程的决策及实施提供反馈,为整个课程活动过程服务,CIPP 评价模型包括四个部分:背景评价(Context evaluation)、输入评价(Input evaluation)、过程评价(Process evaluation)及成果评价(Product evaluation)。CIPP 模型对背景评价的内容界定为:了解相关环境、诊断特殊问题、分析培训需求、确定培训需求、鉴别培训机会和制定培训目标等。其中确定培训需求和设定培训目标是主要任务。输入评价包含的事项有:收集培训资源信息、评估培训资源、确定如何有效使用现有资源才能达到培训目标及确定项目规划和设计的总体策略是否需要外部资源的协助。过程评价的目的是为那些负责实施培训项目的人们提供信息反馈,以及时地、不断地修正或改进培训项目的执行过程。过程评价主要通过以下方式得以实现:洞察培训执行进程中导致失败的潜在原因、提出排除潜在失败失败原因的方案、分析培训执行进程中导致失败的不利因素、提出克服不利因素的方法、分析并说明培训执行中实际发生的事情和状况、分析并判断它们与目标之间的距离和坚持在培训执行过程中提供有关既定决策和新的决策等。成果评估的主要任务是对培训活动所达到的目标进行衡量和解释,其中即包括对所达到的预定目标的衡量和解释。CIPP 评价模型的核心思想是不能只重视评价对象的结果,其活动过程也需纳入评价范围。

二 评价方法

(一) 权数方法体系

经过前几轮指标的初选、精选及单体与整体测验及优化后,关于区域高等教育科技创新能力的指标已经初步形成,本研究采用专家咨询法与层次分析法两种方法对指标进行最后一轮优化,并确定每项指标的权重。本研究选取了高等教育界 18 位专家对构造的评价指标体系指标进行评分,通过层次分析法对专家的评分进行整合，以形成最终权值。

（二）构造判断矩阵并赋值

构造判断矩阵的方法是：将每个具有向下隶属关系的元素（准则层）作为判断矩阵的第一个元素，隶属它的各个元素依次排列在其后的第一行和第一列。填写判断矩阵采取的方法是：向填写人（专家）询问，针对判断矩阵的准则，其中两个元素两两比较哪个重要，重要多少，对重要性程度按1-7赋值（重要性标度值见表4-12）。

表4-12 重要性标度含义表

重要性标度	含义
1	表示两个元素相比，具有强烈重要性
2	表示两个元素相比，前者比后者明显重要
3	表示两个元素相比，前者比后者稍微重要
4	表示两个元素相比，前者与后者同等重要
5	表示两个元素相比，前者比后者稍微不重要
6	表示两个元素相比，前者比后者明显不重要
7	表示两个元素相比，前者比后者强烈不重要
倒数	若元素 i 与元素 j 的重要性之比为 a_{ij}，则元素 j 与元素 i 的重要性之比为 $a_{ji} = 1/a_{ij}$

设填写后的判断矩阵为 $A = (a_{ij})_{n*n}$，判断矩阵具有如下性质：

(1) $a_{ij} > 0$

(2) $a_{ij} = 1/a_{ji}$

(3) $a_{ii} = 4$

根据上面的性质，判断矩阵具有对称性，因此在填写时通常先填写 $a_{ii} = 1$ 部分，然后仅需判断及填写上三角形或下三角形的 $n(n-1)/2$ 个元素就可以了。在特殊情况下，判断矩阵可以具有传递性，即满足等式：$a_{ij} \cdot a_{jk} = a_{ik}$，当上式对判断矩阵所有元素都成立时，则称该判断矩阵为一致性矩阵。

（三）一致性检验

1. 层次单排序（计算权向量）与检验

对于专家填写后的判断矩阵，利用一定数学方法进行层次排序。层次单排序是指每一个判断矩阵各因素针对其准则的相对权重，本质上是计算权向量。计算权向量有特征根法、和法、根法、幂法等，本研究采用和法

原理,具体理由如下:

和法的原理是对于一致性判断矩阵,每一列归一化后就是相应的权重,对于非一致性判断矩阵,每一列归一化后近似其相应的权重,再对这 n 个列向量求取算术平均值作为最后的权重。具体的公式为

$$W_i = \frac{1}{n} \sum_{j=1}^{n} \frac{a_{ij}}{\sum_{k=1}^{n} a_{kl}} \tag{4-37}$$

从人类认知规律看,一个正确的判断矩阵重要性排序是有一定逻辑规律的,例如若甲比乙重要,乙又比丙重要,则从逻辑上讲,甲应该比丙明显重要,若两两比较时出现甲比丙重要的结果,则该判断矩阵不符合逻辑一致性原则,是不合理的。所以在构造判断矩阵时允许存在不一致现象,但是要控制在合理的范围内。要保证判断矩阵满足大体的一致性,因此在权重确定的过程当中要对判断矩阵进行一致性检验,在特殊情况下,判断矩阵可以具有传递性和一致性,只有通过检验,才能说明判断矩阵在逻辑上是合理的,才能继续对结果进行分析。一致性检验的步骤如下。

第一步,计算一致性指标 C.I.(consistency index)

$$C.I. = \frac{\lambda_{max} - n}{n-1} \tag{4-38}$$

第二步,查表确定相应的平均随机一致性指标 R.I.(random index)

据判断矩阵不同阶数查表,如表4-13所示,得到平均随机一致性指标 R.I.,如对于4阶的判断矩阵,查表得到 R.I. = 1.12。

表4-13 平均随机一致性指标 R.I. 表(1000次正互反矩阵计算结果)

矩阵阶数	1	2	3	4	5	6	7	8
R.I.	0	0	0.52	0.89	1.12	1.26	1.36	1.41
矩阵阶数	9	10	11	12	13	14	15	
R.I.	1.46	1.49	1.52	1.54	1.56	1.58	1.59	

第三步,计算一致性比例 C.R.(consistency ratio)并进行判断

$$C.R. = \frac{C.I.}{R.I.} \tag{4-39}$$

当 C.R. < 0.1 时,认为判断矩阵的一致性是可以接受的,C.R. > 0.1

时,认为判断矩阵不符合一致性要求,需要对该判断矩阵进行重新修正。

2. 层次总排序与检验

总排序是指每一个判断矩阵各因素针对目标层(最上层)的相对权重。这一权重的计算采用从上而下逐层合成的方法,第二层的单排序结果就是总排序结果,假定已经算出第 $k-1$ 层 m 个元素相对于总目标的权重 $W^{(k-1)} = (W_1^{(k-1)}, W_2^{(k-1)}, \cdots, W_m^{(k-1)})^T$,第 k 层 n 个元素对于上一层(第 k 层)第 j 个元素的单排序权重是 $P_j^{(k)} = (P_{1j}^{(k)}, P_{2j}^{(k)}, \cdots, P_{nj}^{(k)})^T$,其中不受 j 支配的元素的权重为零。

令 $P^{(k)} = (P_1^{(k)}, P_2^{(k)}, \cdots, P_n^{(k)})$,表示第 k 层元素对第 $k-1$ 层个元素的排序,则第 k 层元素对于总目标的总排序为

$$W^{(k)} = (W_1^{(k)}, W_2^{(k)}, \cdots, W_n^{(k)})^T = P^{(k)} W^{(k-1)} \text{ 或 } W_i^{(k)} = \sum_{j=1}^{m} P_{ij}^{(k)} W_j^{(k-1)}, i = 1, 2, \cdots, n$$

同样,也需要对总排序结果进行一致性检验,假定已经算出针对第 $k-1$ 层第 j 个元素为准则的 $C.I._j^{(k)}$、$R.I._j^{(k)}$ 和 $C.R._j^{(k)}$,$j = 1, 2, \cdots, m$,则第 k 层的综合检验指标

$$C.I._j^{(k)} = (C.I._1^{(k)}, C.I._2^{(k)}, \cdots, C.I._m^{(k)}) W^{(k-1)}$$

$$R.I._j^{(k)} = (R.I._1^{(k)}, R.I._2^{(k)}, \cdots, R.I._m^{(k)}) w^{(k-1)}$$

$$C.R.^{(k)} = \frac{C.I.^{(k)}}{R.I.^{(k)}}$$

当 $C.R.^{(k)} < 0.1$ 时,认为判断矩阵的整体一致性是可以接受的。

(四)层次分析法选取的依据

1. 理论依据

AHP 法是集数学建模、应用心理学、层次结构及比较权衡分析于一体的方法。[①] 此方法具有丰富的内涵,可以集各学科之大成,是定性与定量相结合的一种决策方法,能够综合测度决策者的比较与判断,不仅提供了简单的逻辑层次框架与方法,而且体现着决策心理及决策效用。

2. 心理学依据

层次分析法以试验心理学为基础,其研究方法随着心理学的发展而发展,人们在原有 AHP 的基础上提出了更贴近人类思维模式的决策心理的不确定层次分析法等,这样便能使决策者可以根据对评价目标的比较与判

[①] 储敏:《层次分析法中判断矩阵的构造问题》,硕士学位论文,南京理工大学,2005 年。

断更为准确地综合测度评价对象。

3. 应用依据

层次分析法的一大优点是，其具有简单的表现形式，同时又有深刻的理论意义和广泛的应用领域。

三　区域高等教育科技创新能力指标权重的确定

（一）判断矩阵的构造

关于权重合成当前主要有两种方法：一种是频率法；一种是均值法。鉴于本研究所选取的专家均是社会科学界较有权威的专家，因此本研究力求体现每位专家的观点，选取均值法处理权重，本研究将18位专家的判断矩阵分别进行处理，测算出每一位专家对区域高等教育科技创新能力的权重，最后将每位专家的权重取平均值得出最终的指标权重。

（二）权重确定

本研究将专家问卷采用层次分析法软件（yaahp）进行处理，最终得到如下权重，如表4-14、表4-15、表4-16所示。

表4-14　　　　　　　　　一级指标权重一览表

	科技创新资源	科技创新过程	科技创新结构	科技创新成果与贡献
专家一	0.481	0.098	0.210	0.210
专家二	0.533	0.273	0.128	0.067
专家三	0.125	0.125	0.125	0.625
专家四	0.426	0.071	0.152	0.350
专家五	0.127	0.065	0.275	0.533
专家六	0.074	0.208	0.274	0.445
专家七	0.250	0.250	0.250	0.250
专家八	0.141	0.159	0.159	0.540
专家九	0.241	0.134	0.119	0.506
专家十	0.192	0.077	0.172	0.559
专家十一	0.151	0.067	0.491	0.291
专家十二	0.128	0.273	0.067	0.532
专家十三	0.273	0.067	0.128	0.533
专家十四	0.409	0.142	0.189	0.260
专家十五	0.100	0.100	0.100	0.700
专家十六	0.241	0.082	0.085	0.593
专家十七	0.240	0.124	0.235	0.401
专家十八	0.246	0.150	0.131	0.473
均值	0.243	0.137	0.183	0.437

表4–15　　　　　　　区域高等教育科技创新能力指标权重

一级指标	权重	二级指标	权重	三级指标/四级指标	权重
A：科技创新资源	0.243	A_1：人力资源	0.139	A_{11}：每万人中 R&D 全时人员数量（人）	0.034
				A_{12}："高层次科技人才"（人）	0.051
				A_{13}：科技人力的学历指数	0.038
				A_{14}：科技人力年龄结构	0.016
		A_2：财力资源	0.05	A_{21}：实际科研经费人均支出（万元/人）	0.016
				A_{22}：人均科技投入经费的年增长率（%）	0.015
				A_{23}：科技经费占区域 GDP 比重（%）	0.019
		A_3：平台与硬件资源	0.054	A_{31}：重点实验室（个）	0.017
				A_{32}：国家级智库与研究基地（个）	0.013
				A_{33}：固定资产购置费（千万元）	0.006
				A_{34}：人均拥有信息化设备资产值（千元）	0.006
				A_{35}：拥有科技图书量（册）	0.012
B：区域高等教育科技创新过程	0.137	B_1：区域高等教育内部协同创新	0.089	B_{11}：跨学科团队（个）	0.052
				B_{12}：跨学科研究项目（项）	0.019
				B_{13}：跨学科研究基地（个）	0.018
		B_2：区域高等教育外部协同创新	0.048	B_{21}：区域内科技园区企业年产值（亿元）	0.014
				B_{22}：高等教育科研经费来自企业的比例（%）	0.016
				B_{23}：高等学校与产学研服务的营业收入（亿元）	0.019

续表

一级指标	权重	二级指标	权重	三级指标/四级指标	权重
C：区域高等教育科技创新结构	0.183	C_1：区域高等教育科技创新与区域经济发展水平的匹配程度	0.066	C_{11}：区域高等教育科技创新与区域经济发展水平的协调匹配度	0.066
		C_2：区域高等教育科技创新与区域科技发展水平的匹配程度	0.044	C_{21}：区域高等教育科技创新与区域科技发展水平匹配度	0.044
		C_3：高等教育基础研究投入水平	0.047	C_{31}：区域高等教育基础研究投入模式	0.047
		C_4：高校毕业生结构性失调度	0.026	C_{41}：高校毕业生结构性失调度	0.026
D：科技创新成果与贡献	0.437	D_1：科技创新成果	0.084	D_{11}：论文	0.010
				D_{12}：著作	0.006
				D_{13}：专利	0.010
				D_{14}：技术转让	0.012
				D_{15}：人才培养	0.016
				D_{16}：科技奖	0.013
				D_{17}：人文奖	0.010
				D_{18}：成果登记数	0.007
		D_2：社会服务效益	0.184	D_{21}：人均科技服务课题投入经费（万元/人）	0.184
		D_3：经济效益	0.169	D_{31}：区域高等教育科技创新对区域经济发展的贡献率（%）	0.169

表 4-16　　　　　　　　　　科技成果四级指标权重

四级指标	被国际三大检索系统录用的文章	国家一级学会的会刊	其他核心期刊	其他非核心期刊	科研论文产出率	科研论文增长率	每万人著作产出数	每万元科研经费著作产出率	著作增长率
权重	0.0012	0.0035	0.0022	0.0012	0.0006	0.0012	0.0025	0.0014	0.0023
四级指标	发明专利授权数	实用新型专利授权数	外观设计专利授权数	专利出售总金额	专利增长率	国家级科技进步奖	国务院各部门科技奖	省、自治区、直辖市科技进步奖	—
权重	0.00351	0.00121	0.00021	0.00281	0.00295	0.0085	0.0022	0.0014	—

四　指标测算方法选取

（一）同度量化方法

由于评价区域高等教育科技创新能力所选取的各类评价指标都具有各自的量纲，因此需要将每一个评价指标按照一定的方法进行同度量化。同度量化法即数据的无量纲化法，也称之为效用函数平均法，就是将每一个指标都通过一定的方法转换成测量评价目标的一个"量化值"即效用函数值。目前同度量化的方法有很多，主要有比重法、功效系数法及极差变换法等，通过分析以往文献发现同度量化大致可以分为四类，如表 4-17 所示。

表 4-17　　　　　　　　　　同度量化方法

同度量化方法	特点	具体方法
广义指数法	通过计算相对指标进行量化，为直线型效用函数	比重法、环比率、极值化
广义线性功效系数法	需要两个标准值进行量化，为直线型效用函数	极差变换法、倒扣式逆变化法、低中差变换法、Z-Score 法等
非线性函数	针对评价对象的价值水平与指标之间存在非线性关系情况	指数型功效系数法、对数型功效系数法、幂函数型效用系数
分段函数法	采用分段函数的方法，针对不同定义域采用不同量化方法	折线型无量纲方法

考虑到本研究区域高等教育科技创新能力指标的特点以及同度量化法的操作可行性，本研究采用"极差变换法"，其公式如下。

若 X_i 为正指标，可采用：

$$d_1 = \frac{X_i - X_{\min}}{X_{\max} - X_{\min}} \qquad (4-40)$$

其中：X_i 为第 i 个指标的实际值；$X_{\min}$ 为指标的最小值；$X_{\max}$ 为指标的最大值，若 X_i 为逆指标，就要对以上公式进行逆向转化，即将最大值与最小值互换，或者将计算数值进行倒扣式逆变换。

（二）合成方法

合成方法即将单项的指标数据合成总的评价值，如何选择科学合理的指标数据合成模型是评价指标体系继确定权值后的另一个重要问题，不同的评价值合成方法代表着不同的评价原则与评价理念，而且会对综合评价的结果产生影响。

当前常用的合成方法主要有："幂平均合成"与"特殊合成"两种，本研究采用幂平均合成方法，幂平均合成就是把归一后的变量值进行 k 次幂变换，计算算术平均值，再开 k 次方，公式为：$M(k) = (\frac{1}{\sum w_i} \sum x_i^k w_i)^{1/k}$，其中 x_i 是第 i 个指标的无量纲值，w_i 为第 i 个指标的权值，k 为幂平均阶数，如表 4-18 所示，为幂平均合成的四种常见形式。

表 4-18　　　　　　　　合成方法一览表

合成方法	合成值	适用范围
几何平均法	$G = (y_1 y_2)^{1/2}$	惩罚落后指标，鼓励各单项指标均衡发展
平方平均法	$U = (y_1^2 + y_2^2)^{1/2}/2$	奖励先进指标，鼓励搞突出，抓重点
调和平均法	$W = 2/(1/y_1 + 1/y_2)$	同上，但惩罚力度更大
算数平均法	$M = (y_1 + y_2)/2$	允许各单项变量之间等量补差

其中算数平均法不易受指标极值的影响，所以若有意使个单项指标之间"等量补偿"则可以采用此方法；几何平均法容易受到指标中较小值的影响，因此指标值之间的离散程度越大，几何平均数值就越小，因此若意在鼓励单项指标均衡发展，惩罚落后指标，则应该采取几何平均法；平方平均法容易受到指标中较大数值的影响，因此指标值的离散程度越大，

则平方平均值就越大,因此若意在鼓励突出指标,奖励先进指标,则可以采用此方法;调和平均法与几何平均法相类似,但是对落后指标的惩罚力度更大。

在评价指标合成方法选择上,并不是每一个指标体系都应该选用一种合成方法,也不是上级指标体系的合成方法一定要与其子指标相同,需根据具体的评价问题的特点及评价原则选取不同的合成方法。因此每一层次或者每一子指标的合成方法可以是不同的,在整个评价体系指标数值合成过程中,我们何以采用混合合成法,即选用两种或者两种以上的合成方法,可以是指标体系结构中各一级指标混合合成,也可以是同一子指标体系中的和指标混合合成。本研究采用混合合成模型,即采用几何平均法与算数平均法混合使用,如图4-2所示。

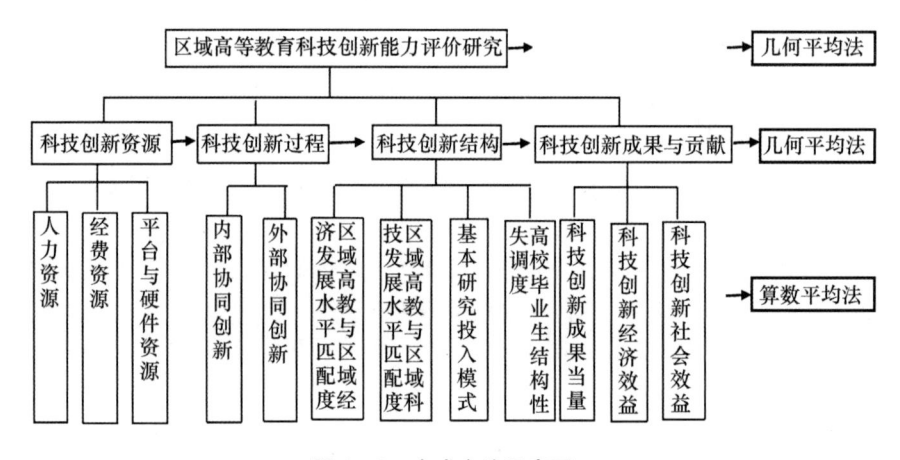

图4-2 合成方法示意图

(三) 同度量化与合成方法选取

1. 科技创新资源指标之下的科技创新人力资源、科技创新经费资源及科技创新平台与硬件资源三个二级指标在理论上应该鼓励均衡发展,这三项对区域高等教育科技创新能力的提升是缺一不可的,因此选用几何平均法进行合成。综上,科技创新资源指数的计算公式为

$$A = (A_1 \omega_{A_1} \times A_2 \omega_{A_2} \times A_3 \omega_{A_3})^{1/3} \quad (4-41)$$

① 科技创新人力资源指标下的每万人中 R&D 全时人员数量、高层次科技人才、科技人力的学历指数、科技人力年龄结构原则上是允许各指标

之间的等量补差的,因此选用算数平均法。

A_1 科技创新人力资源指数的计算公式为

$$A_1 = \sum_{i=1}^{4} \frac{A_{1i} - A_{min}}{A_{max} - A_{min}} \omega_{1i} \qquad (4-42)$$

其中:

A_{min} ——A_{1i} 指标中的最小值

A_{max} ——A_{1i} 指标中的最大值

ω_{1i} ——单项指标的权重

②科技创新经费指数包括:实际科研经费人均支出、人均科技投入经费的年增长率及科技经费占区域 GDP 比重,三者原则上是允许等量补差的,因此选用算数平均法,A_2 科技创新经费资源指数的计算公式为

$$A_2 = \sum_{i=1}^{3} \frac{A_{2i} - A_{min}}{A_{max} - A_{min}} \omega_{2i} \qquad (4-43)$$

其中:

A_{min} ——A_{2i} 指标中的最小值

A_{max} ——A_{2i} 指标中的最大值

ω_{2i} ——单项指标的权重

③科技创新硬件及平台资源指数包括:重点实验室与国家工程中心、国家级智库与研究基地、固定资产购置费、人均拥有信息化设备资产值、拥有科技图书量,以上三级指标原则上是允许"等量补差"的,因此选用算数平均法,科技创新硬件及平台资源指数 A_3 的计算公式为

$$A_3 = \sum_{i=1}^{5} \frac{A_{3i} - A_{min}}{A_{max} - A_{min}} \omega_{3i} \qquad (4-44)$$

其中:

A_{min} ——A_{3i} 指标中的最小值

A_{max} ——A_{3i} 指标中的最大值

ω_{3i} ——单项指标的权重

2. 科技创新过程是区域高等教育可持续发展指标,原则上应鼓励高等教育科技创新结构的优化,鼓励高等教育内外部的协同创新,因此本指标选取平方平均法合成。综上,创新过程指数 B 的计算公式为

$$B = (B_1 \omega_{B_1} \times B_2 \omega_{B_2})^{1/2} \qquad (4-45)$$

其中：

ω_{B_1}——二级指标 B_1 的权重

ω_{B_2}——二级指标 B_2 的权重

①区域高等教育内部的科技协同创新指标：跨学科团队、跨学科研究项目和跨学科研究基地允许"等量补差"，因此选用算术平均法，B_1 的测算公式为

$$B_1 = \sum_{i=1}^{3} \frac{B_{1i} - B_{1i-\min}}{B_{1i-\max} - B_{1i-\min}} \omega_{1i} \qquad (4-46)$$

其中：

$B_{1i-\min}$——B_{1i} 指标中的最小值

$B_{1i-\max}$——B_{1i} 指标中的最大值

ω_{1i}——单项指标的权重

②区域高等教育外部的协同创新指标：区域内科技园区企业年产值、高等教育科研经费来自企业的比例和产学研服务的营业收入三个指标允许"等量补差"，所以选用算术平均法，B_2 的测算公式为

$$B_2 = \sum_{i=1}^{3} \frac{B_{2i} - B_{2i-\min}}{B_{2i-\max} - B_{2i-\min}} \omega_{2i} \qquad (4-47)$$

其中：

$B_{2i-\min}$——B_{2i} 指标中的最小值

$B_{2i-\max}$——B_{2i} 指标中的最大值

ω_{2i}——单项指标的权重

3. 科技创新结构主要体现区域高等教育与区域经济科技之间的协调匹配度，鼓励各项指标均衡发展，因此应采用几何平均法合成，对于二级指标本研究采用算术平均合成。

综上，C 区域科技创新结构指数的测算公式为

$$C = (C_1 \omega_{c_1} \times C_2 \omega_{c_2} \times C_3 \omega_{c_3} \times C_4 \omega_{c_4})^{1/4} \qquad (4-48)$$

其中：

ω_{c_1}——二级指标 C_1 的权重

ω_{c_2}——二级指标 C_2 的权重

ω_{c_3}——二级指标 C_3 的权重

ω_{c_4}——二级指标 C_4 的权重

4. 区域高等教育科技创新成果与贡献指数测算公式如下。

$$D = (D_1\omega_{D_1} \times D_2\omega_{D_2} \times D_3\omega_{D_3})^{1/3} \tag{4-49}$$

其中：

ω_{D_1}——二级指标 D_1 的权重

ω_{D_2}——二级指标 D_2 的权重

ω_{D_3}——二级指标 D_3 的权重

区域高等教育科技创新成果包括：论文、著作、专利、技术转让、人才培养、科技奖、人文奖和成果登记数，是允许"等量补差"的，它们下面的子指标也是可以"等量补差"的，因此均选用算术平均法，具体公式第五章已经给出，本章不再详细罗列。

5. 区域高等教育科技创新能力评价指标体系的四个一级指标：科技创新资源、科技创新过程、科技创新结构及科技创新成果与贡献，对于区域高等教育科技创新能力而言，各指标应均衡发展，因此选用几何平均法，最终测算公式为

$$Z = (A\omega_A \times B\omega_B \times C\omega_C \times D\omega_D)^{1/4} \tag{4-50}$$

其中：

ω_A——一级指标 A 的权重

ω_B——一级指标 B 的权重

ω_C——一级指标 C 的权重

ω_D——一级指标 D 的权重

五 指标信度与效度检验

为了保证指标体系的严密性，我们选用 2012、2013、2014 三年的数据，对所构建的指标体系进行信度与效度检验。

（一）指标体系的信度

信度是指指标测验结果的一致性、稳定性及可靠性，一般多以内部一致性来表示该指标信度的高低。信度较高的指标，表示其测算的结果比较一致，是稳定可靠的。目前检验内部一致性程度常用的方法是 Cronbach's alpha 系数。Cronbach's alpha 是一个统计量，是指指标所有可能的项目划分方法得到的折半信度系数的平均值，是最常用的信度测量方法。公式为

$$\alpha = \frac{K}{K-1}\left(1 - \frac{\sum_{i=1}^{K}\sigma_{Y_i}^2}{\sigma_X^2}\right) \tag{4-51}$$

其中：

K——指标的指标个数

σ_X^2——总指标的方差（被测量指标对指标内评分值的总分的方差）

$\sigma_{Y_i}^2$——目前被测评对象的方差（各被试在某一指标的评分的方差）

通常 Cronbach α 系数的值在 0—1 之间，0.8—0.9 区间表明指标的信度非常好，达到 0.7—0.8 时表明指标具有相当的信度，如果 α 系数不超过 0.6，则认为内部一致信度不足，就要考虑重新修订指标或者增删指标。Cronbach α 系数的一个重要特性是它们的值会随着指标项目的增加而增加，因此 Cronbach α 系数可能由于指标中包含多余的测量指标而被人为地、不适当地提高。对于 Cronbach α 系数界限值的标准，不同的专家有不同的看法，因为在计算 Cronbach α 系数的过程中，平均数的计算很有可能掩盖了某些不相关的测量指标。当期最普遍的观点是：在基础研究中 Cronbach α 系数至少应达到 0.8 才能接受，在探索研究中 Cronbach α 系数至少应达到 0.7 才能接受，而在实务研究中，Cronbach α 系数只需达到 0.6 即可。

评价指标体系的总 Cronbach's alpha 系数如表 4-19 所示，本指标体系的信度较高。

表 4-19　　　　　　　　　　Cronbach's alpha 系数表

Cronbach's alpha	创新资源指标	创新过程指标	创新结构指标	科技创新成果与贡献指标	区域高等教育科技创新能力评价指标体系总体
2012	0.858	0.847	0.950	0.678	0.915
2013	0.865	0.889	0.955	0.657	0.917
2014	0.843	0.888	0.962	0.689	0.924

（二）指标体系的效度

效度是指通过指标体系所测量到的结果，可以反映所要考察内容的程度，测算结果与考察内容越接近，则效度越高；反之，则效度越低。效度一般分为内容效度和结构效度，本研究从内容效度与结构效度来考量指标体系的效度。

1. 内容效度

内容效度指的是测验指标对有关内容或行为取样的适用性，从而确定测验指标是否是测量对象的代表性指标。内容效度的评估方法主要有专家判断法、统计分析法、经验推测法，内容效度是由够资格的判断者（专家）详尽地、系统地对测验作评价而建立的。专家判断法确定测验内容效度是由专家对测验指标与所涉及的内容范围进行符合性判断，这是一种定性分析的方法。

在前期研究中，本指标通过对咨询专家的组成结构分析和专家权威性检验表明，专家对指标的判断是建立在丰富的实践经验和理论基础之上的，从而保证了指标体系具有良好的内容效度，所以本指标只进行结构效度的分析。

2. 结构效度

结构效度将所有指标和各上级指标做 Spearman 相关分析，Spearman 相关系数又称秩相关系数，是利用两变量的秩次大小作线性相关分析，对原始变量的分布不作要求，属于非参数统计方法，适用范围较广。计算公式如下。

$$r = \frac{\sum_{i=1}^{n}(X_i - \overline{X})(Y_i - \overline{Y})}{\sqrt{\sum_{i=1}^{n}(X_i - \overline{X})^2 \sum_{i=1}^{n}(Y_i - \overline{Y})^2}} \quad (4-52)$$

其中，以上公式为 (X_1, Y_1)，(X_2, Y_2)，$\cdots$，(X_n, Y_n) 的相关性。

将 2012—2014 年数据代入验证，P 值均小于 0.05，均通过显著性检验，具体相关系数结果整理如表 4 - 20 所示。下级指标与上级指标得分相关性均较大，上级指标下的各子指标相关系数较小，这说明了本研究结构效度良好。

表 4 - 20　　各指标得分与其上级指标分值的结构效度分析

指标	创新资源指标			创新过程指标		创新结构指数		成果与贡献指数			高校科技创新综合指数			
	人力资源指数	财力资源指数	平台与硬件资源指数	内部协同创新指数	外部协同创新指数	与区域经济协同	与区域科技协同	科技创新成果指数	社会服务效益指数	经济效益指数	创新资源指标	创新过程指标	创新结构指数	成果与贡献指数
2012	0.890	0.893	0.913	0.920	0.954	0.982	0.975	0.868	0.882	0.82	0.934	0.926	0.946	0.857
2013	0.915	0.895	0.914	0.955	0.982	0.985	0.979	0.888	0.919	0.74	0.930	0.922	0.956	0.871
2014	0.863	0.854	0.890	0.916	0.798	0.985	0.978	0.843	0.915	0.61	0.923	0.891	0.949	0.839

六　本章小结

本研究通过文献研究法、专家咨询法等反复思考讨论，最终将区域高等教育的科技创新能力修正为区域高等教育科技创新资源、区域高等教育科技创新过程、区域高等教育科技创新结构及区域高等教育科技创新成果与贡献四个一级指标，较为全面地概括了区域高等教育科技创新的能力，进而精简出 12 个二级指标和 32 个三级指标。

本研究所构造的评价指标体系，主要是为了满足提升高等教育科技创新能力的需求，作为第三方可以测算、评价各个地区高等教育的创新能力，对区域高等教育科技创新予以引导，为区域政府规划本区域的高教及企业的科技创新，制定科技政策提供参考。本评价不用于排行榜，也不用于绩效考核，因此本研究在科技创新成果与贡献指标上，增加了增量指标，即不重点考虑各地区的历史条件，主要分析区域增量的变化情况，在指标体系中不仅采用"总量指标"，还考虑一些"人均指标"，这也体现评价的公平性。

对于区域高等教育科技创新能力指标权重确定及测算的方法，本研究选取专家问卷法，并用层次分析法确定指标权重；由于不同指标有不同的量纲，因此测算前第一步需要同度量化所有指标数据，本研究选取倒扣式逆变换同度量化方法，对指标数据进行标准化处理；在合成方法的选择方面，本研究根据不同指标数据的不同特点采用混合合成的方法；为了保证指标的科学性与严谨性，本章采用了 Spearman 相关分析与 Cronbach's alpha 系数对指标的信度与效度进行检验，结果显示所有指标均通过信效度检验，说明本指标体系具有良好的信效度。

第五章 创新能力测算分析

第一节 评价指标体系优化

时代不断更替,社会也在不断地进步与发展,在这一变化发展中逐渐呈现出区域化特征,高等教育也呈现出区域化,即以"省"为教育单位,由中央、省两级办学,其宗旨在于促进高等教育与区域内部系统的良性运行和协调发展①。高等教育作为区域科技创新系统中的主体之一,对区域科技创新所做的贡献是毋庸置疑的,同时高等教育的发展无论是规模还是质量都超越以往,成为区域社会经济、文化、科技发展的重大推动力。区域高等教育科学技术创新在社会可持续发展中也发挥着日益重要的作用,不仅能推动区域的快速发展,也能提高国家创新能力。

本节以各省区高等学校的科技发展来衡量区域高等教育科技创新能力,通过高校的科技创新资源、创新过程、创新结构、创新成果与贡献四个一级指标进行数据搜集和处理。

一 评价指标体系

区域高等教育科技创新能力是由区域、高等教育和科技创新能力三个概念构成的组合概念。区域主要指我国 31 个省、自治区、直辖市。区域高等教育既与我国高等教育系统相互依存,又相互独立,相互依存体现为整个高等教育系统进行信息以及能量的交换,相互独立体现为与本区域的环境发生信息、能量的交换从而体现其地域特色②。科技创新

---

① 吴绍芬:《中国高等教育区域化研究》,硕士学位论文,华中师范大学,2001 年。
② 吴灵敏:《区域高等教育对区域科技创新的贡献率研究》,硕士学位论文,大连理工大学,2015 年。

能力是指一个组织或者自然人在某一科学技术领域具备发明创新的综合实力,即通过科研活动过程产生具有经济价值、社会价值及生态价值的新理论、新产品、新想法和新思路等,并将它们应用到社会生产实践中。因此,区域高等教育科技创新能力是指各省域内的高校在充分利用和整合高校内外创新资源的基础上,借助外部科技创新资源环境支持,根据国内外科技发展的现状与趋势,解决区域内经济社会发展中面临的关键技术难题的研究,并把研究开发成果成功地转化为现实生产力,进而支持和引领本地区优势产业和高新技术产业的发展,推进产业结构优化升级和经济发展方式的转变,最终提高区域竞争优势,造福人民生活的综合能力[①]。

(一)区域高等教育科技创新能力指标体系的变动

在本书第四章的第三节中详细叙述了关于区域高等教育科技创新能力的指标体系,但因为该指标体系中某些三级或四级指标的原始数据缺失,所以对该指标进行了删除或更换。其中,将"A_{14}:科技人力年龄结构""A_{32}:国家级智库与研究基地""C_{31}:区域高等教育基础研究投入模式""C_{41}:高校毕业生结构性失调度""D_{17}:人文奖"删除(见表5-1)。将"A_{31}:重点实验室与国家工程中心"替换为"国家工程技术研究中心","A_{34}:人均拥有信息化设备资产值"替换为"人均拥有教学、科研仪器设备资产值","B_{11}:跨学科团队""B_{12}:跨学科研究项目""B_{13}:跨学科研究基地"替换为"B_{11}:合著论文数","B_{21}:区域内科技园区企业年产值"替换为"B_{21}:区域内国家大学科技园区个数","B_{23}:高等学校与

表5-1　　区域高等教育科技创新能力指标删除表

已删除的指标	A_{14}:科技人力年龄结构
	A_{32}:国家级智库与研究基地(个)
	C_{31}:区域高等教育基础研究投入模式
	C_{41}:高校毕业生结构性失调度
	D_{17}:人文奖

---

① 刘君:《区域高等教育科技创新能力评价研究》,硕士学位论文,华南理工大学,2016年。

产学研服务的营业收入"替换为"B_{23}：国际合作研究总人次"（见表5-2）。区域高等教育内部协同创新之所以只选取了"B_{11}：合著论文数"作为它的具体指标，一是因为合著论文数是指各地区高校之间合作研究的科技成果，一定程度上反映了高校的内部协同创新；二是关于内部协同创新的指标本身较少，同时相关的指标数据或难以搜集，或难以量化。

表5-2　　　　　区域高等教育科技创新能力指标更换表

需修改的指标	修改后的指标
A_{31}：重点实验室与国家工程中心（个）	A_{31}：国家工程技术研究中心（个）
A_{34}：人均拥有信息化设备资产值（千元）	A_{34}：人均拥有教学、科研仪器设备资产值（万元）
B_{11}：跨学科团队（个）	B_{11}：合著论文数
B_{12}：跨学科研究项目（项）	
B_{13}：跨学科研究基地（个）	
B_{21}：区域内科技园区企业年产值（亿元）	B_{21}：区域内国家大学科技园区个数（个）
B_{23}：高等学校与产学研服务的营业收入（亿元）	B_{23}：国际合作研究总人次（人次）

该指标体系主要包括科技创新资源、科技创新过程、科技创新结构、科技创新成果与贡献四个方面。科技创新资源分为人力资源（A_{11} A_{12} A_{13}）、财力资源（A_{21} A_{22} A_{23}）、平台与硬件资源（A_{31} A_{32} A_{33} A_{34}）。科技创新过程分为区域高等教育内部协同创新（B_{11}）、外部协同创新（B_{21} B_{22} B_{23}），科技创新结构由区域高等教育科技创新与区域经济发展水平的匹配度、区域高等教育科技创新与区域科技发展水平的匹配度体现。科技创新成果与贡献用成果（D_{11} D_{12} D_{13} D_{14} D_{15} D_{16} D_{17}）、社会服务（D_{21}）、经济效益（D_{31}）衡量，详细的指标体系如表5-3所示。

表 5-3　区域高等教育科技创新能力评价指标体系（不含权重）

一级指标	二级指标	三级指标
A：科技创新资源	A_1：人力资源	A_{11}：每万人 R&D 全时人员（人年）
		A_{12}：高层次人才（人）
		A_{13}：科技人力的学历指数
	A_2：财力资源	A_{21}：实际科技经费人均支出（万元/人）
		A_{22}：人均科技投入经费增长率（%）
		A_{23}：科技投入经费占区域 GDP 比重（%）
	A_3：平台与硬件资源	A_{31}：国家工程技术中心（个）
		A_{32}：固定资产购置费（千万元）
		A_{33}：人均拥有教学、科研仪器设备资产值（千元）
		A_{34}：人均拥有图书量（册/人）
B：区域高教科技创新过程	B_1：区域高教内部协同创新	B_{11}：合著论文数（篇）
		B_{21}：国家大学科技园区数（个）
	B_2：区域高教外部协同创新	B_{22}：高教科技经费来自企业的比例（%）
		B_{23}：国际合作研究总人次（人次）
C：区域高教科技创新结构	C_1：区域高等教育与区域经济发展水平的匹配程度	
	C_2：区域高等教育与区域科技发展水平的匹配程度	
D：科技创新成果与贡献	D_1：科技创新成果	D_{11}：论文（篇）
		D_{12}：著作（部）
		D_{13}：专利（项）
		D_{14}：每万人技术转让成交总金额（万元/万人）
		D_{15}：每万人拥有科技创新人才数量（人）
		D_{16}：科技奖（项）
		D_{17}：成果登记数（项）
	D_2：社会服务效益	D_{21}：人均科技服务课题投入经费数（万元/人）
	D_3：经济效益	D_{31}：科技进步贡献率（%）

注："A_{12}：高层次人才"包括两院院士人数、长江学者人数、国家杰出青年科学基金获得者人数。

"A_{13}：人均科技人力"是指高校不同学历（博士、硕士、本科、专科及以下学历）专任教师人数占 R&D 人员数的比例。

（二）区域经济、科技发展水平指标的变动

在测算科技创新结构这一指标时，由于涉及区域高等教育科技创新与区域经济、科技发展水平的协调发展度，该指标需要重新建立一个指标体系。区域高等教育科技创新由区域高等教育科技创新综合水平衡量，其中区域高等教育科技创新综合水平以投入与产出量方面选取指标体系。

在投入（科技创新资源）方面，分别从人力资源（A_{11} A_{12} A_{13}）、财力资源（A_{21} A_{22} A_{23}）、平台与硬件资源（A_{31} A_{32} A_{33} A_{34}）三个方面选取了10个指标来表征区域高等教育科技创新资源投入的丰裕程度；在产出（科技创新成果与贡献）方面，用论文（D_{111} D_{112} D_{113} D_{114}）、著作（D_{121} D_{122} D_{123}）、专利（D_{131} D_{132} D_{133} D_{134}）、每万人技术转让成交总金额、每万人拥有科技创新人才数量、科技奖（D_{161} D_{162} D_{163}）、鉴定成果数、社会服务效益（D_{21}）、经济效益（D_{31}）来表征区域高等教育科技创新的产出水平。

区域经济发展水平具有综合性，体现了一个地区在一段时期内国民经济各方面的综合发展状况①。所以本研究用经济规模（E_{11} E_{12}）、经济质量（E_{21} E_{22} E_{23}）和经济结构（E_{31} E_{32}）衡量区域经济发展水平。区域科技发展水平是指在特定的行政区域内，为推动本地区科技进步、促进区域经济和社会发展而进行的科技资源投入、新产品开发和高新技术创造等一系列与科技有关的活动所达到的水平的综合反映②。因此，区域科技发展水平的测量可以从区域科技创新资源和区域科技创新成果这两个维度进行（如表5-4所示）。

由于原始的"区域经济发展水平、区域科技发展水平指标选取"中的"科普专职人员"在各年鉴和网络资源中无各地区2005—2014年的具体数据，《2015年中国科技统计年鉴》中没有统计"国家产业化计划项目落实资金（火炬计划、星火计划）"，因此将这两个指标删除。"研究与开发机构科技产出（论文、著作、专利）"这一指标在《中国科技统计年鉴》中可以搜寻到相关数据，但这一数据从2009年开始统计，2005—2008年的数据缺失，所以将该指标更换为"区域科技产出（国外收录的论文数、国内授权专利数）"，区域经济发展水平与区域科技发展水平的具体指标见表5-4。

---

① 周建伦：《我国区域经济发展水平的动态综合评价》，《西安交通大学学报》2008年第5期。

② 单丹：《区域科技发展水平评价研究》，硕士学位论文，吉林大学，2013年。

表 5-4　区域高等教育科技创新综合水平与区域经济、科技发展水平协调发展指标

区域高等教育科技创新综合水平	A：科技创新资源	A_1：人力资源	A_{11}：每万人 R&D 全时人员
			A_{12}：高层次人才合计
			A_{13}：人均科技人力
		A_2：财力资源	A_{21}：实际科技经费人均支出
			A_{22}：人均科技投入经费增长率
			A_{23}：科技投入经费占区域 GDP 比重
		A_3：平台与硬件资源	A_{31}：国家工程技术中心
			A_{32}：固定资产购置费
			A_{33}：人均拥有教学、科研仪器设备资产值
			A_{34}：图书量
	D：科技创新成果与贡献	D_1：科技创新成果	D_{11}：论文 — D_{111}：国外论文数
			D_{112}：国内论文数
			D_{113}：科技论文产出率
			D_{114}：科技论文增长率
			D_{12}：著作 — D_{121}：每万人著作产出数
			D_{122}：著作产出率
			D_{123}：著作增长率
			D_{13}：专利 — D_{131}：每万人发明授权专利数
			D_{132}：每万人实用新型专利数
			D_{133}：每万人外观设计授权专利数
			D_{134}：专利出售总金额
			D_{14}：每万人技术转让成交总金额
			D_{15}：每万人拥有科技创新人才数量
			D_{16}：科技奖 — D_{161}：国家级科技奖
			D_{162}：国务院级科技奖
			D_{163}：省级科技奖
			D_{17}：鉴定成果数
		D_2：社会服务效益	D_{21}：人均科技服务课题投入经费
		D_3：经济效益	D_{31}：区域高等教育科技创新对区域经济发展的贡献率

续表

区域高等教育科技创新综合水平	E：区域经济发展水平	E_1：区域经济规模	E_{11}：人均 GDP 总值（元/人）	
			E_{12}：就业人员工资总额（亿元）	
		E_2：区域经济质量	E_{21}：人均可支配收入（元）	
			E_{22}：GDP 增长率	
			E_{23}：单位 GDP 能耗（吨标准煤/万元）	
		E_3：区域经济结构	E_{31}：第一产业与第二产业之比	
			E_{32}：第三产业占 GDP 比重	
	F：区域科技发展水平	F_1：区域科技资源	F_{11}：R&D 人员全时当量（人/年）	
			F_{12}：R&D 经费支出（万元）	
			F_{13}：科技资产（亿元）	
		F_2：区域科技成果	F_{21}：区域科技产出	F_{211}：国外主要检索工具收录科技论文数（篇）
				F_{212}：授权专利数（件）
			F_{22}：高技术产品出口贸易总额（百万美元）	
			F_{23}：国外技术引进合同数（项）	

注：E_{23} 和 E_{32} 是成本型指标。

F_{13} 是指用于科学研究和技术服务业的社会固定资产。

二 数据处理

（一）层次分析法权重的重新分配

因为对区域高等教育科技创新能力评价的原始指标进行删减，其指标对应的权重也会发生相应的变化。本章以该指标在删减后同一上级指标中的比例为标准重新划分，如在"A_1：人力资源"二级指标下，原来有 A_{11}、A_{12}、A_{13}、A_{14} 四个三级指标，现在将 A_{14} 指标删除，那 A_{11}、A_{12}、A_{13} 指标的权重分别如下。

A_{11} 的权重：

$$\omega_{A_{11}} + \frac{\omega_{A_{11}}}{\omega_{A_{11}} + \omega_{A_{12}} + \omega_{A_{13}}} \times \omega_{A_{14}}$$

A_{12} 的权重：

$$\omega_{A_{12}} + \frac{\omega_{A_{12}}}{\omega_{A_{11}} + \omega_{A_{12}} + \omega_{A_{13}}} \times \omega_{A_{14}}$$

A_{13} 的权重：

$$\omega_{A_{13}} + \frac{\omega_{A_{13}}}{\omega_{A_{11}} + \omega_{A_{12}} + \omega_{A_{13}}} \times \omega_{A_{14}}$$

其中 ω 表示某一指标的权重。

所有删减过的指标的权重划分均按照以上方法。表 5-5 为删减后按指标所占比例进行划分后的权重表。

表 5-5　　删减后区域高等教育科技创新能力指标的权重（层次分析法）分配表

一级指标	二级指标	三级指标/四级指标	权重
A：科技创新资源	A_1：人力资源	A_{11}：每万人 R&D 全时人员（％）	0.039
		A_{12}：高层次人才	0.058
		A_{13}：人均科技人力	0.043
	A_2：财力资源	A_{21}：实际科技经费人均支出	0.016
		A_{22}：人均科技投入经费增长率	0.015
		A_{23}：科技投入经费占区域 GDP 比重	0.019
	A_3：平台与硬件资源	A_{31}：国家工程技术中心	0.022
		A_{32}：固定资产购置费	0.008
		A_{33}：人均拥有教学、科研仪器设备资产值	0.008
		A_{34}：图书量	0.016
B：区域高教科技创新过程	B_1：区域高教内部协同创新	B_{11}：合著论文数	0.089
	B_2：区域高教外部协同创新	B_{21}：国家科技园区数	0.014
		B_{22}：高教科技经费来自企业的比例	0.016
		B_{23}：国际合作研究总人次	0.019
C：区域高教科技创新结构	C_1：区域高等教育与区域经济发展水平的匹配程度		0.110
	C_2：区域高等教育与区域科技发展水平的匹配程度		0.073

续表

一级指标	二级指标	三级指标/四级指标		权重
D：科技创新成果与贡献	D_1：科技创新成果	D_{11}：论文	D_{111}：国外论文数	0.005
			D_{112}：国内论文数	0.003
			D_{113}：科研论文产出率	0.003
			D_{114}：科技论文增长率	0.001
		D_{12}：著作	D_{121}：每万人著作产出数	0.003
			D_{122}：著作产出率	0.002
			D_{123}：著作增长率	0.003
		D_{13}：专利	D_{131}：每万人发明授权专利数	0.005
			D_{132}：每万人实用新型授权专利数	0.002
			D_{133}：每万人外观设计授权专利数	0.000
			D_{134}：专利出售总金额	0.004
		D_{14}：每万人技术转让成交总金额		0.014
		D_{15}：每万人拥有科技创新人才数量		0.018
		D_{16}：科技奖	D_{161}：每万人拥有国家级科技奖	0.011
			D_{162}：每万人拥有国务院级科技奖	0.003
			D_{163}：每万人拥有科技奖	0.002
		D_{17}：成果登记数		0.008
	D_2：社会服务效益	D_{21}：人均科技服务课题投入经费数		0.184
	D_3：经济效益	D_{31}：科技进步贡献率		0.169

（二）最终权重的测算

指标精减后，本研究若仅使用按比例分配的权重来测算，会导致区域高等教育科技创新能力指数缺乏科学性。为提升整个评价指标体系的科学性和可靠性，本书还主张用熵值法重新测算权重，熵值法是通过信息熵来判断数据的离散程度，从而进行多指标综合评价[1]。文中采用信息熵值法

---

[1] 谭婧：《基于改进熵值法的城市"精明增长"综合测度——以长江三角洲16市为例》，《长江流域资源与环境》2012年第2期。

计算评价指标的权重系数。最终将层次分析法测算的权重与熵值法测算的权重进行平均，得到区域高等教育科技创新能力评价体系的最终权重（如表5-7所示）。

1. 数据无量纲化处理

由于高校科技创新能力、区域经济发展水平和科技发展水平中每个指标的原始数据单位不统一，为减少指标量纲造成的影响，可将指标分为效益型和成本型两类进行无量纲化处理，将原始数据无量纲为0—1，以进行下一步测算。设 x_{ij} 为指标的原始数据，y_{ij} 为标准化后的数据，标准化公式如下。

前者为效益型指标，后者为成本型指标。

$$y_{ij} = \frac{x_{ij} - x_{ij\min}}{x_{ij\max} - x_{ij\min}}$$

$$y_{ij} = \frac{x_{ij\max} - x_{ij}}{x_{ij\max} - x_{ij\min}}$$

2. 信息熵的计算

信息熵的计算公式为

（1）计算第 j 项指标下的第 i 个指标的比重 P_{ij}，其中 m 表示待评价的对象，

$$p_{ij} = \frac{Y_{ij}}{\sum_{i=1}^{m} Y_{ij}}$$

（2）计算第 j 项指标的熵值 e_j，$k = -1/\ln(m)$

$$e_j = -K \sum_{i=1}^{m} p_{ij} \ln p_{ij}$$

（3）计算第 j 项指标的差异性系数 h_j：

$$h_j = 1 - e_j$$

（4）最后得到指标的权重（如表5-6所示）w_j，其中 n 表示指标个数：$w_j = \dfrac{h_j}{\sum_{j=1}^{n} h_j}$

表5-6 熵值法测算的区域高等教育科技创新能力指标体系权重表

一级指标	二级指标	三级指标/四级指标		权重
A：科技创新资源	A_1：人力资源	A_{11}：每万人R&D全时人员（%）		0.002
		A_{12}：高层次人才		0.118
		A_{13}：人均科技人力		0.034
	A_2：财力资源	A_{21}：实际科技经费人均支出		0.022
		A_{22}：人均科技投入经费增长率		0.006
		A_{23}：科技投入经费占区域GDP比重		0.055
	A_3：平台与硬件资源	A_{31}：国家工程技术中心		0.053
		A_{32}：固定资产购置费		0.058
		A_{33}：人均拥有教学、科研仪器设备资产值		0.024
		A_{34}：图书量		0.023
B：区域高教科技创新过程	B_1：区域高教内部协同创新	B_{11}：合著论文数		0.085
	B_2：区域高教外部协同创新	B_{21}：国家科技园区数		0.061
		B_{22}：高教科技经费来自企业的比例		0.012
		B_{23}：国际合作研究总人次		0.039
C：区域高教科技创新结构	C_1：区域高等教育与区域经济发展水平的匹配程度			0.013
	C_2：区域高等教育与区域科技发展水平的匹配程度			0.022
D：科技创新成果与贡献	D_1：科技创新成果	D_{11}：论文	D_{111}：国外论文数	0.008
			D_{112}：国内论文数	0.008
			D_{113}：科研论文产出率	0.014
			D_{114}：科技论文增长率	0.002
		D_{12}：著作	D_{121}：每万人著作产出数	0.013
			D_{122}：著作产出率	0.014
			D_{123}：著作增长率	0.004
		D_{13}：专利	D_{131}：每万人发明授权专利数	0.011
			D_{132}：每万人实用新型授权专利数	0.014
			D_{133}：每万人外观设计授权专利数	0.034
			D_{134}：专利出售总金额	0.024

续表

一级指标	二级指标	三级指标/四级指标		权重
D：科技创新成果与贡献	D_1：科技创新成果	D_{14}：每万人技术转让成交总金额		0.060
		D_{15}：每万人拥有科技创新人才数量		0.040
		D_{16}：科技奖	D_{161}：每万人拥有国家级科技奖	0.011
			D_{162}：每万人拥有国务院级科技奖	0.014
			D_{163}：每万人拥有省级科技奖	0.004
		D_{17}：成果登记数		0.047
	D_2：社会服务效益	D_{21}：人均科技服务课题投入经费数		0.050
	D_3：经济效益	D_{31}：科技进步贡献率		0.002

表 5-7　　**区域高等教育科技创新能力评价体系最终权重表**

一级指标	二级指标	三级指标/四级指标	权重
A：科技创新资源	A_1：人力资源	A_{11}：每万人 R&D 全时人员（%）	0.020
		A_{12}：高层次人才	0.088
		A_{13}：人均科技人力	0.038
	A_2：财力资源	A_{21}：实际科技经费人均支出	0.019
		A_{22}：人均科技投入经费增长率	0.011
		A_{23}：科技投入经费占区域 GDP 比重	0.037
	A_3：平台与硬件资源	A_{31}：国家工程技术中心	0.038
		A_{32}：固定资产购置费	0.033
		A_{33}：人均拥有教学、科研仪器设备资产值	0.016
		A_{34}：图书量	0.019
B：区域高教科技创新过程	B_1：区域高教内部协同创新	B_{11}：合著论文数	0.087
	B_2：区域高教外部协同创新	B_{21}：国家科技园区数	0.038
		B_{22}：高教科技经费来自企业的比例	0.014
		B_{23}：国际合作研究总人次	0.029
C：区域高教科技创新结构	C_1：区域高等教育与区域经济发展水平的匹配程度		0.061
	C_2：区域高等教育与区域科技发展水平的匹配程度		0.048

续表

一级指标	二级指标	三级指标/四级指标		权重
D：科技创新成果与贡献	D_1：科技创新成果	D_{11}：论文	D_{111}：国外论文数	0.007
			D_{112}：国内论文数	0.005
			D_{113}：科研论文产出率	0.008
			D_{114}：科技论文增长率	0.001
		D_{12}：著作	D_{121}：每万人著作产出数	0.008
			D_{122}：著作产出率	0.008
			D_{123}：著作增长率	0.003
		D_{13}：专利	D_{131}：每万人发明授权专利数	0.008
			D_{132}：每万人实用新型授权专利数	0.008
			D_{133}：每万人外观设计授权专利数	0.017
			D_{134}：专利出售总金额	0.014
		D_{14}：每万人技术转让成交总金额		0.037
		D_{15}：每万人拥有科技创新人才数量		0.029
		D_{16}：科技奖	D_{161}：每万人拥有国家级科技奖	0.011
			D_{162}：每万人拥有国务院级科技奖	0.008
			D_{163}：每万人拥有省级科技奖	0.003
		D_{17}：成果登记数		0.028
	D_2：社会服务效益	D_{21}：人均科技服务课题投入经费数		0.117
	D_3：经济效益	D_{31}：科技进步贡献率		0.086

区域经济发展水平和区域科技发展水平的指标体系也做了部分调整。测算权重时为避免经历按比例分配、熵值法计算，最终取两者平均这一烦琐过程，直接使用熵值法计算区域经济发展水平、区域科技发展水平中各指标的权重，用以衡量区域高等教育科技创新综合水平的"科技创新资源""科技创新成果与贡献"的权重也需要熵值法重新分配权重。其中，区域经济发展水平、区域科技发展水平各自的权重总和为1，区域高等教育科技创新综合水平的权重总和为1，具体的权重如表5-8所示。

表 5-8 **区域高等教育科技创新综合水平与区域经济、科技发展水平协调发展指标权重表**

区域高等教育科技创新综合水平	A：科技创新资源	A_1：人力资源	A_{11}：每万人 R&D 全时人员		0.0020
			A_{12}：高层次人才合计		0.1536
			A_{13}：人均科技人力		0.0437
		A_2：财力资源	A_{21}：实际科技经费人均支出		0.0291
			A_{22}：人均科技投入经费增长率		0.0079
			A_{23}：科技投入经费占区域 GDP 比重		0.0717
		A_3：平台与硬件资源	A_{31}：国家工程技术中心		0.0692
			A_{32}：固定资产购置费		0.0760
			A_{33}：人均拥有教学、科研仪器设备资产值		0.0306
			A_{34}：图书量		0.0295
	D：科技创新成果与贡献	D_1：科技创新成果	D_{11}：论文	D_{111}：国外论文数	0.0108
				D_{112}：国内论文数	0.0103
				D_{113}：科技论文产出率	0.0179
				D_{114}：科技论文增长率	0.0029
			D_{12}：著作	D_{121}：每万人著作产出数	0.0165
				D_{122}：著作产出率	0.0187
				D_{123}：著作增长率	0.0054
			D_{13}：专利	D_{131}：每万人发明授权专利数	0.0142
				D_{132}：每万人实用新型专利数	0.0183
				D_{133}：每万人外观设计授权专利数	0.0438
				D_{134}：专利出售总金额	0.0315
			D_{14}：每万人技术转让成交总金额		0.0782
			D_{15}：每万人拥有科技创新人才数量		0.0522
			D_{16}：科技奖	D_{161}：国家级科技奖	0.0143
				D_{162}：国务院级科技奖	0.0177
				D_{163}：省级科技奖	0.0054
			D_{17}：鉴定成果数		0.0612
		D_2：社会服务效益	D_{21}：人均科技服务课题投入经费		0.0651
		D_3：经济效益	D_{31}：区域高等教育科技创新对区域经济发展的贡献率		0.0026

续表

区域高等教育科技创新综合水平	E：区域经济发展水平	E_1：区域经济规模	E_{11}：人均 GDP 总值（元/人）	0.2007
			E_{12}：就业人员工资总额（亿元）	0.3324
		E_2：区域经济质量	E_{21}：人均可支配收入（元）	0.2201
			E_{22}：GDP 增长率	0.0692
			E_{23}：单位 GDP 能耗（吨标准煤/万元）	0.0209
		E_3：区域经济结构	E_{31}：第一产业与第二产业之比	0.0174
			E_{32}：第三产业占 GDP 比重	0.1394
	F：区域科技发展水平	F_1：区域科技资源	F_{11}：R&D 人员全时当量（人/年）	0.0846
			F_{12}：R&D 经费支出（万元）	0.1099
			F_{13}：科技资产（亿元）	0.1227
		F_2：区域科技成果	F_{21}：区域科技产出 — F_{211}：国外主要检索工具收录科技论文数（篇）	0.1003
			F_{21}：区域科技产出 — F_{212}：授权专利数（件）	0.1633
			F_{22}：高技术产品出口贸易总额（百万美元）	0.2643
			F_{23}：国外技术引进合同数（项）	0.1548

注：E_{23} 和 E_{32} 是成本型指标。

F_{13} 是指用于科学研究和技术服务业的社会固定资产。

（三）各指标指数测算

三级指标指数的测算公式主要参照本书第四章的第四节，一、二级指标的指数在计算时不使用权重，其具体步骤如下。

1. 利用公式（2）进行三/四级指标的指数计算，公式如下

$$\delta(X) = \sum_1^n F(X_{ij}) * \omega_{X_{ij}} \tag{2}$$

其中，$\delta(X)$ 表示三/四级指标的指数；$F(X_{ij})$ 表示指标 X_{ij} 无量纲化后的数据；$\omega_{X_{ij}}$ 表示指标 X_{ij} 的权重；n 表示指标 X_{ij} 的个数。

2. 一/二级指标的指数计算的公式如下

$$\mu(X) = \sum_1^n \delta(X) \tag{3}$$

其中，$\mu(X)$ 表示 A、B、C、D 指标中一/二级指标的指数；$\delta(X)$ 表示 A、B、C、D 指标中的三/四级指标的指数；n 表示 A、B、C、D 指标中的三/

四级指标的个数。

3. 最终，区域高等教育科技创新能力评价的测算公式为

$$Z(X) = \sum_{1}^{4} \mu(X) \tag{5}$$

其中，$Z(X)$ 表示区域高等教育科技创新能力指数；$\mu(X)$ 表示 A、B、C、D 指标中的一级指标的指数。

三　数据来源

本节数据主要来源于 2005—2015 年《高等学校科技统计资料汇编》《中国科技统计年鉴》和《中国区域经济统计年鉴》、2004—2014 年《中国教育统计年鉴》以及《中国科技论文统计与分析年度报告研究》。

其中，A_{11}、A_{21}、A_{22}、A_{23}、A_{32}、B_{22}、B_{23}、D_{11}、D_{12}、D_{13}、D_{14}、D_{16}、D_{17}、D_{21} 的原始数据来源于《高等学校科技统计资料汇编》，"A_{12}：高层次人才"是从中国科学院①、中国工程院②、教育部③和国家杰出青年科学基金在线④这四个官方网站上获取高层次人员名单和工作单位，再根据其单位所在省份进行汇总统计。

由于两院院士每四年增选一次，在获取 2016 年各省的院士数量前提下，剔除各省已过世院士和当年增选人员来计算前两年的原始人数，以此类推得到各省各年份的院士人数。"A_{31}：国家工程技术中心"是从国家工程技术研究中心信息网⑤获得各个研究中心的具体建造时间和所在地，根据这些信息分别统计该指标的具体数据。"B_{11}：合著论文数"主要统计高校与高校之间合作的研究成果，即论文。该指标数据主要来源于中国知网，对期刊进行高级检索，检索的条件：文献的"分类目录"为基础科学，"时间"为每一年份，"期刊来源的类别"是 SCI、EI 和 CSSCI，将被引用量的前 50 篇期刊作为统计源，考察这些期刊的机构

---

① http：//www. casad. cas. cn/chnl/371/index. html
② http：//www. cae. cn/cae/jsp/queryABy Year. jsp？year = 2015
③ http：//www. moe. edu. cn/publicfiles/business/htmlfiles/moe/s8132/201502/xxgk_ 183693. html
④ http：//www. nsfc. gov. cn/publish/portal0/tab313/
⑤ http：//www. cnerc. gov. cn/index/centers/all. aspx

信息，如若属于不同高校，则给该高校所在省区计 1 分，非高校机构不计分。B_{21} 国家大学科技园区是从百度百科①中搜集到相关名单的信息。A_{13}、A_{33}、A_{34} 的原始数据来自《中国教育统计年鉴》。在统计 C 指标"区域高等教育科技创新结构"时，涉及区域经济发展水平和区域科技发展水平，区域经济发展水平中的三级指标数据从中华人民共和国国家统计局②网站搜索而来。

区域科技发展水平中的大部分指标的数据来自《中国科技统计年鉴》，只有"科技资产"这一指标采用了《中国区域经济统计年鉴》中的"按主要行业分的全社会固定资产投资"（科学研究和技术服务业）。需要说明的是，区域科技产出（国外主要检索工具收录科技论文）这一指标，由于 2015 年的《中国科技统计年鉴》只有 2013 年的相关数据，所以从《2014 年度中国科技论文统计与分析研究报告》的附录 6：2014 年 SCI、EI 和 CPCI－S 收录的中国科技论文的地区分布情况中进行统计。《中国科技统计年鉴》中的国外主要检索工具是指 SCI、EI 和 CPCI－S，两种年鉴的收录范围一致，可以采用《中国科技论文统计与分析》中的数据。由于西藏自治区在某些指标上原始数据大量缺失，无法进行后续的计算，所以除西藏自治区外，只统计了全国 30 个省份。

四 数据结果

利用第二部分的指标计算公式，并结合第四章第四节中的指标测算方法，最终得出各区域 2005—2014 年的高等教育科技创新能力的具体指数，见表 5 - 9。

表 5 - 9　　　　2005—2014 年区域高等教育科技创新能力指数表

年份 省份	2005	2006	2007	2008	2009	2010	2011	2012	2013	2014
北京	0.429	0.510	0.514	0.526	0.522	0.545	0.583	0.595	0.599	0.600
天津	0.191	0.218	0.216	0.220	0.199	0.236	0.254	0.244	0.229	0.223
河北	0.178	0.185	0.194	0.207	0.214	0.239	0.244	0.249	0.245	0.232

---

① http：//baike.baidu.com/link?url = - Hzv3P － ZAkt7qg1n3qLcxaADGTkggsDksL0wybNllCkmVWm0bWlq8a8LCL23JxcssH0qF8Xp3 － XzEYDRDtsubexw3OIdC8z0kx5i_ V2sWxfqJWd9jLgFeeNy － gsa9PK2rpYHfbhNLBCZkfl68oGGeZGRKu2MXJZRDo1O5osdR3q#11

② http：//data.stats.gov.cn/easyquery.htm?cn = E0103

续表

年份 省份	2005	2006	2007	2008	2009	2010	2011	2012	2013	2014
山西	0.117	0.119	0.124	0.135	0.144	0.152	0.150	0.148	0.159	0.163
内蒙古	0.167	0.119	0.124	0.136	0.130	0.128	0.125	0.125	0.126	0.161
辽宁	0.212	0.211	0.237	0.236	0.234	0.267	0.288	0.298	0.297	0.289
吉林	0.164	0.172	0.180	0.179	0.188	0.198	0.191	0.220	0.221	0.212
黑龙江	0.185	0.198	0.199	0.205	0.216	0.217	0.243	0.222	0.248	0.238
上海	0.326	0.344	0.351	0.349	0.356	0.359	0.380	0.367	0.394	0.385
江苏	0.294	0.338	0.345	0.388	0.412	0.471	0.475	0.516	0.552	0.516
浙江	0.226	0.247	0.261	0.278	0.282	0.298	0.341	0.338	0.337	0.330
安徽	0.210	0.198	0.187	0.189	0.199	0.207	0.202	0.230	0.237	0.241
福建	0.149	0.154	0.162	0.167	0.233	0.167	0.187	0.188	0.219	0.230
江西	0.160	0.176	0.197	0.204	0.231	0.185	0.244	0.236	0.252	0.224
山东	0.207	0.244	0.235	0.246	0.273	0.293	0.292	0.288	0.310	0.295
河南	0.188	0.216	0.234	0.285	0.272	0.265	0.289	0.304	0.299	0.350
湖北	0.232	0.268	0.286	0.294	0.284	0.304	0.310	0.338	0.339	0.345
湖南	0.196	0.208	0.219	0.250	0.271	0.255	0.270	0.270	0.269	0.277
广东	0.225	0.255	0.225	0.229	0.243	0.267	0.279	0.283	0.300	0.305
广西	0.099	0.107	0.118	0.122	0.128	0.129	0.139	0.146	0.144	0.160
海南	0.178	0.152	0.161	0.163	0.177	0.168	0.149	0.145	0.153	0.187
重庆	0.151	0.171	0.177	0.193	0.221	0.214	0.241	0.284	0.269	0.270
四川	0.194	0.203	0.225	0.225	0.240	0.256	0.267	0.309	0.272	0.283
贵州	0.123	0.130	0.132	0.119	0.123	0.128	0.121	0.153	0.132	0.134
云南	0.123	0.128	0.129	0.135	0.140	0.153	0.157	0.168	0.170	0.177
陕西	0.249	0.265	0.270	0.285	0.293	0.323	0.342	0.360	0.374	0.414
甘肃	0.179	0.166	0.192	0.182	0.192	0.184	0.185	0.183	0.182	0.187
青海	0.099	0.097	0.091	0.106	0.104	0.119	0.122	0.134	0.136	0.130
宁夏	0.062	0.038	0.075	0.091	0.087	0.098	0.106	0.094	0.113	0.110
新疆	0.102	0.128	0.128	0.143	0.125	0.137	0.131	0.123	0.126	0.138

第二节 创新能力静态分析

区域高等教育科技创新能力的静态分析，是以2014年的区域高等教育科技创新能力指数为基础，对其聚类分析，从一、二、三级指标对全国区域的高等教育科技创新的发展情况分析透视，深度剖析2014年各区域高校科技创新情况。

一 2014年区域高等教育科技创新能力分析

图5-1为2014年各区域高等教育科技创新能力的分布，可以看出，北京、江苏和陕西名列前3位，其高等教育科技创新能力分别为0.60、0.52和0.41。上海、河南、湖北、浙江、广东、山东、辽宁、四川、湖南、重庆、安徽、黑龙江分别位列全国的第4位至第15位，河北、福建、江西、天津、吉林、甘肃、海南、云南、山西、内蒙古、广西、新疆、贵州、青海和宁夏排位于第16位到第30位。

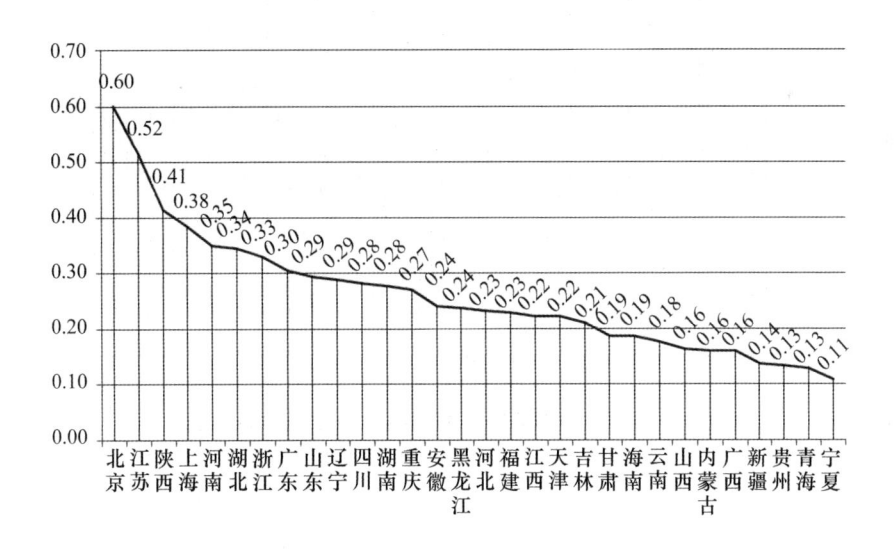

图5-1 2014年区域高等教育科技能力分布

观察可知，北京、江苏和陕西是全国高等教育科技创新水平发展最好的省区，在图中已成为三个教育大省。北京市的高等教育科技创新能力为

0.6，江苏省的高等教育发展水平略高于0.5。人们一般会认为，上海市、浙江省和广东省的高等教育科技创新能力指数一定高，而陕西、河南和湖北这类中西部地区的高等教育科技创新能力指数一定低，但事实恰恰相反（如图5-1所示），陕西的高教创新指数略高于上海，在0.4附近。河南和湖北的高教创新指数高于浙江和广东。这种分析结果证明目前中国的教育政策倾斜对我国区域高等教育发展具有重大的影响。而山西、内蒙古、广西、海南、贵州、云南、甘肃、青海、宁夏、新疆这类区域的高等教育科技创新指数偏低，整体低于0.2。

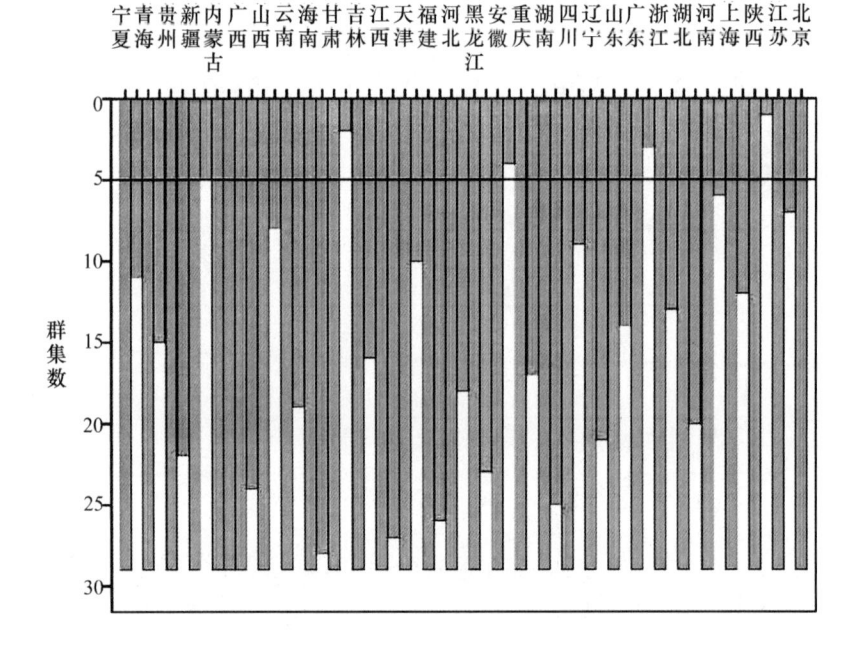

图5-2　2014年高等教育科技创新能力聚类冰状图

注：黑色线条为参考线，线条以上为各省区的分类情况。

为进一步分析2014年各地区高等教育科技创新能力的发展情况，本书对其进行聚类分析。聚类分析是统计学常用的分类统计分析方法，主要包括快速聚类分析和层次聚类分析，本节主要采用层次聚类分析。聚类分析是研究"物以类聚"问题的一种有效方法，实质是建立一种分类方法，它能够将一批样本数据按照它们在性质上的亲密程度在没有先验知识的情况下自动分类。这里所说的类就是一个具有相似性的个体的集合，不同类之间具有明显的区别[①]。具体的步骤：在"分群"中设置为"个案"，将各个省份设置为"标注个案"，变量为2014年区域高等教育科技创新能力指数，如图5-2所示，图中的纵坐标代表高等教育科技创新能力指数的群集数，即类别数，横坐标为各省区。本书将其设置为5类，其结果如表5-10所示。

由聚类结果可以看出，北京和江苏两地的高等教育科技创新指数远远高于我国其他地区，两地的高教创新指数分别为0.60和0.52，属于第一类区域，是全国区域高等教育科技创新能力最强的地区。陕西、上海、河南、湖北和浙江仅次于北京和江苏，是区域高等教育科技创新能力相对较强的地区，其中，陕西和河南两省区的高等教育发展出人意料。

从全国的经济发展水平，陕西省的人均GDP处于中等水平，河南省的人均GDP应属于中等偏下水平，它们的社会经济水平和高等教育科技创新能力发展水平极不一致，这种结果是否是我国政治经济政策、教育政策等改革的结果有待考察。广东、山东、辽宁、四川、湖南、重庆属于第三等级，这类区域的高等教育科技创新能力一般强。在这类区域中，四川省的人均GDP达到35128元/人，仅排位于全国的第23位，同它的高等教育科技创新能力不匹配。第四类区域有安徽、黑龙江、河北、福建、天津、江西、吉林地区。甘肃、海南、云南、山西、广西、内蒙古、新疆、贵州、青海、宁夏为第五等级，为全国30个省区中区

表5-10　基于2014年高等教育科技创新能力指数的聚类分析结果

类型		组成
小类	Ⅰ类	北京、江苏
	Ⅱ类	陕西、上海、河南、湖北、浙江
	Ⅲ类	广东、山东、辽宁、四川、湖南、重庆
	Ⅳ类	安徽、黑龙江、河北、福建、天津、江西、吉林
	Ⅴ类	甘肃、海南、云南、山西、广西、内蒙古、新疆、贵州、青海、宁夏

---

① 杨晓明：《SPSS在教育统计中的应用》，高等教育出版社2004年版，第247页。

域高等教育科技创新能力最弱的地区。

二 2014年各区域一级指标的分析

区域高等教育科技创新能力的一级指标为创新资源、创新过程、创新结构、创新成果与贡献。表5-11依据表5-10的聚类分析结果,呈现了各地区2014年的高等教育科技创新的一级指标的指数和排名情况,其中各类别中的省份用边框线区分。

首先,在一类区域中,江苏省的高等教育科技创新能力的发展比北京均衡,江苏的科技创新资源、创新过程、创新结构和创新成果与贡献指数的排名均在前两名,而北京高校的科技成果与贡献指数排位于第四,和其创新资源发展情况不吻合,高校资源的投入越多,越能产出更多科技成果。

其次,在第二类区域中,湖北省高校的科技创新资源、创新过程、创新结构和创新成果在全国的名次同高校科技创新能力的名次相差不大,浙江省高校的情况亦如此。而陕西、上海和河南三个区域在这些指标上存有明显劣势。虽然陕西省高校的科技创新成果与贡献指数是2014年全国最高的,但由于科技创新过程指数(0.0322)在该类区域中倒数第二,创新资源和创新结构的指数和北京、江苏两区域相比相差较大,拉低了高等教育科技创新能力在全国的排名。上海市高校科技发展最大的不足是科技成果与贡献仅有0.1096,处于30个省区中的中等水平,很大程度影响了该区域的高等教育科技创新发展。河南省高等教育科技创新能力指数为0.35,它的科技创新过程指标是其能力指数位于第5名的最大负向影响因素,该指标的指数为0.0170,是全国倒数第八。科技创新过程是指区域内的高校在充分利用或整合内外创新资源的基础上,借助外部的科技资源环境支持进行科研活动的过程。换言之,科技创新过程是创新活动从发生到结束时所运用整合科技资源的方式。若没有较为合理的创新过程,高校的科技创新资源就无法发挥基础作用,因此,河南省的高校要集中力量优化科技创新过程。

表5-11　2014年各地区高等教育科技创新能力一级指标的指数及排名情况表

省份	创新资源	排名	创新过程	排名	创新结构	排名	成果与贡献	排名
北京	0.2303	1	0.1176	1	0.1017	2	0.1507	4
江苏	0.1396	2	0.0859	2	0.1032	1	0.1871	2
陕西	0.0928	6	0.0322	10	0.0659	7	0.2226	1
上海	0.1109	3	0.0844	3	0.0798	3	0.1096	11
河南	0.0954	4	0.0170	22	0.0640	8	0.1737	3
湖北	0.0941	5	0.0380	5	0.0638	9	0.1488	5
浙江	0.0881	7	0.0333	7	0.0709	5	0.1373	6
广东	0.0833	10	0.0333	8	0.0675	6	0.1208	9
山东	0.0874	8	0.0332	9	0.0723	4	0.1018	13
辽宁	0.0724	12	0.0362	6	0.0603	10	0.1199	10
四川	0.0819	11	0.0431	4	0.0594	11	0.0983	16
湖南	0.0682	15	0.0222	15	0.0558	13	0.1308	7
重庆	0.0688	14	0.0246	14	0.0500	15	0.1271	8
安徽	0.0702	13	0.0212	16	0.0568	12	0.0922	18
黑龙江	0.0645	17	0.0308	11	0.0479	17	0.0948	17
河北	0.0587	20	0.0177	20	0.0506	14	0.1054	12
福建	0.0635	19	0.0186	18	0.0485	16	0.0996	15
江西	0.0643	18	0.0186	19	0.0398	20	0.1011	14
天津	0.0680	16	0.0282	12	0.0465	18	0.0803	22
吉林	0.0485	24	0.0263	13	0.0454	19	0.0920	19
甘肃	0.0515	22	0.0194	17	0.0297	23	0.0863	20
海南	0.0871	9	0.0073	28	0.0249	26	0.0672	25
云南	0.0475	25	0.0170	21	0.0291	24	0.0833	21
山西	0.0489	23	0.0102	25	0.0300	22	0.0741	24
内蒙古	0.0581	21	0.0086	27	0.0283	25	0.0657	27
广西	0.0435	28	0.0087	26	0.0302	21	0.0781	23
新疆	0.0448	27	0.0115	23	0.0187	28	0.0633	28
贵州	0.0412	29	0.0106	24	0.0192	27	0.0628	29
青海	0.0449	26	0.0052	30	0.0131	29	0.0667	26
宁夏	0.0365	30	0.0065	29	0.0098	30	0.0568	30

广东、山东、辽宁、四川、湖南、重庆属于第三类区域,该类区域的高等教育发展各有特点。广东省和山东省注重科技创新结构,辽宁省和四川省重视科技创新过程,湖南省和重庆市重点发展高校的科技创新成果与贡献。除了以上高校科技发展的优势,也存有劣势,如山东省的科技成果与贡献值为0.1018,该产出值和其创新能力指数的排名对比不符合第9名的标准。四川和山东两省的高校科技发展的阻碍因素一样,都是科技成果与贡献,四川省在该指标上的指数更低,为0.0983,与山东省相差0.01左右。这两个区域需要对高校的科技产出采取相关措施,提高科技成果的数量和提升科技成果的质量,同时各区域也要保持自身优势继续螺旋式发展。

第四类区域主要有安徽、黑龙江、河北、福建、天津、江西和吉林,它们的高等教育科技创新能力较低。从整体看,第四类区域的四个一级指标指数都处于全国的中等偏下水平,但不同地区所持有的发展点不一样,如安徽省的创新结构,黑龙江省、天津市和吉林省的创新过程,河北省、福建省、江西省的科技成果与贡献。这些发展点在各区域高等教育科技创新能力的综合发展中起推波助澜的作用,因此各地区的高校科技创新要结合当地的优势资源和发展点,适当改善劣势情况,循序渐进发展。

甘肃、海南、云南、山西、广西、内蒙古、新疆、贵州、青海和宁夏是全国高等教育科技创新能力最低的区域,不管是科技创新资源、科技创新过程、科技创新结构还是科技创新成果与贡献,大部分省区的指数都位于全国末端。而海南省是一个特例,在表5-11中的第五类区域中,最明显的是海南省的科技创新资源,位列全国第9,这有可能是由于海南省的研究与开发人员偏少,其人均科技资源就相对其他省区偏大。

三 2014年各区域二级指标的分析

二级指标是一级指标的第一次细化,由高等教育科技创新能力指标体系可知,"科技创新资源"中的二级指标有:人力资源、财力资源、平台与硬件资源;"科技创新过程"中的二级指标有:内部协同创新、外部协同创新;"科技创新结构"中有:区域高等教育内部协同创新能力、区域高等教育外部协同创新能力;"科技创新成果与贡献"中的二级指标有：科技创新成果、社会效益、经济效益。表5-12依据表5-10的聚类分析结果，呈现以上各区域二级指标的指数情况。

从北京和江苏这第一层次看，北京市在人力资源、财力资源、内部协同创新、与经济匹配程度这四个一级指标上的指数都高于江苏省的指数，仅有高等教育科技创新能力与科技发展水平之间的协调发展度、科技创新成果和社会经济效益弱于江苏省。在平台与硬件资源、经济效益方面，两地区的指数几乎接近，从指数的相差值看，两地区在人力资源指数方面相差0.001。北京的内部协同创新指数比江苏省高0.03左右，而北京的社会服务效益大概比江苏省低0.03。这两个区域在高等教育科技创新能力发展上各有所长，各有所缺，若要领先于其他省区，需要彼此看齐，在自身资源优势的基础上取长补短，在竞争意识下同时取得进一步的发展。

由于第二层次的区域数量较多，为方便观察各区域间的二级指标的变化制作了图5-3。从图5-3中可以看出，上海市的人力资源、财力资源、平台与硬件资源、内部协同、与经济匹配度、与科技匹配度在该类区域中存有明显优势，特别是在外部协同创新指标方面，比第二高的浙江省高0.04。河南省的这些指标大约处于末端位置，这不意味着这六个指标都没有自身的优势，如人力资源和平台与硬件资源，河南省要比其他二类省区投入多；陕西、河北和浙江三省的前六个二级指标处于中等发展水平，三省在相同的指标下数值相差不大。在科技创新成果、社会服务效益、经济效益指标方面出现明显的变化：（1）河南省的创新成果指数居于五区域的首位，而且有显著优势，陕西省和浙江省的创新成果指数相近，处于第二水平，上海市和湖北省的成果指数无大小差别，处于第三水平。（2）社会服务效益指标方面有明显的区域差异，陕西省遥遥领先，河南和湖北并列第二，第一名和第二名之间大约相差0.6，浙江省名列第三，上海市却屈居第五。（3）陕西、上海、河南、湖北和浙江在经济效益方面无明显差异。从这三点结论看，上海市在发展高等教育科技创新时，应加大对社会服务经费的投入。

表5-12　2014年各区域高等教育科技创新水平二级指标的指数情况

省份	人力资源	财力资源	平台硬件	内部协同创新	外部协同创新	与经济匹配程度	与科技匹配程度	科技创新成果	社会服务效益	经济效益
北京	0.108	0.046	0.076	0.050	0.068	0.061	0.040	0.076	0.022	0.052
江苏	0.038	0.027	0.075	0.021	0.065	0.056	0.048	0.081	0.054	0.053
陕西	0.033	0.033	0.027	0.005	0.027	0.039	0.027	0.050	0.117	0.056
上海	0.045	0.029	0.037	0.019	0.066	0.043	0.037	0.044	0.015	0.050
河南	0.039	0.015	0.042	0.002	0.015	0.039	0.025	0.073	0.049	0.051
湖北	0.033	0.024	0.037	0.012	0.026	0.039	0.025	0.043	0.051	0.055
浙江	0.029	0.024	0.035	0.007	0.026	0.038	0.033	0.049	0.034	0.054
广东	0.030	0.013	0.040	0.011	0.022	0.035	0.033	0.032	0.038	0.051
山东	0.027	0.009	0.051	0.001	0.033	0.038	0.034	0.037	0.014	0.051
辽宁	0.028	0.018	0.027	0.006	0.031	0.034	0.026	0.027	0.039	0.054
四川	0.031	0.018	0.033	0.006	0.037	0.033	0.026	0.036	0.008	0.054
湖南	0.027	0.013	0.028	0.001	0.021	0.032	0.023	0.030	0.048	0.053
重庆	0.027	0.018	0.023	0.002	0.022	0.029	0.021	0.035	0.039	0.053
安徽	0.026	0.017	0.027	0.006	0.016	0.032	0.025	0.038	0.003	0.051
黑龙江	0.025	0.018	0.021	0.003	0.028	0.031	0.017	0.033	0.009	0.053
河北	0.027	0.009	0.023	0.000	0.018	0.029	0.021	0.037	0.017	0.051
福建	0.027	0.015	0.021	0.005	0.014	0.027	0.022	0.034	0.015	0.051
江西	0.028	0.012	0.025	0.004	0.015	0.024	0.015	0.020	0.031	0.050
天津	0.027	0.023	0.018	0.007	0.021	0.023	0.023	0.026	0.001	0.053
吉林	0.024	0.013	0.012	0.010	0.016	0.027	0.019	0.030	0.010	0.051
甘肃	0.028	0.010	0.013	0.004	0.015	0.018	0.012	0.025	0.007	0.054
海南	0.058	0.013	0.016	0.001	0.007	0.020	0.004	0.016	0.000	0.052
云南	0.026	0.009	0.012	0.002	0.015	0.018	0.011	0.022	0.009	0.052
山西	0.026	0.010	0.013	0.001	0.009	0.016	0.014	0.016	0.005	0.052
内蒙古	0.044	0.005	0.010	0.001	0.007	0.014	0.014	0.012	0.001	0.053
广西	0.023	0.008	0.013	0.000	0.009	0.017	0.014	0.012	0.013	0.053
新疆	0.026	0.006	0.013	0.004	0.008	0.011	0.007	0.013	0.001	0.049
贵州	0.025	0.005	0.011	0.000	0.011	0.011	0.009	0.014	0.000	0.049
青海	0.025	0.012	0.007	0.000	0.005	0.011	0.002	0.012	0.002	0.053
宁夏	0.023	0.006	0.008	0.001	0.006	0.006	0.004	0.010	0.000	0.047

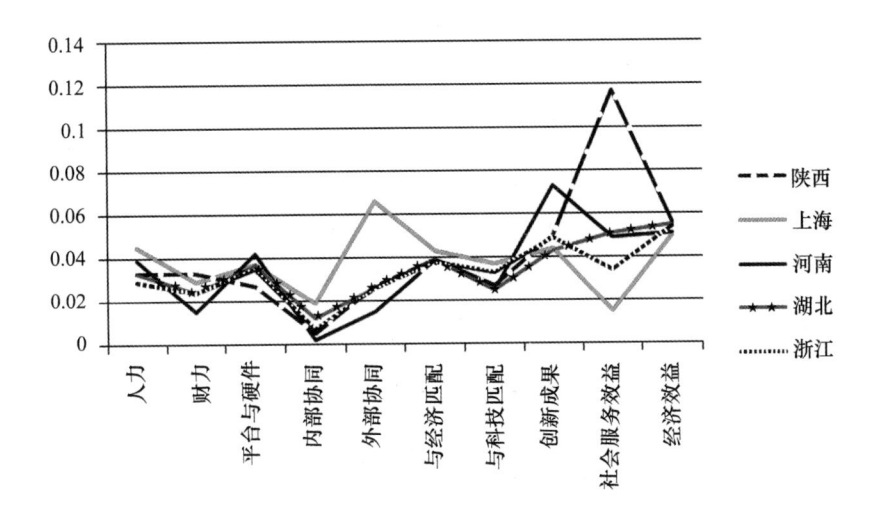

图 5-3 第二层次区域的二级指标变化

在第三类区域：广东、山东、辽宁、四川、湖南和重庆中，平台与硬件资源、社会服务效益这两个指标的区域差异较为突出，经济效益之间的区域差异不显著。平台与硬件资源方面，各区域的层次明显，从高到低依次为山东省、广东省、四川省、湖南省、辽宁省和重庆市，其中湖南省和辽宁省的指数相近，差异不明显。山东省的平台与硬件资源指数（见图5-4）为0.051，广东省该指标的指数为0.04，两者相差0.01，从两省的人均GDP看，山东省的人均GDP比广东省的少2600元左右，而山东省的创新平台和硬件资源明显比广东省多，这说明广东省对创新平台和硬件资源的投入力度不大。社会服务效益指标方面，山东和四川变化最大，从前几个二级指标的位次看，这两个省份的指数都居于较前位置，但在该指标上却位列倒数一、二名。尽管湖南省的经济发展水平一般，财力资源也不多，但其深刻了解到社会服务的重要性，这值得山东省和四川省学习。因此山东省和四川省的政府、高校和社会应高度重视社会服务对高等教育科技创新所起作用，并提高对社会服务的投入。湖南省和重庆市的整体发展不乐观，除了平台与硬件资源，内部协同创新、外部协同创新、高等教育科技创新水平与区域经济发展水平的匹配度、与区域科技发展水平的匹配度的指数均偏低。

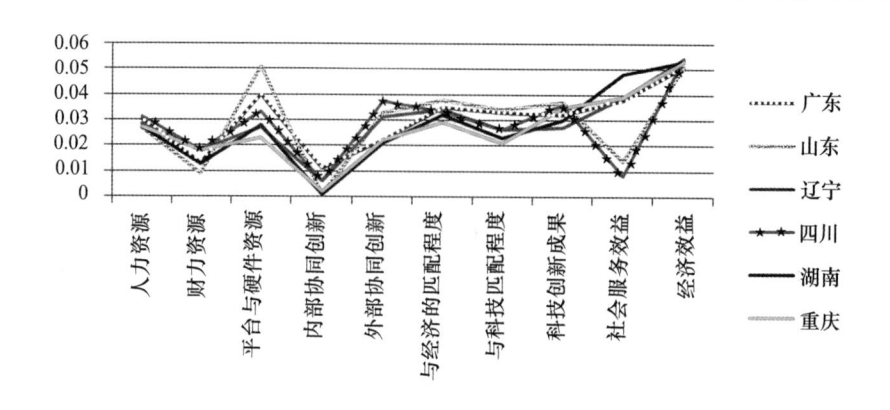

图 5-4　第三层次区域的二级指标变化

第四类区域中（见图 5-5），大部分二级指标的指数较为集中。人力资源指数均集中于 0.025 上下，内部协同创新指数均在 0.005 上下波动，内部协同创新指数接近 0。七个区域的外部协同创新指数均在 0.015 附近，黑龙江和江西两地的曲线突出，前者该指标的指数为 0.028，后者该指标的指数为 0.021，两地指数虽与其他地区的近似值差距不大。高等教育科技创新与区域经济匹配程度在 0.025 和 0.03 之间起伏，而与区域科技创新水平的匹配程度整体低于与区域经济的匹配度。安徽高等教育与科技的匹配程度在该层次最好，河北、福建和天津两省一市与科技的匹配指数位居第二，其余省份的该指标指数按降序排列，依次为吉林、黑龙江和江西。江西省的科技创新成果指数和经济效益值也最低，但其社会服务效益和其他省区比较，具有较大的发展优势，其指数为 0.031，河北和福建省的社会服务指数在 0.015 附近，黑龙江和吉林的服务指数约为 0.01，安徽和天津的指数在 0 到 0.005 之间。总体看，黑龙江和天津在外部协同创新方面、安徽在高等教育与科技发展水平匹配程度方面、江西在经济效益方面较其他区域优势明显，但各区域的内部协同创新、高等教育科技创新与区域科技发展水平之间的协调程度、社会服务效益指数整体偏低，这一层次的所有区域应对这些方面存在的问题引起重视。

甘肃、海南、云南、山西、广西、内蒙古、新疆、贵州、青海和宁夏属于第五层次，该层次的二级指标指数分布情况见图 5-6。观察图 5-6 可以发现，十个省区在财力资源、平台与硬件资源、内部协同创

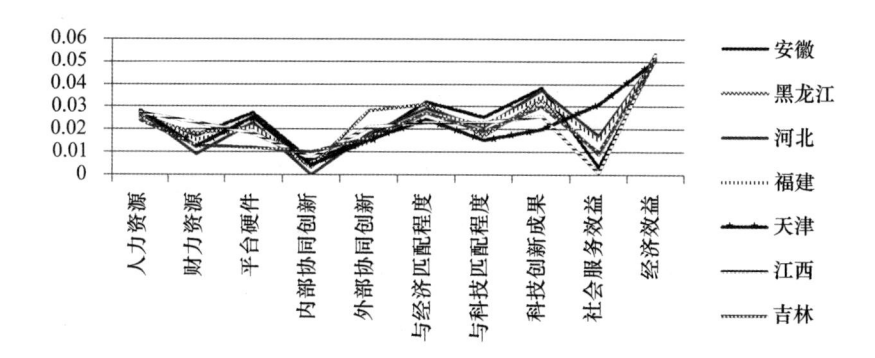

图 5-5　第四类层次区域的二级指标变化

新、外部协同创新、高等教育与经济的匹配程度、与科技的匹配程度、社会服务效益指标方面，它们的指数均低于 0.02，在经济效益指标方面，所有区域集中均在 0.04 和 0.06 之间。人力资源指标上，除了海南省和内蒙古，其余 8 个区域的指数均处于 0.02 和 0.03 之间，海南省的人力资源指数最大，约为 0.06，名列第二位的内蒙古为 0.043。广西和云南的科技创新成果指数超过 0.02，其他区域的科技创新成果维持在 0.01 上下。通过第五类区域的各指标指数分析，可以发现该类区域高等教育的科技发展资源投入严重不足，高校的科技产出相对偏少，内外部协同创新的发展状况堪忧，尤其内部协同创新，高等教育与区域科技的匹配程度远不如高教与经济的匹配程度，在社会服务方面效益并不高。

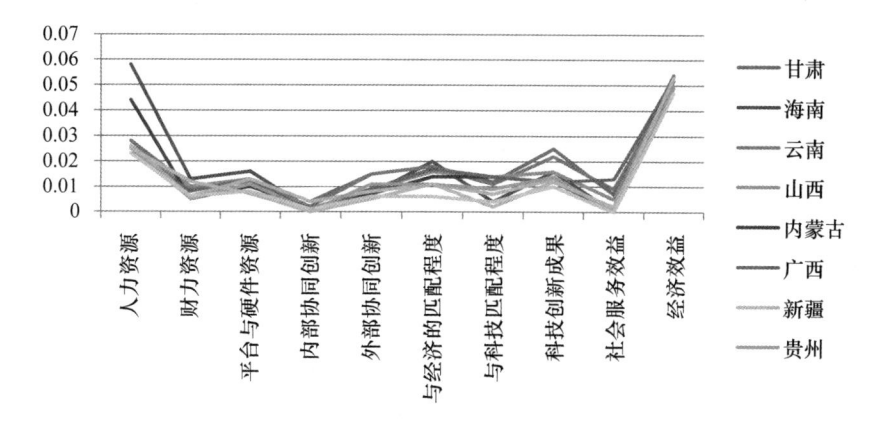

图 5-6　第五类区域的二级指标变化

四　2014 年各区域三级指标的分析

由于各区域的三级指标数量多，无法在同一张表中显示指数情况，所以以一级指标为分类维度，分别制作科技创新资源的三级指标指数情况表（见表 5-13）、区域高等教育科技创新过程的三级指标指数情况表（见表 5-14）、科技创新结构的三级指标指数情况表（见表 5-15、表 5-16）、科技创新成果与贡献的三级指标指数情况表（见表 5-17）。其中需要说明，由于科技创新结构考察的是区域高等教育科技创新能力与区域经济发展水平的匹配程度、与区域科技发展水平的匹配程度，需要重新构建以衡量区域经济、科技发展水平的指标体系，所以在表 5-15 中呈现区域经济发展水平的三级指标，表 5-16 呈现区域科技发展水平的三级指标。

（一）科技创新资源各三级指标的分析

全时人员指在统计年度中，从事研究与发展（包括科研管理）或从事研究与发展成果应用、科技服务（包括科研管理）工作时间占本人全部工作时间 90% 及以上的人员。R&D 全时人员即一年中工作时间在 9 个月以上的从事研究与开发的人员（除去寒暑假），这反映了从事高校科技活动人员投入量。R&D 全时人员数量（见表 5-13）能超过 10000 的区域有北京、江苏、上海、广东、山东、辽宁、四川和黑龙江，按数量的降序排列分别为北京、上海、江苏、山东、广东、辽宁、黑龙江和四川，其中北京和江苏为第一层次区域，上海为第二层次，黑龙江为第四层次，其余省区为第三层次，由此可以推测，2014 年属于第三层次的各区域对科技人员的投入量比第二层次的多。在二、三层次中各有一个区域的 R&D 全时人员数量和同层的其他区域数量相差较大，它们分别为河南和重庆，R&D 人员是高校进行科技创新的基础，这一省一市要加大对 R&D 人员的投入力度。

高层次科技人才不管在不同层次，还是在同一层次上各区域之间的实力悬殊。不同层次之间，如第一层次和第二层次，前一层次包括北京市和江苏省，北京市的高层次科技人才有 846 人，江苏省的高层次科技人才有 138 人，这两个区域的人才数量值均为三位数，后一层次主要有陕西、上海、河南、湖北、浙江，只有上海市的高层次人才有 236 人，其次是湖北（87 人）和陕西（78 人）的数量第二多，浙江的数量达到 50 人，而河南仅有 16 人，北京市的高层次人才大约是 4 个上海市的数量，区域间的高层次人才数量相差巨大。同一层次中,如第五层次,甘肃省拥有19名高层人才,其余地区的数量则屈指可数,由此反映了同层区域间的人才也相差巨大。从区域划分角度看,高层次人才集中在北京、江苏和上海,中部地区的高层次人才数量要多于大部分西部地区。因此全国各地区可以从政策和制度方面吸引高层次科技人才,这些人才也应该多考虑自己的理想抱负而非物质上的利益,踊跃去西部地区施展自己的才华。

高校中的专任教师学历指数是将所有的学历折算成博士学历进行统计,一般认为学历越高代表学术水平与学术素质越高,所以可将该指标理解为专任教师的学历指数越大,该区域的学术综合能力越高。表5-13中的专任教师学历指数最大的是江苏省,其次从大到小排列:山东(2)、广东(3)、河南(4)、北京(5)、湖北(6)、四川(7)、陕西(8)、辽宁(9)、河北(10)、浙江(11)、湖南(12)、安徽(13)、上海(14)、江西(15)、黑龙江(16)、福建(17)、吉林(18)、重庆(19)、山西(20)、广西(21)、天津(22)、云南(23)、海南(24)、贵州(25)、甘肃(26)、内蒙古(27)、新疆(28)、宁夏(29)、青海(30)。上海市高校中为博士学历的指数和我们理想中的名次有差距,从第一、三、四层次中各选一个高等教育发展较好的区域作为比较对象,第一层次选取江苏省,第三层次以山东省为代表,第四层次以安徽为代表,第五层次选取甘肃。2014年上海市博士学历的教师有19084人,硕士学历的有12961人,本科学历的有8733人,专科学历的只有565人;同年江苏省博士学历的教师有28668人,硕士学历的有35442人,本科学历的有40542人,专科学历的有663人;山东省的博士学历教师有17050人,硕士学历的有35847人,本科学历的有48531人,专科学历的有1496人;安徽省的博士学历人数为7730,硕士学历人数为24392,本科学历人数为24618,专科学历人数为533;甘肃省拥有博士学历教师3571人,硕士学历有10146人,本科学历有11722人,专科学历有287人。从这组数据中可以得到以下信息:(1)上海市高校的专任教师学历结构优于江苏、山东、安徽和甘肃,上海市的高校教师以博士和硕士学历为主,而其他层次的代表区域以硕士和本科学历为主,其中本科学历的教师数比硕士学历的多。(2)专科学历的教师逐渐退出高等教育的舞台。各层次区域代表的专科学历的教师数量比博士、硕士、本科学历的数量少很多。(3)上海市的博士学历和硕士学历的教师数量有待提高。虽然高校教师的学历结构占优势,但数量与江苏相比,仍存在一定的差距。

表 5-13　　2014 年科技创新资源的三级指标指数情况

省份	R&D全时人员	高层次科技人才	专任教师学历指数	科经人均支出(千元/人)	人均投入经费增长率(%)	经费投入占GDP	国家工程技术研究中心	固定资产购置费(千万元)	人均拥有教学科研设备资产值(万元/人)	人均拥有图书量(万册/人)
北京	23087	846	56411.3	469.25	-0.052	0.0095	59	213.2489	119.34	0.29
江苏	15318	138	69893.1	532.34	0.029	0.0022	25	382.1614	119.06	0.66
陕西	7377	78	42948.7	528.59	0.103	0.0040	5	65.3975	124.61	0.82
上海	15849	236	31819.4	399.48	-0.108	0.0048	15	177.6644	82.36	0.27
河南	3558	16	57083	318.32	0.074	0.0006	10	50.1196	240.53	2.42
湖北	9999	87	53651.7	408.85	0.016	0.0026	14	89.7953	108.58	0.77
浙江	7801	50	38952.7	485.53	0.074	0.0016	12	95.88	141.90	0.76
广东	13767	71	61902.9	253.42	-0.082	0.0009	14	118.0311	93.09	0.62
山东	14666	44	62004.1	182.67	-0.127	0.0008	31	96.4038	79.99	0.67
辽宁	12226	58	41839.5	285.76	0.017	0.0021	10	84.4681	65.49	0.44
四川	10203	69	49865.9	312.91	-0.014	0.0020	14	62.2205	100.05	0.68
湖南	8539	37	38781.6	234.18	-0.024	0.0013	11	62.4821	82.37	0.71
重庆	3702	14	24738.3	344.02	0.037	0.0015	10	44.0038	118.02	0.98
安徽	8358	36	34811.5	275.23	-0.018	0.0019	8	100.2384	81.82	0.60
黑龙江	10786	41	30435.2	216.80	0.041	0.0031	6	66.6164	68.87	0.41
河北	6043	10	40444.2	179.26	-0.063	0.0006	4	40.1798	110.12	0.96
福建	4539	23	27603.6	279.41	0.130	0.0010	5	43.4421	123.66	0.91
天津	6684	49	21861.7	368.55	0.075	0.0027	8	42.5943	84.44	0.45
江西	3739	4	30892.8	232.64	-0.147	0.0009	6	49.1512	128.88	1.35
吉林	9877	28	25605.8	154.36	0.002	0.0020	2	26.5019	53.50	0.36
甘肃	2222	17	15448.1	173.47	-0.007	0.0011	4	6.1884	120.10	0.92
海南	485	1	15895.1	249.38	0.173	0.0006	2	2.5452	220.98	1.81
云南	3308	9	20875.2	133.63	0.196	0.0007	2	8.3961	91.54	0.95

续表

省份	R&D全时人员	高层次科技人才	专任教师学历指数	科经人均支出（千元/人）	人均投入经费增长率（%）	经费投入占GDP	国家工程技术研究中心	固定资产购置费（千万元）	人均拥有教学科研设备资产值（万元/人）	人均拥有图书量（万册/人）
山西	3782	7	23942.2	183.24	-0.071	0.0009	0	19.0762	99.05	0.89
广西	6126	4	23078.3	91.30	0.318	0.0007	3	23.1908	67.74	0.55
内蒙古	3315	1	14227.8	85.80	-0.044	0.0003	2	5.3091	93.65	0.61
新疆	1882	3	12159.9	102.10	0.046	0.0004	5	4.2905	115.29	0.99
贵州	2757	1	15847.9	90.99	-0.084	0.0005	3	4.4938	90.10	0.88
青海	346	3	2127.5	271.39	-0.125	0.0007	1	3.8792	111.28	0.90
宁夏	979	1	4450.9	127.12	-0.255	0.0004	3	6.301	91.71	0.56

科技经费是科技创新的物质基础和条件保障，科技经费的投入强度、使用情况直接影响科技创新的发展。科技经费的投入强度即为科技投入经费占地区生产总值的比重。在第一层次中，江苏省的经费投入强度只有2.2‰，比北京少7.3个千分点，尽管如此，北京市的人均科技经费支出金额比江苏省少63千元左右。第二层次中，以陕西省的科技投入经费占GDP的比重为标尺，河南、湖北和浙江的比重小，尤其河南省的投入力度仅有0.6‰，在该类区域中的力度最弱，但湖北和浙江人均支出科技经费比投入力度第一强的上海市多。第三层次中，包括了山东、广东、辽宁、四川、湖南和重庆，其中广东和山东的科研人员数量最多，重庆科研人员数量最少，因此重庆有最高的人均科研经费。广东在科研固定资产购置费用上投入的绝对规模最大，而四川拥有最高的人均教学科研设备资产。第四层次中，河北、江西和福建的投入经费与GDP的比重很小，因为河北的科技经费的投入力度不大，人均经费的支出也少，而吉林与河北相反，投入力度强，人均支出却少。甘肃省是第五层次中力度较强的区域，其经费使用的情况不容乐观，海南省和青海省的经费使用效果理想，能达到第四层次的水平。

国家工程技术研究中心是国家科技发展计划的重要组成部分，中心主要依托于行业、领域科技实力雄厚的重点科研机构、科技型企业或高校，拥有国内一流的工程技术研究开发、设计和试验的专业人才队伍，具有较完备的工程技术综合配套试验条件，能够提供多种综合性服务，与相关企业紧密联系，同时具有自我良性循环发展机制的科研开发实体①。该指标体现了区域科技资源的综合利用情况，从各区域的拥有数量看，北京集聚的研究中心最多（59个），其次是山东，有31个，江苏有25个。第二层次和第三层次中研究中心的数量均超过10，除了陕西省只有5个，第四、五两层的中心个数均少于10。国家工程技术研究中心的数量分布特点和高层次科技人才指标类似，中部地区的情况要好于西部地区。

北京研究人员多，经济水平高，但高校的固定资产购置费比江苏低，有213千万元。湖北和浙江两省的购置费和北京又相差一个等级，这两省的购置经费约为90千万元，陕西和河南的购置费接近，约为60千万元。纵观五个层次的固定资产购置费，可以发现各层次中的经费数量存在差异，第一层次中，江苏省的经费最多，第二层次中上海市的经费最多，第三层次中，广东和山东的费用投入比其他区域多，第四层次中，安徽省的经费有100千万元左右，和第三层次的广东相差不大，第五层次中，山西和广西高校相对重视固定资产的购置，能投入20千万元左右。在教学、科研仪器设备上，各层次没有明显的区域性规律。金额值达到三位数的区域主要有：北京、江苏、陕西、河南、湖北、浙江、四川、重庆、河北、福建、江西、甘肃、海南、新疆和青海。其中，海南的人均教学科研仪器设备资产值超过200万元，其余的区域在100万元左右。在人均拥有图书量上，河南、江西和海南的数量在30个省区中最多，河南人均拥有2.42万册，江西人均拥有1.35万册，海南省每位研究与开发人员有1.81万册图书。北京和上海的图书量很少，前者人均图书只有0.29万册，后者人均图书只有0.24万册，这和各自的高等教育科技创新能力不协调，它们属于高等教育发达地区，图书量的偏少，其科技信息的来源就会减少，两区域科技人员对科技知识的了

---

① http：//baike.baidu.com/link?url=8aRD0Xfl6FdNnWMn8JK7Hp1DECt4oYsE7makjj0sxOJ－83uJk9YOoeaUL5ymK3C4TwE_ T32QLb8q3TtTgxzyTH2f8FkatWVzvEl5cR3QnTsPqgTsITxt0Uyaa9URdaACe8Qt75UQ2LDjRJRg3S3Vvb_ LX81cSucYtp8_ lk4ICoGTQjJQ－VQO55Y0PDWRmnwV8DAlHnTf7qPBrBrKVH8pua

解也不深刻。

通过对2014年科技资源的三级指标指数的分析，可以总结为：

（1）第三层次对科技人员的投入量比第二层次大，河南和重庆的人员投入和各自的高等教育科技创新能力不匹配。

（2）高层次科技人才和国家工程技术研究中心指标在各区域间的数量差距明显。这两个指标主要集聚在北京、江苏和上海，中部地区的情况好于西部地区。

（3）上海市高校专任教师的学历结构全国最优。其余29个省区应首先优化学历结构，再提升教师数量。

（4）江苏、湖北、浙江、广东、山东的科技经费投入的绝对金额均较大。

（5）北京、江苏、上海、广东和安徽重视高校的固定资产投资，大部分西部地区的投资力度需要加大。

（6）人均拥有教学科研仪器设备资产值这一指标无规律可循。江苏、北京、陕西、河南、湖北、浙江、四川、重庆、河北、福建、江西、甘肃、海南、新疆和青海的金额数量大。

（7）经济条件越好，该区域的人均拥有图书量越少。

合著论文在本书中特指高校间通过科研项目的合作形成的科技成果，一定程度上反映了高校的内部协同创新。2014年各区域的合著论文数差异很大（见表5-14），北京的数量最引人注意，共有80篇，江苏有34篇，上海30篇，湖北20篇，广东18篇，吉林16篇，这些省市在全国各省区属于佼佼者，其中，北京比位列第二的江苏多46篇，相差值比上海市的数量还多，说明在合著论文数方面，北京市与其他区域差距偏大。作为第二层次中的成员，陕西、河南和浙江的数量不足，第三层次的山东、辽宁、湖南和重庆的合著论文数屈指可数，第四层次的河北的合著论文数为0，和第五层次的区域情况相似。以上这些区域应对合作论文高度重视，主动和当地其他高校或附近省区进行科研项目合作，共同提升自身的科研水平并带来较多的科技成果。

（二）高校科技创新过程的三级指标分析

国家大学科技园是以具有较强科研实力的大学为依托，将大学的综合智力资源优势与其他社会优势资源相结合，为高等学校科技成果转化、高新技术企业孵化、创新创业人才培养、产学研结合提供支撑的平台和服务的机构。① 从该定义中可以看出，国家大学科技园是高校资源与社会资源结合的综合体，是一种高等教育科技创新外部协同的表现。表 5 – 14 中，只有北京、江苏和上海的国家大学科技园区数量较充足，剩余 27 个区域的数量均少于 10。而陕西、河南、湖北和浙江作为第二层次，是高等教育科技创新水平相对较强的区域，它们的科技园区数量仅有 5 个左右，第三层次中各区域在合著论文上的发展也有待提高。

企业对科技的投资金额占所有科技拨入经费比例约为 50% 的区域只有陕西、辽宁、四川和黑龙江。江苏、上海、重庆、河北和天津维持在 40% 左右，北京、浙江、湖北、山东维持 30% 左右，河南、广东、江西、吉林、甘肃、云南、山西、广西、内蒙古和贵州维持 20% 左右，其余维持 10% 左右。北京、浙江、湖北、山东、河南和广东这些省区的高校需要提升自身科技的发展优势，加大基础研究和应用研究，重视科研项目的实用性以吸引企业对高校的投资。

在国际合作研究总人次方面，北京、江苏和上海仍是该指标的"三巨头"，高等教育科技创新能力较好的陕西、河南和浙江派遣和接受交流的人次和该类区域存在差距。广东省尚未充分发挥其地理优势，当地高校的国际交流人次只有 3569 人，辽宁省的人次只有 1959 人，而山东有 5085 人次，三省均是港口较多的区域，人次差距较大。

通过对 2014 年区域高等教育科技创新过程的三级指标指数的分析，可以总结为：

（1）北京市高校间的合作次数多，论文产出量也多，中西部地区对高校合作的意识较为淡薄。

（2）北京、江苏和上海重视国家大学科技园的建设，除这两市一省外，其余省区应以当地重点大学为依托，集结社会中的人力、财力资源，大力建设本省园区，建成之后应合理管理，使园区稳定可持续发展。

（3）陕西、辽宁、四川和黑龙江高校的一半科技资金来自企业，而北京、浙江、湖北、山东、河南、广东的企业对高校的投资偏少。

（4）北京、江苏和上海的国际交流情况良好，但广东和辽宁尚未充分意识到国际交流的作用。

---

① 戴勋：《国家大学科技园发展模式研究》，硕士学位论文，武汉理工大学，2013 年。

表 5-14　2014年区域高等教育科技创新过程的三级指标指数情况

省份	合著论文数	国家大学科技园	投入经费来自企业的比例	国际合作总人次
北京	80	15	0.31	9124
江苏	34	15	0.40	7199
陕西	8	4	0.46	2690
上海	30	13	0.35	9972
河南	4	2	0.24	1652
湖北	20	3	0.34	4122
浙江	11	6	0.29	1907
广东	18	3	0.25	3569
山东	1	5	0.32	5085
辽宁	9	6	0.47	1959
四川	10	5	0.48	5266
湖南	2	2	0.27	3943
重庆	4	3	0.39	2304
安徽	9	1	0.16	3835
黑龙江	5	3	0.48	3675
河北	0	2	0.43	1198
福建	8	2	0.17	1990
天津	11	3	0.42	1660
江西	6	2	0.21	2073
吉林	16	3	0.17	1986
甘肃	7	3	0.23	1002
海南	1	2	0.07	81
云南	4	2	0.25	1572
山西	2	1	0.22	602
广西	0	1	0.17	980
内蒙古	2	1	0.19	239
新疆	6	2	0.08	441
贵州	0	2	0.17	724
青海	0	1	0.10	219
宁夏	1	1	0.09	606

(三）区域经济发展水平三级指标的分析

人均 GDP 和就业人员工资总额体现了区域的经济规模，经济规模表示创造财富的总水平。从这两个指标看，北京、江苏、上海、浙江、广东、山东的经济规模较大。天津市的人均 GDP 很高，每人约有 11 万元，但其就业人员的工资总额很少（2.15 千亿元），该区域的经济规模不理想。第二层次的陕西、河南、湖北，第三层次的辽宁、四川、湖南和重庆的人均 GDP 和就业人员的工资总额不高，第四层次和第五层次的区域经济规模相差不大。

人均可支配收入、GDP 总值、单位 GDP 能耗是衡量区域经济质量的重要指标，反映了一定时期内一个地区国民经济发展的优劣程度，即经济内部以及经济与社会环境之间的协调状态①。其中，单位 GDP 能耗属于成本型指标，它的数值越小，对经济质量的发展越好。北京、上海、江苏、广东和山东的人均可支配收入较多，在 3 万元以上，北京、上海和浙江的居民可用于自由支配的收入已超过 4 万元，其他省域的人均支配收入在 2 万元上下。在地区生产总值上，江苏、浙江、广东和山东发展较好。在单位 GDP 能耗上，北京、江苏、上海、浙江和广东数值较小。

第一产业与第二产业之比、第三产业占 GDP 的比重体现了区域经济结构。在现代化社会中，第一产业的比重越小而第三产业的比重越大越能代表一个区域的现代化水平高，所以第一产业与第二产业之比属于成本型指标。北京、上海、浙江、广东和天津的现代化特征明显，第一产业与第二产业的比重很低，但第三产业的比重很高。少数中西部地区的现代化发展状况良好，如山西、内蒙古、青海和宁夏。

通过对 2014 年区域经济发展水平的三级指标分析，可以总结为：

（1）北京、江苏、上海、浙江、广东和山东的区域经济发展均衡，区域经济的效益型指标指数大，成本型指标的指数小，整体的经济水平高。中西部区域的经济规模、经济质量和经济结构有待优化。

（2）少数中西部地区的经济结构理想，如山西、内蒙古、青海和宁夏，主要以发展第三产业为主。

---

① 伍凤兰：《经济发展质量的综合评价研究——以深圳市为例》，《证券市场导报》2014 年第 2 期。

表 5 - 15　　　　2014 年区域经济发展水平的三级指标指数情况

省份	人均 GDP（万元/人）	就业人员工资总额（千亿元）	人均可支配收入（万元）	GDP 总值（万亿元）	单位 GDP 能耗	第一产业与第二产业之比	第三产业占 GDP 的比重
北京	10.00	7.69	4.39	2.13	0.32	0.03	0.78
江苏	8.19	9.55	3.54	6.51	0.46	0.12	0.47
陕西	4.69	2.66	2.49	1.77	0.63	0.16	0.37
上海	9.74	6.55	4.77	2.36	0.47	0.02	0.65
河南	3.71	4.59	2.44	3.49	0.66	0.23	0.37
湖北	4.71	3.47	2.51	2.74	0.60	0.25	0.41
浙江	7.30	6.67	4.12	4.02	0.47	0.09	0.48
广东	6.35	11.76	3.60	6.78	0.44	0.10	0.49
山东	6.09	6.55	3.07	5.94	0.61	0.17	0.43
辽宁	6.52	3.28	2.79	2.86	0.76	0.16	0.42
四川	3.51	4.24	2.44	2.85	0.70	0.25	0.39
湖南	4.03	2.80	2.55	2.70	0.57	0.25	0.42
重庆	4.79	2.26	2.75	1.43	0.60	0.16	0.47
安徽	3.44	2.63	2.52	2.08	0.58	0.22	0.35
黑龙江	3.92	2.03	2.13	1.50	0.79	0.47	0.46
河北	4.00	2.97	2.45	2.94	1.00	0.23	0.37
福建	6.35	3.46	3.36	2.41	0.05	0.16	0.40
天津	10.52	2.15	3.51	1.57	0.52	0.03	0.50
江西	3.47	2.12	2.40	1.57	0.51	0.20	0.37
吉林	5.02	1.59	2.42	1.38	0.62	0.21	0.36
甘肃	2.64	1.25	2.08	0.68	1.10	0.31	0.44
海南	3.89	0.50	2.51	0.35	0.52	0.92	0.52
云南	2.73	1.91	2.51	1.28	0.82	0.38	0.43

续表

省份	人均GDP（万元/人）	就业人员工资总额（千亿元）	人均可支配收入（万元）	GDP总值（万亿元）	单位GDP能耗	第一产业与第二产业之比	第三产业占GDP的比重
山西	3.51	2.22	2.43	1.28	1.56	0.13	0.44
广西	3.31	1.80	2.53	1.57	0.61	0.33	0.38
内蒙古	7.10	1.67	2.78	1.78	1.03	0.18	0.40
新疆	4.06	1.87	2.19	0.93	1.47	0.39	0.41
贵州	2.64	1.59	2.27	0.93	1.05	0.33	0.45
青海	3.97	0.36	2.14	0.23	1.73	0.17	0.37
宁夏	4.18	0.42	2.37	0.28	1.80	0.16	0.43

（四）区域科技发展水平三级指标的分析

R&D 人员全时当量、R&D 经费支出和科技资产属于区域科技资源，而非高校科技资源。R&D 人员全时当量同 R&D 全时人员不同，前者指 R&D 全时人员（全年从事 R&D 活动累计工作时间占全部工作时间的 90% 及以上人员）工作量与非全时人员按实际工作时间折算的工作量之和[1]，当量反映了工作量的大小，而后者强调人员。江苏、广东、浙江、山东和北京从事研究与开发工作的人员的工作量远大于其他地区。西部地区除陕西和四川外，它们的 R&D 人员全时当量很小。R&D 经费支出方面，北京、江苏、广东、山东、浙江和上海的支出多，西部地区（除陕西、四川和重庆）支出少。科技资产上，江苏和山东的金额超过60十亿元，上海和浙江的科技资产值小于10十亿元。

国外收录论文数、授权专利数、高技术产品出口贸易总额、国外技术引进合同数体现一个区域的科技成果状况。北京和江苏比较，北京的专利授权数和高新技术产品的出口贸易额少，江苏弱在国外收录的论文数。上海和浙江是第二层次中发展较好的区域，前者的授权专利数为 5.05 万件，比浙江的授权数少 13.8 万件，但浙江的高新技术产品出口额和国外技术

---

[1] 关晓静：《中国科技统计年鉴》，中国统计出版社 2016 年版，第 253 页。

引进的合同数不及上海市。广东和山东不论是论文、专利、国外技术引进合同,还是高新技术产品的出口情况,都是第三层次的引领地区。甘肃、云南、贵州、青海、宁夏、新疆、内蒙古等西部地区的科技成果指数不高。

表 5-16　2014 年区域科技发展水平的三级指标指数情况

省份	R&D 人员全时当量（万人/年）	R&D 经费支出（百亿元）	科技资产（十亿元）	国外收录论文数（万篇）	授权专利数（万件）	高技术产品出口贸易总额（百亿美元）	国外技术引进合同数（百项）
北京	24.54	12.69	11.58	8.19	7.47	1.88	8.59
江苏	49.88	16.53	60.66	4.38	20.00	12.94	8.68
陕西	9.71	3.67	33.83	2.47	2.28	0.80	0.26
上海	16.82	8.62	5.47	3.71	5.05	8.91	21.22
河南	16.14	4.00	13.26	0.97	3.34	2.22	0.50
湖北	14.07	5.11	9.43	2.35	2.83	0.63	1.57
浙江	33.84	9.08	9.15	2.24	18.85	1.55	7.25
广东	50.69	16.05	16.48	2.43	18.00	23.11	8.33
山东	28.64	13.04	69.11	1.86	7.28	2.06	9.89
辽宁	9.96	4.35	26.10	1.86	1.95	0.51	4.06
四川	11.97	4.49	8.31	1.94	4.71	2.10	3.35
湖南	10.74	3.68	20.61	1.60	2.66	0.24	0.69
重庆	5.84	2.02	2.98	0.97	2.43	3.11	3.11
安徽	12.93	3.94	21.95	1.23	4.84	0.61	2.29
黑龙江	6.26	1.61	9.23	1.37	1.54	0.03	0.23
河北	10.09	3.13	20.76	0.79	2.01	0.28	0.70
福建	13.59	3.55	5.27	0.82	3.79	1.50	1.49
天津	11.33	4.65	16.88	1.31	2.64	1.99	3.32
江西	4.35	1.53	5.44	0.51	1.38	0.53	1.33
吉林	4.98	1.31	12.38	1.27	0.67	0.04	3.84
甘肃	2.71	0.77	6.62	0.66	0.51	0.02	0.05
海南	0.75	0.17	1.18	0.07	0.16	0.03	0.77

续表

省份	R&D 人员全时当量（万人/年）	R&D 经费支出（百亿元）	科技资产（十亿元）	国外收录论文数（万篇）	授权专利数（万件）	高技术产品出口贸易总额（百亿美元）	国外技术引进合同数（百项）
云南	3.05	0.86	3.22	0.45	0.81	0.14	0.41
山西	4.90	1.52	4.58	0.41	0.84	0.38	0.21
广西	4.12	1.12	7.05	0.31	0.97	0.29	0.59
内蒙古	3.64	1.22	14.71	0.16	0.40	0.03	0.06
新疆	1.57	0.49	1.30	0.18	0.52	0.05	0.17
贵州	2.40	0.55	1.52	0.12	1.01	0.03	0.03
青海	0.47	0.14	0.69	0.03	0.06	0.00	0.09
宁夏	0.95	0.24	0.70	0.03	0.14	0.04	0.07

通过对2014年区域科技发展水平的三级指标的分析，发现北京、江苏、上海、浙江和广东的科技发展水平高，东北和中西部的大部分地区的科技水平低，发展面临巨大困难。

（五）高校科技创新成果与贡献三级指标的分析

高校中的科技成果与贡献指数情况呈现于表5-17，论文、著作、专利、技术转让、人才培养、科技奖、成果登记数均属于高校的科技成果，人均科技服务投入经费属于社会服务效益，科技进步贡献率属于经济效益。西部地区论文、著作、技术转让、人才培养上存在地域差异。如甘肃的论文0.0082，著作0.0042，专利0.0060，人才培养0.0027，而广西的论文0.0039，著作0.0010，专利0.0030，人才培养0.0024。在科技服务方面，东部地区的北京、天津、山东、上海、海南需对其高度重视，西部地区的内蒙古、新疆、贵州和宁夏的科技服务指数几乎为零，应树立科技服务的投资意识，提高高校科技成果的推广和应用。在科技进步贡献率上，四川、江西、吉林、海南、青海和宁夏均为负值，这是由于使用软件SPSS的回归分析测算弹性系数存在一定的误差，这也反映了这些区域高校科技对经济增长的推动作用很小。

表5-17　　2014年科技创新成果与贡献的三级指标指数情况

省份	论文	著作	专利	技术转让	人才培养	科技奖	成果登记数	人均科技服务投入经费	科技进步贡献率
北京	0.0052	0.0014	0.0131	0.0131	0.0291	0.0108	0.0034	0.0224	0.0522
江苏	0.0083	0.0024	0.0234	0.0115	0.0146	0.0125	0.0081	0.0536	0.0528
陕西	0.0069	0.0022	0.0124	0.0078	0.0095	0.0076	0.0033	0.1170	0.0558
上海	0.0063	0.0012	0.0077	0.0040	0.0129	0.0070	0.0046	0.0154	0.0503
河南	0.0111	0.0050	0.0135	0.0089	0.0033	0.0048	0.0268	0.0493	0.0509
湖北	0.0083	0.0024	0.0074	0.0015	0.0111	0.0063	0.0057	0.0508	0.0552
浙江	0.0056	0.0009	0.0233	0.0037	0.0058	0.0081	0.0019	0.0342	0.0538
广东	0.0045	0.0017	0.0080	0.0039	0.0083	0.0030	0.0022	0.0381	0.0510
山东	0.0045	0.0029	0.0063	0.0020	0.0071	0.0059	0.0082	0.0135	0.0513
辽宁	0.0042	0.0022	0.0036	0.0007	0.0089	0.0046	0.0028	0.0393	0.0536
四川	0.0063	0.0022	0.0084	0.0022	0.0085	0.0050	0.0037	0.0082	0.0539
湖南	0.0052	0.0024	0.0057	0.0044	0.0064	0.0036	0.0023	0.0477	0.0532
重庆	0.0093	0.0017	0.0086	0.0057	0.0047	0.0038	0.0017	0.0385	0.0532
安徽	0.0047	0.0024	0.0086	0.0109	0.0044	0.0038	0.0035	0.0028	0.0511
黑龙江	0.0049	0.0018	0.0075	0.0018	0.0059	0.0038	0.0074	0.0092	0.0525
河北	0.0044	0.0026	0.0047	0.0047	0.0037	0.0006	0.0163	0.0174	0.0510
福建	0.0044	0.0010	0.0062	0.0157	0.0037	0.0017	0.0012	0.0149	0.0506
天津	0.0053	0.0013	0.0056	0.0010	0.0049	0.0053	0.0027	0.0014	0.0528
江西	0.0066	0.0015	0.0033	0.0022	0.0026	0.0023	0.0017	0.0313	0.0497
吉林	0.0017	0.0011	0.0028	0.0019	0.0055	0.0017	0.0156	0.0103	0.0514
甘肃	0.0082	0.0042	0.0060	0.0002	0.0027	0.0041	0.0000	0.0071	0.0538
海南	0.0072	0.0040	0.0020	0.0000	0.0003	0.0021	0.0000	0.0000	0.0516
云南	0.0056	0.0027	0.0077	0.0003	0.0029	0.0014	0.0014	0.0093	0.0520
山西	0.0039	0.0026	0.0031	0.0005	0.0026	0.0026	0.0009	0.0054	0.0524
广西	0.0039	0.0010	0.0030	0.0005	0.0024	0.0003	0.0012	0.0132	0.0526
内蒙古	0.0034	0.0033	0.0015	0.0000	0.0016	0.0011	0.0011	0.0007	0.0530
新疆	0.0063	0.0003	0.0017	0.0006	0.0016	0.0019	0.0007	0.0009	0.0493
贵州	0.0037	0.0032	0.0034	0.0003	0.0013	0.0011	0.0007	0.0000	0.0491
青海	0.0036	0.0033	0.0009	0.0000	0.0002	0.0012	0.0024	0.0022	0.0529
宁夏	0.0054	0.0020	0.0011	0.0000	0.0003	0.0004	0.0005	0.0000	0.0471

五　2014 年各区域高等教育科技创新发展中存在的问题

以 2014 年各区域高等教育科技创新能力为基础，进行聚类分析，整体评价高等教育的发展情况；以评价指标体系的一、二、三级指标为维度对各区域的高等教育科技创新指数进行分析，寻找区域间高教创新能力强弱不等的原因。通过这两条主线的分析，可以发现存在以下问题。

（一）高等教育科技创新能力不存在明显的地域性规律。聚类分析的结果中，第二类区域中的陕西属于西部地区，第三类区域中也有西部地区的"成员"，如四川和重庆，而东部地区的福建和海南，这两省的高教创新能力较弱。但不可否认的是，绝大多数隶属于西部地区的省域高校创新指数偏低，仍需国家政策的引导和支持。

（二）各区域高等学校的科技合作意识淡薄。从 30 个省区的合著论文数看，只有北京、江苏、上海、湖北和广东的论文产量高，其余地区的数量严重偏少。合著论文体现了高校间的合作，在共同研究科技问题，使用先进科学的研究方法剖析问题，找寻问题产生的根源这一连续过程中形成的共同研究成果。研究过程中，由于不同高校的研究人员其本身的研究领域、科技知识储备、思考问题的角度等方面的不同会给研究带来创新，这有利于推动各自高校的科技发展。

（三）高校的科技成果、科技创新平台有地域性规律。西部地区高校的科技产量整体不及中东部地区的高（见表 5－17），主要表现为专利、技术成果转让获得国家级、国务院级和省级的科技奖。西部地区严重缺乏国家工程技术研究中心、国家大学科技园区，国家和当地政府应合力以当地发展较好的大学为依托，加大对该类区域的人力资源、财力资源等投资，鼓励当地大型企业参与建设。西部地区之间在高校产出也存有地区差异，主要表现在论文和专著方面，陕西、甘肃与新疆在西部地区的教育产出量较大。

（四）有些高等教育科技创新能力强的区域不重视科技服务。科技服务是高校科技成果能否成功转化的重要影响因素之一，它有利于科技成果的推广，为科技成果的转化提供咨询等。北京、上海和山东是典型代表，它们不仅高等教育科技创新能力强，而且区域经济水平发展好，但对高校科技服务的投入很少。

（五）各区域科技发展水平有待提高。用于研究与开发项目的经费支出、被国外期刊收录的论文数、授权的专利数、国外技术引进的合同数整体偏少，只有广东省的科技发展水平较高。因此，全国各区域首先应引进一定数量的国外技术，在国外技术的基础上结合本国特色进行创新，同时提高科研经费的有效使用率，加深区域科技项目的研究力度和深度，严抓科研论文的质量，使区域科技实现量和质的飞跃。

（六）高校专任教师的学历结构有待优化。大部分区域的高校以本科学历的教师为主，其次是硕士学历的教师，博士学历的教师在四种学历中较少，这种结构不是很合理。学历越高，教师的学术水平、教学能力以及综合素质等各方面越强，对高校的人才培养和科研水平的提升越有好处，因此理想的教师学历结构应是以博士为主，硕士次之。

第三节 创新能力动态分析[*]

区域高等教育科技创新能力的动态分析指从时间维度分析各省区高校科技创新发展，具体表现为，对2005—2014年间30个省域高教科技创新能力指数进行聚类分析，在此基础上，观察同年同类区域的变化情况。对区域高等教育科技创新能力的二、三级指标进行分析，寻找高教科技发展存在的问题。

一 2005—2014年区域高等教育科技创新能力分析

在第五章第一节中已呈现出各区域2005—2014年的高等教育科技创新能力的具体指数，见表5-9。从时间变化上看，各区域的高等教育科技创新能力总体有所提升，各区域的提升幅度不一，区域高等教育的科技创新能力应为波动式上升。"波动式"指在某一年份该指数同上一年相比有所下降，但下一年又回归原有水平，"上升"指整体趋势上，全国各区域的高校在科技创新能力上不断提高。如北京市，2005年的高等教育科技创新能力指数为0.429，在2014年已达到0.6，整体上升了0.2，但在2009年时指数为0.522，同2008年相比，降低了

---

[*] 本节主要内容刊发在《科技管理研究》2018年第20期上。

0.003，但 2010 年已提升到 0.55。从横向上看，同一年中，各区域高校的科技能力存有明显的差异，主要表现为北京、上海和江苏是全国高校科技发展最强区域，而广西、贵州、云南、青海、宁夏和新疆这类区域的高等教育科技创新能力一直最弱，急需找到导致这一问题的根源。

从表 5-9 中发现全国 30 个省、自治区、直辖市在 2005—2014 年的区域高等教育科技创新能力的规模庞大，一共有 300 个数值。为方便深刻分析创新能力发展中存在的"疑难杂症"，利用 SPSS 软件对其进行聚类分析。其中，年份为分类单位，对每一年的 30 个区域的高等教育科技创新能力指数进行聚类分析，共有十个聚类结果，每一结果中将 30 个省区聚为五大类，图 5-7 至图 5-16 为聚类分析的冰状图。但为使读者对聚类分析的结果一目了然，将 2005—2014 年的聚类结果呈现于表 5-18 至表 5-27 中。

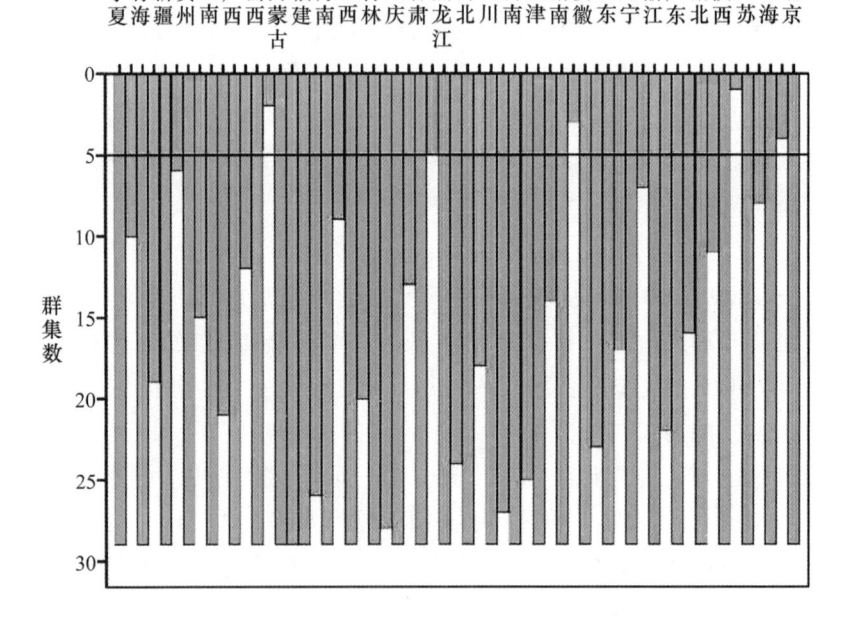

图 5-7 2005 年聚类结果冰状图

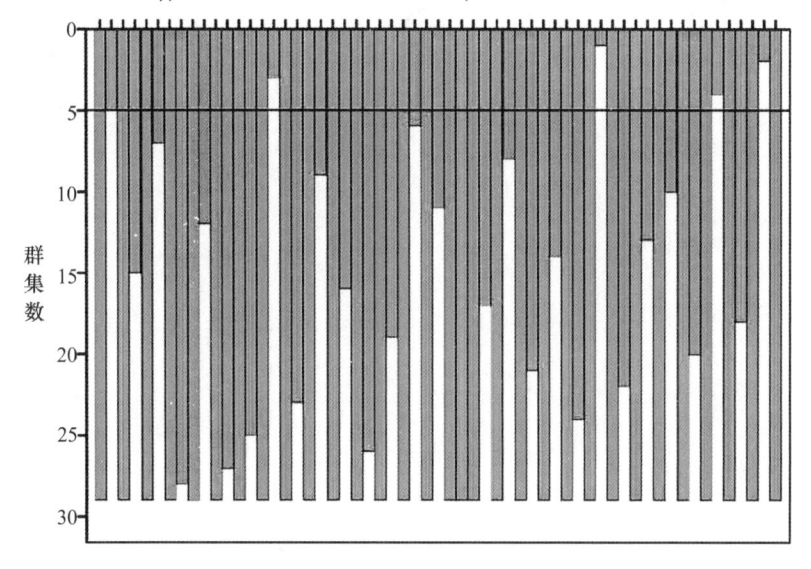

图 5-8　2006 年聚类结果冰状图

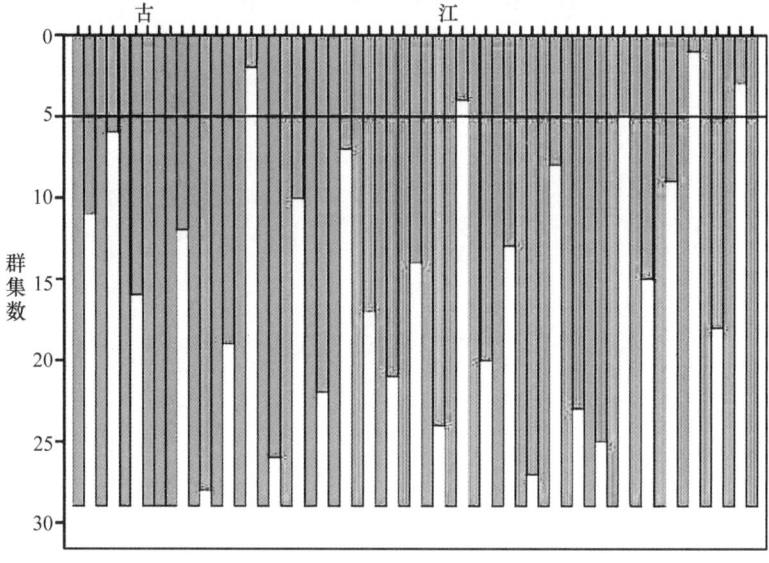

图 5-9　2007 年聚类结果冰状图

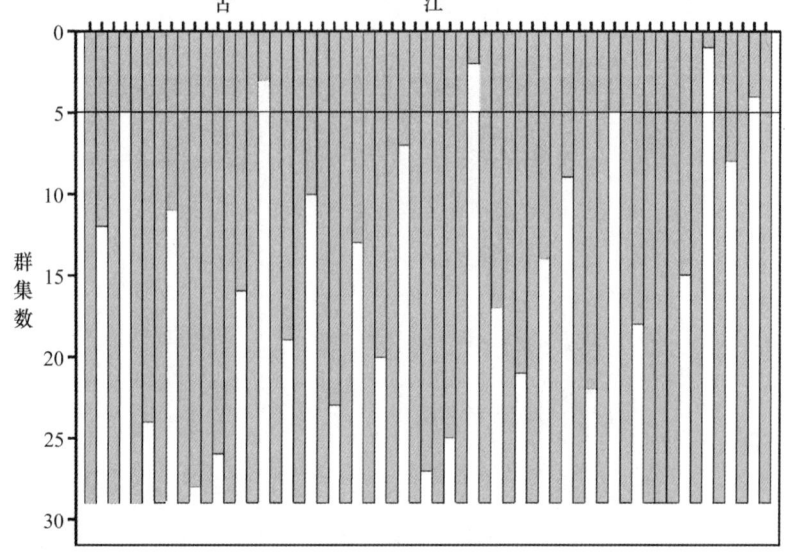

图 5-10　2008 年聚类结果冰状图

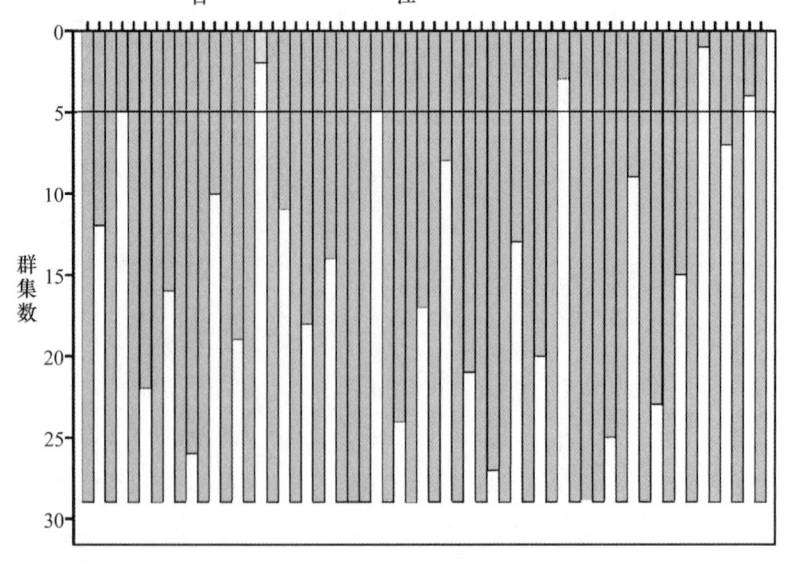

图 5-11　2009 年聚类结果冰状图

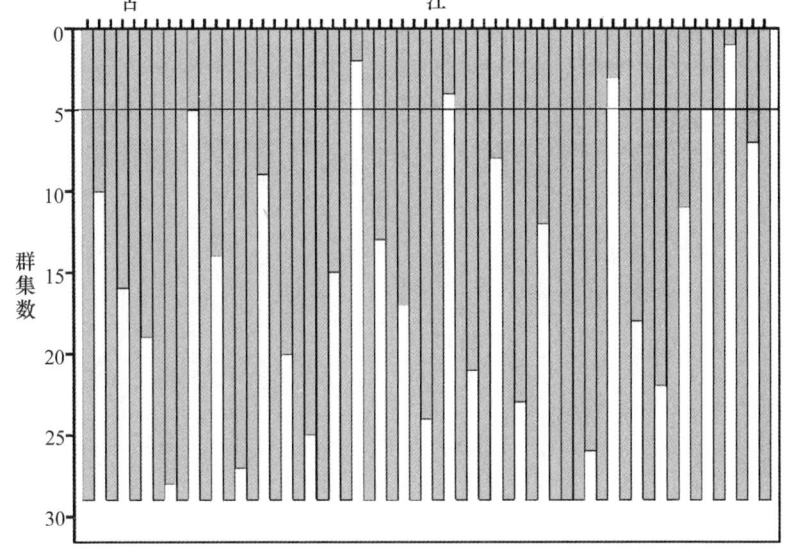

图 5-12　2010 年聚类结果冰状图

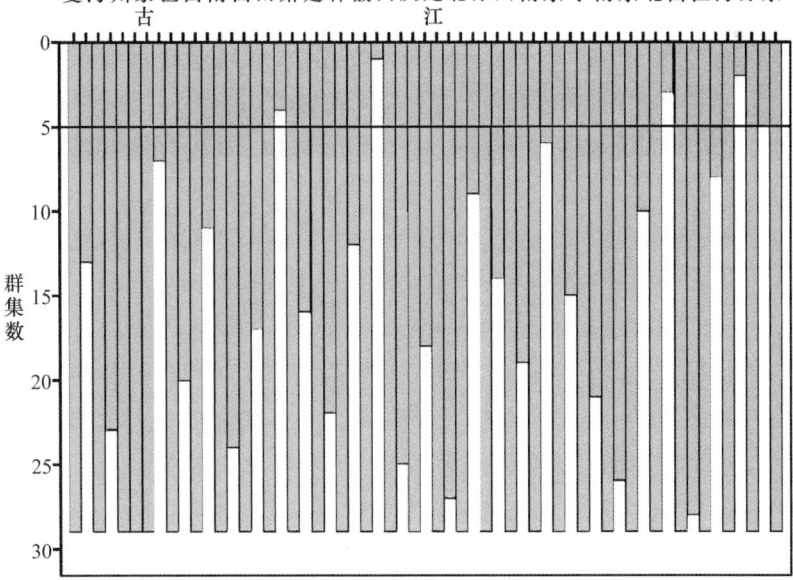

图 5-13　2011 年聚类结果冰状图

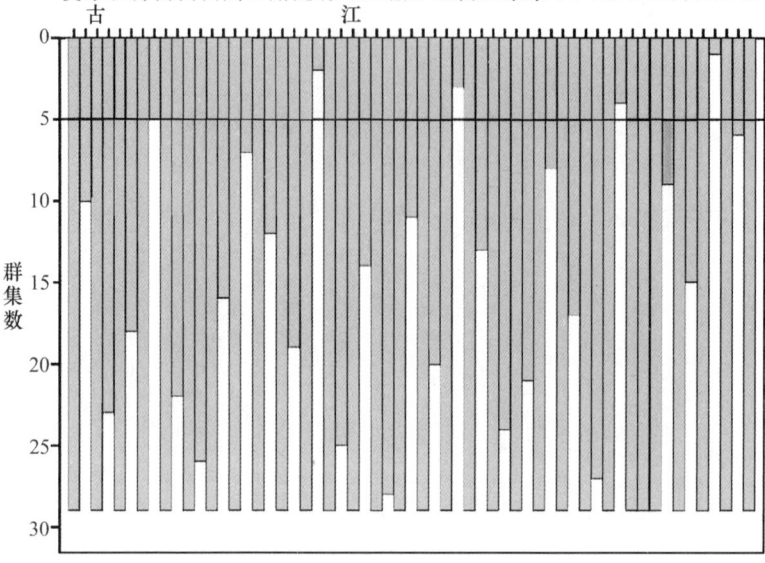

图 5 - 14 2012 年聚类结果冰状图

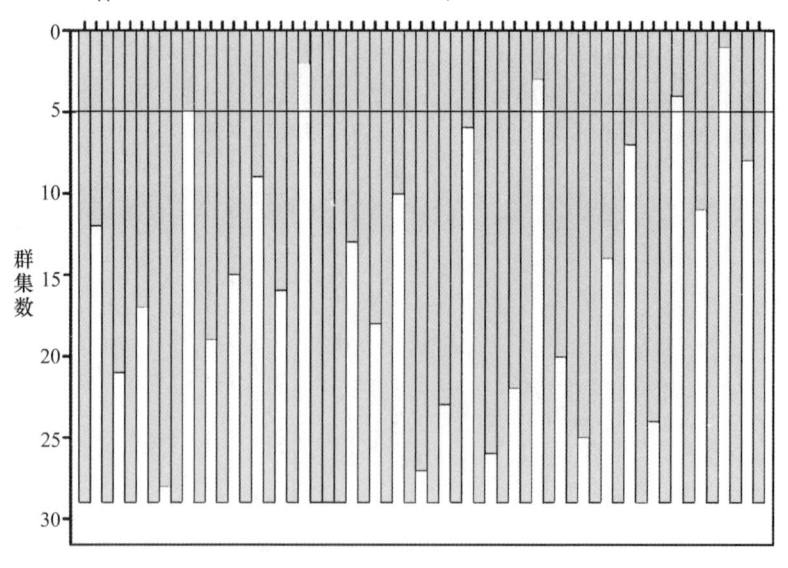

图 5 - 15 2013 年聚类结果冰状图

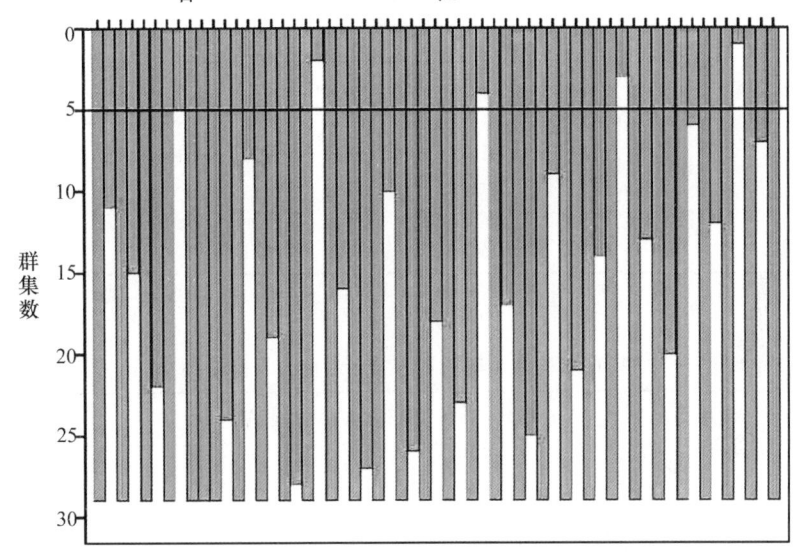

图 5-16 2014年聚类结果冰状图

表 5-18　　　　2005年区域高等教育科技创新能力聚类结果

类型		2005年组成
小类	Ⅰ类	北京
	Ⅱ类	上海、江苏
	Ⅲ类	陕西、湖北、广东、浙江、辽宁、山东、安徽
	Ⅳ类	湖南、天津、河南、四川、河北、黑龙江、甘肃、重庆、吉林、江西、海南、福建、内蒙古
	Ⅴ类	山西、广西、云南、贵州、新疆、青海、宁夏

表 5-19　　2006 年区域高等教育科技创新能力聚类结果

类型		2006 年组成
小类	Ⅰ类	北京
	Ⅱ类	上海、江苏
	Ⅲ类	湖北、陕西、广东、浙江、山东
	Ⅳ类	河南、天津、辽宁、湖南、四川、黑龙江、安徽、河北、重庆、吉林、江西、甘肃、福建、海南
	Ⅴ类	云南、新疆、山西、贵州、广西、内蒙古、青海、宁夏

表 5-20　　2007 年区域高等教育科技创新能力聚类结果

类型		2007 年组成
小类	Ⅰ类	北京
	Ⅱ类	上海、江苏
	Ⅲ类	湖北、陕西、浙江、辽宁、山东、河南、广东、四川、湖南、天津
	Ⅳ类	黑龙江、江西、河北、安徽、重庆、福建、海南
	Ⅴ类	贵州、山西、新疆、云南、内蒙古、广西、青海、宁夏

表 5-21　　2008 年区域高等教育科技创新能力聚类结果

类型		2008 年组成
小类	Ⅰ类	北京
	Ⅱ类	江苏、上海
	Ⅲ类	湖北、河南、陕西、浙江、湖南、山东、辽宁、广东、四川、天津
	Ⅳ类	河北、黑龙江、江西、重庆、安徽、吉林、甘肃、福建、海南
	Ⅴ类	新疆、山西、云南、内蒙古、广西、贵州、青海、宁夏

表 5-22　　2009 年区域高等教育科技创新能力聚类结果

类型		2009 年组成
小类	Ⅰ类	北京
	Ⅱ类	江苏、上海
	Ⅲ类	陕西、浙江、湖北、山东、河南、湖南
	Ⅳ类	广东、江西、四川、辽宁、福建、重庆、黑龙江、河北、安徽、天津、甘肃、吉林、海南
	Ⅴ类	山西、云南、广西、新疆、内蒙古、贵州、青海、宁夏

表 5-23　　2010 年区域高等教育科技创新能力聚类结果

类型		2010 年组成
小类	Ⅰ类	北京、江苏
	Ⅱ类	上海、陕西、湖北、浙江、山东
	Ⅲ类	广东、辽宁、河南、湖南、四川、河北、天津
	Ⅳ类	黑龙江、重庆、安徽、吉林
	Ⅴ类	甘肃、江西、福建、海南、山西、云南、新疆、广西、贵州、内蒙古、青海、宁夏

表 5-24　　2011 年区域高等教育科技创新能力聚类结果

类型		2011 年组成
小类	Ⅰ类	北京、江苏
	Ⅱ类	上海、浙江、陕西
	Ⅲ类	湖北、山东、河南、辽宁、广东、湖南、四川、天津、河北、黑龙江、重庆、江西
	Ⅳ类	安徽、吉林、福建、甘肃
	Ⅴ类	云南、山西、海南、广西、新疆、内蒙古、贵州、青海、宁夏

表 5-25　2012 年区域高等教育科技创新能力聚类结果

类型		2012 年组成
小类	Ⅰ类	北京、江苏
	Ⅱ类	上海、陕西、浙江、湖北
	Ⅲ类	河南、四川、辽宁、山东、广东、重庆、湖南
	Ⅳ类	河北、天津、安徽、江西、黑龙江、吉林
	Ⅴ类	福建、甘肃、云南、贵州、山西、广西、海南、青海、新疆、内蒙古、宁夏

表 5-26　2013 年区域高等教育科技创新能力聚类结果

类型		2013 年组成
小类	Ⅰ类	北京、江苏
	Ⅱ类	上海、陕西
	Ⅲ类	湖北、浙江、山东、广东、河南、辽宁
	Ⅳ类	湖南、重庆、四川、黑龙江、江西、河北、安徽、天津、吉林、福建
	Ⅴ类	甘肃、云南、山西、海南、广西、青海、贵州、新疆、内蒙古、宁夏

表 5-27　2014 年区域高等教育科技创新能力聚类结果

类型		2014 年组成
小类	Ⅰ类	北京、江苏
	Ⅱ类	陕西、上海、河南、湖北、浙江
	Ⅲ类	广东、山东、辽宁、四川、湖南、重庆
	Ⅳ类	安徽、黑龙江、河北、福建、天津、江西、吉林
	Ⅴ类	甘肃、海南、云南、山西、广西、内蒙古、新疆、贵州、青海、宁夏

最终将表 5-18 至表 5-27 汇总在一个表格里（见表 5-28），可以看出同一层次在不同时间各区域的变动情况。在第一类中，北京市稳居其位，江苏省自 2010 年起从第二类上升为第一类。在第二类中，上海市稳

固不变，2010年陕西高等教育科技创新能力跃居第二类，并一直保持，而湖北省、浙江省和山东省徘徊于第二类和第三类。在第三类中，辽宁、河南、四川相对稳定，天津、湖南、河北、重庆、广东游走于第三类和第四类。安徽、吉林、黑龙江和江西这四省较为稳定地属于第四类，而内蒙古、海南、甘肃和福建在第四类和第五类间浮动。广西、云南、新疆、青海、宁夏、陕西和贵州一直处于全国高等教育科技创新能力最弱的第五类。

表5-28   2005—2014年区域高等教育科技创新能力聚类结果汇总表

年份	Ⅰ类	Ⅱ类	Ⅲ类	Ⅳ类	Ⅴ类
2005	北京	上海、江苏	陕西、湖北、广东、浙江、辽宁、山东、安徽	湖南、天津、河南、四川、河北、黑龙江、甘肃、重庆、吉林、江西、海南、福建、内蒙古	山西、广西、云南、贵州、新疆、青海、宁夏
2006	北京	上海、江苏	湖北、陕西、广东、浙江、山东	河南、天津、辽宁、湖南、四川、黑龙江、安徽、河北、重庆、吉林、江西、甘肃、福建、海南	云南、新疆、山西、贵州、广西、内蒙古、青海、宁夏
2007	北京	上海、江苏	湖北、陕西、浙江、辽宁、山东、河南、广东、四川、湖南、天津	黑龙江、江西、河北、甘肃、安徽、吉林、重庆、福建、海南	贵州、山西、新疆、云南、内蒙古、广西、青海、宁夏
2008	北京	江苏、上海	湖北、河南、陕西、浙江、湖南、山东、辽宁、广东、四川、天津	河北、黑龙江、江西、重庆、安徽、甘肃、吉林、福建、海南	新疆、山西、云南、内蒙古、广西、贵州、青海、宁夏

续表

年份	Ⅰ类	Ⅱ类	Ⅲ类	Ⅳ类	Ⅴ类
2009	北京	江苏、上海	陕西、浙江、湖北、山东、河南、湖南	广东、江西、四川、辽宁、福建、重庆、黑龙江、河北、安徽、天津、甘肃、吉林、海南	山西、云南、广西、新疆、内蒙古、贵州、青海、宁夏
2010	北京、江苏	上海、陕西、湖北、浙江、山东	广东、辽宁、河南、湖南、四川、河北、天津	黑龙江、重庆、安徽、吉林	甘肃、江西、福建、海南、山西、云南、新疆、广西、贵州、内蒙古、青海、宁夏
2011	北京、江苏	上海、浙江、陕西	湖北、山东、河南、辽宁、广东、湖南、四川、天津、河北、黑龙江、重庆、江西	安徽、吉林、福建、甘肃	云南、山西、海南、广西、新疆、内蒙古、贵州、青海、宁夏
2012	北京、江苏	上海、陕西、浙江、湖北	河南、四川、辽宁、山东、广东、重庆、河南	河北、天津、安徽、江西、黑龙江、吉林	福建、甘肃、云南、贵州、山西、广西、海南、青海、新疆、内蒙古、宁夏
2013	北京、江苏	上海、陕西	湖北、浙江、山东、广东、河南、辽宁	湖南、重庆、四川、黑龙江、江西、河北、安徽、天津、吉林、福建	甘肃、云南、山西、海南、广西、青海、贵州、新疆、内蒙古、宁夏
2014	北京、江苏	陕西、上海、河南、湖北、浙江	广东、山东、辽宁、四川、湖南、重庆	安徽、黑龙江、河北、福建、天津、江西、吉林	甘肃、海南、云南、山西、广西、内蒙古、新疆、贵州、青海、宁夏

二 第一层次区域高等教育科技创新能力分析

在第一层次中,主要有北京市和江苏省。其中江苏省于 2010 年提高了高等教育科技创新的整体能力,使其从第二类区域上升为第一类区域。哪些指标的变动使江苏省高校的创新能力有如此大的改变,本文从二、三级指标进行具体分析。

(一) 一类区域的二级指标分析

表 5-29 和表 5-30 呈现了北京市和江苏省高等教育科技创新能力的二级指标指数情况。在人力资源指数上,北京历年均比江苏高。2005 年江苏和北京相差 0.05 左右,2010 年两区域相差 0.053 左右,在 2014 年北京市的人力资源指数比江苏省高大约 0.07,可见北京与江苏之间的人力差距越来越大,说明北京的人力优势比江苏突出,江苏在这一指标上还有很大的提升空间。在财力资源方面,2005—2014 年北京和江苏各自都加大了对高校科技经费的投资,但仍旧存在差距,这一差距与人力资源相比有所缩小,维持在 0.02 左右,北京市于 2013 年财力资源指数有减小趋势,该地区的政府人员和社会企业等应有所注意。

表 5-29　第一类区域高教科技创新资源和创新过程的二级指标指数表

二级指标	人力资源		财力资源		平台与硬件资源		内部协同创新		外部协同创新	
第一区域	北京	江苏	北京	江苏	北京	江苏	北京	江苏	北京	江苏
2005	0.0818	0.0297	0.0373	0.0135	0.0439	0.0278	0.0224	0.0112	0.0425	0.0236
2006	0.0808	0.0314	0.0385	0.0142	0.046	0.0332	0.0873	0.0281	0.0595	0.0298
2007	0.0838	0.0331	0.0429	0.0157	0.0499	0.0361	0.0617	0.0175	0.0531	0.0303
2008	0.0855	0.0332	0.0413	0.0191	0.0526	0.043	0.0499	0.0237	0.058	0.0378
2009	0.0878	0.0336	0.0438	0.0196	0.0574	0.0484	0.0542	0.0131	0.0623	0.0444
2010	0.086	0.0327	0.0568	0.0244	0.0667	0.0539	0.0368	0.0156	0.0678	0.0473
2011	0.0969	0.0357	0.0518	0.0206	0.0713	0.0592	0.0517	0.0162	0.0711	0.0536
2012	0.0966	0.0356	0.05	0.0258	0.0753	0.0654	0.063	0.0256	0.0684	0.0553
2013	0.1065	0.0376	0.0496	0.0266	0.076	0.0735	0.0486	0.0218	0.0665	0.0557
2014	0.1084	0.0375	0.0463	0.0273	0.0756	0.0748	0.0499	0.0212	0.0677	0.0647

在平台与硬件资源、外部协同创新、高等教育与区域经济发展的匹配程度方面，北京市都高于江苏省。而江苏省也努力发展自身高等教育的整体水平，缩小与北京市的差距。如2005年北京的平台与硬件资源指数比江苏省高0.0161，到2014年北京只比江苏省高0.0008，这一数值差可以忽略不计。再如2005年北京的高教与科技的匹配指数为0.0434，江苏省的为0.0304，两区域相差0.013，在2014年北京的匹配程度增加为0.0613，江苏的增加到0.0555，此时北京与江苏只有0.0058之差，很明显两区域的差距不断缩小。但在内部协同创新指数方面，虽然北京的发展情况整体比江苏好，但从具体的年份看，北京市在某些年份上出现波动，如2008年，北京的指数为0.0499，而2007年的指数为0.0542，2009年的指数又上涨为0.0542，到2010年又有所下降，低至0.0368，江苏省的发展情况与北京市相似。所以一类区域在科技内部协同创新指标上发展不稳定。

在高等教育与区域科技的匹配程度、科技创新成果和社会服务效益方面，北京的高教与区域科技发展之间的匹配指数的增长速度较慢，而江苏省的发展后劲比北京大。2005年北京的高教与科技的匹配指数为0.0316，经过9年的发展，北京在2014年的指数才为0.0404，而江苏省2005年的指数为0.0255，2014年的指数已为0.0476，北京市在这一指标的发展速度没有江苏省快。前三年（2005—2007年）江苏省落后于北京市，而2008年江苏反超北京，并一直保持自己的发展优势，江苏省的发展力度比北京强。这两个区域的科技创新成果同高等教育与区域科技的匹配程度情况类似，在此不多说明。

社会服务效益方面，江苏与北京的发展状况与财力资源指标完全相反。北京市的社会服务效益指数比江苏省的指数低很多，如2005年，北京的社会服务效益指数仅有0.0181，江苏省已经比北京这一指数高0.0167，到2014年时北京的指数比江苏低至0.0312，北京在这一指标上发展形势不容乐观，指数的增长速度很慢，而且各年份中会出现波动，整体发展停滞不前，虽然江苏省的某些年份也会有所变动，但整体发展呈增长趋势。北京市在社会服务效益指标的发展方面应深刻反省，总结自身存在的问题，找寻解决发展慢的根本原因，并采取相应的解决措施以应对现在的发展。在经济效益指标方面，北京市与江苏省指数接近，说明两地区的高等教育科技创新对当地的经济发展所作贡献相差无几。

表5-30 第一类区域高教科技创新结构和创新成果的二级指标指数表

二级指标	与经济的匹配程度		与科技的匹配程度		科技创新成果		社会服务效益		经济效益	
第一区域	北京	江苏	北京	江苏	北京	江苏	北京	江苏	北京	江苏
2005	0.0434	0.0304	0.0316	0.0255	0.0566	0.0446	0.0181	0.0348	0.0518	0.0528
2006	0.0452	0.0319	0.0317	0.0288	0.0495	0.0431	0.0182	0.0436	0.0530	0.0534
2007	0.0483	0.0346	0.0325	0.0305	0.0655	0.0458	0.0221	0.0469	0.0544	0.0543
2008	0.0503	0.0375	0.0331	0.0335	0.0764	0.052	0.0255	0.0539	0.0530	0.0540
2009	0.0512	0.0395	0.0332	0.0363	0.0635	0.0624	0.0168	0.0609	0.0520	0.0540
2010	0.0543	0.0435	0.0361	0.04	0.0662	0.0658	0.0239	0.0947	0.0504	0.0534
2011	0.057	0.0464	0.0368	0.0424	0.0748	0.078	0.0191	0.0694	0.0519	0.0532
2012	0.0588	0.0493	0.0388	0.0458	0.0778	0.0874	0.014	0.073	0.0519	0.0531
2013	0.0606	0.0552	0.0396	0.0478	0.0754	0.09	0.0237	0.0907	0.0521	0.0528
2014	0.0613	0.0556	0.0404	0.0476	0.076	0.0807	0.0224	0.0536	0.0522	0.0528

(二) 一类区域的三级指标分析

相对二级指标，三级指标更为具体，更能代表现实中高等教育科技创新的具体问题，所以分析三级指标也很重要。

表5-31是北京和江苏的高等教育科技人力资源的三级指标情况表，在R&D全时人员上，北京比江苏的指数高，从2005年开始，北京就有16186人/年，此时的江苏仅有11766人/年，到了2014年江苏比北京少7769人/年，可以发现北京的R&D全时人员数量与江苏的差距越来越大。高层次科技人才上，北京比江苏明显有优势，在2005年，北京的高层次人才已经比江苏多516人，2014年，两地区人才的数量差达到708。在高校的专任教师学历方面，北京和江苏的博士指数越来越多，但北京的学历指数发展不如江苏快，2005—2014年，北京的学历指数一直处于35000与57000之间，江苏则处于40000与70000之间，江苏的起点值比北京高，而且每一年的指数值都大于北京。

表 5-31　第一类区域高教科技人力资源的三级指标指数表

三级指标	R&D 全时人员		高层次科技人才		专任教师学历	
年份	北京	江苏	北京	江苏	北京	江苏
2005	16186	11766	592	76	35767	40741.6
2006	16598	12269	582	88	38315.4	46759.4
2007	15193	12062	606	97	41329.4	53238.3
2008	16822	11883	624	94	43030.8	56349.7
2009	18783	12006	648	95	45100.3	60021.4
2010	20363	12412	632	86	46957.3	62550.2
2011	19927	13679	736	118	46468.4	65360.7
2012	20616	13617	733	114	48310.9	67856.6
2013	21927	14889	827	137	54462.4	70023.6
2014	23087	15318	846	138	56411.3	69893.1

表 5-32　第一类区域高教科技财力资源的三级指标指数表

三级指标	实际人均科经支出经费		人均科技投入经费		科技经费占 GDP 比重	
年份	北京	江苏	北京	江苏	北京	江苏
2005	178.939	177.924	250.895	199.052	0.010	0.002
2006	245.342	191.230	277.970	211.590	0.009	0.001
2007	309.034	221.330	377.719	249.443	0.010	0.010
2008	273.440	287.941	401.328	321.760	0.010	0.002
2009	344.173	325.216	395.867	354.261	0.010	0.002
2010	438.036	414.784	532.702	452.315	0.013	0.002
2011	488.567	358.571	540.886	458.056	0.011	0.002
2012	430.742	468.856	577.004	533.571	0.011	0.002
2013	495.957	511.137	557.974	539.795	0.010	0.002
2014	469.251	532.336	529.027	555.279	0.010	0.002

在科技经费占 GDP 的比重方面（见表 5-32），北京投入强度大于江苏。但随着时间的推移，北京的人均科技投入经费与支出经费逐渐不如江苏，其中人均科技支出经费体现在 2008 年、2012 年、2013 年，可以用"你追我赶"来形容两区域的发展形势，人均投入经费体现在 2014 年，可以用"乘虚而入"形容江苏在该指标的发展。2005 年北京 GDP 中约有 10‰投入到高校的科技经费，江苏只有 2‰投入科技经费。江苏的人均科技支出有 178 千元左右，北京每位研究与开发人员约有 179 千元，此时人均支出经费的差异不显著。人均投入经费方面，江苏比北京少 52 千元，差异显著。2014 年，由于北京的人均科技投入经费比往年少 27 千元左右，江苏仍处于增长阶段，这一年江苏的投入经费高于北京。

若将三个指标结合看，江苏的经费发展能力强于北京。由于江苏对高校的经费投入力度远不如北京，虽然科技人均支出和投入经费大部分时间落后于北京，但近三年内这种数值差有大幅度缩小的趋势。其中江苏高校的经费有接近 40% 以上来自企业的投资（见表 5-34），而近些年北京企业对高校的投资仅有 30% 左右。作为现代化发展的要求，企业的收益快速且数量较大，具有较强的投资能力，所以高校经费的来源应以企业为主，北京高校的科技发展应更多地吸引企业的投资。

硬件设施方面，江苏在固定资产、教学科研仪器设备、图书数量上比北京强，北京的长处在于国家工程技术研究中心（见表 5-33）。在合著论文数方面，江苏省整体成增长趋势，但 10 年的指数属于不稳定式增长，因为在 2006—2008 年江苏省高校的合著论文数量比前一年明显增多（见表 5-34），在 2009—2011 年数量有突然下降，后续 3 年又回增至 30—40 篇左右，江苏省高校间的合作不稳定。在国家大学科技园区方面，北京的增长力度不大，2006 年和 2007 年一直维持在 12 所，2008—2009 年保持 13 所，2010—2013 年的数量维持在 14 所，江苏省在 2008 年和 2009 年在原来基础上增多 2 所，2014 年增加到 15 所，和北京市持平。在国际合作交流方面，江苏省还需要加强政策与经费的投入，鼓励更多高校教师"走出去"和国外高层次科技人才"引进来"进行学术探讨，相互学习，取长补短。

表 5-33　第一类区域平台与硬件资源的三级指标指数表

三级指标	国家技术研究中心		固定资产购置费		人均拥有教学科研设备资产值		人均拥有图书数量	
年份	北京	江苏	北京	江苏	北京	江苏	北京	江苏
2005	41	15	974874	728265	45.47	52.86	0.26	0.45
2006	43	16	950765	1053914	52.89	59.01	0.27	0.49
2007	45	16	1013133	1099208	64.94	71.08	0.33	0.57
2008	46	17	1220481	1636429	66.05	81.62	0.31	0.62
2009	49	18	1464696	2012653	66.35	90.24	0.30	0.66
2010	56	21	1886963	2269345	73.05	95.00	0.29	0.68
2011	57	25	2259392	2458035	84.00	97.68	0.30	0.65
2012	59	25	2266590	2974488	108.79	113.50	0.31	0.68
2013	59	25	2273161	3794144	113.10	115.83	0.30	0.64
2014	59	25	2132489	3821614	119.34	119.06	0.29	0.66

表 5-34　第一类区域科技创新过程的三级指标指数表

三级指标	合著论文数		国家大学科技园区		高教科技投入经费来自企业的比例		国际合作研究总人次	
年份	北京	江苏	北京	江苏	北京	江苏	北京	江苏
2005	36	18	9	3	0.41	0.47	4239	2185
2006	140	45	12	5	0.38	0.47	8235	2610
2007	99	28	12	5	0.33	0.45	6238	3012
2008	80	38	13	7	0.31	0.48	7335	3739
2009	87	21	13	9	0.33	0.47	8858	4442
2010	59	25	14	11	0.26	0.44	10644	3893
2011	83	26	14	11	0.32	0.46	11407	6189
2012	101	41	14	11	0.29	0.43	10599	7076
2013	78	35	14	11	0.32	0.43	9565	7266
2014	80	34	15	15	0.31	0.40	9124	7199

表 5-35、表 5-36 和表 5-37 反映的是北京和江苏的经济发展状况。北京的人均 GDP 一直高于江苏（见表 5-35），而江苏的人均 GDP 增长率比北京高，北京就业人员工资总额在 2013 年开始低于江苏省，所以北京

和江苏的经济规模相当。江苏居民可以自由支配的资金低于北京,而且江苏的单位GDP能耗偏多(见表5-36),这不利于整个区域经济质量的提高。从第一产业与第二产业之比、第三产业占GDP的比重看,江苏的经济结构不如北京合理,江苏在三大产业中,农业占有较大的比重,第三产业对GDP的贡献率比不上北京(见表5-37)。

表5-35　　　　　第一类区域经济规模的三级指标指数表

三级指标	人均GDP(元/人)		就业人员工资总额(亿元)	
年份	北京	江苏	北京	江苏
2005	45444	24560	1520.1	1252.1
2006	49505	28685	2023.4	1590.9
2007	60096	33837	2455.2	1891.0
2008	64491	40014	3165.4	2233.2
2009	66940	44253	3545.6	2520.0
2010	73856	52840	4136.1	2998.8
2011	81658	62290	5099.7	3673.3
2012	87475	68347	6012.5	4205.9
2013	94648	75354	6869.8	8396.4
2014	99995	81874	7687.6	9551.6

表5-36　　　　　第一类区域经济质量的三级指标指数表

三级指标	人均可支配收入(元)		GDP增长率		单位GDP能耗	
年份	北京	江苏	北京	江苏	北京	江苏
2005	17653.0	12318.6	0.155	0.240	0.792	0.923
2006	19977.5	14084.3	0.165	0.169	0.727	0.876
2007	21988.7	16378.0	0.213	0.197	0.638	0.805
2008	24724.9	18679.5	0.129	0.191	0.571	0.718

续表

三级指标	人均可支配收入（元）		GDP 增长率		单位 GDP 能耗	
年份	北京	江苏	北京	江苏	北京	江苏
2009	26738.5	20551.7	0.093	0.112	0.541	0.688
2010	29072.9	22944.3	0.161	0.202	0.493	0.622
2011	32903.0	26340.7	0.152	0.186	0.430	0.562
2012	36468.8	29677.0	0.100	0.101	0.401	0.534
2013	40321.0	32537.5	0.107	0.105	0.340	0.489
2014	43911.1	35381.5	0.077	0.089	0.320	0.459

表 5-37　　　　　第一类区域经济结构的三级指标指数表

三级指标	第一产业与第二产业之比（%）		第三产业占 GDP 的比重（%）	
年份	北京	江苏	北京	江苏
2005	0.044	0.139	0.697	0.356
2006	0.041	0.126	0.719	0.364
2007	0.040	0.126	0.735	0.374
2008	0.043	0.124	0.754	0.384
2009	0.041	0.122	0.755	0.396
2010	0.037	0.117	0.751	0.414
2011	0.036	0.122	0.761	0.424
2012	0.037	0.126	0.765	0.435
2013	0.037	0.119	0.775	0.455
2014	0.035	0.118	0.779	0.470

表 5-38、表 5-39 各三级指标用以衡量北京和江苏科技发展水平，从 R&D 人员全时当量看，江苏省对整个区域的科技人力投入力度大，2005—2007 年间，江苏 R&D 全时人员和非全时人员的实际工作量都没有北京高（见表 5-38），但 2008 年起江苏逐渐拉大与北京之间的差距，到 2014 年北京的 R&D 人员全时当量比江苏少 253417 人/年。R&D 经费支

出、科技资产同 R&D 人员全时当量的发展情况相似,只是江苏的科技资产从 2007 年开始与北京拉开差距。因此,北京需要加强区域科技资源的投入力度。

表 5-38　　　　　第一类区域科技资源的三级指标指数表

三级指标	R&D 人员全时当量		R&D 经费支出(万元)		科技资产(亿元)	
年份	北京	江苏	北京	江苏	北京	江苏
2005	171045	128028	3820683	2698292	32.6	16
2006	168398	138876	4329877	3460695	28.9	24.9
2007	187578	160482	5053870	4301988	27.2	40.6
2008	189551	195333	5503499	5809124	31.3	63.9
2009	191779	273273	6686351	7019529	59.1	108.5
2010	193718	315831	8218234	8579491	85.3	138.7
2011	217255	342765	9366439	10655109	92	226.1
2012	235493	401920	10633640	12878616	128.7	324.8
2013	242175	466159	11850469	14874466	108	369.2
2014	245384	498801	12687953	16528208	115.82	606.63

在国外收录的论文数、国外技术引进合同数方面(见表 5-39),北京的能力强于江苏,而江苏省在专利的授权和高新技术产品出口方面优于北京。从 2005 年起,这种发展趋势就一直存在,其中北京被国外收录的论文数量一直约为江苏的 2 倍之多。国外技术引进合同数方面,北京的数量虽然高于江苏,但其自身是逐年递减,江苏的数量呈现"先增后减"的特点。江苏省的高新技术产品的出口贸易发展迅速,从 53030 百万美元,经过十年的变化,达到 129364 百万美元,北京的出口额还停留在 10000 百万—20000 百万美元。

表 5-39　　第一类区域科技成果的三级指标指数表

三级指标	国外收录论文数（篇）		授权专利数（件）		高技术产品出口贸易总额（百万美元）		国外技术引进合同数（项）	
年份	北京	江苏	北京	江苏	北京	江苏	北京	江苏
2005	34674	11337	10100	13580	7724	53030	2013	512
2006	36578	13162	11238	19352	11472	70733	1857	843
2007	41162	15659	14954	31770	14359	87506	1711	613
2008	48076	20252	17747	44438	15099	105397	1560	649
2009	48554	23051	22921	87286	14103	93960	1275	739
2010	61302	28730	33511	138382	15156	126898	1359	907
2011	57008	27946	40888	199814	13354	130342	1388	1028
2012	60784	30599	50511	269944	19020	131555	1343	1127
2013	72672	38340	62671	239645	20354	127965	1067	1190
2014	81896	43846	74661	200032	18750	129364	859	868

北京高校注重技术转让和人才培养，江苏省更偏重于专利和科技成果（见表 5-40）。在论文指数上，两地区的数量相差不大，江苏于 2013 年追上北京论文的发展步伐。在成果鉴定数方面，北京和江苏都有下降走势。综合看论文指数、专利指数和技术转让指数，江苏省的发展潜力巨大。如论文，2005 年江苏省才 0.0038，到了 2014 年提升到 0.0083，此时的北京才 0.0052，江苏高校论文指数已经超越北京。江苏省的专利指数和论文变化趋势类似，技术转让虽然在 2014 年没有超过北京，但两者的数值很接近，最为重要的是江苏省在 2005 年的起始值很小，只有 0.0032，当时的北京已有 0.0098，几乎是江苏省的 3 倍。经过 10 年的发展，江苏能和北京指数相接近，可见江苏高校的科技发展迅速。在科技服务投入经费和高等教育科技创新对经济的贡献率方面，江苏省的整体发展比北京全面（见表 5-41）。江苏省既注重高校的科技成果的产量，也注重科技成果的转化（社会服务），所以江苏省高校的科技创新对经济的贡献率比北京市高，但不容忽视的是江苏省的贡献率在不断下降，北京市应多关注高校的科技服务和对经济的贡献率。

表5-40　　　　　第一类区域高校科技成果的三级指标指数表

三级指数	论文指数		专利指数		技术转让		人才培养		成果鉴定数	
年份	北京	江苏	北京	江苏	北京	江苏	北京	江苏	北京	江苏
2005	0.0036	0.0038	0.0057	0.0037	0.0098	0.0032	0.0161	0.0075	0.0078	0.0130
2006	0.0038	0.0046	0.0039	0.0064	0.0084	0.0032	0.0174	0.0086	0.0088	0.0093
2007	0.0047	0.0045	0.0064	0.0051	0.0103	0.0034	0.0183	0.0093	0.0083	0.0082
2008	0.0039	0.0059	0.0083	0.0087	0.0198	0.0069	0.0191	0.0101	0.0052	0.0074
2009	0.0042	0.0074	0.0071	0.0112	0.0107	0.0080	0.0205	0.0110	0.0051	0.0076
2010	0.0043	0.0079	0.0099	0.0160	0.0098	0.0080	0.0220	0.0121	0.0062	0.0084
2011	0.0051	0.0081	0.0132	0.0216	0.0126	0.0124	0.0236	0.0130	0.0046	0.0076
2012	0.0053	0.0085	0.0132	0.0304	0.0139	0.0089	0.0247	0.0135	0.0041	0.0098
2013	0.0050	0.0078	0.0143	0.0316	0.0133	0.0109	0.0260	0.0141	0.0038	0.0097
2014	0.0052	0.0083	0.0131	0.0234	0.0131	0.0115	0.0291	0.0146	0.0034	0.0081

表5-41　　　第一类区域高校社会效益和经济效益的三级指标指数表

三级指标	人均科技服务投入经费		高教科创对经济的贡献率	
年份	北京	江苏	北京	江苏
2005	13.604	26.171	0.0518	0.0528
2006	13.701	32.796	0.0530	0.0534
2007	16.618	35.234	0.0544	0.0543
2008	19.194	40.476	0.0530	0.0540
2009	12.625	45.792	0.0520	0.0540
2010	17.958	71.184	0.0504	0.0534
2011	14.391	52.176	0.0519	0.0532
2012	10.557	54.851	0.0519	0.0531
2013	17.799	68.129	0.0521	0.0528
2014	16.867	40.262	0.0522	0.0528

通过对第一类区域的二、三级指标分析，可以发现：

（1）北京市的高等教育科技发展水平高于江苏省，而江苏省的发展潜力比北京大，江苏省很重视高校和区域的科技发展，无论是高校的科技资源、科技成果还是区域的科技资源与成果，发展起点比较低，但经过10年的改革和发展，江苏省的大部分指标能与北京的指数接近。

（2）江苏省应加强高校的平台建设，尤其是国家大学科技园区、国家工程技术研究中心等，这是高校与社会优质资源高度结合的产物，是高校科技创新能力的综合体现。江苏省与北京市在平台建设上差距较大，应慎重考虑该如何建设才能保证数量和质量的兼顾。

（3）科技人力方面，江苏省的研究与开发人员以及高层次的科技人才都需要一定的引进。

（4）科技经费方面，北京市的地区生产总值对高校的经费投入多且大部分资金并非来自企业，人员的人均支出不多。江苏省高校经费接近一半来自企业，虽然GDP投资份额不大，但人均支出很多，科技成果也多，总体上能"入有所出"。

（5）科技效益方面，北京需要加大对科技服务的投入，而江苏省要更多地与国际科技领域接轨，了解先进的研究方法和前沿的研究思路等。江苏省也需要制造与其他高校的合作交流机会，本土研究方法和研究内容融合度提高的同时，结合国际先进研究方法等研究更为深刻的科技问题，提高自身的科技发展水平。

三　第二层次区域高等教育科技创新能力分析

第二层次区域主要有上海和陕西，其中陕西省在2010年晋升为第二层次，湖北、浙江、山东的高等教育科技发展水平不稳定，处于第二层次和第三层次之间。

（一）二类区域的二级指标分析

图5-17至图5-26展示了第二层次各区域的二级指标的指数变化情况。人力资源方面（见图5-17），上海有绝对优势，其次是湖北，陕西、浙江和山东的人力资源指数于2010年前接近，2010年后陕西省的指数急速增长，上升至和湖北持平。财力资源方面，第二类区域层次分明，从高到低依次为陕西、上海、湖北、浙江和山东（见图5-18）。其中陕西省

在 2012 年指数减小,于 2012 年跌至 0.03,和 2009 年的指数相同,在 2014 年又开始增加对高校的财力资助。平台与硬件资源方面,这 5 个省区的变化情况也有规律可循,山东省的硬件资源指数最大,剩下区域依次为湖北和上海、浙江、陕西。湖北和上海的平台与硬件设施指数"难舍难分",从 2008 年开始,这一省一市的指数几乎相等。

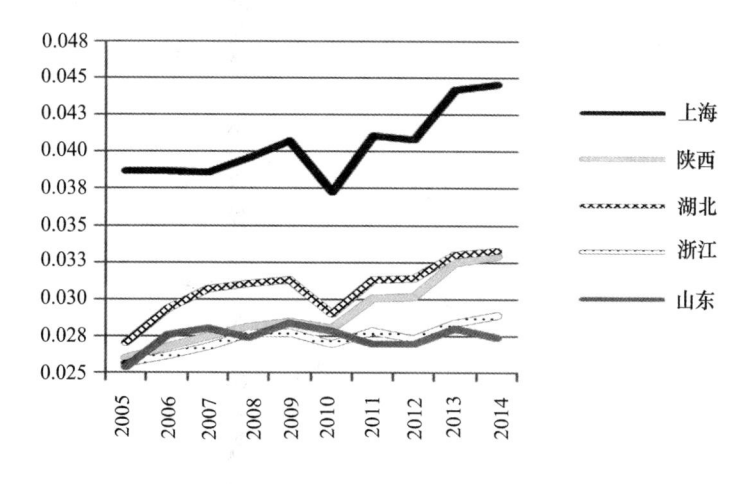

图 5-17　二类区域的人力资源指数图

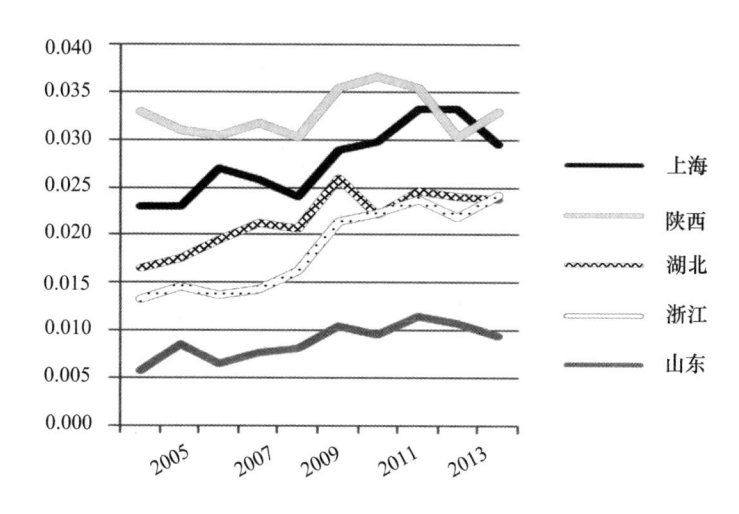

图 5-18　二类区域的财力资源指数图

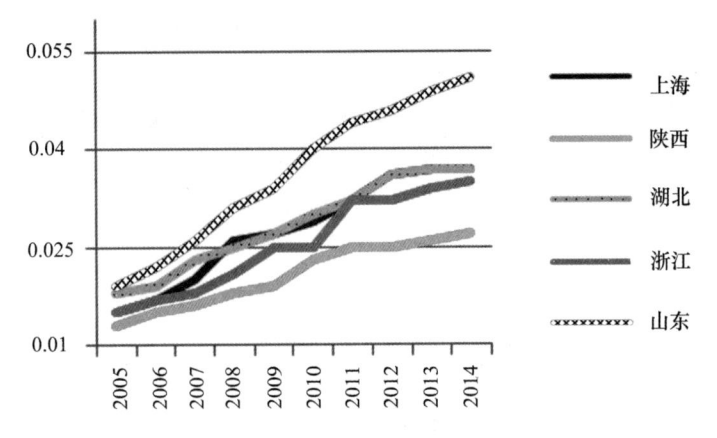

图 5-19　二类区域的平台与硬件资源指数图

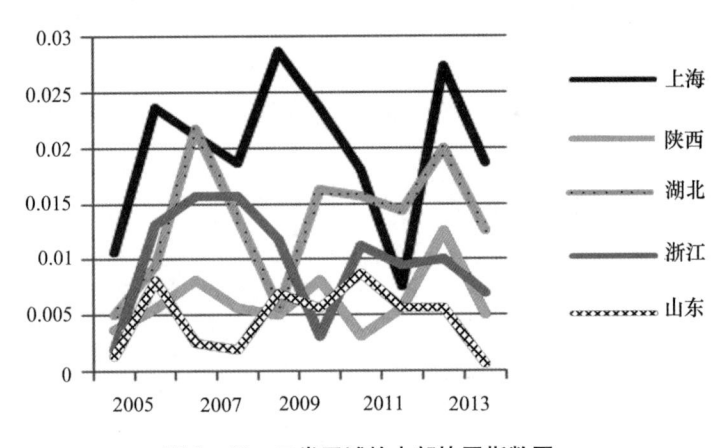

图 5-20　二类区域的内部协同指数图

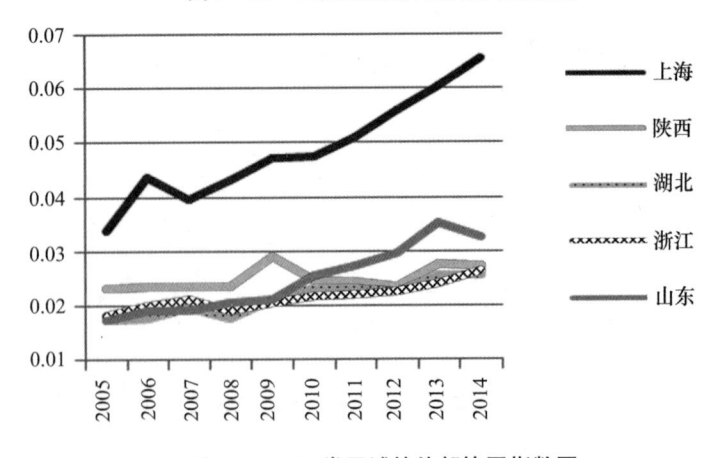

图 5-21　二类区域的外部协同指数图

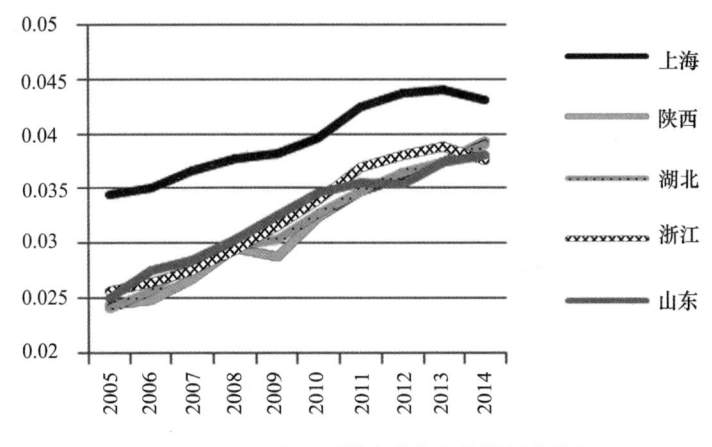

图 5-22　二类区域的高教与经济协调指数图

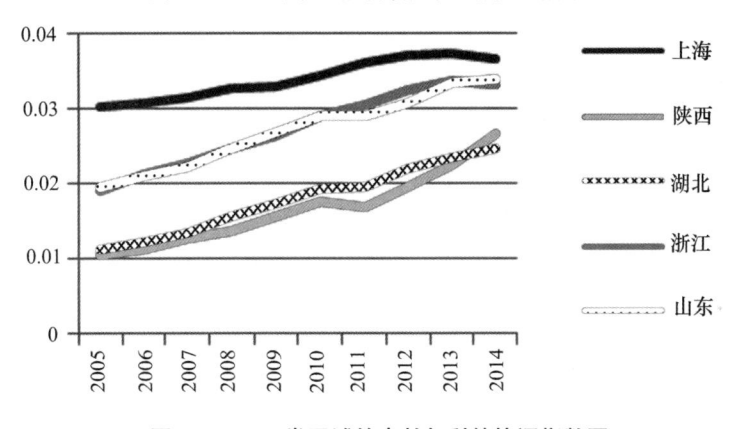

图 5-23　二类区域的高教与科技协调指数图

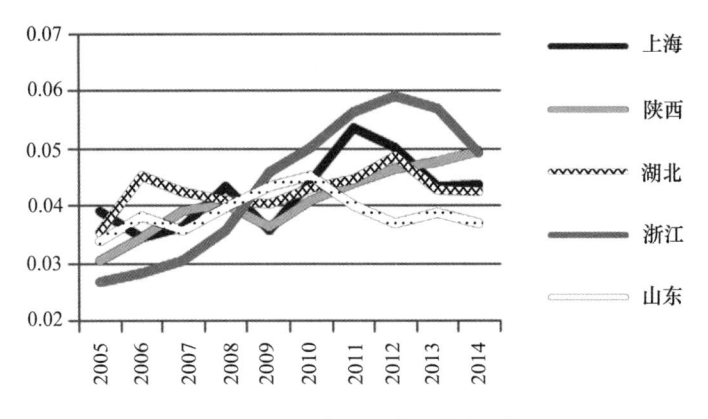

图 5-24　二类区域的科技成果指数图

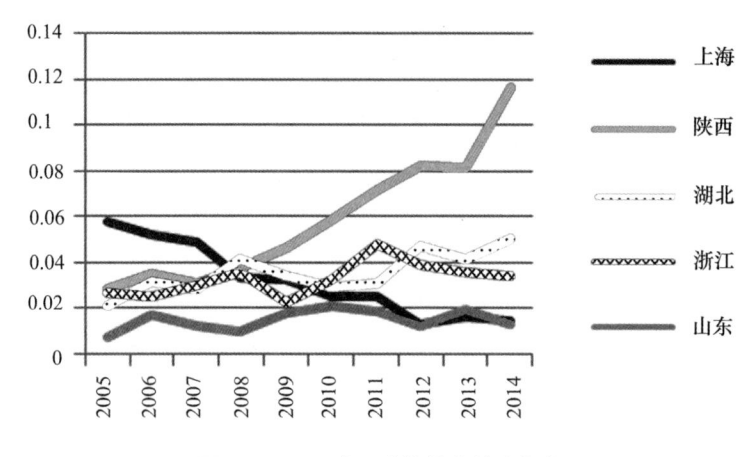

图 5 – 25　二类区域的社会效益指数图

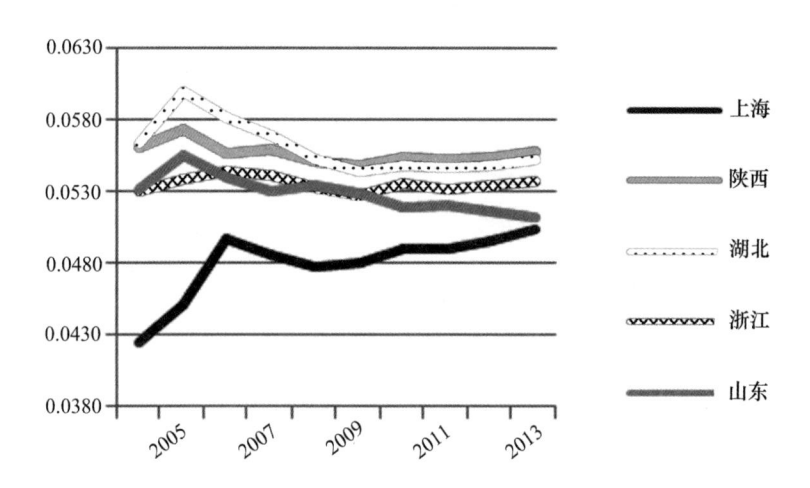

图 5 – 26　二类区域的经济效益指数图

在内部协同创新方面（见图 5 – 20），五个区域波动幅度较大，这可能是因为该指标只选取了合著论文数作为衡量水平。上海市的内部协同创新指数居于该层次的第一位，湖北第二，浙江第三，陕西第四，山东第五。上海的内部协同创新指数在 2012 年经历 10 年的最低，湖北在 2007 年和 2009 年分别经历了最高点和最低点，浙江于 2010 年跌落"谷底"，陕西和山东的内部协同发展较为稳定。外部协同创新方面（见图 5 – 21），上海的发展优势显著，2005 年该指数约为 0.034，同年位于第二的陕西的指数为 0.023，两区域的指数值相差不大，而在 2014 年，上海的指数比第二名的山东省高 0.033 之多，图 5-21 中的这种差距一目了然，可用"逐年增加"描述上海的外部协同发展。陕西省的整个外部协同创新的增长变化不显著，除了 2009 年的指数增长到 0.029，十年的变化走势像一条平行线。

高等教育科技创新与区域经济的匹配程度方面（见图 5-22），上海又遥遥领先于其余四省。陕西、湖北、浙江和山东四省的匹配指数大小相近，但这四省的增长速度比上海市快。高等教育科技创新与区域科技的匹配程度方面（见图 5-23），可以分为三个级别：第一级别为上海市，第二级别为山东和浙江，第三个级别为湖北和陕西。第二级别和第三级别的增长率接近，均大于第一级别的增长率。第二级别的区域由于增长率大于第一级别，所以这两个级别的指数差越来越小。

在高校的科技创新成果方面（见图 5-24），所有省区高校的科技产出量都在不断增加。浙江和陕西的增长线较为平滑，2012 年起浙江省高校的科技成果数量有所减少，该地区的政府与高校要引起注意，山东、上海和湖北在不同的年份均有下降的趋势。社会效益方面（见图 5-25），陕西的变化趋势很突出，2005 年该省的指数为 0.0284，2008 年的指数为 0.0373，2011 年的指数为 0.0716，到 2014 年已经为 0.117，该省的社会效益指数增长飞速。浙江、湖北和山东增长不显著，但上海市的下降趋势很明显，2005 年为 0.0583，2014 年的时候仅有 0.0154。就社会效益指数看（见图 5-26），上海市和山东省存在较大问题，前者是减少了社会服务的投资，后者是投资力度不大。经济效益方面，2010 年前层级分明，年后变化趋势集中。2010 年前山东省的经济效益很高，陕西第二，浙江第三，湖北第四，上海第五，2010 年后四省一市的指数相对集中，纵观山东的经济效益变化，该省有明显下降的变化，2005 年的指数为 0.053，2011 年为 0.052，2014 年为 0.051。

（二）二类区域的三级指标分析

由于 5 个区域的科技创新资源指标数量较多，无法在一个表格中显示，所以将这些指标两两组合，表 5-42 至表 5-44 均为科技人力和财力资源的三级指标，表 5-45 和表 5-46 为科技平台与硬件资源的三级指标，表 5-47 和表 5-48 为科技创新过程的三级指标，表 5-49 至表 5-51 为科技创新成果与贡献的三级指标。

在 R&D 全时人员指标方面（见表 5-42），除湖北省外，其余三省一市的指数均逐年增加。湖北在 2006—2008 年间该指标数值逐渐减少，

2009—2013 年间，该指标数值逐渐增长，但是 2014 年又开始下降，陕西和浙江在 2014 年全时人员数也开始有所减少。这五个区域中，上海市该指标发展最好，其次是山东和湖北，最后是浙江和陕西。作为经济较为发达的浙江省，高校的全时人员数量竟少于山东和湖北，浙江省应慎重考虑 R&D 全时人员对高校的科技发展的作用。在高层次科技人才方面，上海市的数量大约是陕西、湖北、浙江与山东的数量之和，山东省的高层次人才最少，到 2014 年该省的人才数量都未超过 50。

表 5 - 42　　二类区域科技资源的三级指标表（1）

三级指标	R&D 全时人员（人/年）					高层次科技人才（人）				
年份	上海	陕西	湖北	浙江	山东	上海	陕西	湖北	浙江	山东
2005	10577	6482	9338	6618	9308	179	34	49	36	26
2006	12168	6233	7825	6613	8252	180	35	58	37	32
2007	11495	6797	7596	6887	9193	176	42	64	40	36
2008	13226	6695	7662	7120	10067	188	44	65	49	33
2009	15344	7571	8863	7498	9850	202	51	73	49	38
2010	15643	7367	9333	7772	9970	168	42	52	41	33
2011	15149	7057	9834	7427	11689	203	57	73	46	33
2012	14906	7420	10039	7806	11396	200	59	73	40	30
2013	15179	7976	10208	8038	12609	232	81	88	50	44
2014	15849	7377	9999	7801	14666	236	78	87	50	44

专任教师学历指数方面（见表 5 - 43），山东的学历指数最大，其次湖北，陕西为第三，浙江为第四，上海的指数最小，但从结构来看，上海市的结构最合理，主要以博士和硕士学历的教师为主，而其余四省主要以本科学历的教师为主。科技经费的人均实际支出指标方面，作为 5 个区域中经济最不发达的陕西省，它的人均支出数额历年最多，2005—2008 年间上海市的支出金额比浙江省多，但 2009 年开始，浙江省的支出明显多于上海，山东省的支出最少。结合人均科技经费投入指标（见表 5 - 44），陕西省的投入多，支出也多，浙江、湖北、上海和山东的投入有多少，支出也就多少，投入与产出的排名相同。在科技经费占 GDP 的比重方面，陕

表 5-43　　二类区域科技资源的三级指标表（2）

三级指标	专任教师学历					实际科经人均支出（千元/人）				
年份	上海	陕西	湖北	浙江	山东	上海	陕西	湖北	浙江	山东
2005	21504	25510	33252.5	22847.4	38569.1	205.16	255.06	133.44	165.81	65.45
2006	23480.9	28317.4	37055.6	25770.8	44975.7	219.77	275.84	147.15	203.37	99.10
2007	25316.6	30684.1	40225.5	28451.2	49771	283.20	269.47	205.86	203.26	91.64
2008	26738.3	32659.1	41869.1	29281.8	52226.1	273.67	342.54	252.78	218.26	108.94
2009	28405.8	34098.6	44052.7	31041.3	54674.2	257.76	342.24	262.61	270.91	128.29
2010	29512.7	36254.4	45731.1	32374.9	55717.3	289.76	400.94	350.84	366.18	154.60
2011	29594	37570.9	48742.8	33434.2	56784.3	325.59	513.58	331.43	414.87	163.25
2012	30476.4	39427.3	50687.9	35204.8	58652.9	384.34	529.19	376.60	459.81	191.90
2013	31033.7	41767.3	52324.7	37020	60227.3	425.07	462.96	390.27	435.75	198.34
2014	31819.4	42948.7	53651.6	38952.7	62004.1	399.48	528.59	408.85	485.53	182.67

表 5-44　　二类区域科技资源的三级指标表（3）

三级指标	人均科技投入经费（千元/人）					科技经费占 GDP 比重				
年份	上海	陕西	湖北	浙江	山东	上海	陕西	湖北	浙江	山东
2005	256.40	269.72	146.21	222.91	79.32	0.0049	0.0074	0.0035	0.0018	0.0007
2006	248.52	298.80	190.22	259.64	109.19	0.0048	0.0065	0.0033	0.0018	0.0007
2007	313.85	326.85	238.76	273.67	113.62	0.0048	0.0064	0.0032	0.0017	0.0007
2008	317.55	383.84	294.70	300.80	129.48	0.0050	0.0059	0.0033	0.0017	0.0007
2009	281.87	369.84	295.95	315.34	141.55	0.0048	0.0057	0.0034	0.0017	0.0007
2010	357.16	499.66	373.78	400.96	182.59	0.0054	0.0061	0.0036	0.0019	0.0008
2011	414.99	571.92	365.66	460.63	188.20	0.0055	0.0054	0.0031	0.0018	0.0008
2012	477.45	585.54	408.60	484.93	225.00	0.0059	0.0050	0.0031	0.0018	0.0009
2013	482.97	524.30	418.38	469.23	223.71	0.0056	0.0043	0.0029	0.0017	0.0009
2014	430.92	578.09	425.22	504.16	195.40	0.0048	0.0040	0.0026	0.0016	0.0008

西地区生产总值对高校的经费贡献最多，上海第二，湖北第三，浙江第四，山东第五。但在时间上，陕西、湖北和浙江高校的科技投入强度逐渐削弱，陕西省由最初的 7.4‰ 到 2014 年的 4‰，湖北省由 3.5‰ 到 2.6‰，浙江省由 1.8‰ 到 1.6‰。就高校的财力资源上，二类区域存在这些问题：（1）上海市的投入经费与支出经费不匹配，投入多，支出相对偏少。（2）浙江省经济发达，但其生产总值对高校的经费投入力度不强。（3）作为高等教育基础良好的山东省，不仅投入少，支出也少，所以该省要在原有的经费投入基础上，稍微提升投入强度。

国家工程技术研究中心方面（见表 5-45），山东比上海和湖北多，浙江比陕西多，陕西研究中心的建设速度最慢。固定资产购置方面（见表 5-45），五个区域的投资与其经济发展水平相适应，上海对高校用于科研实验室、图书资料等硬件购置的投资金额大约为陕西的 2 倍，陕西省的购置费最少。教学科研仪器设备方面（见表 5-46），浙江、陕西和湖北成为该类区域的"三巨头"。图书数量方面，山东省占有优势，居于第一位，陕西省比上海和浙江的人均数量多，上海市的人均图书数量最少。

表 5-45　　二类区域科技资源的三级指标表（4）

三级指标	国家技术研究中心（个）					固定资产购置费（千元）				
年份	上海	陕西	湖北	浙江	山东	上海	陕西	湖北	浙江	山东
2005	7	3	7	5	7	468464	284044	387476	436400	232908
2006	7	3	7	5	7	652347	311735	323913	585886	279632
2007	8	3	8	6	10	838038	309995	506730	524061	333468
2008	9	4	9	8	16	1340629	417018	526089	572832	399141
2009	10	4	10	9	18	1358320	395605	657653	743517	412005
2010	13	5	12	10	24	1142227	643670	767471	648442	491304
2011	15	5	13	12	29	1494599	804942	825731	1039820	548339
2012	15	5	14	12	29	1803635	706040	996482	969580	646574
2013	15	5	14	12	31	1899859	707259	965814	983603	776910
2014	15	5	14	12	31	1776644	653975	897953	958800	964038

表 5-46　　　　二类区域科技资源的三级指标表（5）

三级指标	人均拥有教学科研设备资产值（万元/人）					人均拥有图书数量（万册/人）				
年份	上海	陕西	湖北	浙江	山东	上海	陕西	湖北	浙江	山东
2005	43.676	53.472	48.056	55.847	52.684	0.281	0.582	0.468	0.475	0.583
2006	42.226	64.122	66.762	64.052	70.108	0.260	0.662	0.625	0.530	0.747
2007	47.826	66.477	76.397	69.604	71.185	0.292	0.653	0.705	0.534	0.766
2008	46.723	75.563	83.559	75.230	72.384	0.271	0.700	0.736	0.558	0.740
2009	45.552	73.270	79.083	82.323	80.807	0.246	0.648	0.676	0.597	0.803
2010	49.297	85.958	82.662	88.959	86.997	0.299	0.695	0.676	0.613	0.846
2011	58.565	101.135	84.718	105.010	79.345	0.259	0.753	0.691	0.678	0.754
2012	67.645	102.585	90.766	112.729	87.673	0.273	0.755	0.718	0.686	0.804
2013	75.806	103.980	97.259	124.080	85.757	0.275	0.738	0.737	0.703	0.758
2014	82.363	124.606	108.579	141.902	79.987	0.269	0.818	0.766	0.757	0.666

合著论文方面（见表 5-47），陕西、浙江和山东的高校间的产量不多。国际合作研究人次方面（见表 5-48），陕西和浙江与国际的交流机会有待增加，上海市因和国际接轨，与国际的交流机会多，高校中不仅国际化水平高，而且科学技术发展也快，国际交流很有必要。国家大学科技园区方面，上海市的数量最多，陕西、湖北、浙江和山东数量相差无几。从高校科技投入经费来自企业的比例看，上海、陕西、湖北企业投资的份额较多，有30%至50%左右，浙江和山东省情况类似，企业投资比例约为20%—30%。

表 5-47　　　　二类区域科技过程的三级指标表（1）

三级指标	合著论文数（篇）					国家大学科技园区（个）				
年份	上海	陕西	湖北	浙江	山东	上海	陕西	湖北	浙江	山东
2005	17	6	8	3	2	6	3	1	2	2
2006	38	9	15	21	13	8	4	1	2	2
2007	34	13	35	25	4	8	4	1	2	2

续表

三级指标	合著论文数（篇）					国家大学科技园区（个）				
年份	上海	陕西	湖北	浙江	山东	上海	陕西	湖北	浙江	山东
2008	30	9	22	25	3	10	4	1	2	2
2009	46	8	9	19	11	10	4	2	3	2
2010	38	13	26	5	9	11	4	3	4	3
2011	29	5	25	18	14	11	4	3	4	3
2012	12	9	23	15	9	13	4	3	5	4
2013	44	20	32	16	9	13	4	3	5	4
2014	30	8	20	11	1	13	4	3	6	5

表5-48 二类区域科技过程的三级指标表（2）

三级指标	高教科技投入经费来自企业的比例					国际合作研究总人次（人次）				
年份	上海	陕西	湖北	浙江	山东	上海	陕西	湖北	浙江	山东
2005	0.413	0.455	0.430	0.389	0.340	3743	2167	1991	1738	1851
2006	0.457	0.420	0.432	0.364	0.351	5210	1538	2150	2687	2422
2007	0.396	0.384	0.430	0.361	0.322	4147	1851	2927	3106	2762
2008	0.384	0.367	0.404	0.312	0.328	3656	2005	2357	2767	3237
2009	0.383	0.444	0.390	0.335	0.325	5375	3518	2822	2210	3453
2010	0.329	0.348	0.346	0.269	0.333	4905	2629	3075	2206	4125
2011	0.310	0.374	0.363	0.293	0.342	6517	2315	3011	2086	4774
2012	0.278	0.359	0.340	0.269	0.290	6772	2153	2941	1580	5227
2013	0.315	0.370	0.348	0.284	0.331	8195	3645	3968	2037	6993
2014	0.352	0.455	0.338	0.293	0.319	9972	2690	4122	1907	5085

论文指数方面（见表5-49），陕西、湖北较高，浙江比上海稍高，山东省的论文增长趋势不明显。专利指数方面，五个区域除浙江外都逐年增长，但区域间存有差距，湖北的专利发展速度最快，其次是上海，陕西和山东的发展速度接近，浙江高校专利指数逐年减小。

表 5-49　　　　二类区域高校科技成果的三级指标表（1）

三级指标	论文指数					专利指数				
年份	上海	陕西	湖北	浙江	山东	上海	陕西	湖北	浙江	山东
2005	0.0031	0.0040	0.0051	0.0046	0.0038	0.0039	0.0011	0.0021	0.0045	0.0017
2006	0.0035	0.0051	0.0073	0.0055	0.0048	0.0045	0.0017	0.0028	0.0036	0.0021
2007	0.0048	0.0054	0.0077	0.0059	0.0048	0.0070	0.0021	0.0041	0.0044	0.0022
2008	0.0055	0.0053	0.0083	0.0057	0.0053	0.0114	0.0036	0.0040	0.0087	0.0026
2009	0.0048	0.0052	0.0070	0.0062	0.0046	0.0062	0.0043	0.0046	0.0138	0.0020
2010	0.0047	0.0059	0.0073	0.0063	0.0046	0.0100	0.0075	0.0059	0.0223	0.0029
2011	0.0054	0.0077	0.0081	0.0064	0.0040	0.0137	0.0091	0.0063	0.0257	0.0046
2012	0.0056	0.0066	0.0073	0.0066	0.0044	0.0123	0.0100	0.0084	0.0299	0.0056
2013	0.0059	0.0063	0.0068	0.0060	0.0050	0.0094	0.0121	0.0077	0.0281	0.0066
2014	0.0063	0.0069	0.0083	0.0056	0.0045	0.0077	0.0124	0.0074	0.0233	0.0063

技术转让方面（见表 5-50），陕西高校的指数最高，上海和浙江处于第二位，山东比湖北高校高，该指标各区域的发展变化较大，都有大起大落现象存在。单从首位年份看，只有陕西和浙江呈增长趋势。人才培养方面，上海市的在校博士和硕士折算指数最大，浙江和山东高校的在校人才偏少。浙江和山东的高校数量多，教育基础能力较强，文化氛围也浓，但在校的博士和硕士数量偏少。成果鉴定数方面（见表 5-51），四省一市的数量逐年减少，其中山东省的鉴定成果数最多，浙江的鉴定数最少。人均科技服务投入经费方面，同层次中的其他省区的服务投入经费不断增多，而上海市的服务经费与之相反，由最初的 44 千元到 2014 年的 12 千元，该区域应高度重视锐减现象。山东省高校的服务投入经费虽无减少，但其增长的速度太慢，其他区域加速发展高效的科技服务，而本省却不急不慢。

表 5-50　　二类区域高校科技成果的三级指标表（2）

三级指标	技术转让					人才培养				
年份	上海	陕西	湖北	浙江	山东	上海	陕西	湖北	浙江	山东
2005	0.0049	0.0051	0.0026	0.0022	0.0044	0.0076	0.0056	0.0070	0.0024	0.0035
2006	0.0043	0.0068	0.0041	0.0040	0.0039	0.0084	0.0063	0.0073	0.0026	0.0040
2007	0.0019	0.0075	0.0026	0.0036	0.0030	0.0088	0.0068	0.0075	0.0030	0.0045
2008	0.0030	0.0101	0.0013	0.0032	0.0025	0.0092	0.0072	0.0080	0.0034	0.0048
2009	0.0028	0.0046	0.0018	0.0047	0.0069	0.0100	0.0077	0.0087	0.0041	0.0055
2010	0.0066	0.0055	0.0016	0.0055	0.0024	0.0108	0.0082	0.0099	0.0046	0.0062
2011	0.0103	0.0060	0.0020	0.0060	0.0015	0.0115	0.0087	0.0103	0.0050	0.0066
2012	0.0071	0.0045	0.0028	0.0051	0.0023	0.0123	0.0091	0.0107	0.0052	0.0068
2013	0.0046	0.0068	0.0020	0.0052	0.0024	0.0130	0.0094	0.0109	0.0055	0.0070
2014	0.0040	0.0078	0.0015	0.0037	0.0020	0.0129	0.0095	0.0111	0.0058	0.0071

表 5-51　　二类区域高校科技成果的三级指标表（3）

三级指标	成果鉴定数（项）					人均科技服务投入经费（千元/人）				
年份	上海	陕西	湖北	浙江	山东	上海	陕西	湖北	浙江	山东
2005	413	226	619	389	701	43.81	21.36	15.96	20.35	5.53
2006	247	231	814	380	721	39.27	26.47	23.86	19.01	12.75
2007	250	239	435	164	764	37.37	23.14	21.30	22.88	9.44
2008	265	212	390	171	797	25.55	28.02	31.14	27.04	7.40
2009	209	212	313	276	977	24.89	34.82	26.08	17.35	13.78
2010	233	176	295	222	1123	19.47	44.17	21.90	24.82	16.00
2011	205	176	354	237	885	19.28	53.83	23.34	36.23	14.16
2012	160	157	515	143	698	10.10	62.18	35.45	29.66	9.37
2013	231	163	290	161	662	12.59	61.49	31.19	26.95	14.58
2014	257	188	320	106	462	11.56	87.94	38.17	25.72	10.18

通过对第二层次各区域的二、三级指标的分析，可以归纳为以下几点：

（1）科技创新资源方面，山东和浙江的人力资源发展较慢。主要表现在两省的高层次科技人才数量少，浙江省的 R&D 全时人员不多。山东的财力资源在该类区域中匮乏，首先 GDP 对高校的投资力度最弱，来自企业的科技经费也少，导致其人均科技经费少。陕西缺少硬件资源，主要是国家工程技术研究中心，高校拥有的图书少。由此可见山东省的创新资源基础最为薄弱。

（2）科技创新过程方面，山东、陕西和浙江的合作意识不强，一方面是本土高校间的科技交流与合作机会不多，另一方面是与国际科技的接触不多。除上海市外，其余四省高校与社会优质资源结合力度不强，一定程度上阻碍了科技成果的转化、高校创新创业人才的培养等。

（3）科技创新结构方面，上海市高等教育与经济的匹配程度、与科技的匹配程度较高，而陕西与湖北在该类区域中两种匹配程度较弱，在高等教育科技创新能力一定时，这两个省区的经济发展水平和科技发展水平有待提高，既要有数量的提高，也有注重质量的合理发展。

（4）科技成果与效益方面，各区域的高校各有所长也各有所短。例如浙江省高校中被国内外期刊收录的论文数较少，湖北专利数偏少，湖北和浙江的技术转让成交的金额不多，浙江和山东的在校博硕士生最少，但山东高校的鉴定成果数很多。在社会服务效益方面，山东省社会服务投资力度需要加大，上海市的高校与政府需要注意当前本市的发展趋势逐渐下降，应重新加强科技服务意识，为高校科技成果更好地推广做好铺垫。

四　第三层次区域高等教育科技创新能力分析

在第三层次中，辽宁、河南、四川、广东属于区域高等教育科技创新能力较为稳定的地区，天津、湖南、河北、重庆的高等教育科技创新能力指数游走于第三和第四层次中。图 5-27 至图 5-36 呈现了这八个省域的二级指标的变化情况。

（一）第三类区域的二级指标分析

人力资源指数方面（见图 5-27），广东省的波动最大，在 2007—

2010 年间其指数低于 0.01，2012 年又跌落至 0.0123。河南省的人力资源最多，增长趋势较为明显，天津、河北、辽宁、湖南、重庆和四川的人力指数集中于 0.025 上下，增长速度偏慢。财力资源方面（见表 5-28），天津市对高校的科技资金的投入较多，四川和重庆的投入量相差不大，辽宁位于第三名。湖南高校的财力资源指数在 2008 年达到顶峰，随后逐渐下降。广东和河南高校的财力资源相差不大，但两区域的指数偏低，河北省高校的财力指数最低，其增长速度除湖南省外最慢。平台与硬件资源方面（见图 5-29），各区域的增长趋势相同，其指数走势有一定层次，广东和河南的指数最大，中间层次的区域为四川、湖南、辽宁和河北，重庆和天津的指数趋势线交织在一起，总体看，重庆的指数略高于天津。

内部协同创新指数方面（见图 5-30），广东的合著论文数明显很高，但其波动也很大，发展不稳定。其余地区指数整体偏低，不同时间其指数的变化也很大。一方面由于该二级指标由一个三级指标构成，另一方面各区域高校间的合作发展没有变成一种研究趋势。外部协同创新指数方面（见图 5-31），四川与辽宁领先，其余 6 个区域的指数相对集中，其中，广东和天津的指数数量与发展趋势都较为接近，河北、河南两区域的外部协同创新能力较弱。

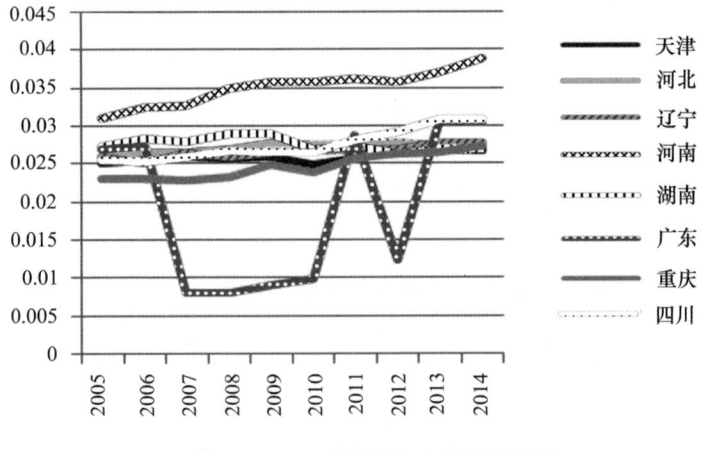

图 5-27 三类区域人力资源指数图

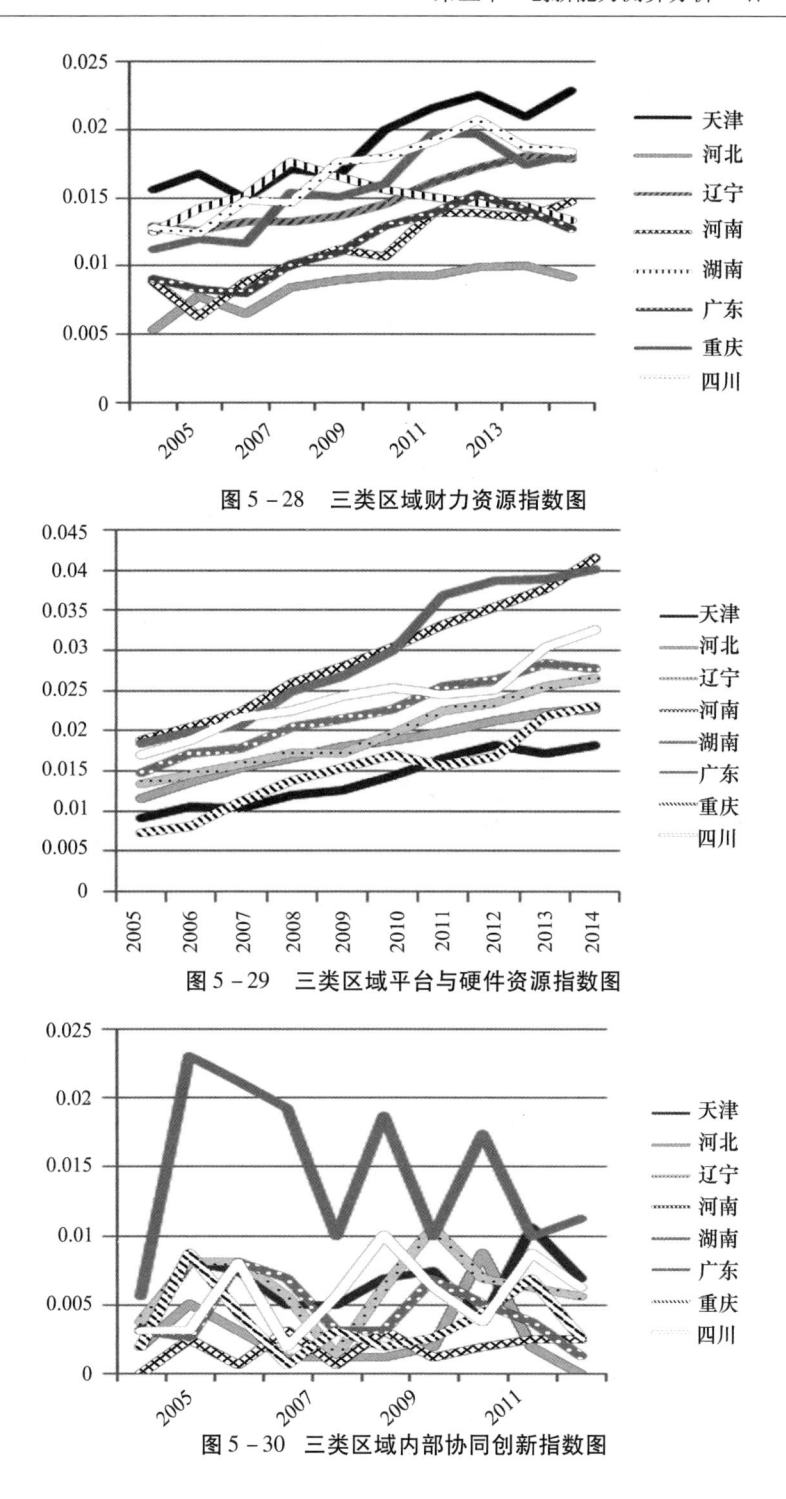

图 5-28 三类区域财力资源指数图

图 5-29 三类区域平台与硬件资源指数图

图 5-30 三类区域内部协同创新指数图

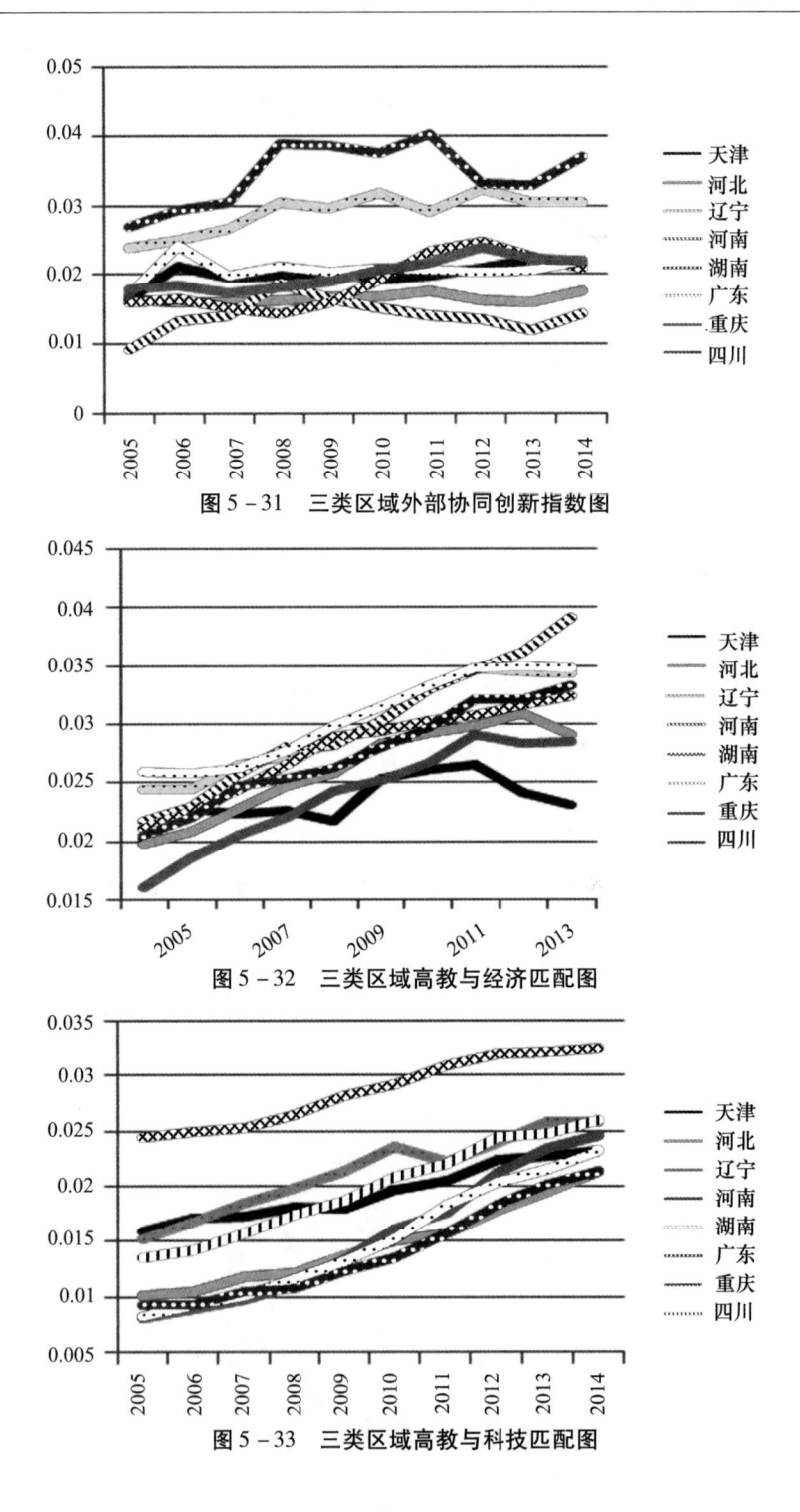

图 5-31 三类区域外部协同创新指数图

图 5-32 三类区域高教与经济匹配图

图 5-33 三类区域高教与科技匹配图

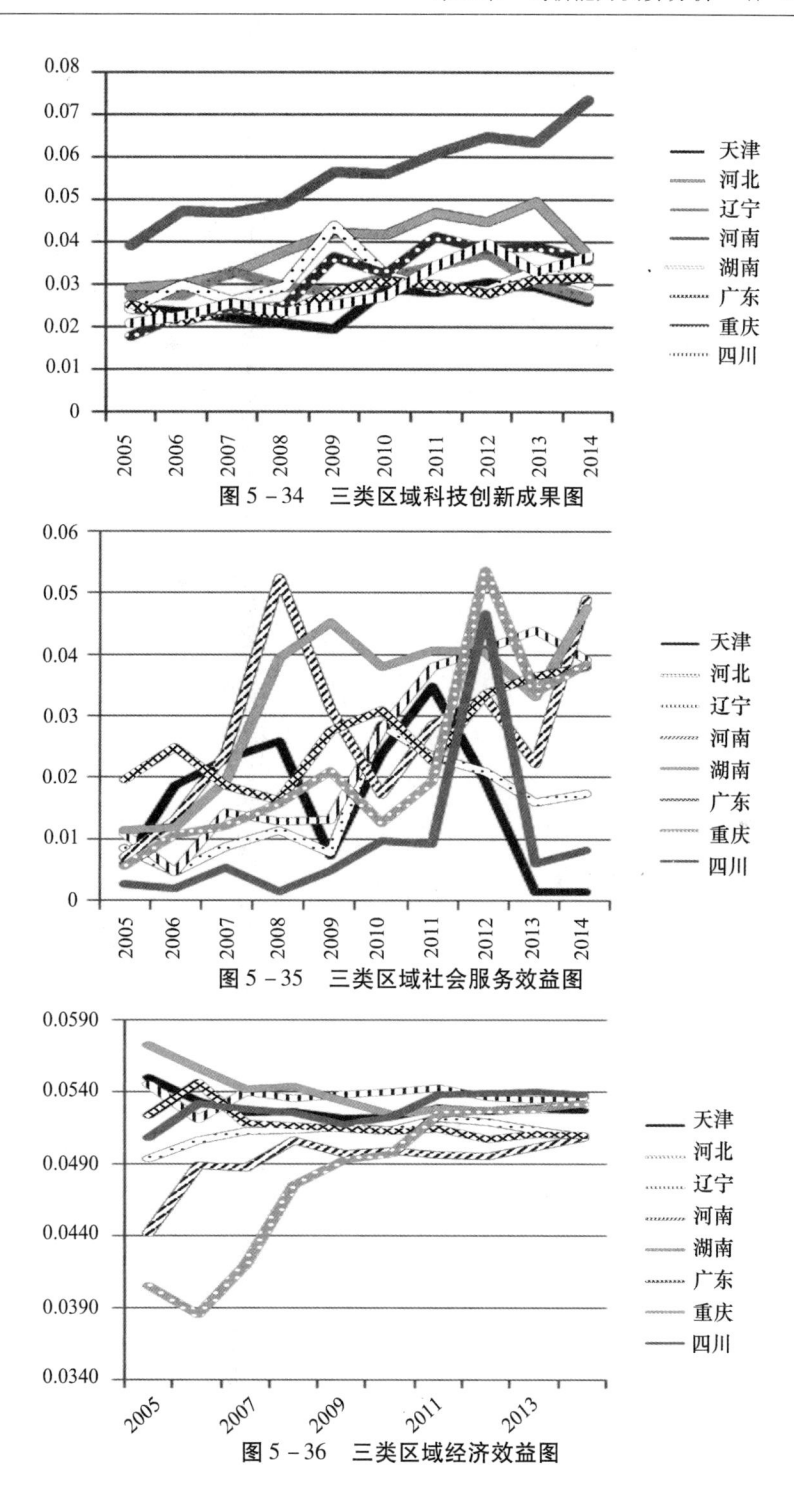

图 5-34　三类区域科技创新成果图

图 5-35　三类区域社会服务效益图

图 5-36　三类区域经济效益图

高等教育科技创新能力与区域经济的匹配度方面（见图 5-32），河南、广东和辽宁的指数较高，重庆和天津的匹配程度较低，但重庆的高教与经济的匹配指数的增长速度明显快于天津市。在高等教育与科技创新指数方面（见图 5-33），广东省的指数最为凸显，每年该指数值大约高于其他区域 0.01。辽宁、天津和四川处于第二水平，其高教与科技的匹配指数趋于一致，而河南、湖南、河北、重庆属于第三水平，其中重庆的高校与科技的匹配程度最低。高校科技创新成果方面（见图 5-34），河南高校的科技产出量最多，其次是河北省，但河北省在 2014 年的产出量有所减少。其余 6 区域在 0.02 和 0.04 之间上下波动，四川的高校成果指数一直处于增长，且增长速度比较均匀，而广东高校的科技成果指数偏低，增长速度也不快。在社会服务效益方面（见图 5-35），第三层次中各区域高校的社会服务投入极其不稳定，尤其河南省。该省 2008 年该指数达到 0.05 左右，到 2010 年跌至 0.017，2014 年又上升至 0.049。其中 10 年里，四川省的社会服务金额平均最少，唯独在 2010 年增长到 0.046。经济效益方面（见图 5-36），各区域的发展趋势较为平缓，只有河南与重庆地区于 2005—2008 年增长迅速。

（二）三类区域的三级指标分析

为探索第三层次区域高等教育科技创新发展中存在的具体问题，需深入到三级指标的分析。在 R&D 全时人员（见图 5-37）方面，辽宁和四川的人员数最多，广东省位于中段位置，而重庆和河南两区域的数量最少。

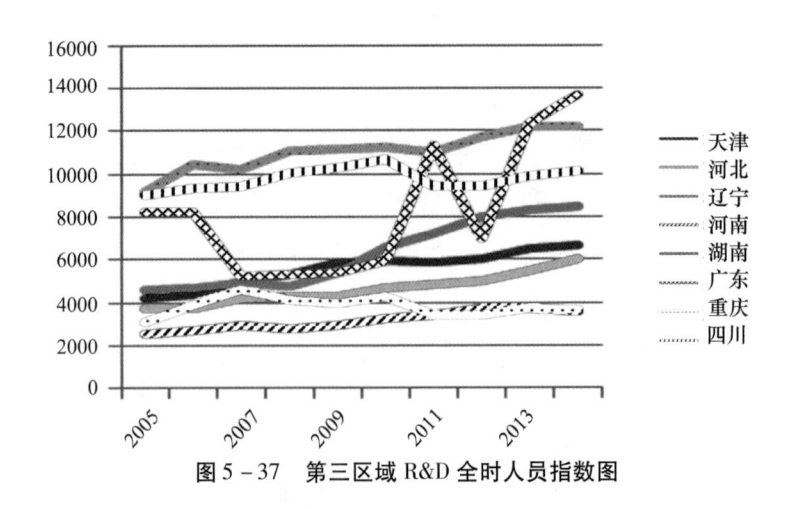

图 5-37 第三区域 R&D 全时人员指数图

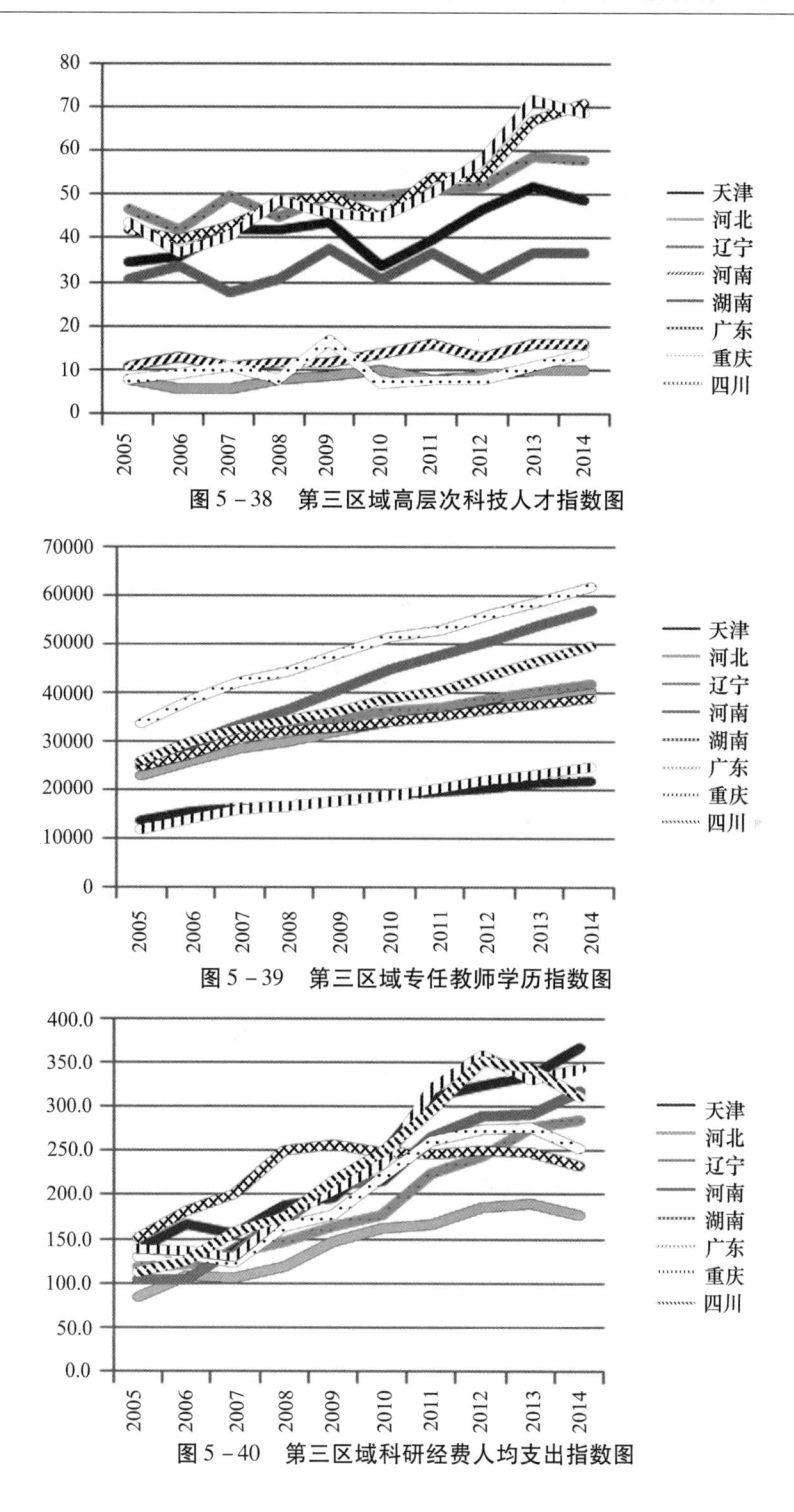

图 5-38　第三区域高层次科技人才指数图

图 5-39　第三区域专任教师学历指数图

图 5-40　第三区域科研经费人均支出指数图

图 5-41 第三区域人均科技投入

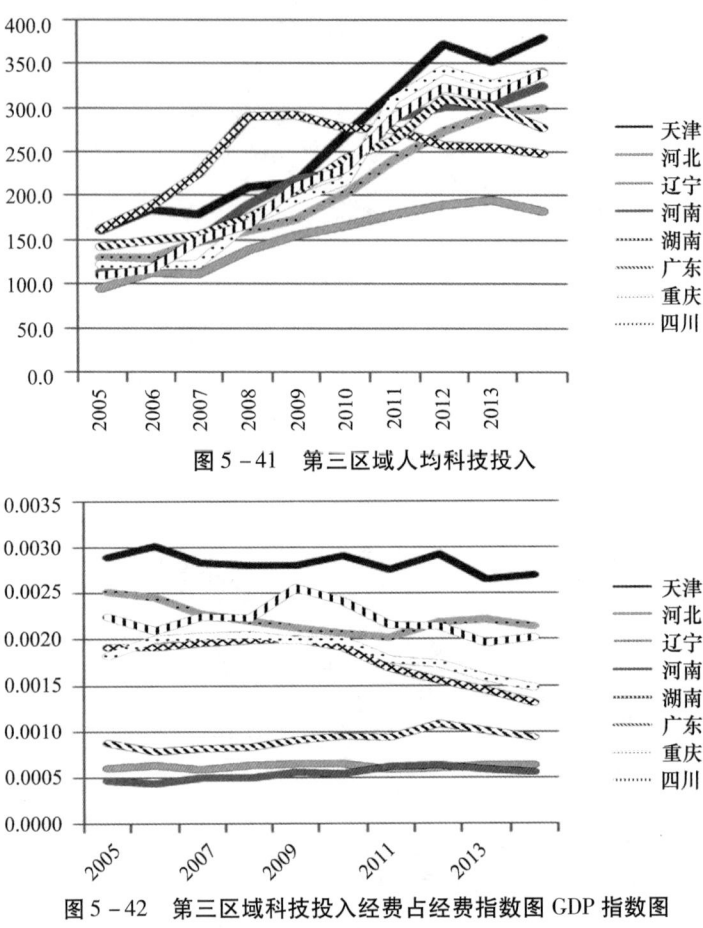

图 5-42 第三区域科技投入经费占经费指数图 GDP 指数图

图 5-43 第三区域国家技术研究中心分布图

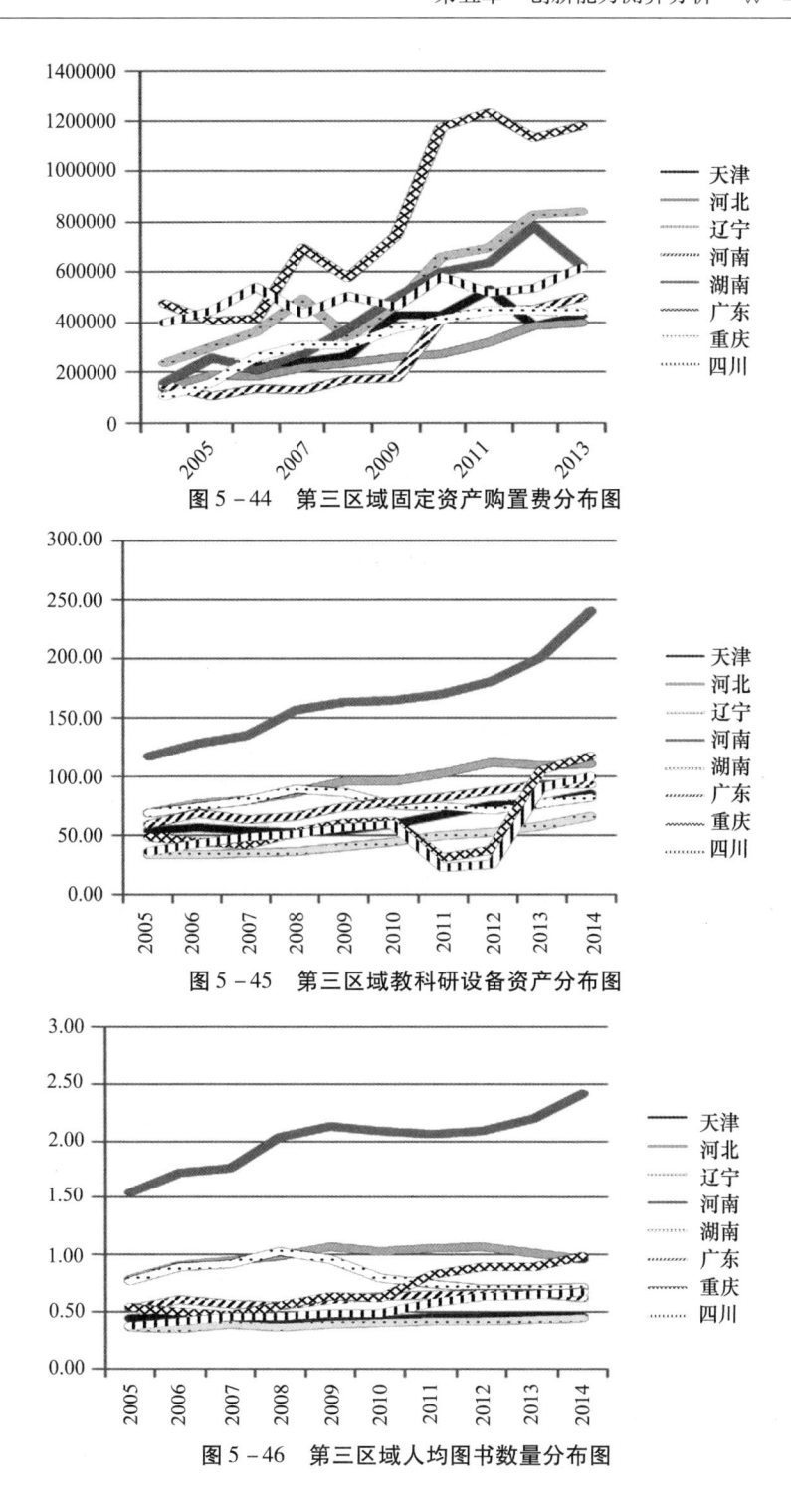

图 5-44　第三区域固定资产购置费分布图

图 5-45　第三区域教科研设备资产分布图

图 5-46　第三区域人均图书数量分布图

高层次科技人才方面（见图5-38），四川、广东和辽宁的人数处于第一水平，天津与湖南处于第二水平，而河南、河北、重庆的高层次人才较为匮乏。高校的专任教师的学历情况方面（见图5-39），广东折算后的博士学历指数最多，2014年已到61903左右，河南省学历指数的增长速度最快，辽宁、河北和湖南的专任教师学历指数相差较小，而重庆和天津的指数最少，增长速度最慢。综合R&D全时人员、高层次科技人才、高校专任教师的学历指数这三个三级指标看，广东省和四川省的人力资源较为丰裕，而重庆市的人力资源明显不足且结构不合理。

在科技投入经费占GDP的比重方面（见图5-42），天津的投入力度最大，其次是辽宁和四川，而重庆和湖南的投入力度一般，以上5个区域高校的科技投入经费有轻微的减小趋势。广东、河北和河南的投入占GDP份额较少，却没有上升趋势。在人均科技投入经费方面（见图5-41），天津、重庆、四川、河南、广东和辽宁的经费相对集中，而且增长速度较快，整体处于较高的水平。湖南在2008年和2009年的人均投入经费到达10年间的顶峰，但后续的人均投入逐渐减少，在2012年达到稳定状态。河北省的人均投入的增长速度和数量都不及其他7个省域。在人均支出经费方面（见图5-40），8个省区的发展态势和人均投入经费相近。综合科技经费占GDP的份额、人均投入经费和人均支出经费指标，天津、四川的财力资源丰富，河北的财力资源相对较少。

国家技术研究中心方面（见图5-43），四川的数量最多。广东省在2005—2007年间研究中心的数量不多，但2008—2010年间发展迅速，其研究中心和四川持平。湖南、重庆、河南、辽宁的整体发展趋势类似，其中，重庆市的增长速度最快，主要表现在2006—2010年，由最初的3个研究中心扩展到10个。天津市的数量一般，河北省的国家技术研究中心数量最少。固定资产购置费方面（见图5-44），广东省10年间资金最多，辽宁和湖南的购置费处于中等水平，河北和河南的购置费偏少。教科研设备资产值和人均图书数量方面（见图5-45、图5-46），河南省"独领风骚"，天津和辽宁相对落后。所以从这三个三级指标的分析中可以发现，第三层次中各区域的平台与硬件资源差异显著，尤其是国家技术研究中心，广东和四川的研究中心数量明显多，而河北省的数量偏少。辽宁省虽然在国家技术研究中心、固定资产购置费方面具有优势，但其教科研仪器设备和图书数量存有明显的劣势。

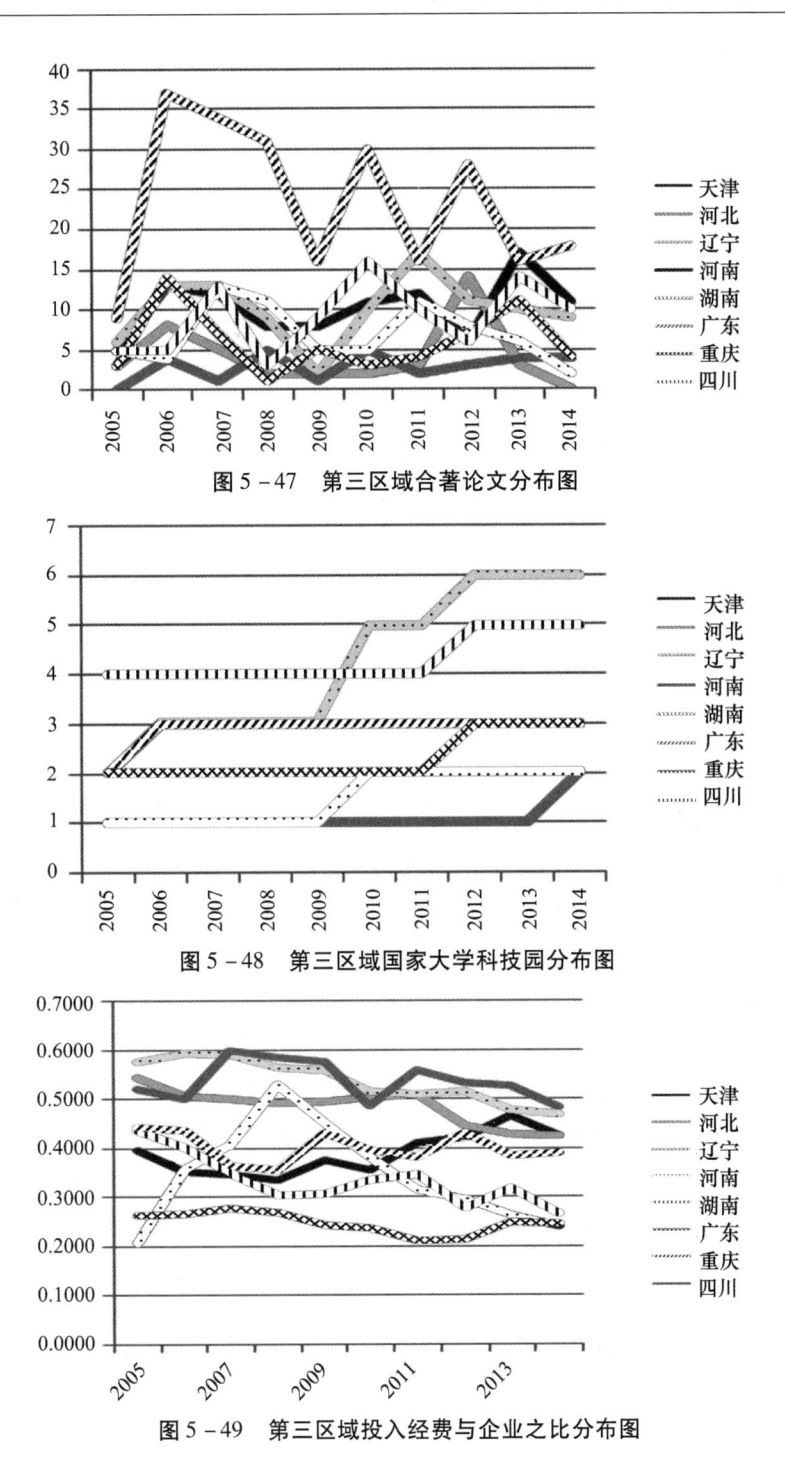

图 5-47　第三区域合著论文分布图

图 5-48　第三区域国家大学科技园分布图

图 5-49　第三区域投入经费与企业之比分布图

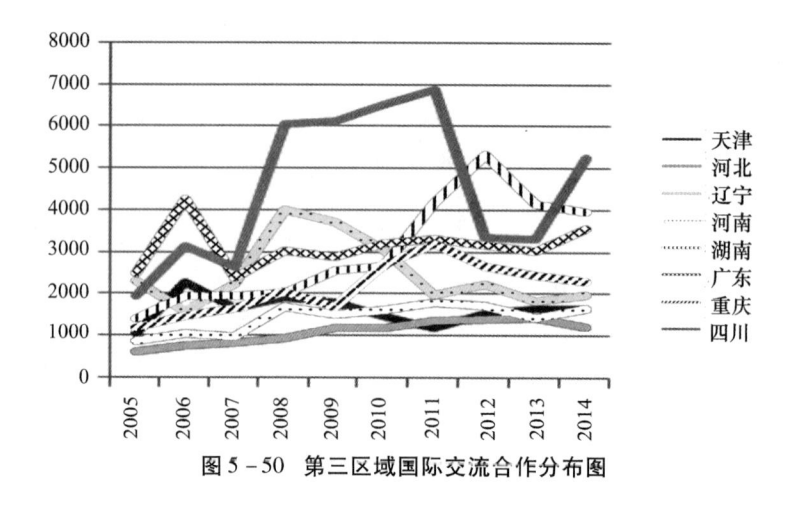

图 5-50　第三区域国际交流合作分布图

合著论文方面（见图 5-47），广东省高校间的合作机会较多，河北和河南两区域数量最少，第三层次高校间合作撰写的论文数在各年间波动很大。国家大学科技园区方面（见图 5-48），第三层次各区域的数量屈指可数，区域间存有差异，辽宁和四川的数量最多，其中辽宁省的建设力度大于四川，2009—2012 年间，辽宁省的数量从 3 升至 6，广东、重庆与河南的数量停留在 3 所及 3 所以下。高校科技投入经费来自企业的比例方面（见图 5-49），四川、辽宁与河北的企业对高校的科技投入达到 50%左右，而广东省高校科技经费企业投资所占比例在 20%—30%之间波动。河南省在 2009 年的比例超过 50%，但 2010 年起企业对高校的投资逐渐减少。国际交流合作方面（见图 5-50），四川在 2008—2011 年经历了鼎盛时期，国际合作总人次能达到 6000—7000 左右，2012 年迅速下降为 3354 人次，2014 年又增加到 5266 人次，但未能超越鼎盛时期的数量。广东省的国际合作交流平缓发展，派出和接纳的交流总人次增长幅度较小，而湖南省的增长幅度与广东相反，从 2011 年起总人次在该类区域中处于一、二位。河北、天津与河南的国际交流人次在 2005—2014 年间最少。依据以上分析可发现，广东省高等教育内部协同创新发展较好，四川省高等教育外部协同创新发展良好。第三层次各区域的合著论文数与国家大学科技园区数仍需大力发展，广东省企业对高校科技的投入有待提高，河北、河南与天津的合作意识有待加强。

人均 GDP 方面（见图 5-51），天津的总值最高，四川、重庆、湖南、河北与河南的总值偏低且趋于一致,广东和辽宁的人均生产总值处于第二水平,两区域相差不大。就业人员工资总额方面(见图5-52),广东省的工资水平最高,其余省份的工资处于同一水平,其中重庆和天津的工资最少。因此,广东省的经济规模最好,重庆的规模有待扩大。

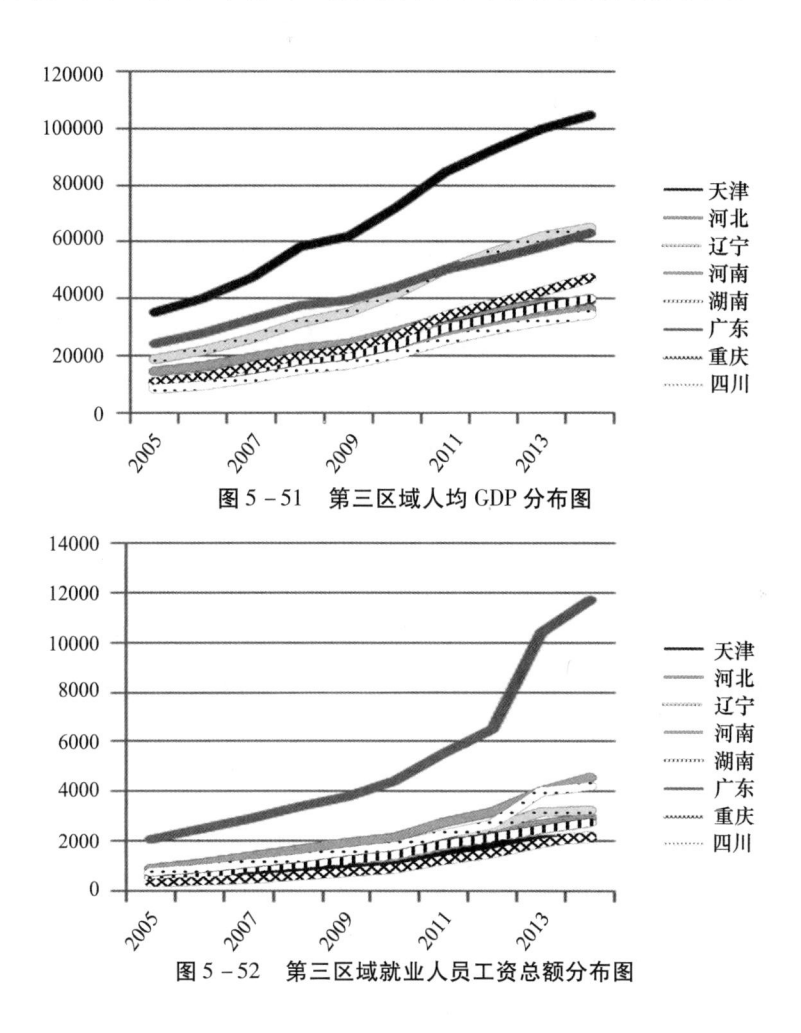

图5-51 第三区域人均GDP分布图

图5-52 第三区域就业人员工资总额分布图

人均可支配收入方面(见图5-53),该层次所有区域的增长幅度接近,其中天津和广东居民能自由支配的金额较多,其余6省区的金额每年相对集中,但和广东、天津相比,存有一定的差距。GDP增长率方面(见图5-54),8个区域整体呈下降趋势。单位GDP能耗方面(见图5-55),广东省的能耗最少,河北省的能耗偏多,各区域的能耗都在不断减少。从这三个指标看，广东省的经济质量最高，河北的经济质量偏低。第一产业与第二产业之比方面（见图5-56），广东和天津的比重最小，湖南和四川的比重最大。第三产业占GDP的比重方面（见图5-57），广东和天津的比值最大，河南的比值最小，虽区域间的比值有大小、高低之分，但增长速度均不明显。所以广东和天津的经济结构最为合理，河北与河南的经济结构有待优化，形成以第三产业为主，第二产业辅之的经济发展路线。综合整个有关区域经济的三级指标情况，第三层次中广东省的经济发展水平最优，河北与河南的经济能力较弱。

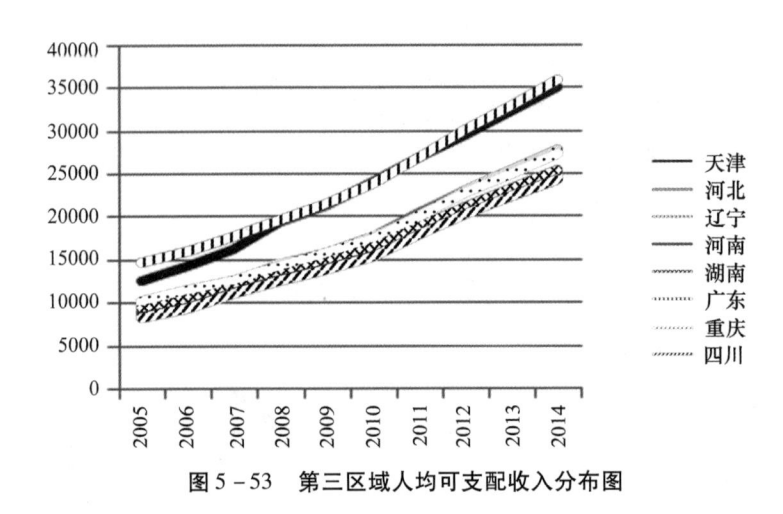

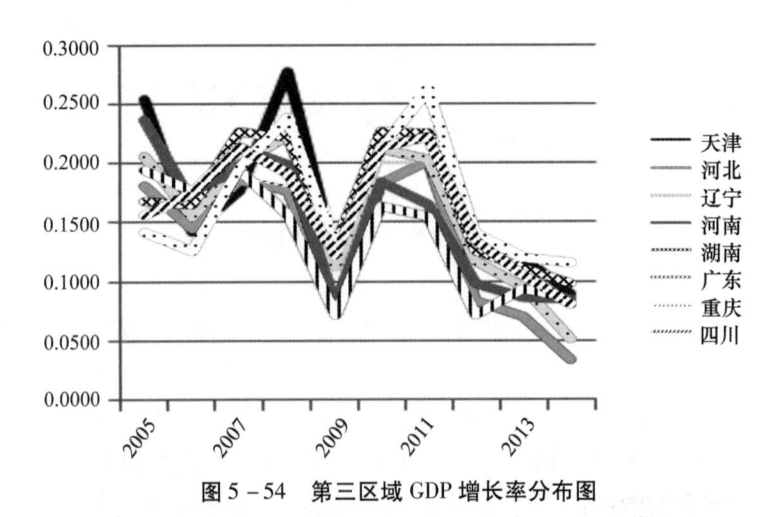

图5-53 第三区域人均可支配收入分布图

图5-54 第三区域GDP增长率分布图

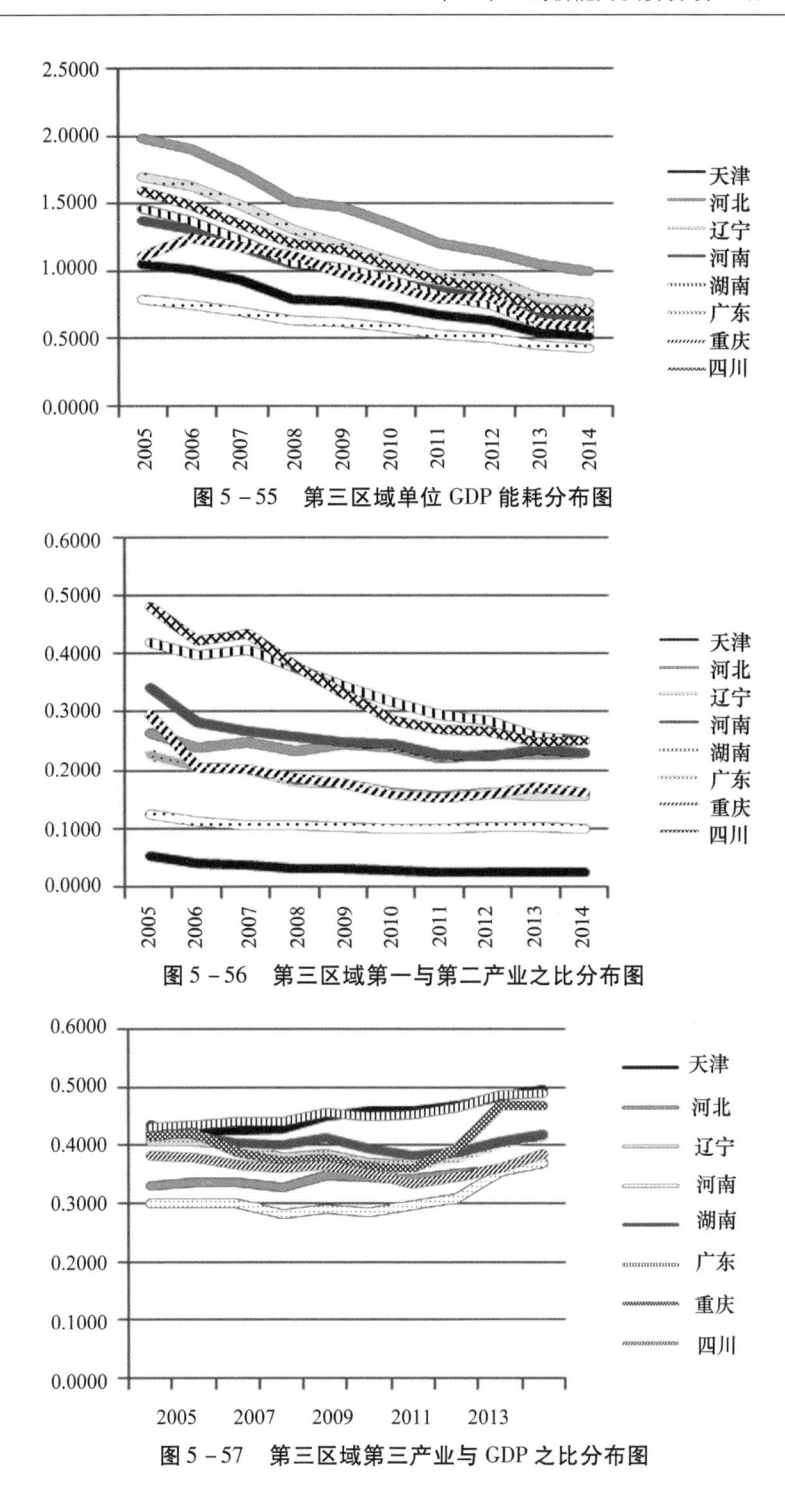

图 5-55　第三区域单位 GDP 能耗分布图

图 5-56　第三区域第一与第二产业之比分布图

图 5-57　第三区域第三产业与 GDP 之比分布图

在区域 R&D 全时当量方面（见图 5-58），广东省的工作量最多且发展速度最快，剩余 7 个区域的工作量均低于 200000，增长速度偏低。其中，重庆市的 R&D 全时当量最少。R&D 经费支出方面（见图 5-59），所有区域的发展趋势同 R&D 全时当量类似。在科技资产方面（见图 5-60），重庆市的增长幅度很小，广东与辽宁的资产值相对偏多。而区域内被国外期刊收录的论文方面（见图 5-61），广东、辽宁、四川和湖南较多，重庆与河北数量较少。区域的科技专利指标方面（见图 5-62），整体发展形势与 R&D 经费支出的情况类似，广东遥遥领先于其余区域，其发展可用"极速增长"来形容，而重庆市处于末端位置。高新技术产品

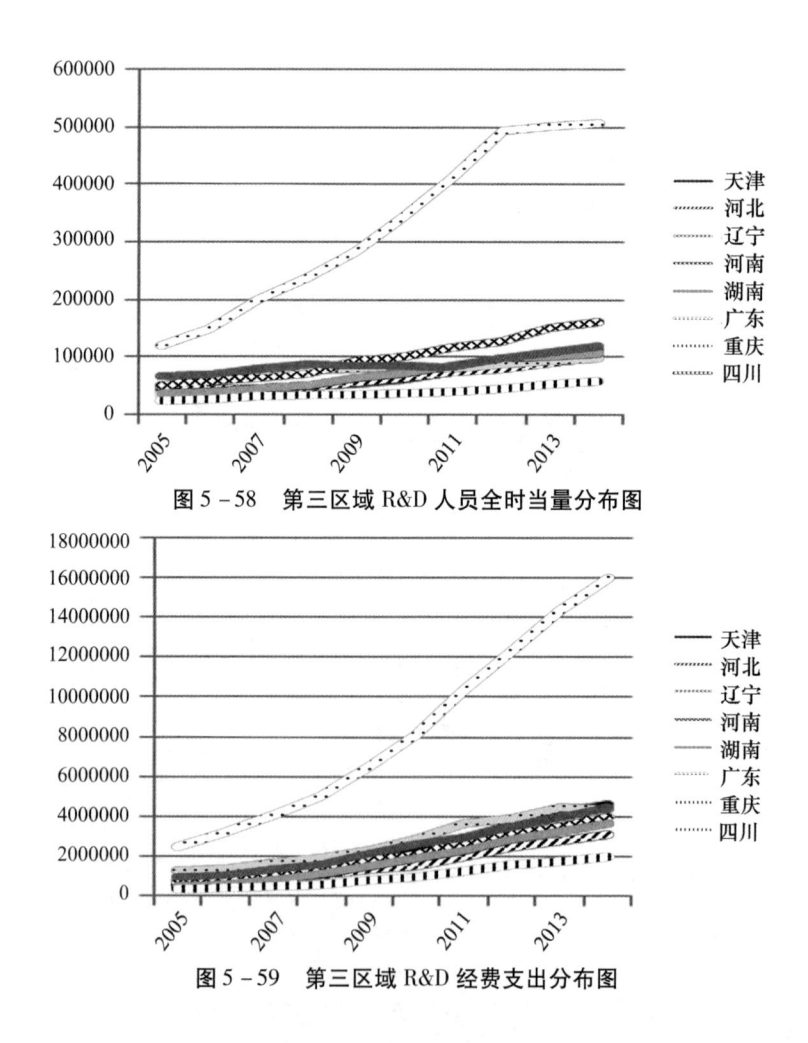

图 5-58 第三区域 R&D 人员全时当量分布图

图 5-59 第三区域 R&D 经费支出分布图

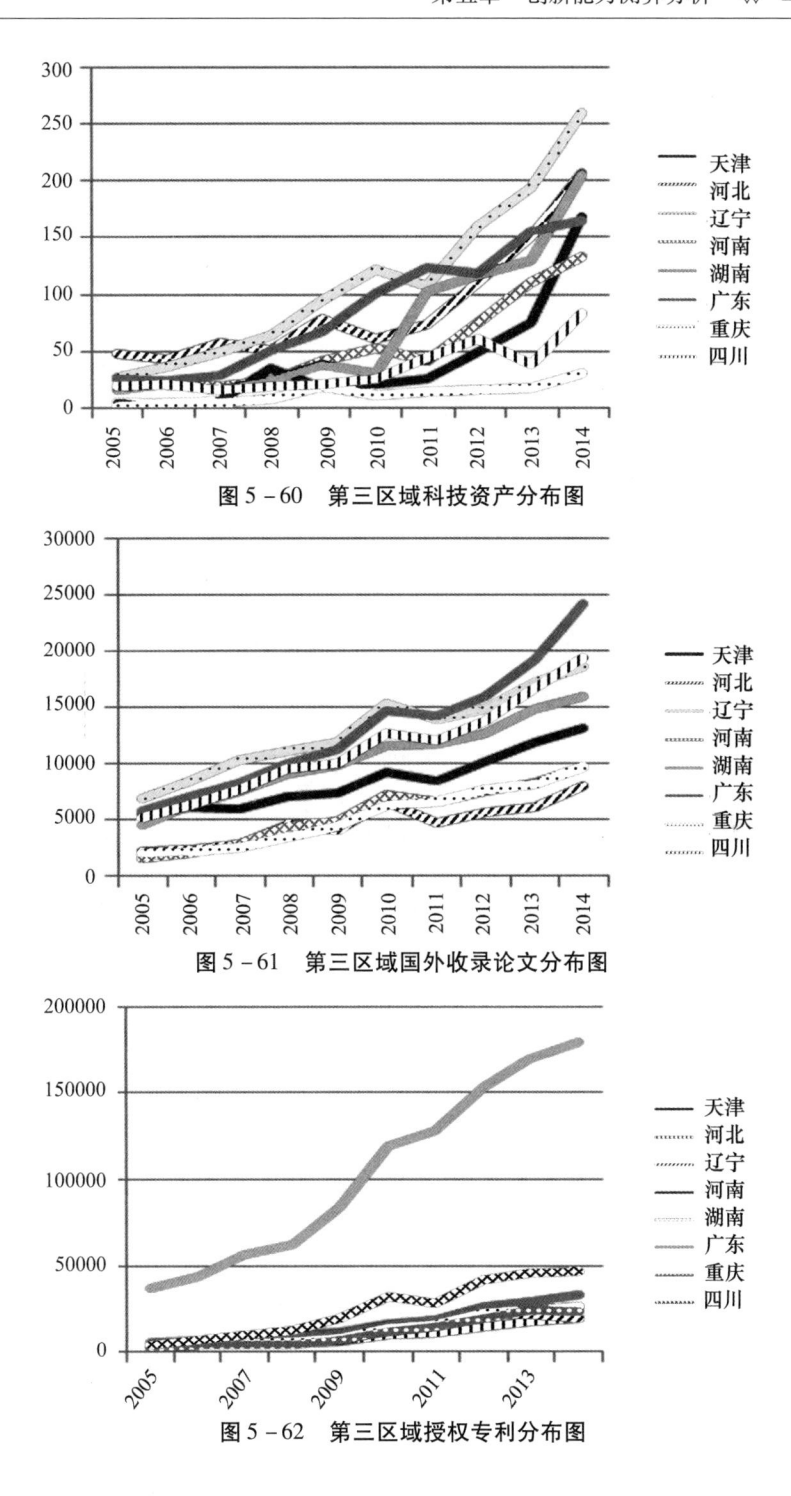

图 5-60　第三区域科技资产分布图

图 5-61　第三区域国外收录论文分布图

图 5-62　第三区域授权专利分布图

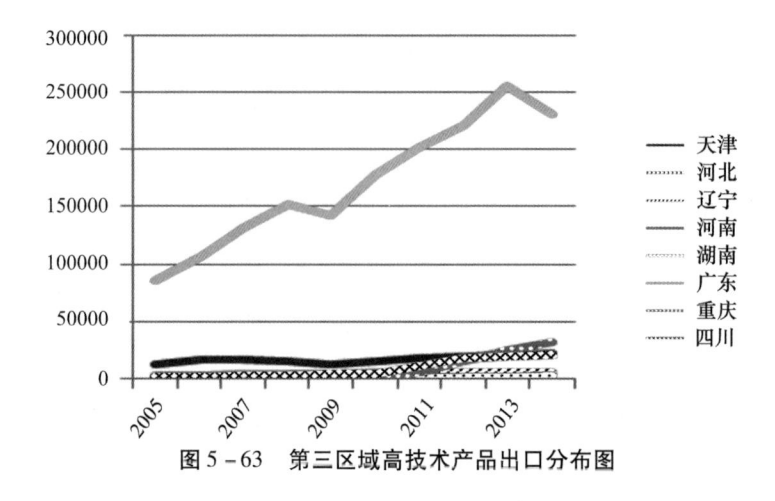

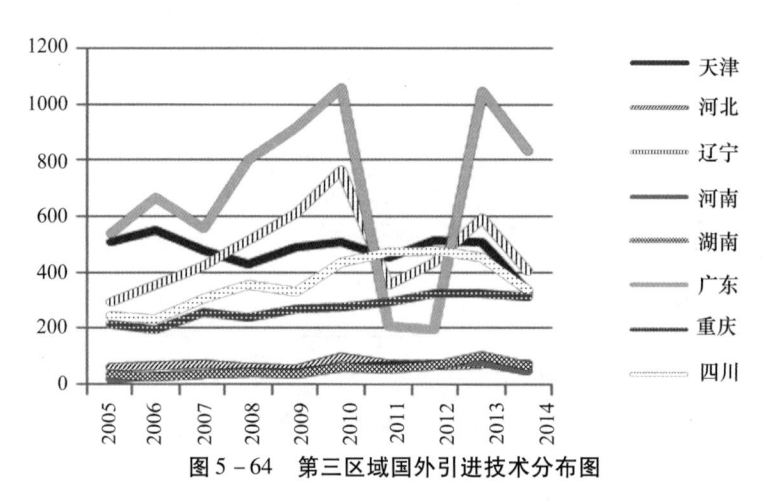

图 5-63　第三区域高技术产品出口分布图

图 5-64　第三区域国外引进技术分布图

的发展大致与专利相同（见图 5-63），除了广东的数量最多且速度最快外，其余地区的增长速度不明显，且数量与广东无法相提并论，尤其是辽宁和湖南。国外引进的技术合同数量方面（见图 5-64），湖南、河南与河北的引进量最少。综合区域科技发展水平的所有三级指标，广东省的科技发展均衡，发展速度较快，而重庆与河北的科技发展还需进一步改革，尤其是从事 R&D 人员的工作量、经费支出、科技产出等。

高校的论文指数方面（见图 5-65），河南的指数最高，其余 6 个地区的指数增长缓慢，其中重庆的增长速度最快，特别在 2010—2014 年。在专利方面（见图 5-66），该层次的增长趋势明显，其中河南由最初的

0.001 到 2014 年的 0.0135，其高校专利发展最快。辽宁专利产出波动增长，2007—2009 年产出量逐渐减少，2010—2011 年产出量激增，2012—2014 年又突然减少，但专利的整体产出为增长趋势。在技术转让方面（见图5-67），重庆经历了由盛转衰的过程，"盛"体现在 2005—2011 年，从 0.0018 增长至 0.0122，而 2012 年起指数不断减小。广东、河北、四川三省的发展偏稳定型，其余地区波动较大。人才培养方面（见图5-68），层次鲜明，指数从大到小依次排序为：辽宁、四川、广东、湖南、天津与重庆、河北、河南。前面三个区域的发展速度趋于相同，后面区域的发展速度较慢，其中天津与重庆的指数接近，河北与河南的指数接近，说明这两个地区的人才培养规模相近，但它们的培养规模较小，需要进一

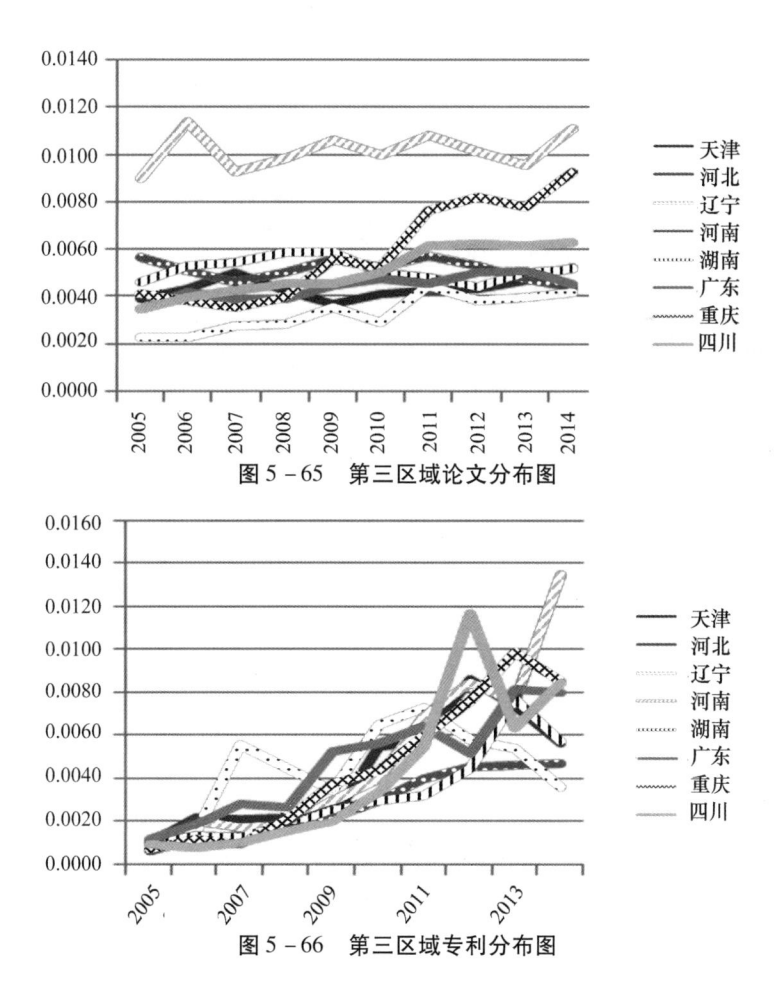

图 5-65 第三区域论文分布图

图 5-66 第三区域专利分布图

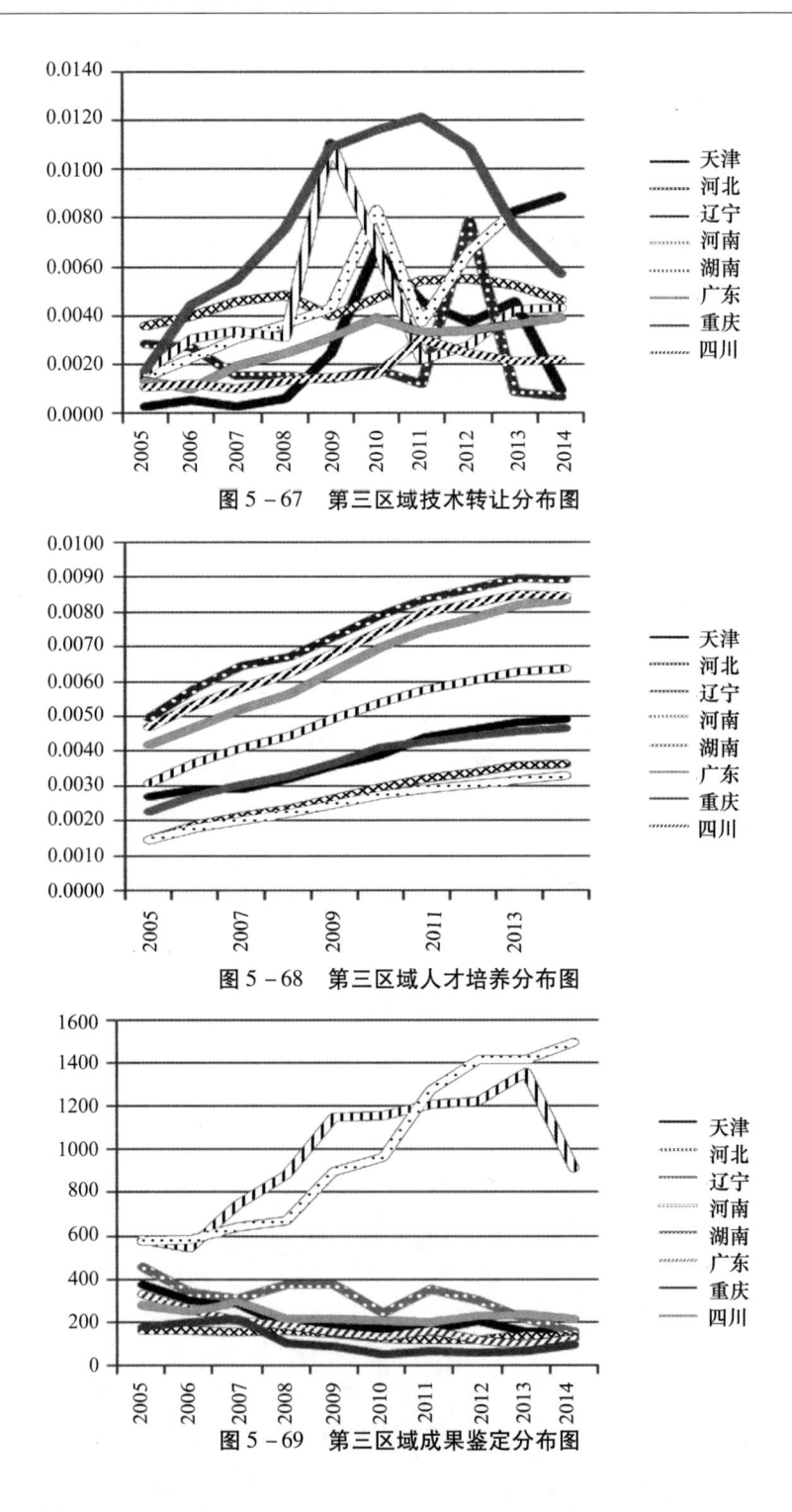

图 5-67　第三区域技术转让分布图

图 5-68　第三区域人才培养分布图

图 5-69　第三区域成果鉴定分布图

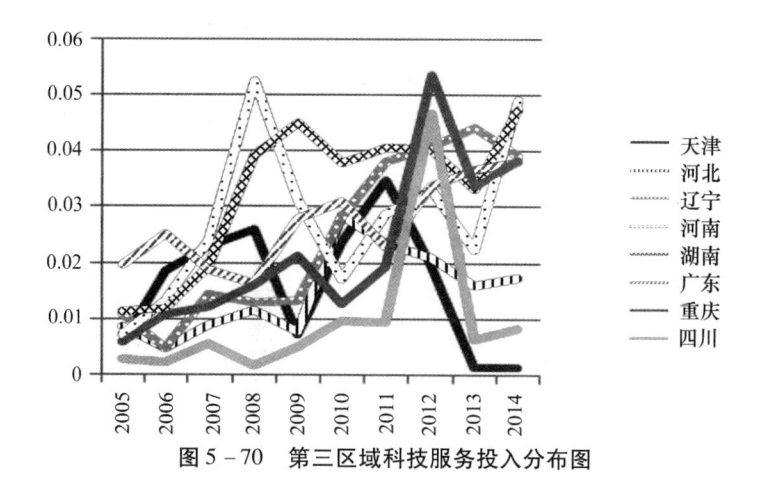

图 5-70　第三区域科技服务投入分布图

步扩大。成果鉴定方面（见图 5-69），两极分化严重，河北与河南的成果数最多，河南的发展形势比河北理想。河北在 2013 年起逐渐下降，但同 2005 年比，仍处于增长阶段。其余六区域的发展不仅缓慢而且有减小趋势，特别是广东、重庆与湖南，这三个省区的高校不重视科技成果的鉴定，以致其指数最低。在高校的科技服务方面（见图 5-70），是最不稳定的发展指标，所有区域都经历过"大起大落"。

综合第三层次各区域的所有三级指标分析，可将其归纳为以下几点。

（1）广东和四川的人力资源丰富，而重庆市的人力资源存有较大问题，产生问题的原因在于重庆市的 R&D 全时人员数少，高层次科技人才与高校专任教师的学历指数均低于其他区域。

（2）天津、四川的财力资源丰裕，而河北省与之相反。造成这种现象的根源在于河北省对高校的科技投资力度不大，使其人均科技投入和支出经费都少，直接造成科技项目无法全面拓展和延伸。

（3）广东与河南的平台与硬件资源出色，主要因为广东的国家技术研究中心与固定资产购置费多，河南的教学科研仪器设备资产值与图书量多。但整体看，国家技术研究中心的建设速度偏慢，区域间实力悬殊。

（4）第三层次高校间、国内外的合作、综合利用资源的平台建设需进一步加强，特别是河南与河北地区。不仅合著论文和国家大学科技园区数量少，而且国际合作交流人次也少。

（5）重庆、河北与河南的经济发展水平与科技发展水平有待提高。

经济上，需要进一步优化结构，以第三产业为主带动经济的整体发展；科技上，重视科技成果的产出，人力的投入等。

（6）重庆、河北与河南地区高校的科技成果也需提高，论文、专利、人才培养的发展都不如人意。第三层次高校的科技服务需要有政策的保障，使其能稳定发展。

五 第四层次区域高等教育科技创新能力分析

第四层次中，安徽、吉林、黑龙江和江西的地位相对稳固，内蒙古、海南、甘肃和福建在第四层次和第五层次徘徊。

（一）第四类区域的二级指标分析

在人力资源方面（见图5-71），海南省的指数较为理想，甘肃、吉林、黑龙江、安徽、内蒙古和江西的发展情况类似，福建高校的人力指数在2005—2014年间大部分时间指数最低，整体发展的效果不理想。除了海南、福建、江西和内蒙古，其余地区的人力资源无明显的增长趋势。财力资源方面（见图5-72），黑龙江和安徽高校的科技经费状况较好，但内蒙古与其他区域差距较大，最为忧心的是该区域的财力资源没有增长的趋势。平台与硬件资源方面（见图5-73），安徽、江西的增长速度最快，甘肃、吉林和内蒙古的硬件指数至今没有超过0.015，而海南的发展"原地踏步"，一直维持在0.015。

内部协同创新方面（见图5-74），虽然该层次区域的内部协同指数都

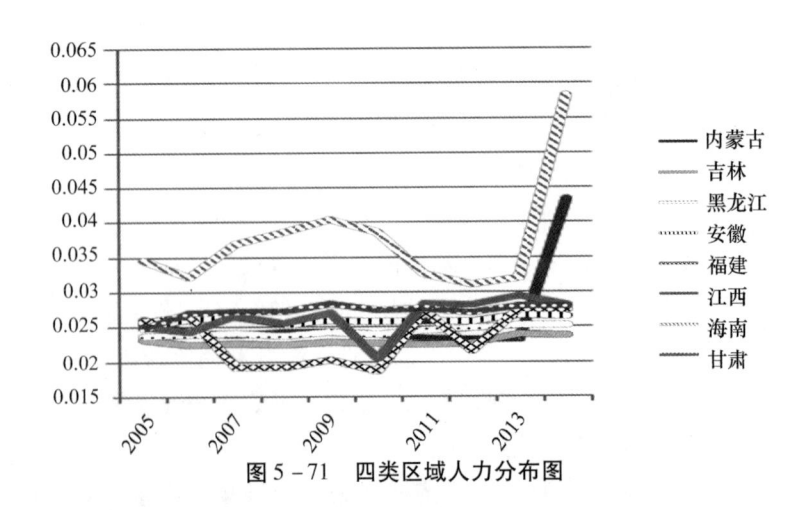

图5-71 四类区域人力分布图

图 5-72 四类区域财力分布图

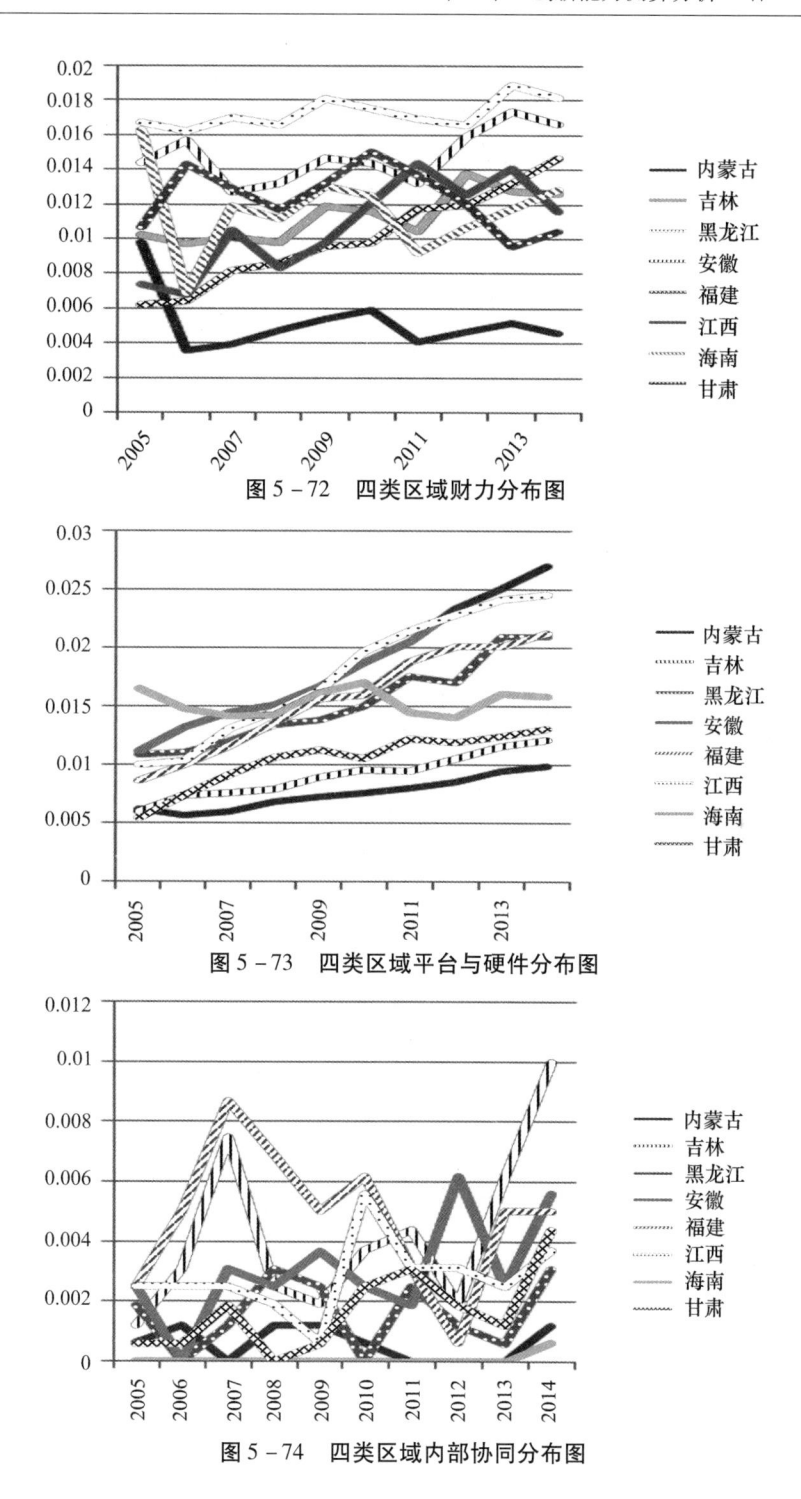

图 5-73 四类区域平台与硬件分布图

图 5-74 四类区域内部协同分布图

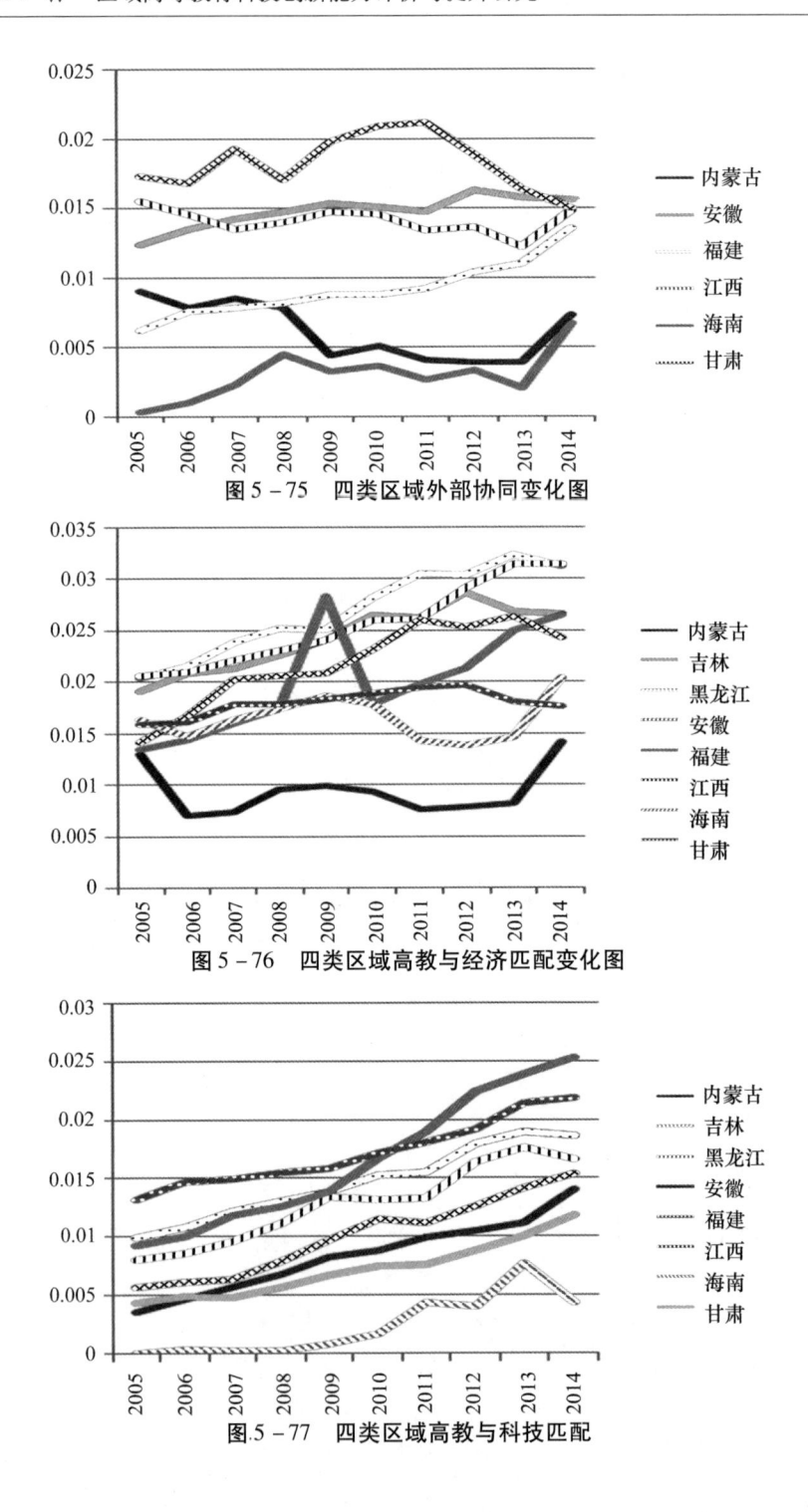

图 5-75　四类区域外部协同变化图

图 5-76　四类区域高教与经济匹配变化图

图 5-77　四类区域高教与科技匹配

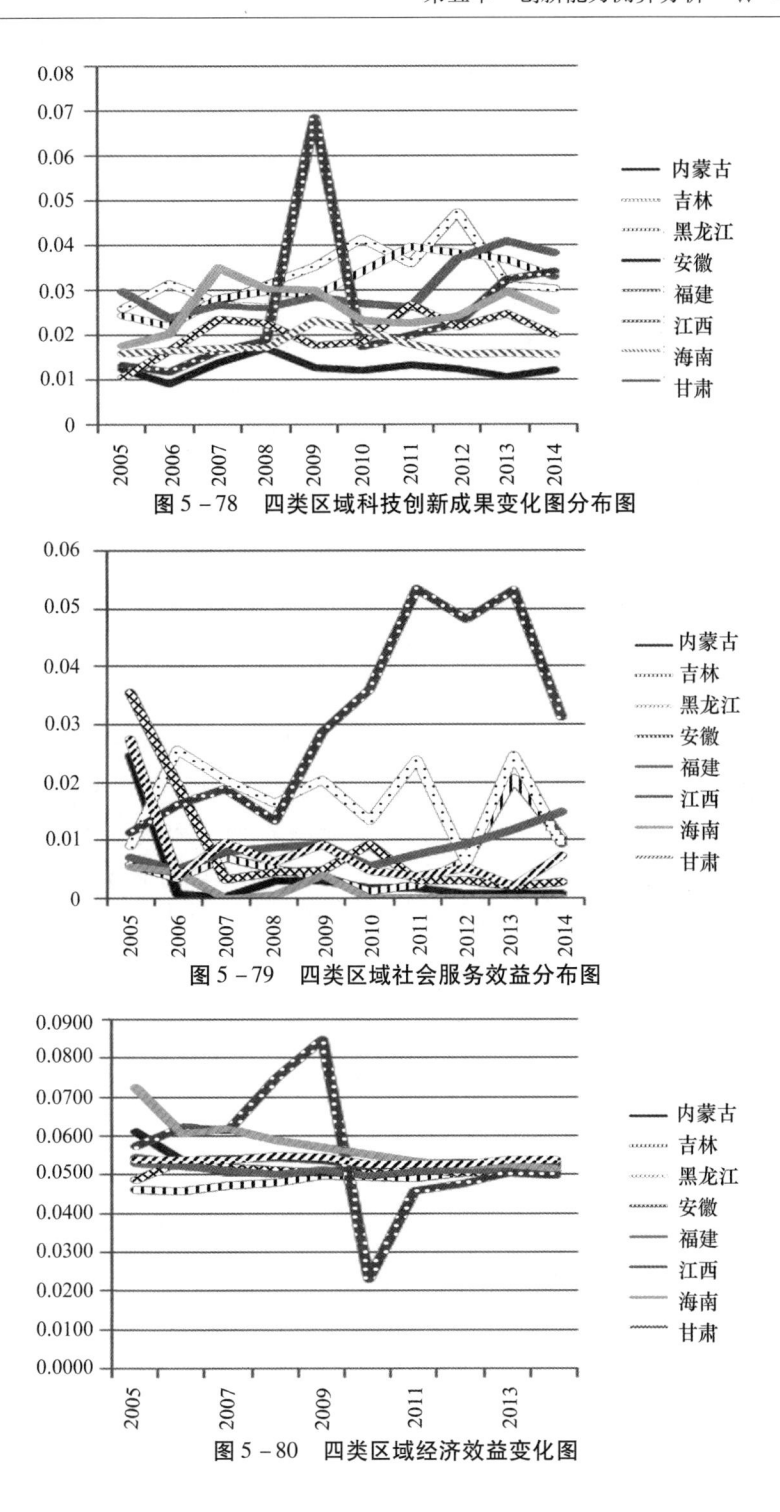

图 5-78　四类区域科技创新成果变化图分布图

图 5-79　四类区域社会服务效益分布图

图 5-80　四类区域经济效益变化图

不高，但海南和内蒙古的指数极小，几乎为0。外部协同创新方面（见图5-75），甘肃虽领先于其他地区，但其存有下降趋势，安徽和江西处于第二水平，福建处于第三水平，内蒙古和海南处于末端，外部协同指数在0.005上下波动。

高等教育科技水平与区域经济的匹配程度方面（见图5-76），黑龙江、安徽、吉林的指数大致从0.02到0.025再到0.03，整体发展优于其他区域。内蒙古10年间一直徘徊于0.01与0.015之间。高教与区域科技的匹配程度方面（见图5-77），安徽省高校的科技水平与整个区域的科技水平较为协调，指数逐年增长。福建的整体水平略高于吉林。海南的指数很低，2012年前一直低于0.005，在2013年才提高为0.008，在2014年又有所下降。海南高校的科技与总体科技水平的协调存在较大问题。

在高校科技创新成果方面（见图5-78），吉林、黑龙江和安徽高校产出较多，但内蒙古与海南的成果指数只能维持在0.01与0.02之间。社会服务效益方面（见图5-79），江西最为可观，海南与内蒙古仍是最落后的区域。经济效益方面（见图5-80），江西省在2009年达到0.085之高，但2010年跌落为最低点。其余地区的指数在0.04与0.06之间徘徊。

从二级指标的分析看，海南除了人力资源丰裕外，其余各项指标都不占优势，内蒙古的整体发展也不容乐观，同海南省共处于该层次的最底端。安徽、甘肃与黑龙江的高等教育科技发展相对均衡。

（二）第四类区域的三级指标分析

在R&D全时人员方面（见图5-81），黑龙江与吉林指数明显高于其他区域，安徽省的全时人员指数也较多，这三个区域的增长速度最快。海南省的全时人员最少，2005—2014年间海南的全时人员数一直未突破500。高层次科技人才上对比鲜明（见图5-82）。黑龙江2005年的人才数为26，2014年已为41，而江西、内蒙古与海南的高层次人才一直没有超过5人。专任教师学历指数方面（见图5-83），区域间有显著的阶层关系，安徽为第一层次，黑龙江与江西为第二层次，吉林与福建为第三层次，甘肃与内蒙古为第四层次，海南的层次最低，数量少。2005—2014年，前8年的指数一直低于5000，近两年略高于5000；还体现在增长速度上，从其10年的发展曲线看，海南省的曲线的倾斜幅度明显很小。因此，海南与内蒙古的高层次科技人才与专任教师的学历指数极度缺乏。

科技投入经费占 GDP 的比重方面（见图 5-86），黑龙江对高校的经费投入最多，吉林与安徽的投入第二多，内蒙古与海南的投入力度最弱。但在人均投入经费方面（见图 5-85），海南数值较大，这是因为海南的 R&D 人员少，人均经费就偏多，吉林属于投入多，由于科技人员多，其人均经费就少的类型，而内蒙古投入少，人均经费也少。人均支出经费方面（见图 5-84），所有区域的发展趋势与投入经费相同。所以，第四层次的区域高等教育科技经费的投入力度与科技人员之间不协调。

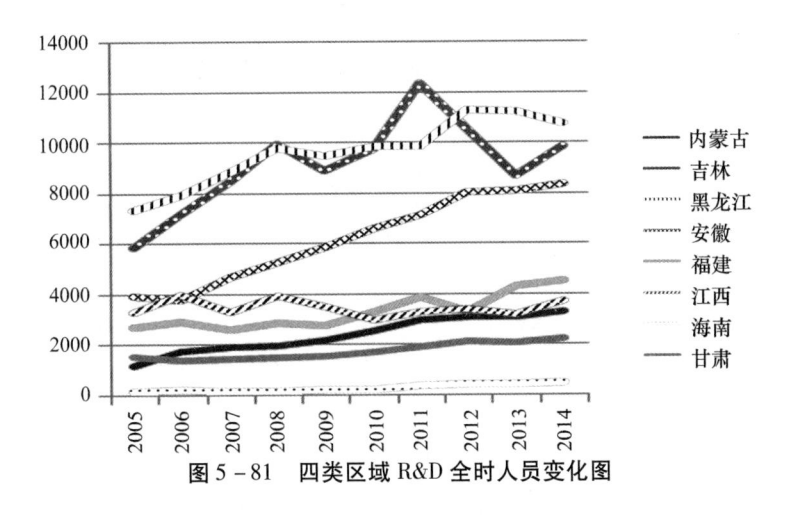

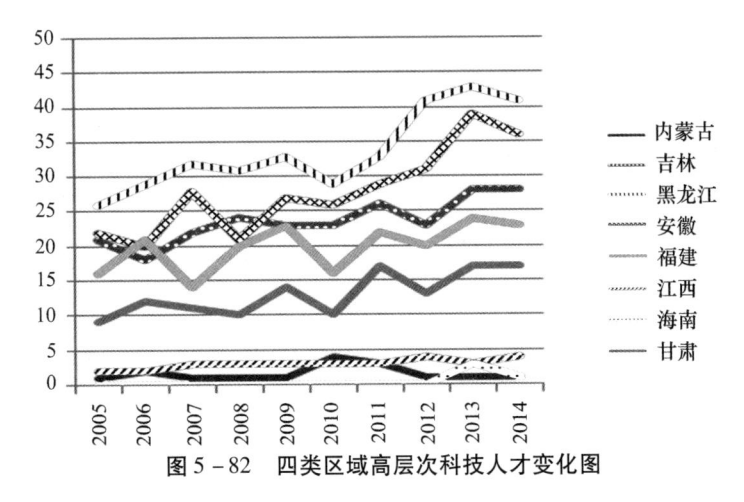

图 5-81　四类区域 R&D 全时人员变化图

图 5-82　四类区域高层次科技人才变化图

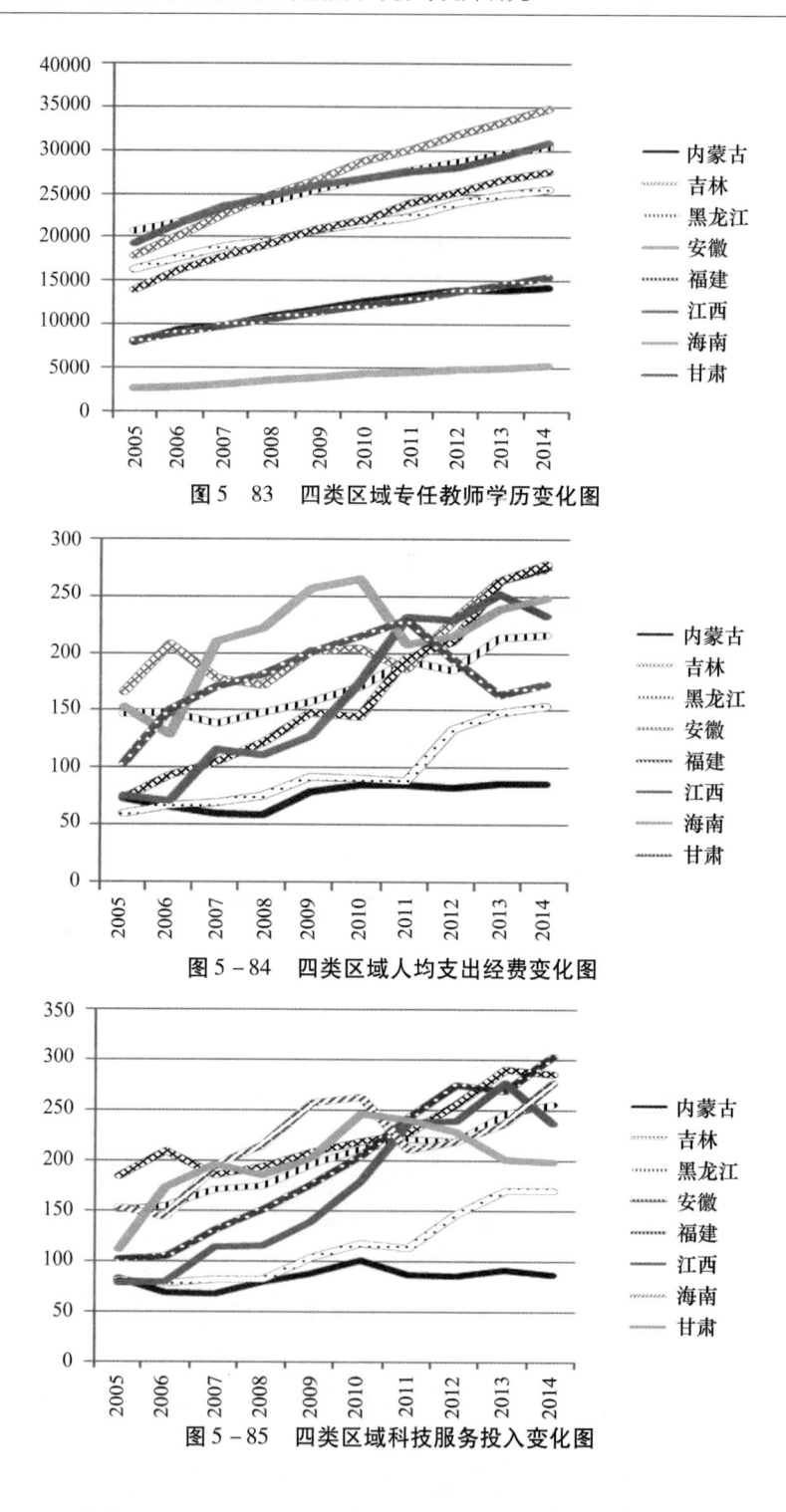

图5-83 四类区域专任教师学历变化图

图5-84 四类区域人均支出经费变化图

图5-85 四类区域科技服务投入变化图

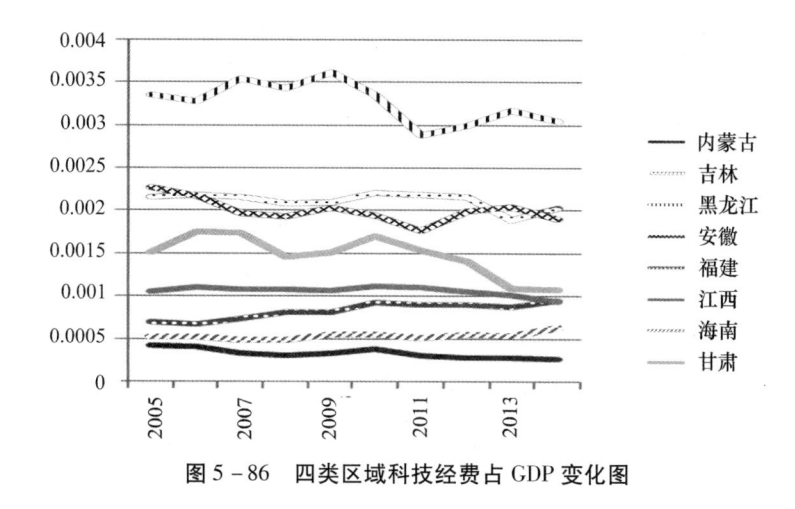

图 5-86　四类区域科技经费占 GDP 变化图

国家技术研究中心方面（见图 5-87），该类区域的数量整体偏少，尤其海南省的研究中心仅有 1—2 个，安徽最多，有 4—8 个。固定资产购置费方面（见图 5-88），甘肃的费用在 100000 千元以下，内蒙古的费用在 60000 千元左右，而海南的费用低于 50000 千元，这三个区域的固定资产购置费最少。人均拥有教科研设备资产值与图书数量的发展形势相近（见图 5-89、图 5-90），海南的发展趋势最优，黑龙江与吉林的发展相对最慢。

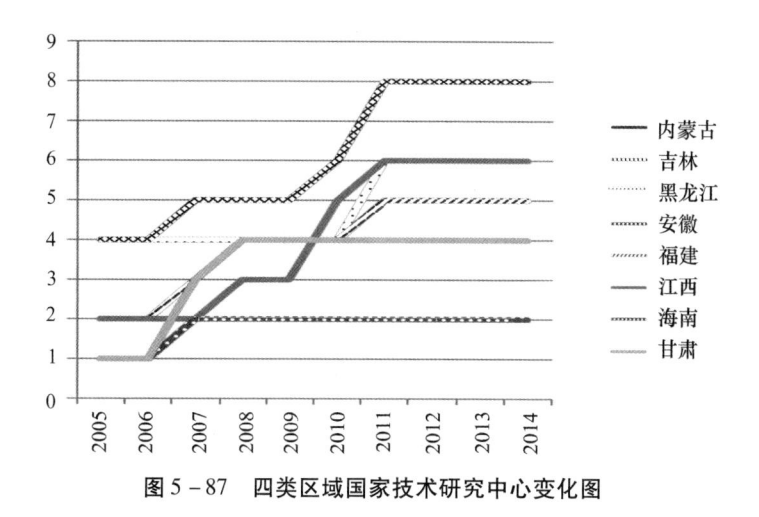

图 5-87　四类区域国家技术研究中心变化图

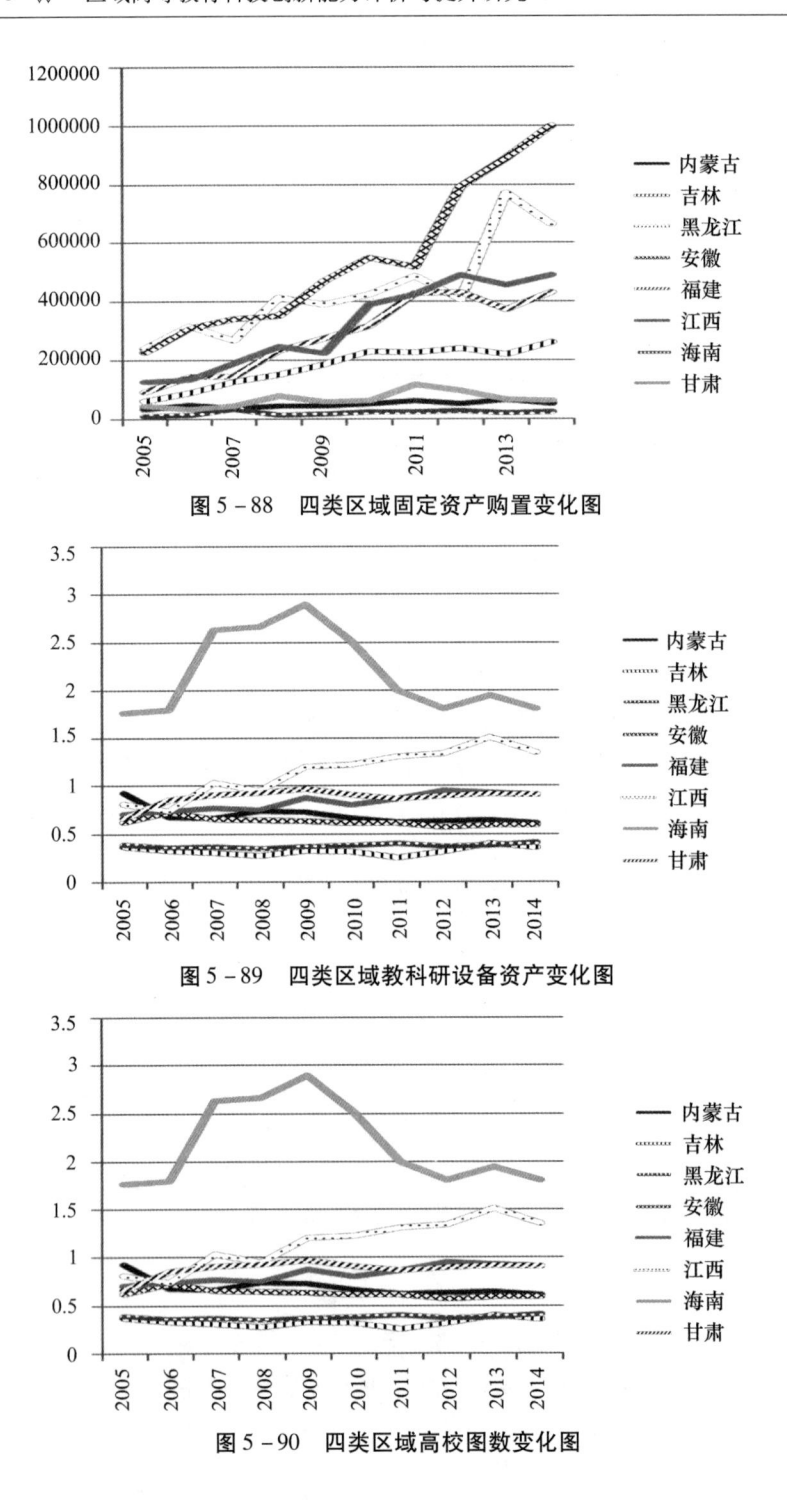

图 5-88 四类区域固定资产购置变化图

图 5-89 四类区域教科研设备资产变化图

图 5-90 四类区域高校图数变化图

合著论文方面（见图 5-91），各区域发展极不稳定，海南省高校间的合作几乎不存在。国家大学科技园区方面（见图 5-92），同国家技术研究中心的情况类似，整体数量不多。企业对高校的经费投入方面（见图 5-93），大部分区域呈下降趋势，只有福建与海南缓慢增长，但它们的比例仍很少，最高为 20%。这样的发展形势严重影响了高等教育财力投入，更不利于高校的科技发展。国际合作交流方面（见图 5-94），海南并未发挥自身的地理优势，国际间的合作机会同内蒙古一样少。

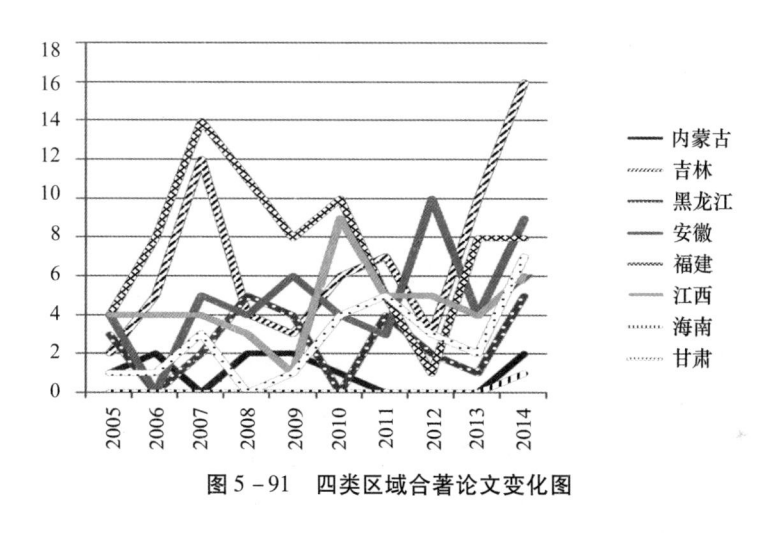

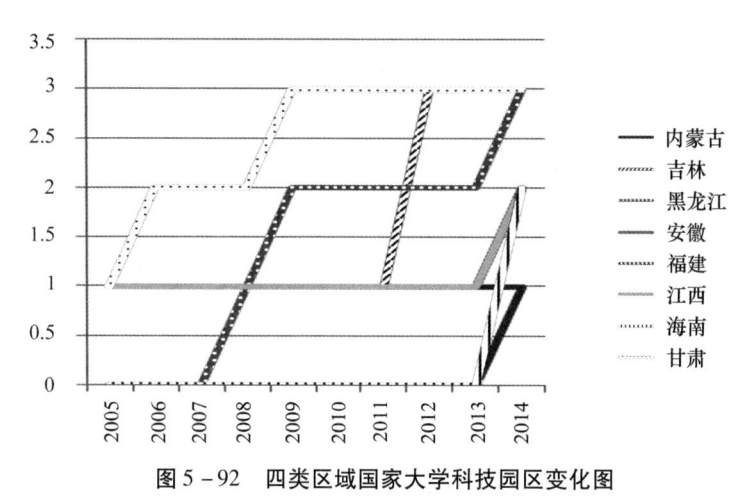

图 5-91 四类区域合著论文变化图

图 5-92 四类区域国家大学科技园区变化图

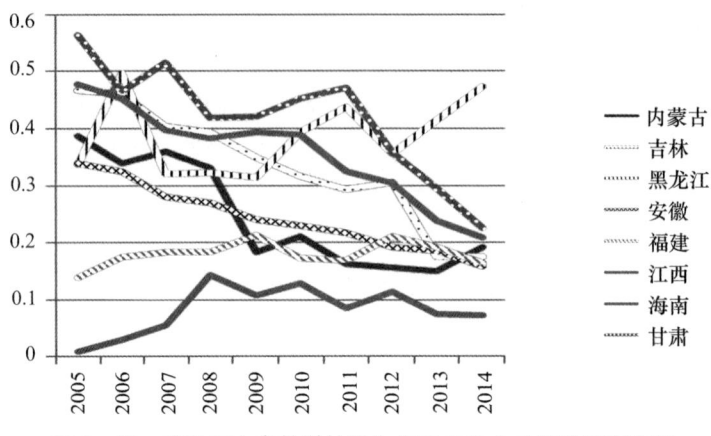

图 5-93 第四层次高教科技投入经费来自企业的比例变化图

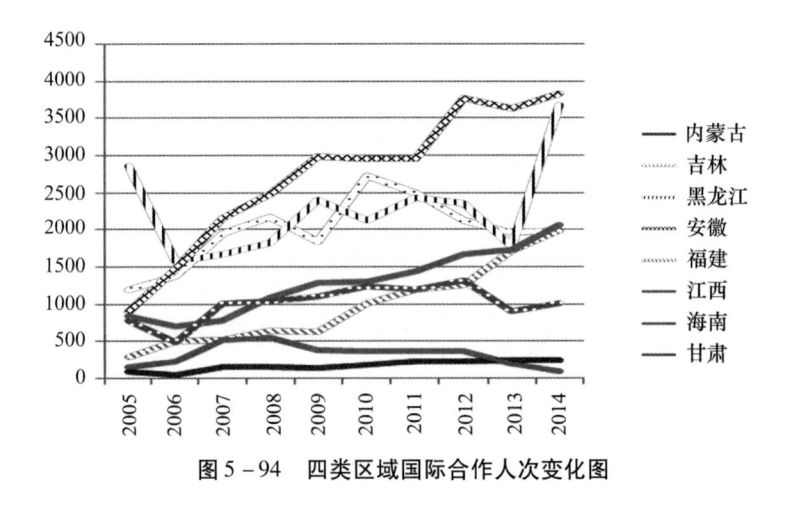

图 5-94 四类区域国际合作人次变化图

人均 GDP 和就业人员工资总额方面（见图 5-95、图 5-96），内蒙古的人均生产总值发展较快而且数量可观，但从业人员的工资处于中等水平。海南也存有这一现象，人均 GDP 稍高，但就业人员的工资总额偏低。安徽与内蒙古、海南相反，安徽的人均 GDP 少，工资总额较多。

福建的人均可支配收入相对较多（见图 5-97），而黑龙江与甘肃的可支配收入最少，在未来也很难追赶上福建的数量。GDP 增长率方面（见图 5-98），所有区域的增长幅度不断缩小。各区域的能源消耗随时间的推移逐渐减少（见图 5-99），但海南经济结构存有缺陷，第一产业的地位比第二产业高（见图 5-100），第三产业占 GDP 很大的份额（见图 5-101）。

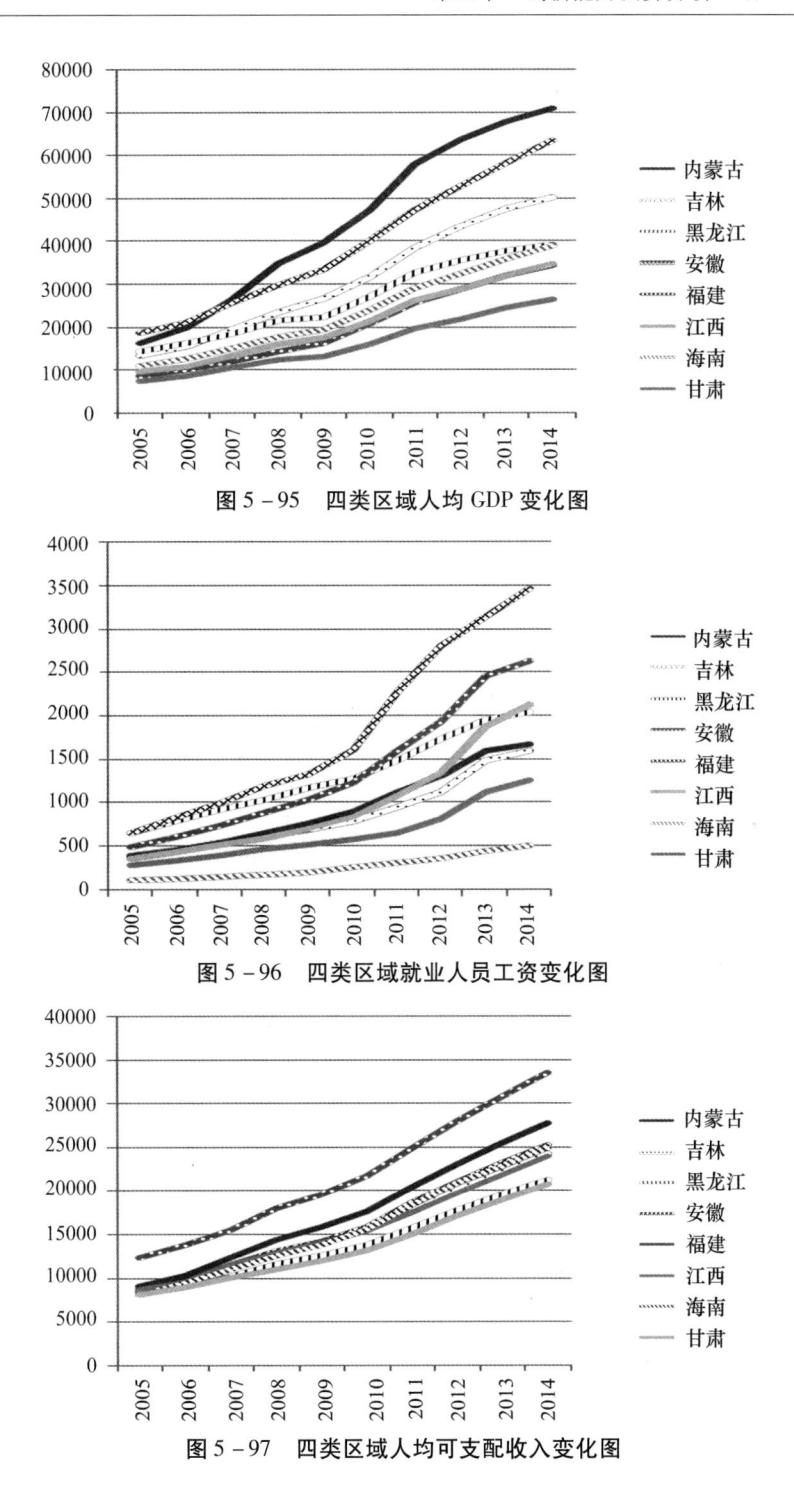

图 5-95　四类区域人均 GDP 变化图

图 5-96　四类区域就业人员工资变化图

图 5-97　四类区域人均可支配收入变化图

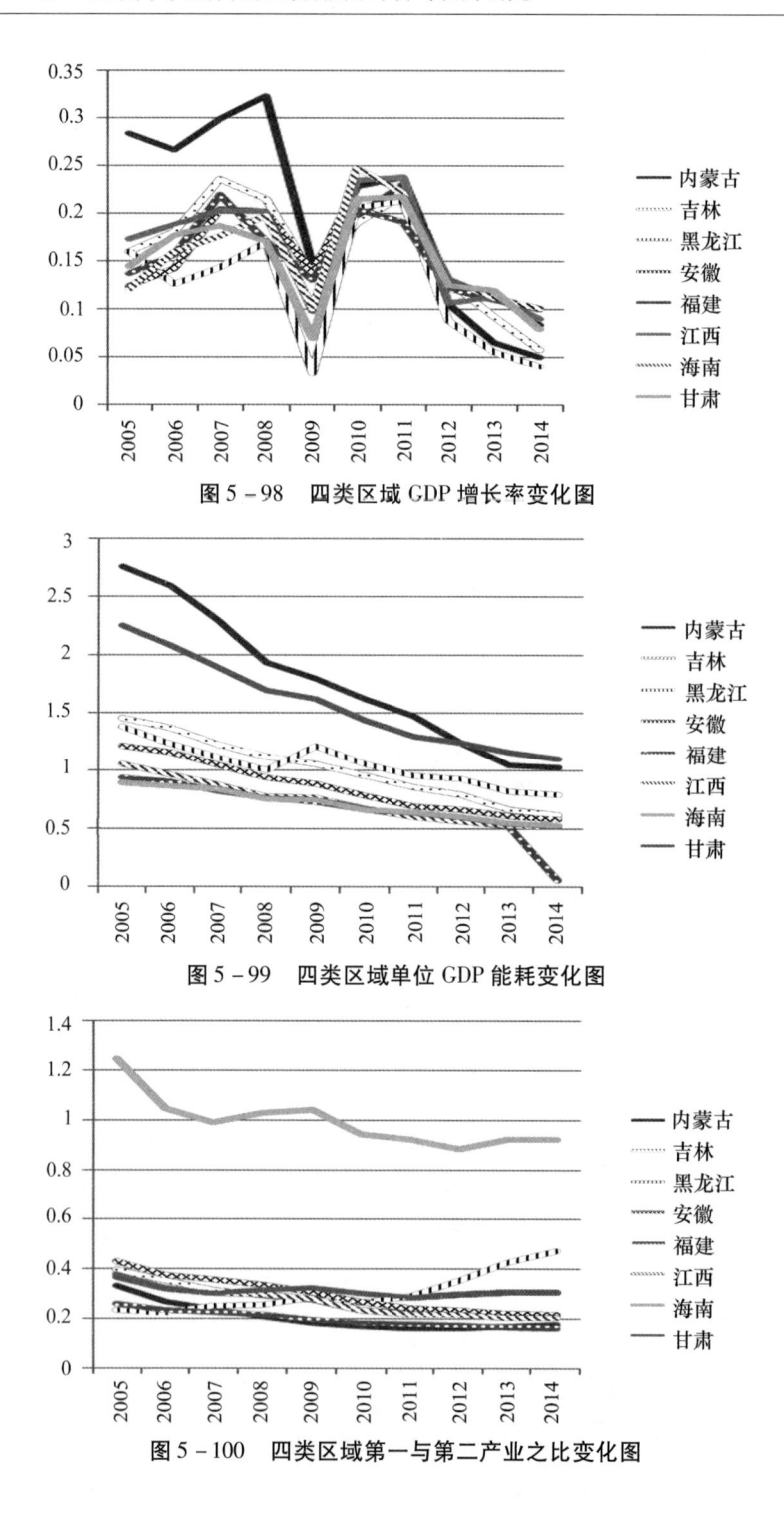

图 5-98　四类区域 GDP 增长率变化图

图 5-99　四类区域单位 GDP 能耗变化图

图 5-100　四类区域第一与第二产业之比变化图

图 5-101　四类区域第三产业占 GDP 的比重变化图

图 5-102　四类区域 R&D 人员全时当量变化图

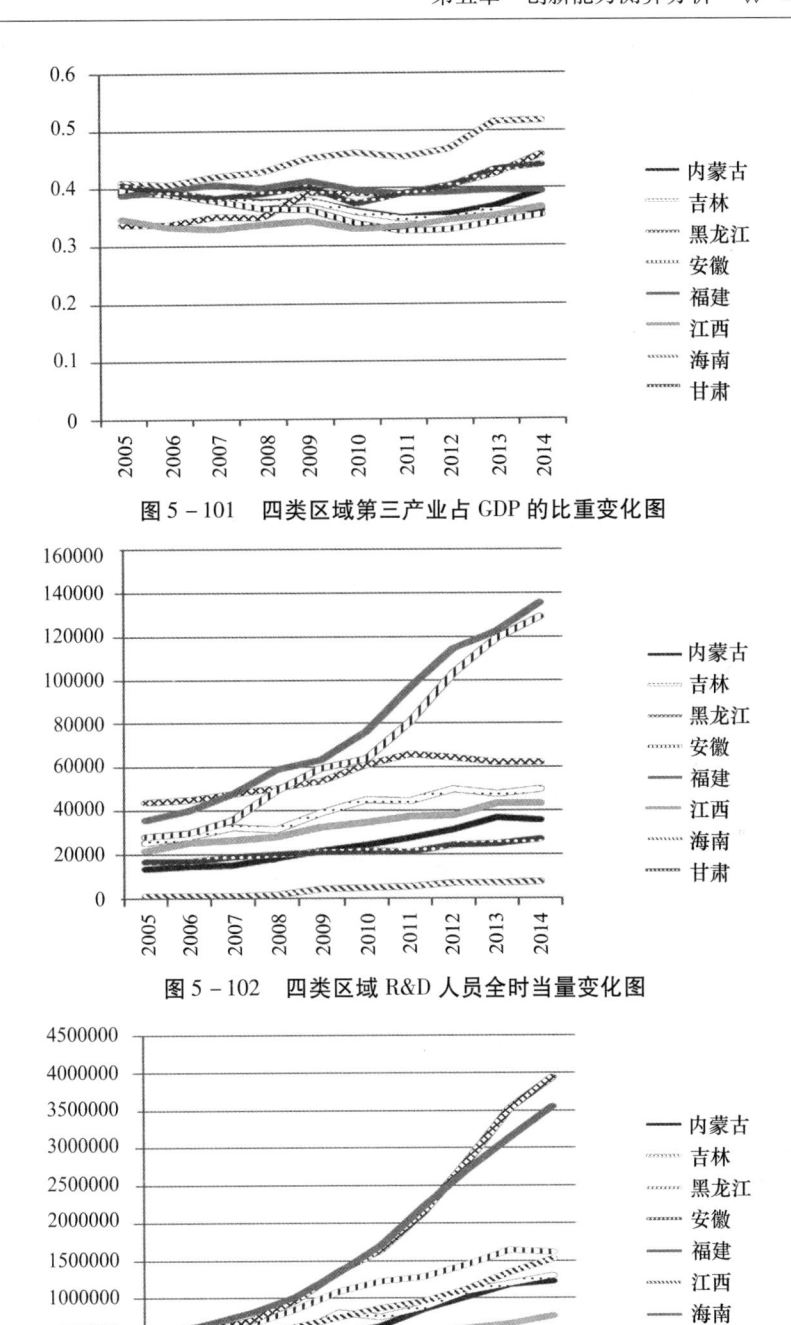

图 5-103　四类区域 R&D 经费支出变化图

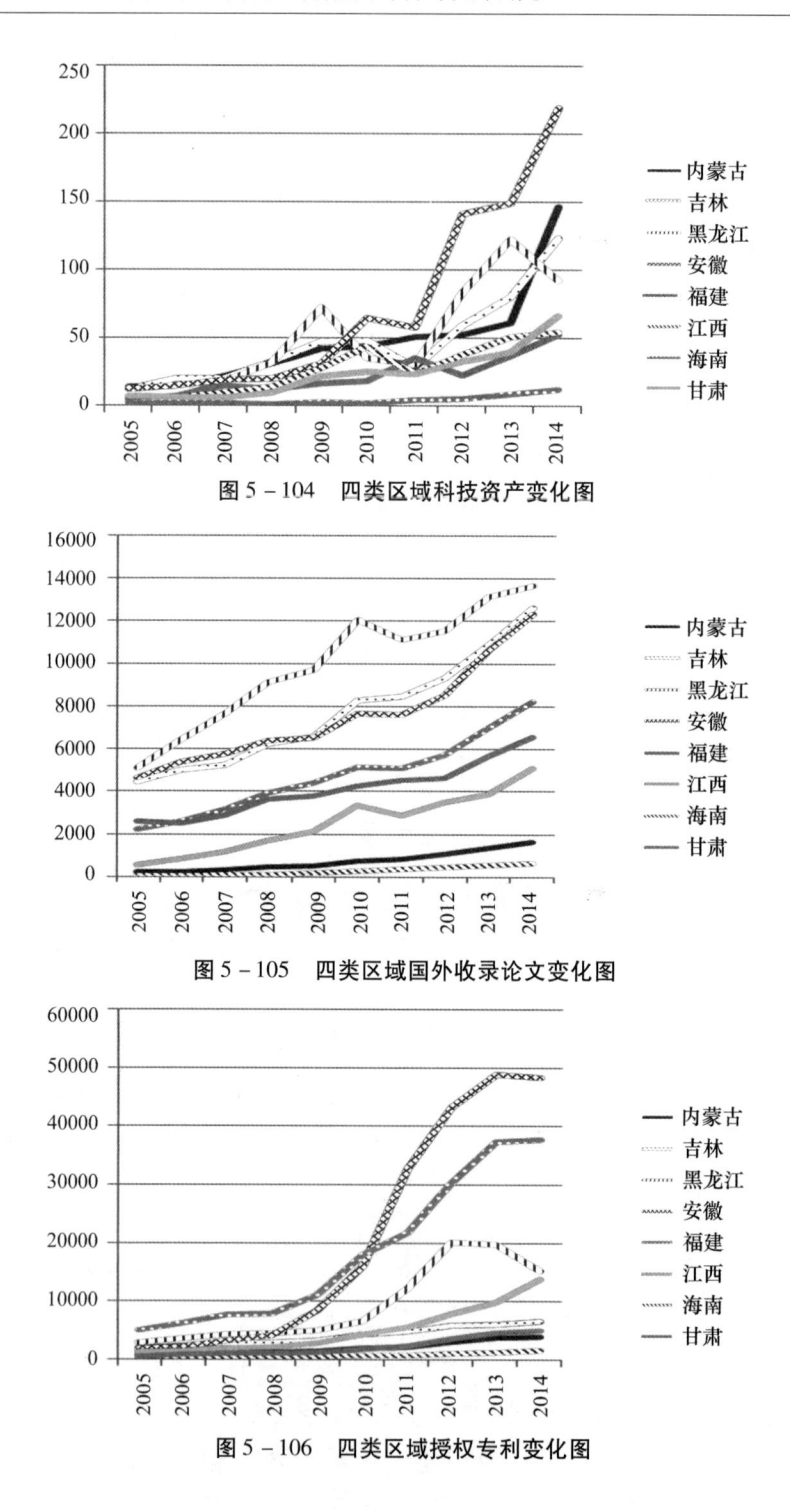

图 5-104　四类区域科技资产变化图

图 5-105　四类区域国外收录论文变化图

图 5-106　四类区域授权专利变化图

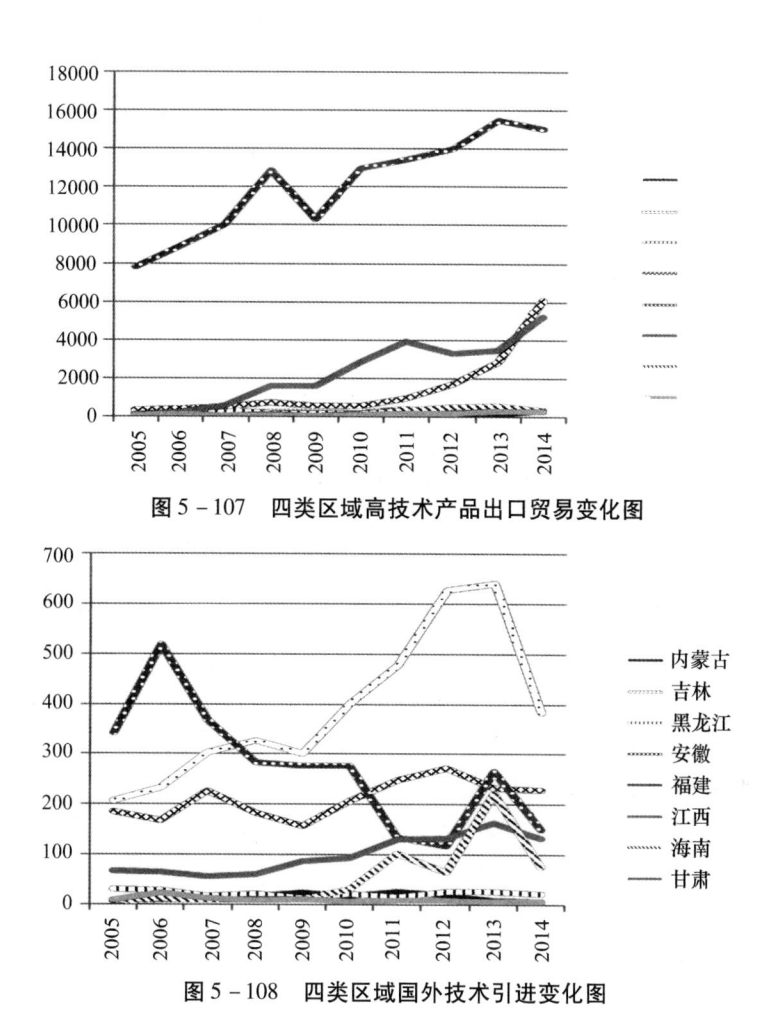

图 5-107　四类区域高技术产品出口贸易变化图

图 5-108　四类区域国外技术引进变化图

图例：内蒙古、吉林、黑龙江、安徽、福建、江西、海南、甘肃

黑龙江、吉林、安徽等区域第三产业与 GDP 的比重维持在 30%—50% 之间。

R&D 人员全时当量方面（见图 5-102），福建与安徽曲线突出，2011 年起这两个地区的全时当量飞速增加，而海南的 R&D 人员的工作量较少且没有明显的增长趋势。R&D 经费支出的变化形势与 R&D 人员全时当量一致（见图 5-103）。科技资产方面（见图 5-104），安徽省的增长最快，2005 年为 12，2011 年为 57.4，2014 年为 219.5，而海南依旧发展最慢。国外收录的论文与专利数方面（见图 5-105），安徽省科技产出的相对数量大，海南与内蒙古产出的相对数量少（见图 5-106）。高新技术产品出口存有严重的两极分化（见图 5-107），福建省高新产品出口成交的金额很大，而黑龙江、内蒙古、吉林、海南与甘肃的产品很少被国际认可。国外技术引进的合同也出现分化现象，主要表现在吉林、黑龙江、内蒙古、甘肃，吉林省对国外技术的引进量很大，而后3个省域的引进量几乎为0（见图 5-108）。从综合区域经济与科技的发展水平看，海南与内蒙古的社会发展能力有待提高。

高校的论文指数方面（见图 5-109），甘肃与海南地区的指数优势显著。专利方面，海南与内蒙古增长趋势不明显，在全国专利的相对数量中内蒙古与海南最少（见图 5-110）。技术转让方面，大部分区域的指数低于0.005，只有安徽省高校技术转让的成功率偏高，基本维持在0.005—0.015之间，福建省于2009年技术成交的指数最高（0.0371）（见图5-111）。高校的人才培养区域间层次分明，该层次中黑龙江与吉林的相对数量较多，安徽、福建、甘肃、江西与内蒙古属于中等数量，海南的在校人才相对数量最少（见图 5-112）。成果鉴定方面，吉林、黑龙江地区的应用型成果偏多，甘肃、安徽、江西、内蒙古、福建与海南的成果鉴定数低于200（见图 5-113）。论文、专利、技术转让和人才培养可以称为基础研究的研究成果，能通过鉴定的成果属于应用型，因此，黑龙江与安徽两地高校的基础研究偏多，海南与内蒙古地区无论基础研究还是

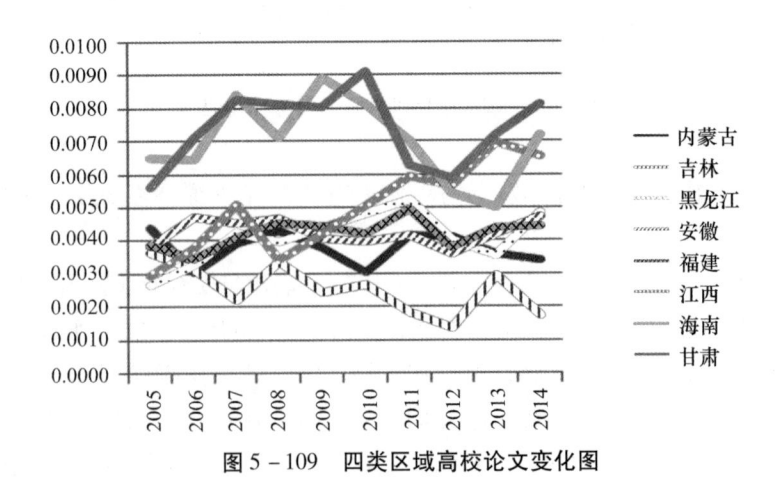

图 5-109 四类区域高校论文变化图

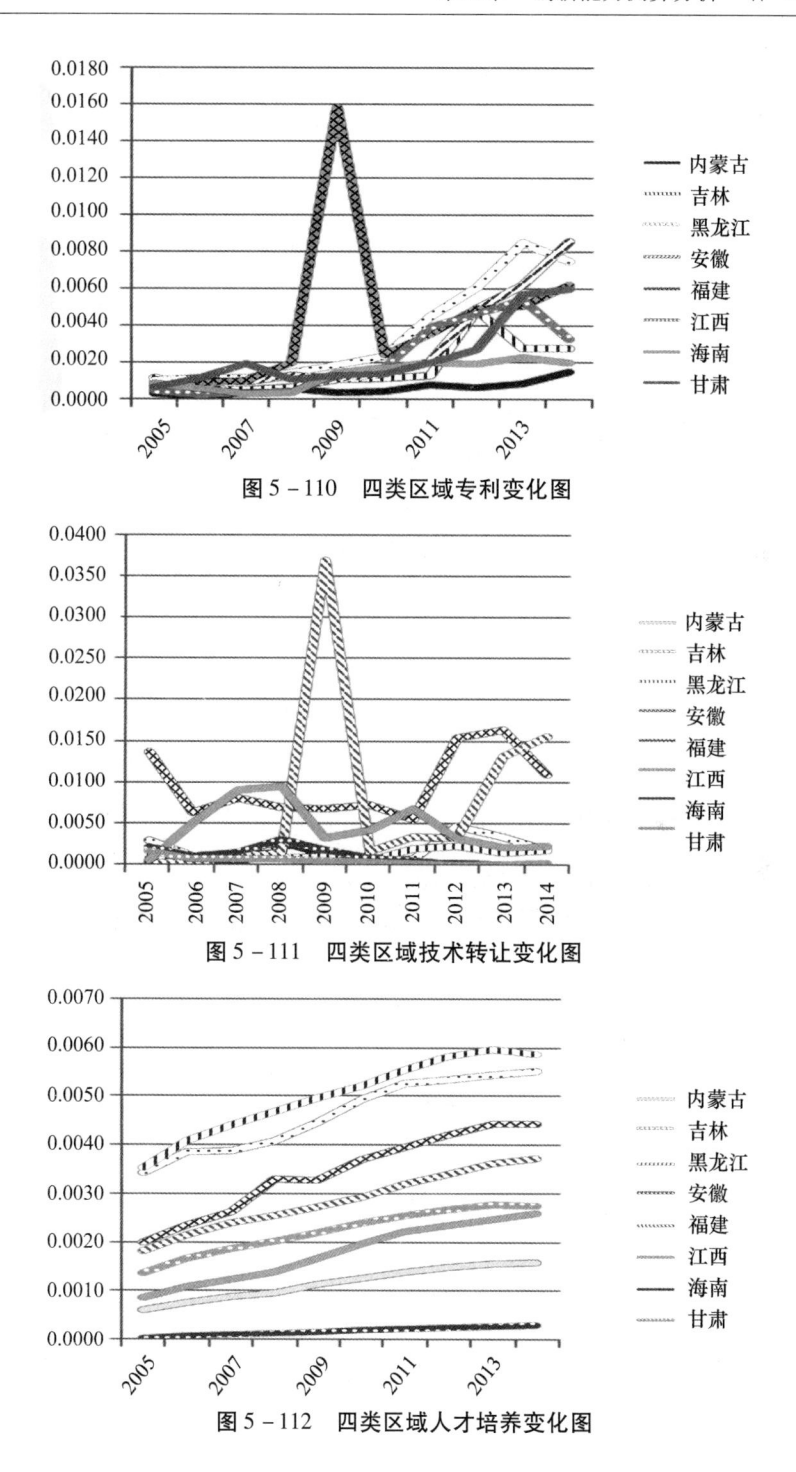

图 5-110　四类区域专利变化图

图 5-111　四类区域技术转让变化图

图 5-112　四类区域人才培养变化图

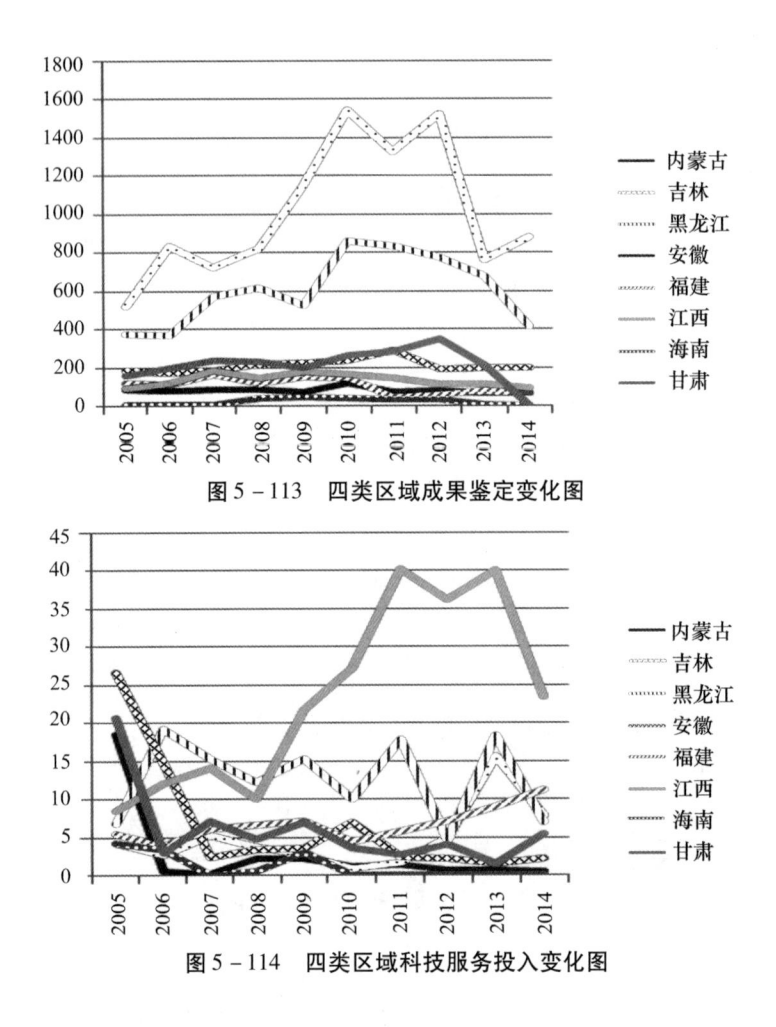

图 5 – 113　四类区域成果鉴定变化图

图 5 – 114　四类区域科技服务投入变化图

应用型研究都不足。人均科技服务经费方面（见图 5 – 114），江西高校科技服务投入较充分，海南与内蒙古高校则有待加强。

综合第四层次的二、三级指标的分析，可以总结出以下结论：

（1）人力资源方面，海南、内蒙古、江西和甘肃地区缺少高层次科技人才和高学历的专任教师，福建省亦如此。出于海南的 R&D 人员比同层次区域少，它的二级指标"人力资源"指数历年来最高。

（2）财力资源方面，福建、海南与内蒙古高校科技经费的投入力度不强，以致其人均支出经费偏少。从人均投入与支出的金额看，各区域高校的科技经费利用率很高，投入与支出的经费相差不大。

(3) 平台与硬件资源方面，整体的平台设施建设速度很慢，第四层次中各区域的国家技术研究中心很少。硬件资源发展不顺利，教学科研仪器设备少，图书资源不足。

(4) 内部协同与外部协同创新方面，各区域的国内外的合作意识淡薄，尤其是国内高校间的合作。从就近原则看，国内高等教育的科技合作更为容易，一方面语言交流方便，另一方面在合作过程中文化背景与思想意识更为接近，对所要研究的问题更容易产生共鸣。企业对高校的科技资助情况不客观，大部分区域的企业对高校的投资越来越少，特别是甘肃、江西、安徽和内蒙古地区，而海南省的企业一直对高校的科技发展不感兴趣。

(5) 高等教育与区域经济、科技的匹配程度方面，黑龙江、吉林与安徽的高等教育科技创新水平发展属于较高层次，它们的经济规模、质量一般，经济结构相对合理，经济发展的整体水平较好，科技资源和科技成果也多，这三个区域的高教与经济、科技的协调程度因此比同层次的其他区域高。海南的高教科技水平、区域经济与科技的发展水平都不高，它们之间的协调程度也不高。

(6) 高校科技成果方面，黑龙江、吉林与安徽无论是论文、专利、人才培养还是成果鉴定，产出量相对较大，但在科技服务投入方面有待提高。而海南与内蒙古高校的科技产出很不理想，仍需深度改革。

六 第五层次区域高等教育科技创新能力分析

聚类分析中的第五层次，历经十年的洗礼，广西、云南、新疆、青海、宁夏、山西与贵州已沉淀为这一类别。

(一) 第五类区域的二级指标分析

人力资源方面（见图 5-115），新疆的指数在 2006—2013 年间逐渐下降，2014 年又开始回升至 0.026 左右，其余地区的人力指数逐渐增长，其中广西和宁夏高校的人力资源指数发展失衡，广西的人力指数低速增长，到 2014 年也未超越 0.023，宁夏回族自治区一直在 0.023 上下浮动。财力资源方面（见图 5-116），青海省的增长幅度较大，山西的财力增长较快，但新疆的财力指数处于增降的循环中。平台与硬件资源方面（见图5-117），新疆虽为发展最好的区域，但其未来的发展趋势不理想，增长速度有待提高，山西和广西有很大的发展潜力，宁夏与青海的硬件设施很少，一直处于 0.008 以下。总体上看，第五层次的人力资源发展快于财力资源和平台与硬件资源，财力资源的发展波澜起伏。

内部协同创新方面（见图 5 - 118），新疆、云南与广西高校与高校的合作偏多，宁夏高校间的合作还需创造更多的机会。外部协同创新方面（见图 5 - 119），云南该指数的发展相对凸显，2008 年到 2014 年间，外部协同指数超过 0.014，新疆的指数处于中等水平，而宁夏与青海高校与外部的联系应更加紧密，改变现有低水平的状态。

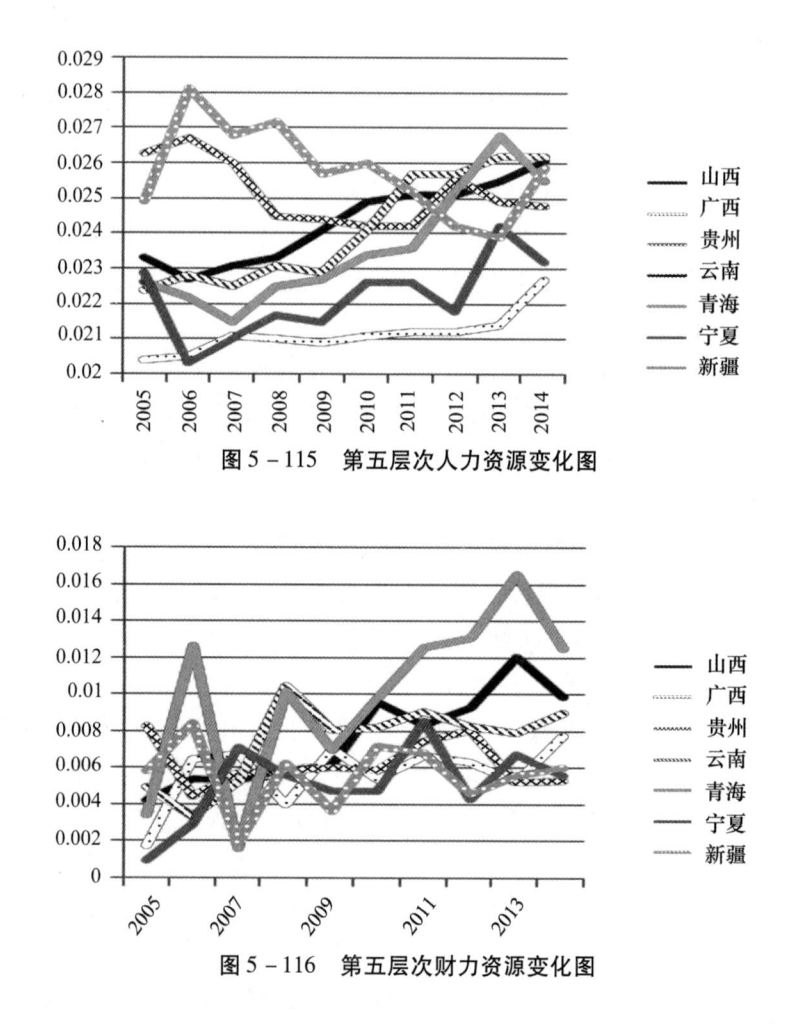

图 5 - 115　第五层次人力资源变化图

图 5 - 116　第五层次财力资源变化图

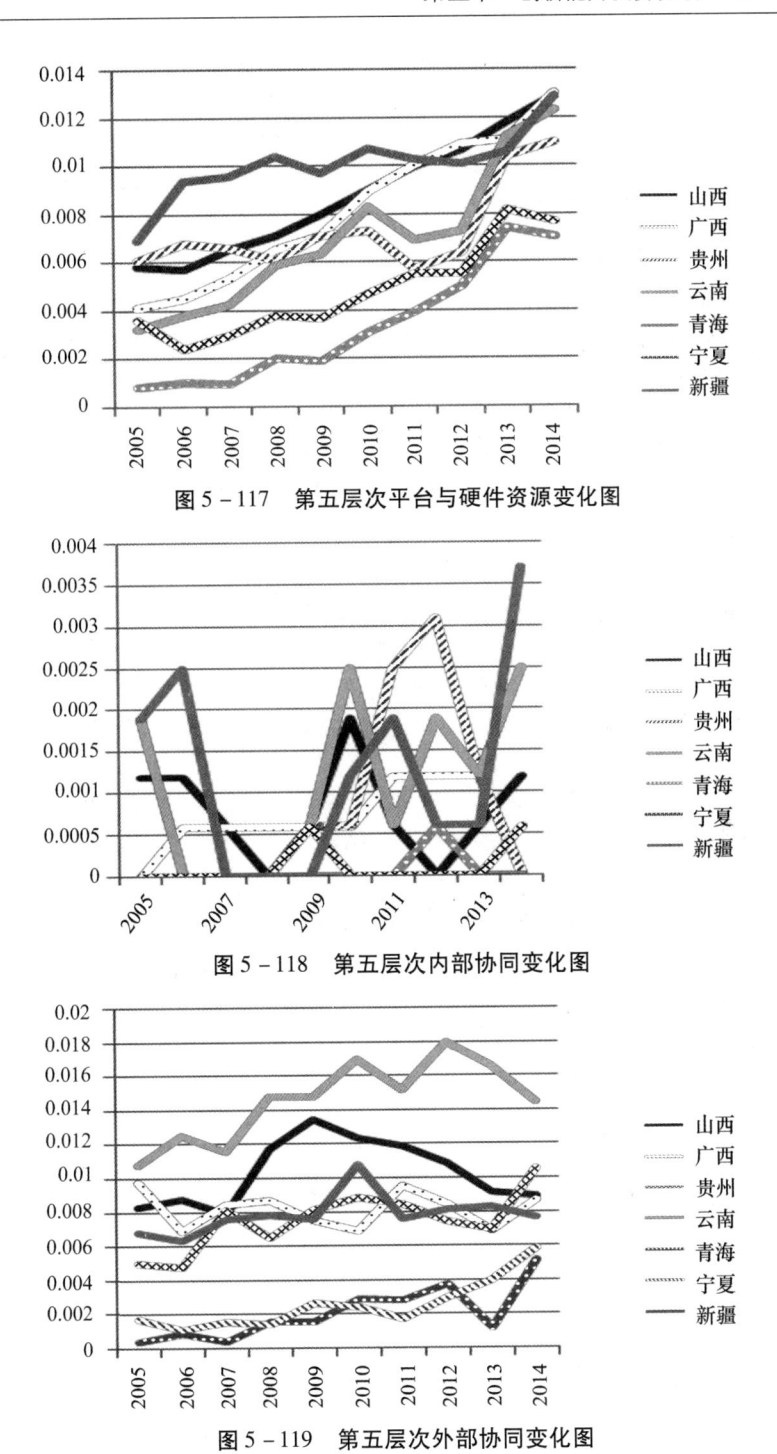

图 5-117　第五层次平台与硬件资源变化图

图 5-118　第五层次内部协同变化图

图 5-119　第五层次外部协同变化图

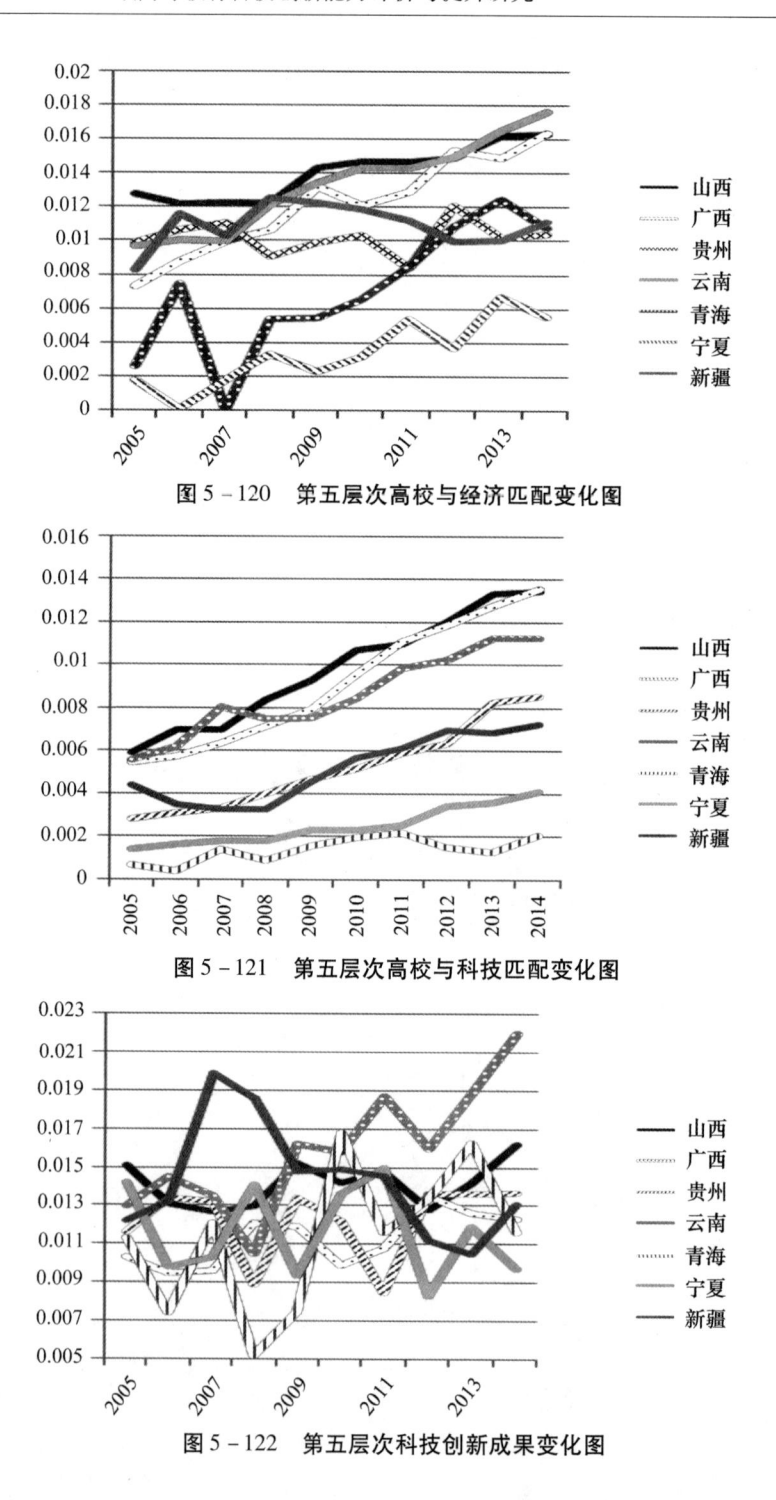

图 5-120　第五层次高校与经济匹配变化图

图 5-121　第五层次高校与科技匹配变化图

图 5-122　第五层次科技创新成果变化图

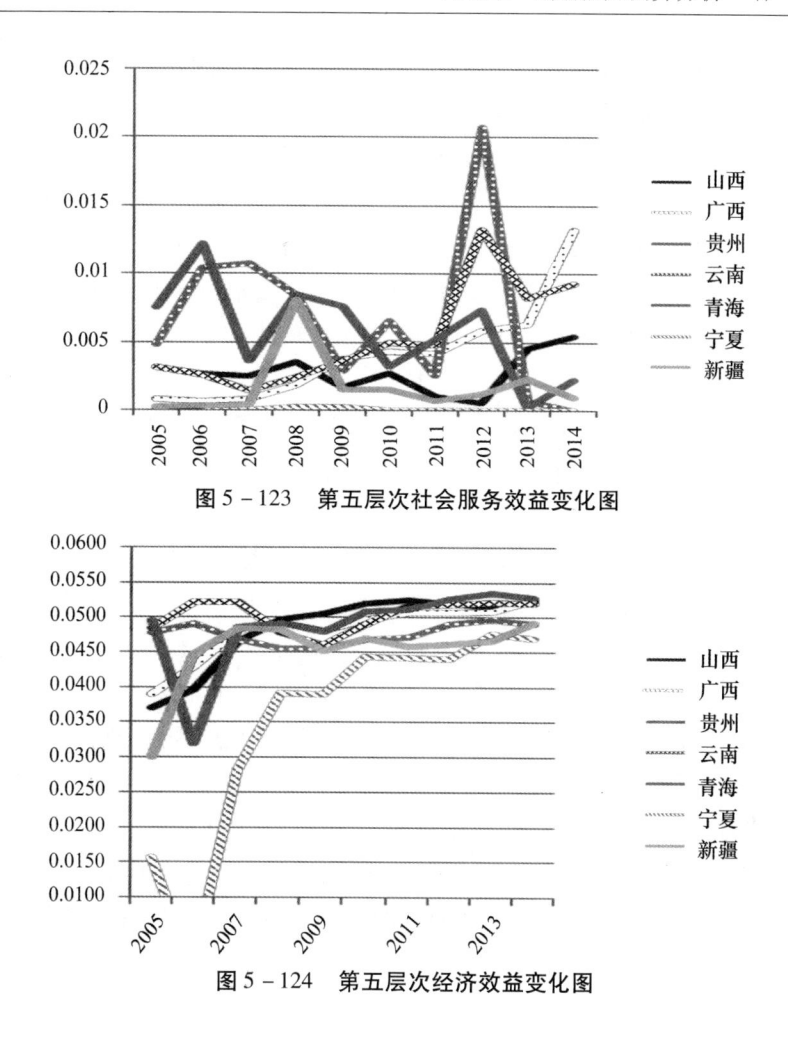

图 5-123 第五层次社会服务效益变化图

图 5-124 第五层次经济效益变化图

高等教育与经济的匹配程度方面（见图 5-120），山西、广西与云南的协调程度在该层次中最优；新疆的协调程度一般，增长幅度不大；宁夏地区高校与经济的协调最差，指数尚未完全超越 0.006。高等教育与科技的匹配程度方面（见图 5-121），仍然是山西、广西与云南的协调度最高，彼此的增长速度相仿，最初的 0.006 到 2014 年的 0.014，增长较快；贵州与新疆为中等水平，增长范围为 0.004—0.008；新疆与宁夏的协调程度最低，增长范围为 0—0.004。由此可以发现，山西、广西与云南高校科技创新能力与区域经济、科技能较好地相互促进发展，而青海与宁夏的协调程度不理想。

高校科技创新成果方面（见图5-122），各区域的发展起伏较大，大部分区域的成果指数在0.009—0.015之间，新疆高校的科技产出量有下降趋势。社会服务效益方面（见图5-123），青海省的服务指数在上下波动中不断缩小，贵州的发展趋势同青海一样，均为波动中缩小。山西、新疆与宁夏的社会服务最低，尤其是宁夏，需要重大改革社会服务效益。经济效益方面（见图5-124），2005—2007年宁夏落后于其他区域，但自2008年起，跟上大部队的步伐，一直维持在0.04—0.05。

（二）第五类区域的三级指标分析

R&D全时人员方面（见图5-125），广西的整体发展最快，但2014年人员数量一定程度上有所减少，而青海与宁夏地区10年中无明显变化，这不利于高等教育的科技发展。高层次科技人才方面（见图5-126），所有区域的数量均很少，直至2014年也未超过15人。云南与山西地区的数量相对较多，贵州、宁夏、新疆、青海与广西低于4人。专任教师学历方面（见图5-127），山西、广西与云南平行发展，"平行"指三个区域的学历指数的增长速度相近，宁夏与青海区域的学历指数一直低于5000。综合这些三级指标的分析可知，宁夏与青海严重缺乏人力资源，特别是高层次和高学历的人才。

科技投入经费与GDP的比值方面（见图5-130），虽然各区域的发展波动较大，但整体的发展曲线犹如平行线，即增长趋势不显著，其中新疆对高校的投入力度最弱，它的指数低于0.0006。人均科技投入经费方

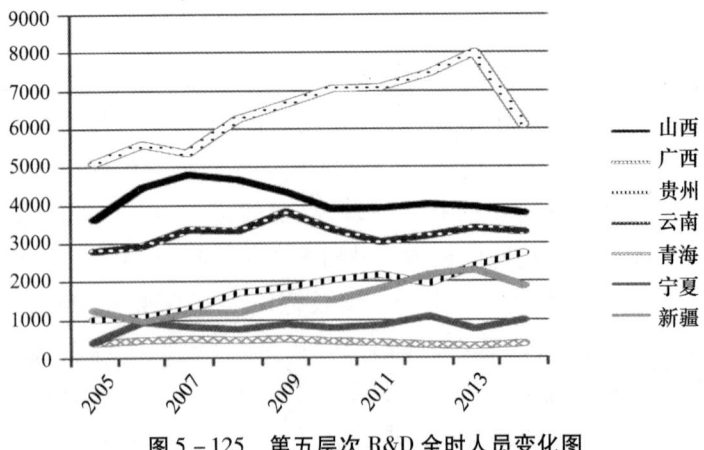

图5-125　第五层次R&D全时人员变化图

图 5-126　第五层次高层次科技人才变化图

图 5-127　第五层次专任教师学历变化图

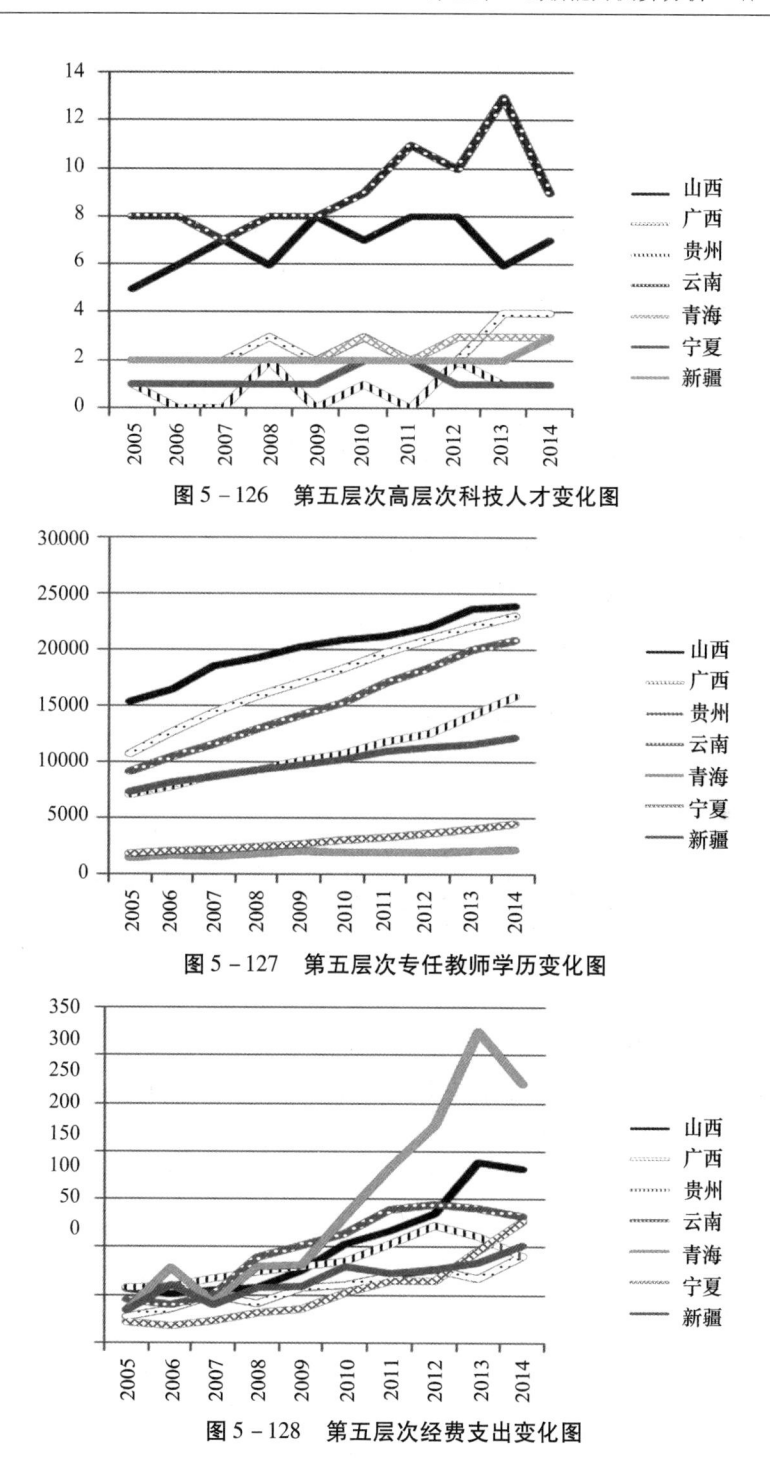

图 5-128　第五层次经费支出变化图

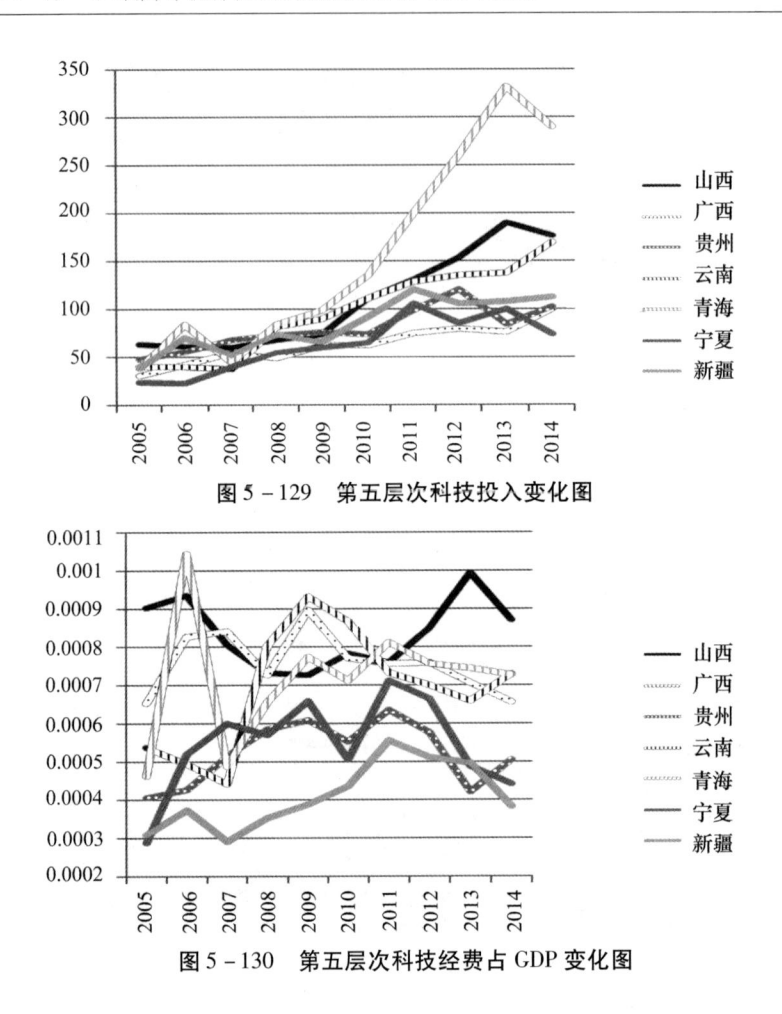

图 5 - 129　第五层次科技投入变化图

图 5 - 130　第五层次科技经费占 GDP 变化图

面（见图 5 - 129），青海的增长最快，2013 年增至 332 左右，宁夏、广西与贵州的人均投入经费历年来偏少，一直在 100 附近徘徊。人均科技经费支出情况与投入情况基本吻合（见图 5 - 128）。

国家技术研究中心方面（见图 5 - 131），各区域整体数量偏少，山西省是特例，该地区没有国家技术研究中心，新疆地区大约有 5 个研究中心。固定资产购置费方面（见图 5 - 132），山西与广西高校相对重视固定资产的购置，两地的费用逐年增多，增长速率较大。贵州、新疆、青海与宁夏的购置费处于 0—50000 之间，属于最低层次。教学科研仪器设备与图书数量方面（见图 5 - 133、图 5 - 134），新疆与贵州偏多，而广西的数量少，其中新疆与贵州高校的图书数量有下降趋势。由此可见，第五层次

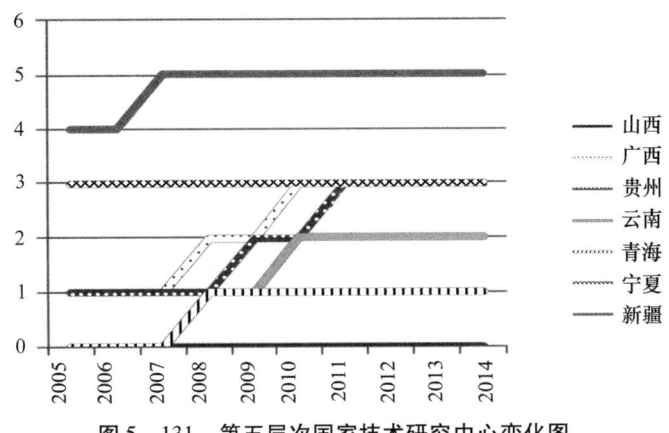

图 5-131　第五层次国家技术研究中心变化图

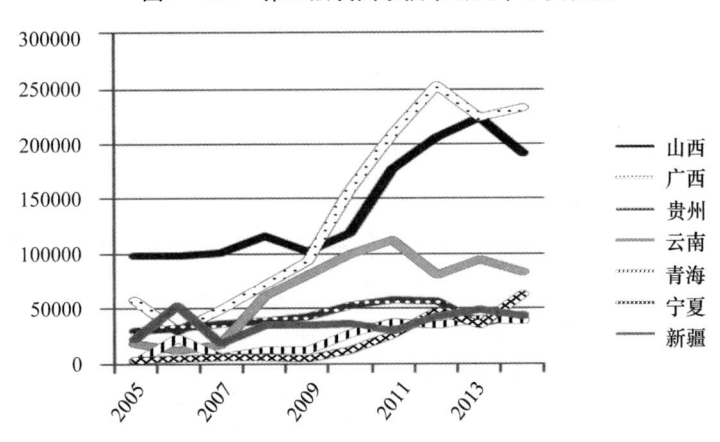

图 5-132　第五层次固定资产购置费变化图

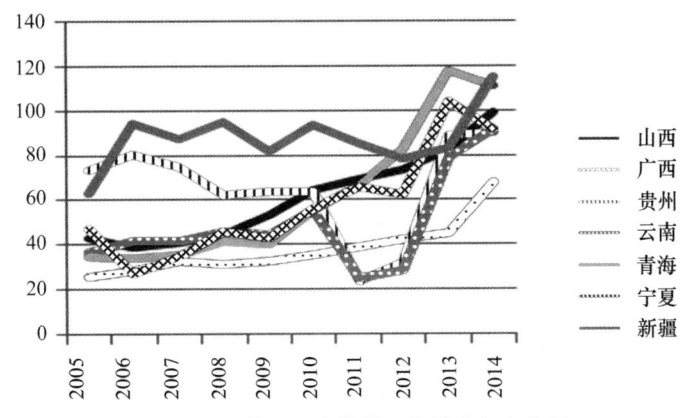

图 5-133　第五层次教科研仪器设备变化图

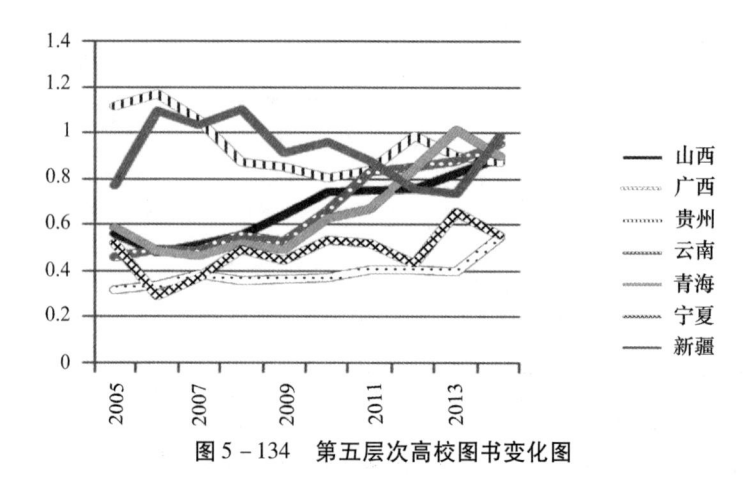

图 5-134 第五层次高校图书变化图

的平台与硬件资源发展不良,科技平台建设力度极弱,甚至有地区没有这类平台。硬件设施不足,尤其高校的图书数量,图书是获取间接知识的主要媒介,媒介的缺少,高校人才所汲取的知识相对就少,对理论知识的实践就会产生一定影响,对高校的科技创新能力的发展产生负面作用。

合著论文方面(见图5-135),第五层次中所有区域的数量偏少,青海和宁夏为典型区域,十年间一直不超过2篇合著论文。国际合作研究方面(见图5-138),云南每年都创造很多合作机会,在2013—2014年交流的总人次已达1600。新疆在2005—2011年合作交流的人次在1000—1800浮动,2012年开始高校与国际交流的人越来越少。宁夏高校与国际

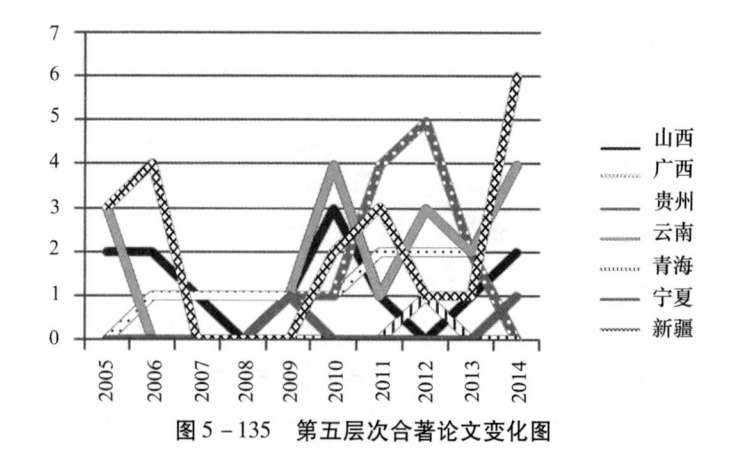

图 5-135 第五层次合著论文变化图

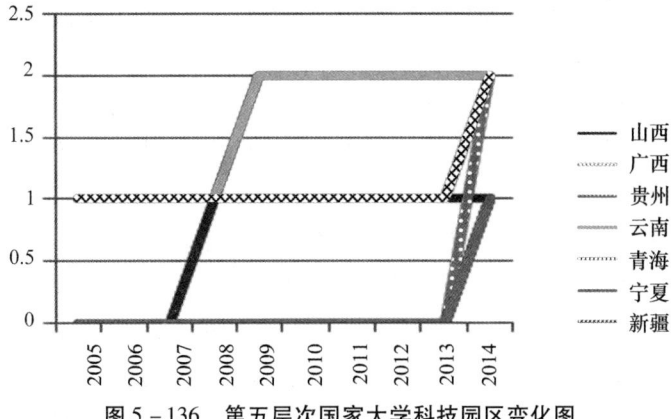

图 5-136　第五层次国家大学科技园区变化图

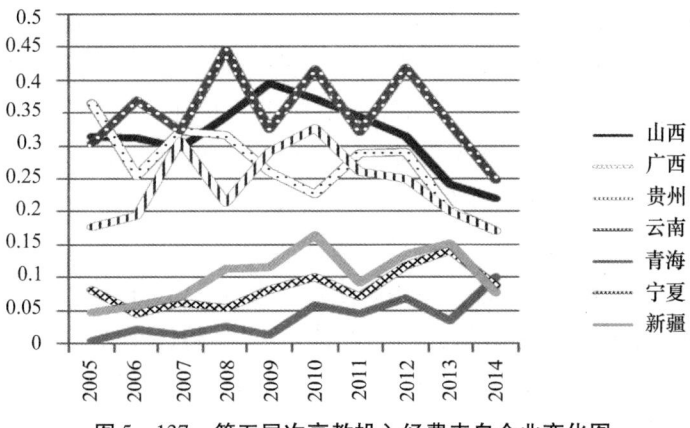

图 5-137　第五层次高教投入经费来自企业变化图

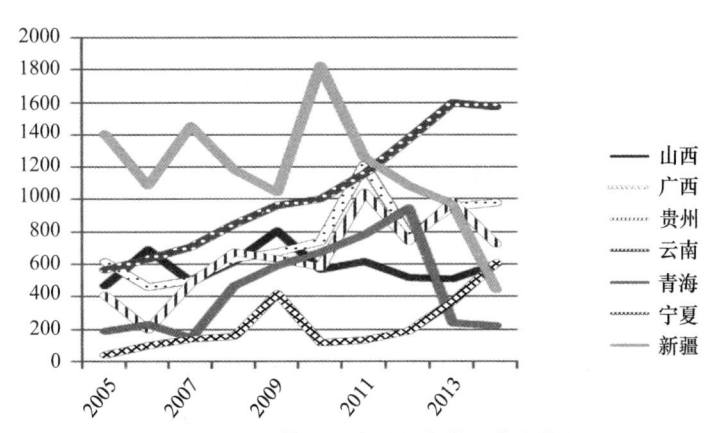

图 5-138　第五层次国际合作研究变化图

的科技合作人次最少,直至 2014 年也未超过 600 人次。国家大学科技园区方面(见图 5-136),所有区域的园区数量均不超过 2 个,青海与宁夏地区没有国家大学科技园。企业对高校的科技投资方面(见图 5-137),各区域两极分化较严重。云南、山西、广西与贵州的投资比例较大,但这些区域的企业投资遇到瓶颈期,即没有上升的空间。新疆、宁夏与青海的投资比例较小,指数在 0.15 以下,但有发展前景。

人均 GDP 方面(见图 5-139),宁夏、山西、新疆与青海接近,金额较大,广西中等水平,云南与贵州的人均 GDP 较低。就业人员工资总额方面(见图 5-140),山西的工资水平高,宁夏与青海的工资水平很低,小于 500 亿元。之所以宁夏与青海的人均 GDP 高,就业人员的工资总额少,有可能是因为这两个区域的人口少。

GDP 增长率上(见图 5-142),2005—2008 年,各区域的 GDP 增长迅速,但在 2009 年增长幅度明显减小,虽然在 2010 年增长率回升,但 2011 年开始增长率持续减小。人均可支配收入方面(见图 5-141),各地区居民能自由使用的金额相对集中。单位 GDP 能耗方面(见图 5-143),广西的能耗最少,在 0.5—1.5 之间,宁夏最多,在 1.5—4 之间。

第一产业与第二产业之比方面(见图 5-144),广西、云南、贵州与新疆的第一产业值高于第二产业值,宁夏、青海与山西的第一与第二产业比值较小,山西的比例最低。第三产业占 GDP 的比重方面(见图 5-145),大部分区域的比值在 0.3—0.4 之间,贵州的比重更接近 0.5。

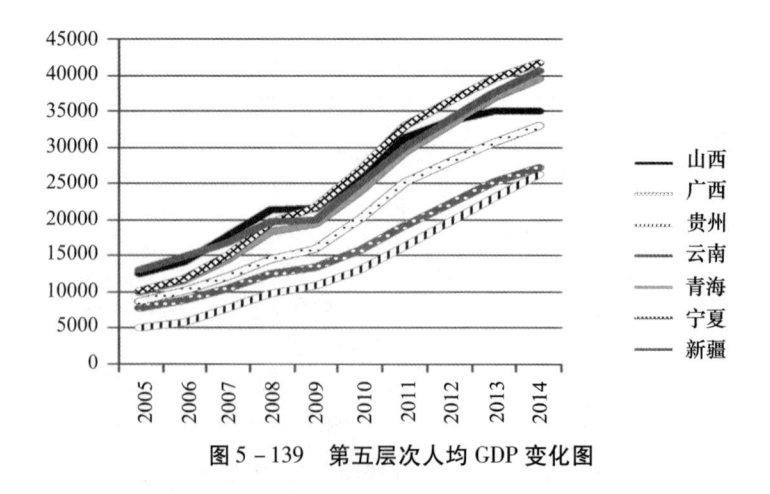

图 5-139 第五层次人均 GDP 变化图

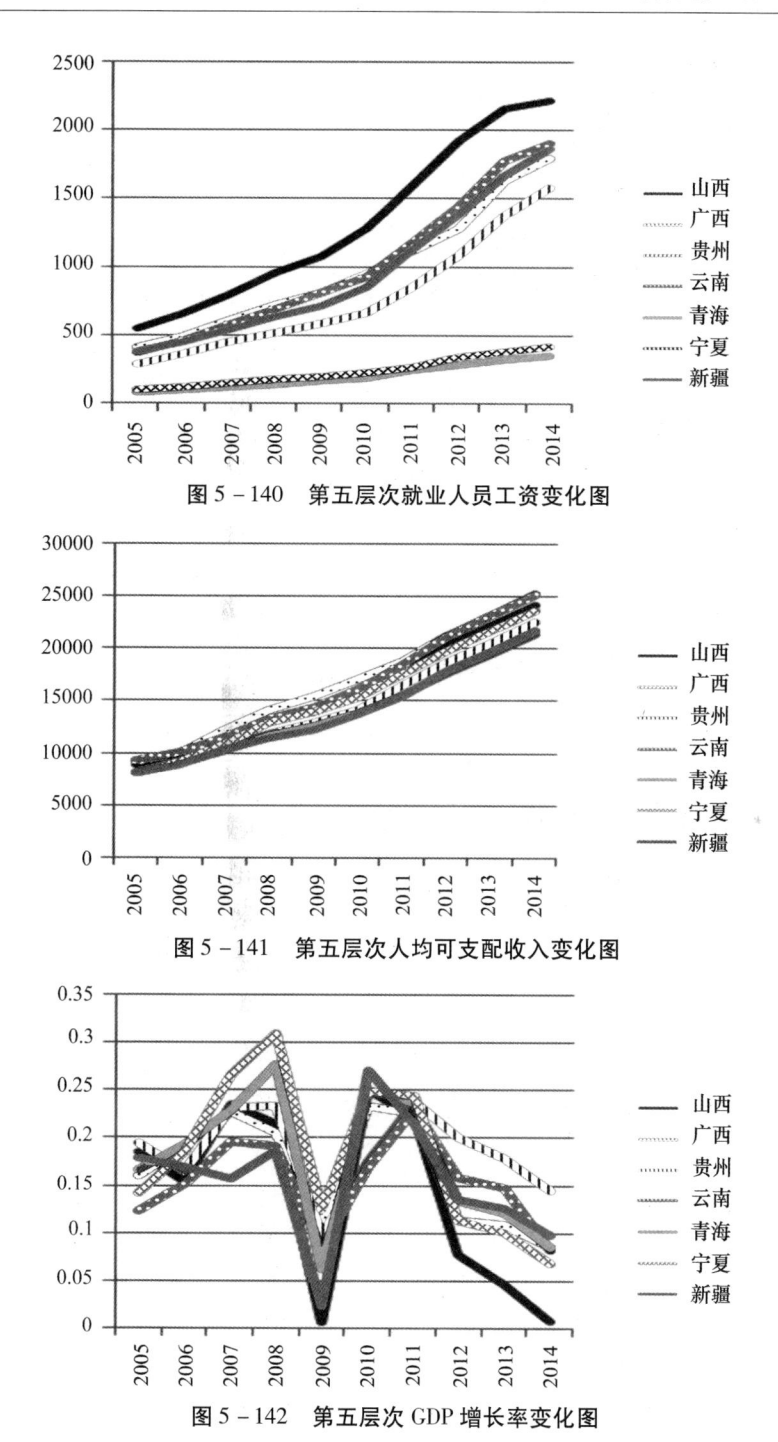

图 5-140　第五层次就业人员工资变化图

图 5-141　第五层次人均可支配收入变化图

图 5-142　第五层次 GDP 增长率变化图

图 5-143　第五层次单位 GDP 能耗变化图

图 5-144　第五层次第一与第二产业之比变化图

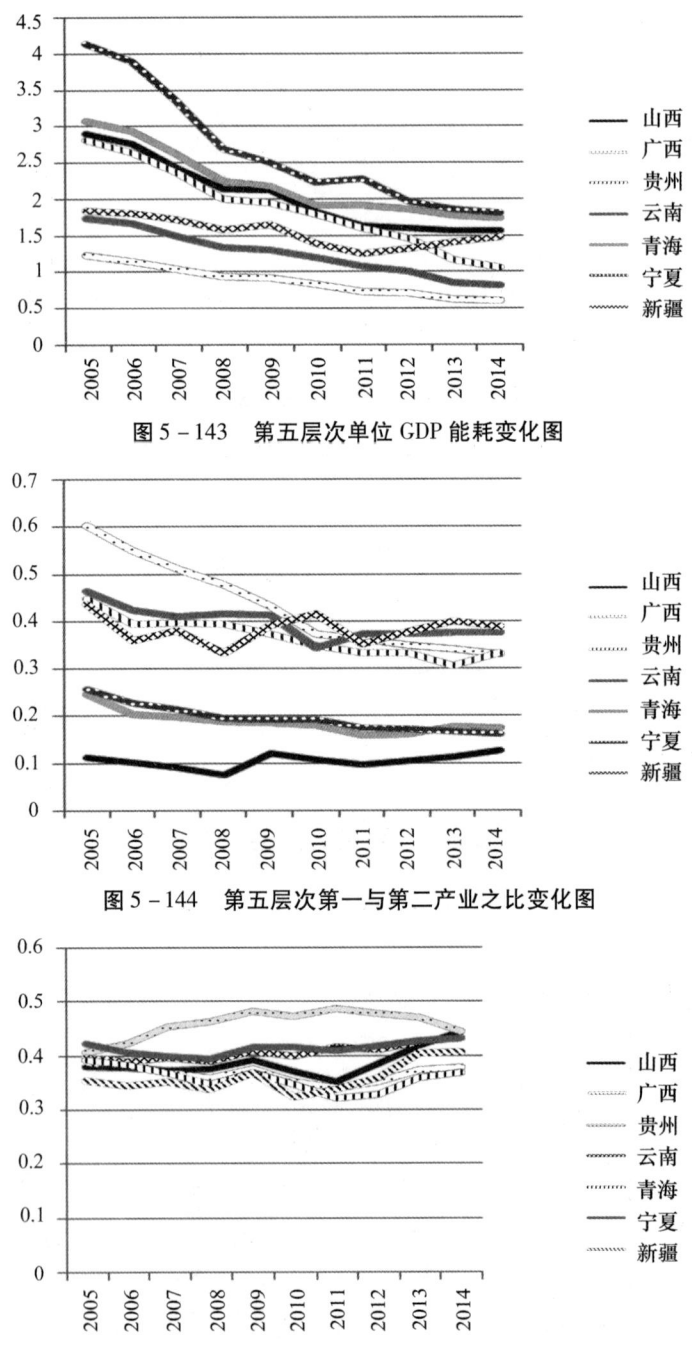

图 5-145　第五层次第三产业占 GDP 的比重变化图

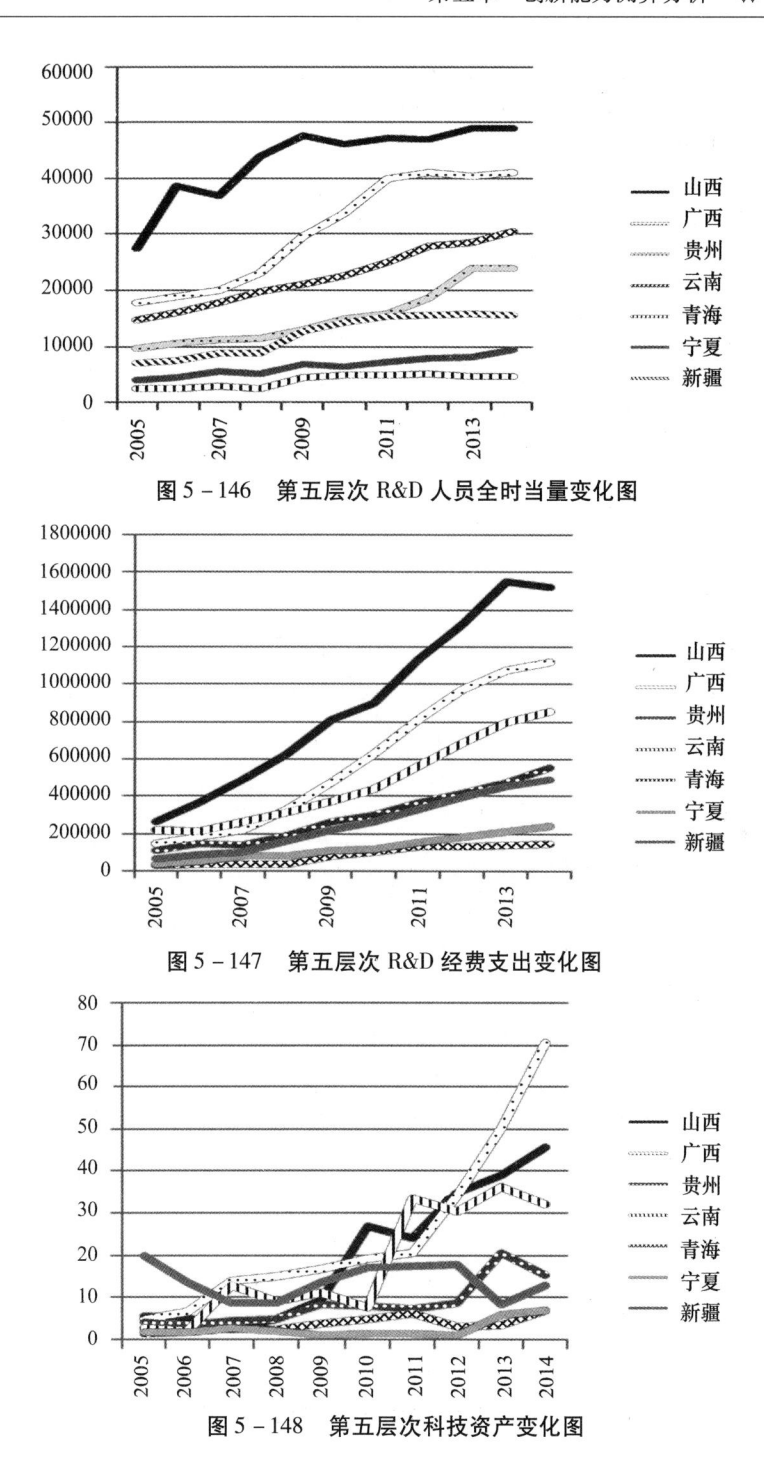

图 5-146　第五层次 R&D 人员全时当量变化图

图 5-147　第五层次 R&D 经费支出变化图

图 5-148　第五层次科技资产变化图

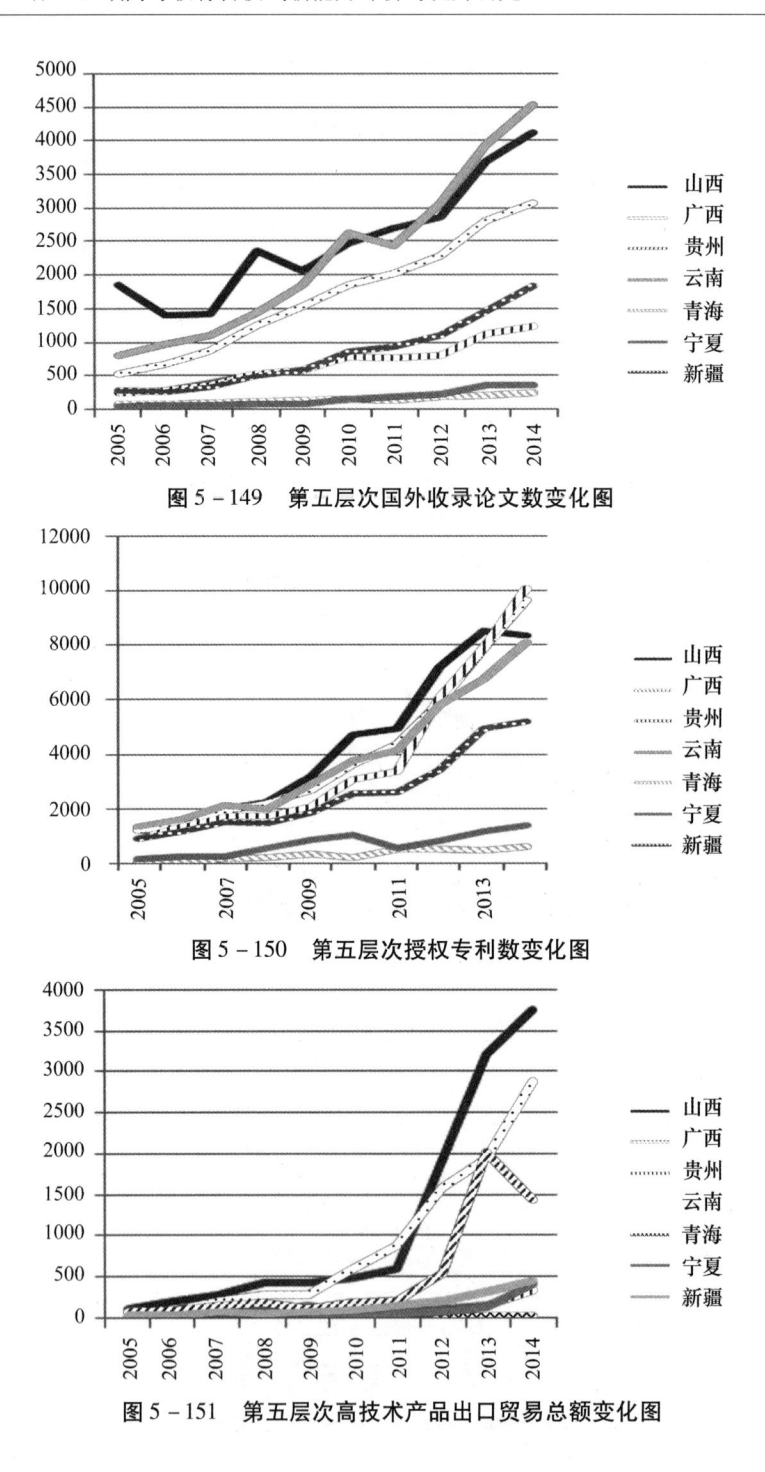

图 5-149　第五层次国外收录论文数变化图

图 5-150　第五层次授权专利数变化图

图 5-151　第五层次高技术产品出口贸易总额变化图

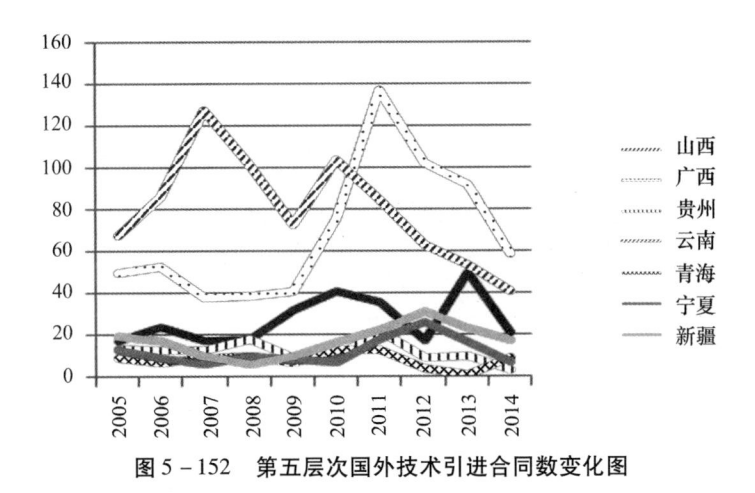

图 5-152　第五层次国外技术引进合同数变化图

R&D 人员全时当量方面（见图 5-146），山西的全时人员与非全时人员的工作量最大，它的折算指数处于 30000—50000；宁夏与青海的工作量最少，这两个省区的折算指数不超过 10000。R&D 经费支出方面（见图 5-147），山西的支出金额由最初的 262814 到如今的 1521871，数值最大，增长速度最快。宁夏与新疆的支出经费一直低于 200000，属于最低水平。科技资产方面（见图 5-148），贵州、青海与宁夏的数值最小，低于 20。

国外收录的论文方面（见图 5-149），山西、云南与广西被收录的论文逐年增多，整体数量多于其他地区，宁夏与青海被收录的论文不超过 500 篇。授权专利的情况（见图 5-150），宁夏与青海属于问题区域，授权专利的数量低于 2000，所有区域中最低，增长速度最慢。高新技术产品出口贸易上（见图 5-151），山西、广西与云南的发展突出，主要表现在 2013—2014 年，这两年的出口贸易金额迅速扩大，广西 2014 年的贸易金额达到 3000 百万美元左右，山西的贸易金额为 3763 百万美元。贵州、青海、宁夏与新疆的出口贸易金额低于 500 百万美元。国外技术的引进方面（见图 5-152），广西的整体发展优于其余 6 个区域，云南对国外技术的引进也不少，但 2010 年起，引进的合同越来越少，青海、宁夏与新疆的合同数量更少，十年间一直徘徊于 20 左右。

高校的论文指数方面（见图 5-153），第五类区域发展均不稳定。专利指数方面（见图 5-154），山西、云南、广西与青海的产出量较多。技术转让方面（见图 5-155），宁夏与青海的指数为全国最低，其余地区的

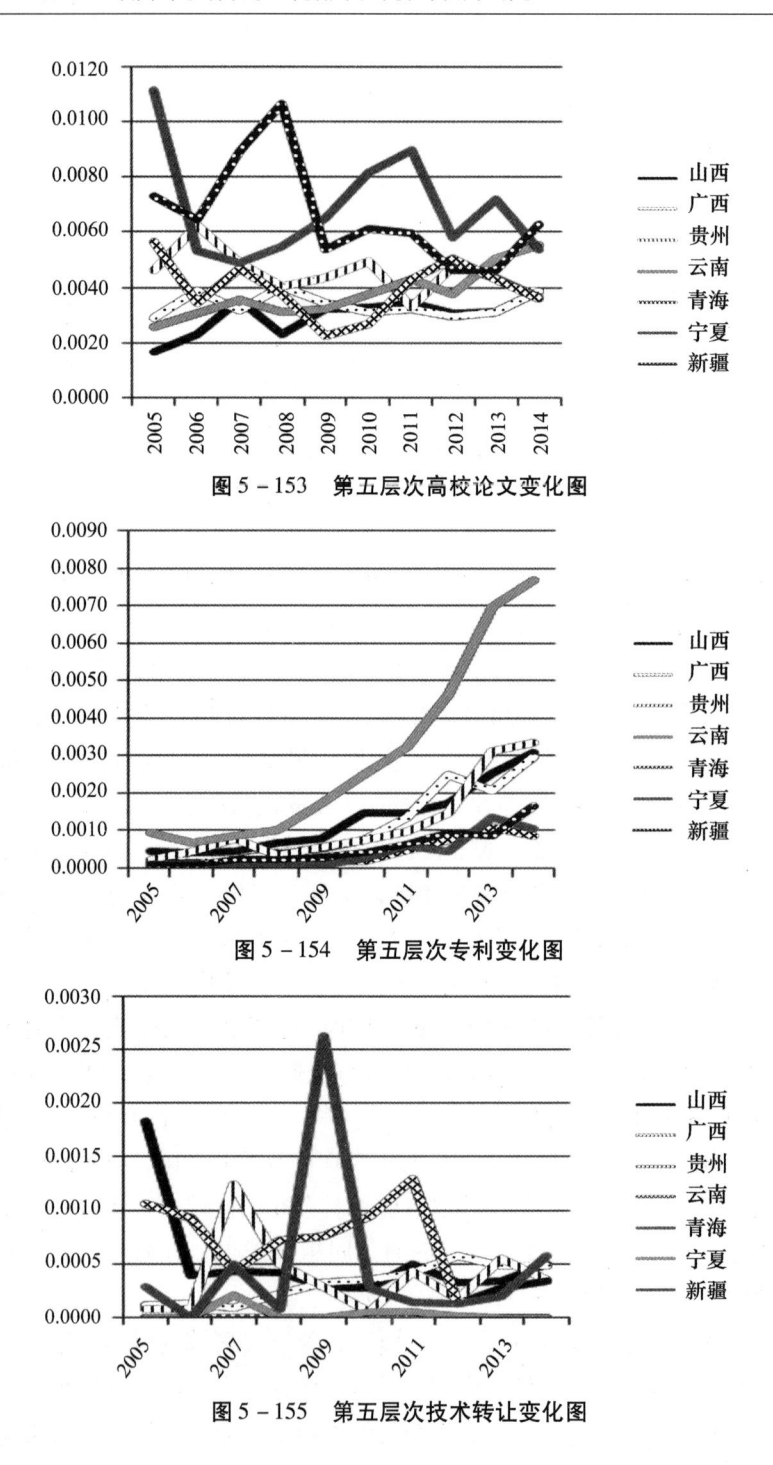

图 5-153 第五层次高校论文变化图

图 5-154 第五层次专利变化图

图 5-155 第五层次技术转让变化图

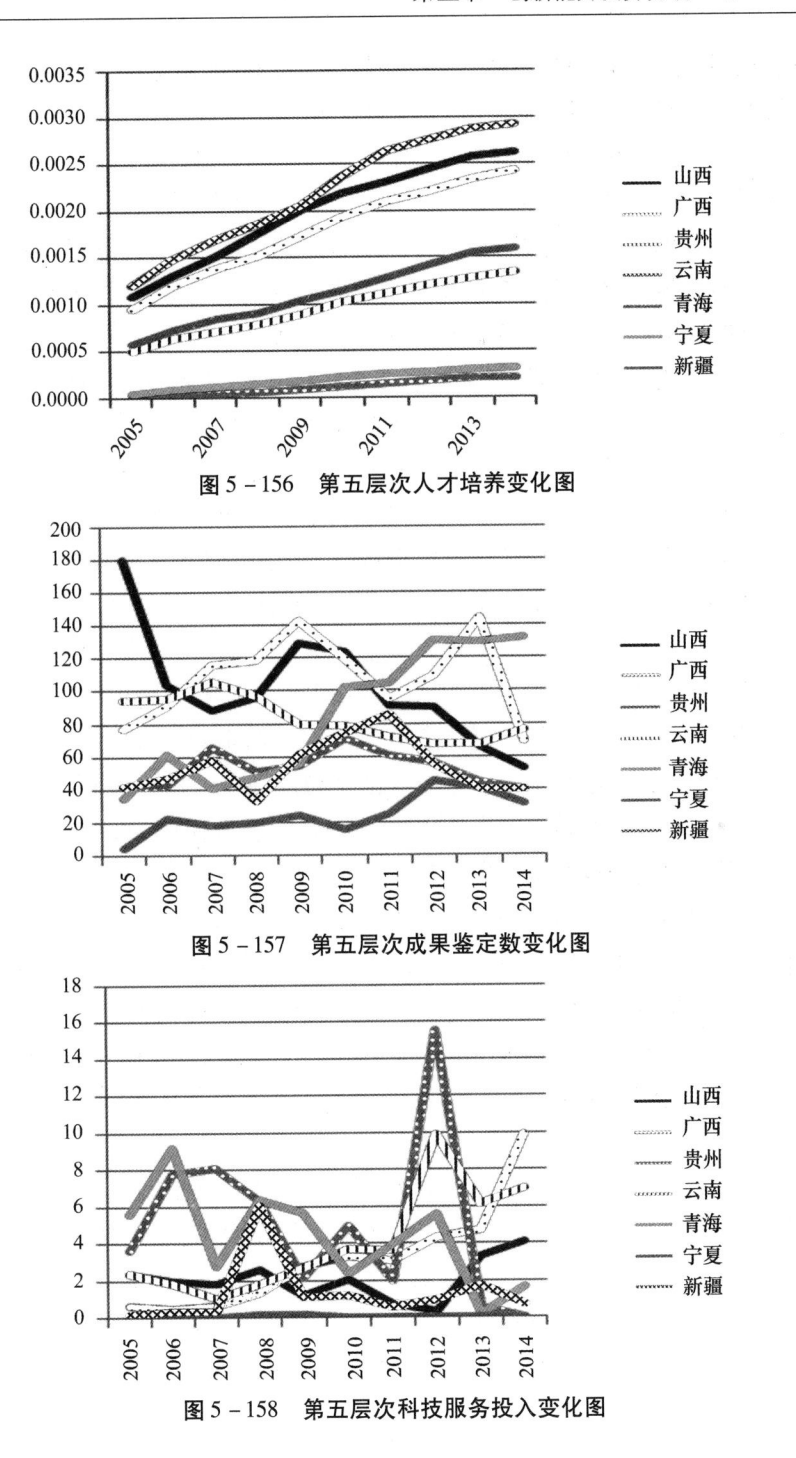

图 5-156 第五层次人才培养变化图

图 5-157 第五层次成果鉴定数变化图

图 5-158 第五层次科技服务投入变化图

发展很不稳定，整体的指数并不高，集中在 0.0005 附近。人才培养方面（见图 5-156），7 个区域的发展水平由高到低，增长速度由快到慢可以分为三层，第一层有云南、山西与广西，第二层有新疆与贵州，第三层有宁夏与青海，其中每一层次中的增长速度相近。成果鉴定方面（见图 5-157），各区域的发展同样不稳定，青海通过鉴定的成果数逐年增加，山西与云南的鉴定成果数逐年减少，而宁夏通过鉴定的数量处于 20—40 之间，所有区域中最低。科技服务经费方面（见图 5-158），整体发展也不稳定，各区域每年的指数波动很大，只有云南与广西的科技服务投入经费在波动中增长。宁夏高校的科技服务投入经费几乎为 0。

通过对第五层次二、三级指标的分析，可以归纳为以下四个方面：

（1）人力资源发展快于财力资源和平台与硬件资源，财力资源的发展不稳定。该层次中各区域严重缺少科技平台，新疆的平台数量在所有地区中最多，但也仅有 5 个。宁夏与青海严重缺乏人力资源，特别是高层次和高学历的人才。

（2）内部协同创新方面，新疆、云南与广西高校与高校的合作偏多，宁夏高校间的合作还需创造更多的机会。外部协同创新方面，宁夏与青海高校与国际科技接触很少，企业对这两个地区高校的科技发展投资甚少。所以宁夏与青海高等教育的内外部协同发展滞缓，这两个区域应加强与外部的联系，改变现有的低水平状态。

（3）高等教育与经济的匹配程度方面，第五层次的高等教育科技创新能力、区域经济发展水平、区域科技发展水平均不高，所以 7 个区域的整体匹配度相对其他层次偏低。层次内，山西省的高教与经济、科技的协调发展最优；宁夏、青海的经济质量不高、经济结构不合理、区域科技资源不足、科技产出不多，它们的高等教育与经济、科技的协调程度也就不高。

（4）高校科技创新成果方面，广西、云南与山西的论文、专利、技术转让、人才培养等方面的产出指数都很高，而青海与宁夏高校的科技产出与区域的科技产出一样少。高校的科技效益需要重大改革，特别是社会服务效益，所有区域的服务投入极少，虽然该层次的区域经济发展水平有限，但需要在能力范围内进行深刻的改革，可从思想、行动与政策三方面着手。

七 2005—2014 年各区域高等教育科技创新发展中存在的问题

上文中，根据 2005—2014 年全国各区域的高等教育科技创新能力指数，对其聚类分析，并将各年份的区域归纳为五大类，再以类别为分析主线，深层探讨不同类别中各区域二、三级指标发生的变化，从而寻找十年间具有同等高教创新能力的区域间在发展中存在的问题。

（一）科技平台建设严重落后

不论是高等教育科技创新能力较强的一、二、三层次，还是创新能力较弱的四、五层次，同层次内的区域科技平台均少。创新能力较弱的区域更缺少科技平台，需要加大力度建设平台，促进高校与社会之间科技成果的流通。

（二）高等教育科技创新能力弱的区域缺少高学历的专任教师

教师学历越高，代表自身接受教育的程度越深，这对教师理论知识水平、专业素养和学术能力的衡量具有基础性作用。从各层次的指标分析中可看出，创新能力越强，高校的学历指数越高；反之，能力越弱。学历指数低，从各区域专任教师学历情况的原始数据看，学历结构中的高学历有所提升和优化，但结构的优化同创新能力的强弱有关，创新能力强的区域逐渐形成以硕士和本科为主体的学历结构，而创新能力较弱区域的硕士和博士学历的教师数量不断增加，但其学历结构仍以本科为主，因此相对本科学历教师的数量，该类区域仍缺少高学历的教师。

（三）企业应加大对高校的科技投资

企业的经济效益远比国家财政拨款更为可观，所以高校科学技术的资金来源应以企业为主体。高等教育科技创新能力较强的区域，企业对其经费的资助比例少，而创新能力较弱的区域，企业对其经费的资助逐年减少。

（四）高等教育科技创新能力越低，科技交流与合作意识越淡薄

第四、五层次区域高校间的项目合作与论坛互动很少，与国际合作研究更是如此，高校的合著论文数与国际派遣接受交流的国内外人次均无法和一、二、三层次相提并论。科学技术的交流与合作是高校科技创新发展的润滑剂，是获取科技信息的一种手段，也是提高本校研究人员科研能力与创新能力的重要途径，更是促进区域高等教育科技创新能力的前提与基础。

（五）高校科技成果产出的层次水平相对较低

全国各区域高校的科技产出逐年增多，但科技成果的水平不高，根据各区域的原始数据看（见附录）。论文上，各区域被国外收录的论文数量明显比国内发表的论文少；科技进步奖上，获得省、自治区、直辖市科技进步奖的数量明显比获得国家级科技奖的多。

（六）各区域的技术转让困难

各区域高校的技术转让指数普遍低，如北京、江苏和上海这类区域的指数维持在 0.01—0.02 之间，而宁夏与青海的指数逼近 0。作为社会生产力的一部分，高校的技术转让亟待改善，以促进整个区域的全面发展。

（七）科技服务经费区域间的两极分化现象严重

主要表现在第一、二、三层次的人均科技服务经费明显比四、五层次的人均经费高。前三个层次的人均科技服务经费至少 10000，而后两个层次的人均科技服务经费最高仅有 40。

第六章　耦合协调与绩效分析

第一节　与经济发展水平耦合协调分析*

《国家中长期科学和技术发展规划纲要（2006—2020年）》提出要发挥高等院校在区域创新体系中的重要作用，重视科技创新对经济发展的作用，高校作为科技创新的主要载体，其职能主要表现在人才培养、科学研究和社会服务。然而，高等教育科技创新作为经济发展的助推器，若超越经济发展水平，较多的科技创新投入可能会影响经济发展；若滞后经济发展，科技创新能力落后则会导致经济发展动力不足。鉴于两者相互促进又相互制约的关系，区域高等教育科技创新必须与经济发展相适应，因此，如何衡量两者是否相适应或适应性强弱成为迫切需要解决的科学问题。

目前科技创新能力与经济发展关系的研究取得了一定的研究成果，通过定性研究论证了创新对经济发展水平的重要性，如[1][2][3]的研究表明科技创新是经济发展水平的主要动力；通过定量研究考察了科技创新与经济社会发展的具体关系，如李石勇等分析了从高校科技创新能力与经济发展的联结效应[4]，张宇通过利用灰色关联理论模型，对科技创新与深圳经济发展之间的相关性进行了分析[5]，李正辉[6]等基于固定

---

* 本节主要内容刊发在《科技管理研究》2018年第3期。
[1]　陈曦：《创新驱动发展战略的路径选择》，《经济问题》2013年第3期。
[2]　夏天：《创新驱动经济发展的显著特征及其最新启示》，《中国软科学增刊》2009年第s2期。
[3]　张来武：《科技创新驱动经济发展方式转变》，《中国软科学》2011年第12期。
[4]　李石勇：《广东高校科技创新与区域创新的联结效应及深化对策》，《科技管理研究》2011年第16期。
[5]　张宇：《深圳市科技创新与经济发展的相关性分析》，《科技进步与对策》2010年第5期。
[6]　李正辉：《区域科技创新与经济增长——基于省级面板数据模型的实证分析》，《科技与经济》2011年第1期。

效应变截距模型，史伟①对两者的相关性分析，进一步分析了区域创新对经济增长的效益。另外区域科技创新的耦合协调对象上表现在与科技金融②公共金融③等的协调，经济发展在科技领域的耦合协调对象有科技投入④等。

由此可见，一方面科技创新能力与经济发展关系的研究已得到部分相关研究者的高度关注，另一方面利用耦合协调模型来测算两系统的适应性在经济学领域已广泛运用。目前经济发展水平在科技上的耦合协调对象更多的是企业科技创新，而对区域高等教育这一微观主体的科技创新能力与经济发展的协调关系的探讨还较少。本研究在建立两系统指标体系之下，利用客观赋权的熵值法，引用耦合协调模型，从时空耦合协调度演化特征来分析高等教育科技创新能力与经济发展水平适应程度，进而通过回归分析探索影响耦合协调度的因素，以期为我国高校科技管理部门决策提供参考依据。

一 研究方法

（一）数据无量纲化处理

由于区域高等教育科技创新能力与经济发展水平两个系统的指标单位不统一，故需对数据量纲为 0—1 的指数范围以进行下一步测算。设 x_{ij} 为指标的原始数据，y_{ij} 为标准化后的数据，标准化公式如下。

前者为效益型指标，后者为成本型指标：

$$y_{ij} = \frac{x_{ij} - x_{ij\min}}{x_{ij\max} - x_{ij\min}}$$

$$y_{ij} = \frac{x_{ij\max} - x_{ij}}{x_{ij\max} - x_{ij\min}}$$

（二）熵值法

熵值法是通过利用信息熵来判断数据的离散程度，从而进行多指标综

---

① 史伟：《我国科技创新与经济发展的相关性研究》，《企业科技与发展》2015 年第 8 期。
② 徐玉莲：《区域科技创新与科技金融耦合协调度评价研究》，《科学学与科学技术管理》2011 年第 12 期。
③ 和瑞亚：《区域科技创新系统与公共金融系统耦合协调评价研究——基于中国 28 个省级区域的实证分析》，《科技进步与对策》2014 年第 7 期。
④ 曾春媛：《科技投入与区域经济发展水平协调性研究》，《科研管理》2013 年第 s1 期。

合评价[①]。文中采用信息熵值法计算评价指标的权重系数。熵一般用来测量某个指标数据信息量的大小，其提供的信息量越大，指标值离散程度越大，其权重也就越大；反之也成立。信息熵的计算公式为

首先，计算第 j 项指标下的第 i 个指标的比重 P_{ij}，其中 m 表示待评价的对象，

$$p_{ij} = \frac{Y_{ij}}{\sum_{i=1}^{m} Y_{ij}}$$

其次，计算第 j 项指标的熵值 e_j，$k = -1/\ln(m)$

$$e_j = -K \sum_{i=1}^{m} p_{ij} \ln p_{ij}$$

第三，计算第 j 项指标的差异性系数 h_j：

$$h_j = 1 - e_j$$

第四，最后得到指标的权重 w_j，其中 n 表示指标个数：

$$w_j = \frac{h_j}{\sum_{j=1}^{n} h_j}$$

（三）耦合协调机理与模型

高等教育科技创新推动经济增长，经济增长又为高等教育科技创新提供了财力、物力等资源，二者相互依存，相互促进，共生发展。因此，可以将高等教育科技创新与经济增长两个子系统相互作用的关系界定为耦合关系。

高等教育科技创新促进经济增长。首先，高等教育科技创新是实现经济增长的重要途径，通过优化资源配置，整合科技创新资源来形成技术创新体系，推动经济增长；其次，高等教育科技创新的产学研合作模式可以为经济发展中的传统企业和新型企业提供新技术，围绕产业发展的重大关键技术和共性技术进行研发，从而支撑产业结构的调整；最后，人力资源是第一大资源，高校作为科技创新与人才培养的重要来源，能为企业提供智力支撑，推动人才结构的优化，依靠人才转型的升级促进经济发展水平的提高。

[①] 谭婧：《基于改进熵值法的城市"精明增长"综合测度——以长江三角洲 16 市为例》，《长江流域资源与环境》2012 年第 2 期。

经济增长支撑高等教育科技创新。经济发展水平的提高为创新资源的投入提供强大的保证,包括人力、财力和物力,其意味着社会物质财富的累积,形成了社会资本,并且可以通过高等教育提高人力资源的素质,转化为人才储备,为高等教育科技创新创造有利条件。其次,经济发展提供了创新动力,主要来源于科技的进步;最后,经济发展水平的提高能优化创新环境,经济增长可以拉动基础建设,营造良好的就业与生活环境,从而吸引人才与集聚创新人才。

在物理学中,耦合是指两个或两个以上系统相互影响的运动方式,耦合度是系统或要素之间相互和谐、良性循环的关系,耦合协调度则体现了内部状况协调程度[①]。本文采用耦合协调度来判别不同地区科技创新能力与经济发展水平内部状况的好坏,从而可以量化衡量两系统发展相适应程度。在相关研究[②]的基础上,提出高等教育科技创新能力与经济发展水平的耦合协调度计算公式:

$$C = \left\{ \frac{f(x) \times g(y)}{[(f(x) + g(y))/2]^2} \right\}^h$$

$$t = [f(x) + g(y)]/2$$

$$Cd = \sqrt{c \times t}$$

式中,$f(x)$ 与 $g(y)$ 分别是区域高等教育科技创新能力与经济发展水平综合评价指数。其中,Cd 反映两系统耦合协调度的数量程度;h 为调节系数,h 越大区分度越高。因为两系统的重要性一致,故选取 $h = 2$。当 $Cd = 1$ 时,表明内部要素处于最佳协调状态;当 $Cd = 0$ 时,表明内部要素处于无序的状态,根据测算出的耦合协调值,可以将耦合协调度的等级进行阶段划分,如表6-1所示。

表6-1　　　　　　耦合协调度等级划分标准

耦合协调度	0—0.19	0.20—0.39	0.40—0.59	0.60—0.79	0.80—1.00
等级	低度协调	基本协调	中度协调	高度协调	优质协调

---

① 刘定惠:《区域经济—旅游—生态环境耦合协调度研究——以安徽省为例》,《长江流域资源与环境》2011年第7期。

② 和瑞亚:《区域科技创新系统与公共金融系统耦合协调评价研究——基于中国28个省级区域的实证分析》,《科技进步与对策》2014年第7期。

二 区域高等教育科技创新能力与经济发展水平现状

（一）时间分布特征

根据2011年国家统计局关于东、中、西部（按照国家统计局2011年的划分办法，将中国内地划分为四大地区：东部地区包括京、津、冀、沪、苏、浙、闽、鲁、粤和琼；中部地区包括晋、皖、赣、豫、鄂和湘；西部地区包括蒙、桂、渝、川、黔、滇、藏、陕、甘、青、宁和新；东北地区包括辽、吉和黑）的划分，以各区域为单位，分别测算出东、中、西部高等教育科技创新能力和经济发展水平十年综合发展熵权值。

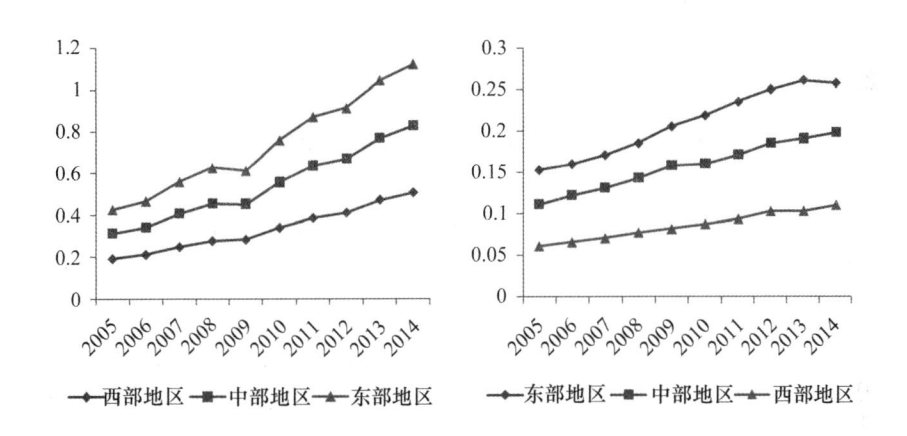

图6-1 三大地区经济发展水平时间变化　图6-2 三大地区科技创新能力时间变化

总体来看，我国三大地区的高等教育科技创新能力与经济发展水平是不均衡的，如图6-1所示，随着时间的推移，经济发展水平不断提高，但东部地区的经济发展水平最高，次之为中部地区，西部地区最差。2009年之前三大地区的经济发展保持稳定增长的趋势，2009年之后根据曲线的斜率三大地区出现不同速度的增长趋势，相对而言，西部地区增长态势较东中部地区放缓，而东部地区增长最快，三个地区的增长差异有扩大趋势。而在图6-2中，三大地区的高等教育科技创新能力逐步提升，东中部地区增长速度快于西部，整体上西部地区的科技创新能力明显低于中东部，并且差距正在拉大。

（二）空间分布特征

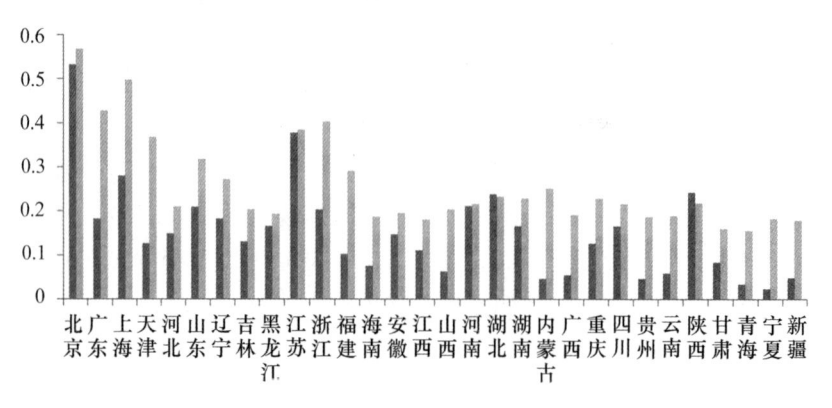

图 6-3　区域高等教育科技创新能力与经济发展水平均值

经济发展水平和高等教育科技创新能力十年综合评价均值空间分布如图 6-3 所示，十年间我国高等教育科技创新能力均值为 0.153，而经济发展水平均值为 0.258，整体来说，经济发展水平高于高等教育科技创新能力。从各省域来看，东部地区除黑龙江、河北、吉林和海南外，其他省份经济发展水平均达到了均值之上，中部和西部地区的省份经济发展水平均达不到均值；从高等教育科技创新能力分布规律看，东部地区除吉林、河北、天津、福建和海南 5 省份外均达到均值，中部地区以湖北、河南和安徽为代表和西部地区以陕西、四川为代表的高等教育科技创新能力也达到了均值，而除这些之外的中西部地区高等教育科技创新能力不容乐观。整体上看，无论是东部或是中西部地区其高等教育科技创新能力都滞后于经济发展水平。

三　区域科技创新能力与经济发展水平相关性分析

如果将十年高等教育科技创新能力和经济发展水平平均指数分别表征在散点图上，则可以为高等教育科技创新能力与经济发展水平关系的类型划分，以高等教育科技创新能力排名为 X 轴，经济发展水平排名为 Y 轴，绘制出不同省份的象限图，如图 6-4 所示。

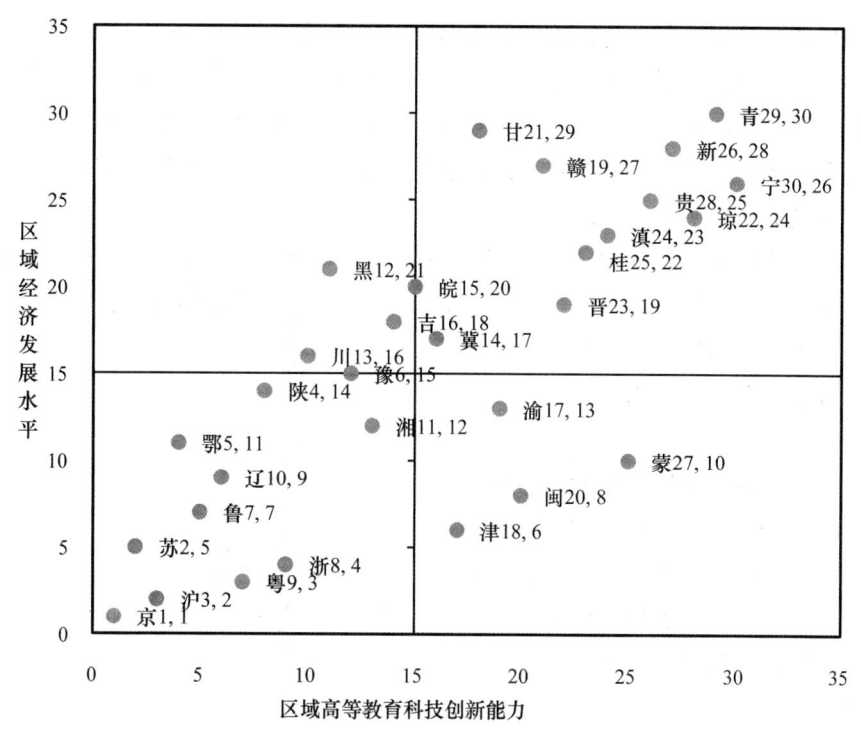

图 6-4　各省市高等教育科技创新能力和经济发展水平散点图

位于第一象限的有北京、上海、江苏、辽宁、湖北、广东、浙江、山东、陕西、湖南和河南 11 个省市，北京、上海和江苏高等教育科技创新能力与经济发展水平的耦合协调度数值较高，两系统的综合评价指数相对较高。广东、浙江需充分利用强大的经济实力，河南、陕西、湖北应充分利用科技创新能力方面优势，促进两者共同发展。

位于第二象限的有内蒙古、天津、福建和重庆 4 个省份，经济发展水平较高，科技创新能力得分较低，未来重点是如何把经济优势转化为科技创新能力，在科技创新上加大科技投入，促进科技创新能力与经济发展水平耦合协调发展。

位于第三象限的有吉林、江西、甘肃、海南、山西、云南、广西、新疆、贵州、宁夏和青海 11 个省市，这些地区的科技创新与经济发展水平指数都相对较低，无论是科技投入还是产出的提高都面临较大的困难，这 11 个省市大多来源于西部地区和少量中部地区，未来国家需要在政策上给予一定的扶持力度，包括经费、科技人才等，另一方面应该进一步完善科技成果转化机制，为经济发展服务。

位于第四象限的黑龙江、四川、河北和安徽4个省份科技创新能力较强，但是经济发展水平相对落后，高等教育科技创新能力成为经济发展的潜在优势，未来应注重科技产出由数量到质量的转变，同时科技创新成果应与经济结构转型与升级相适应。

从象限图来看，我国30个省市区出现双高与双低的现象，东西部分别位于第一和第三象限明显，我国绝大多数省份的科技创新能力与经济发展水平相互匹配，即两者呈正相关，高等教育科技创新能力无疑成为影响经济发展的重要原因。

四　耦合协调度的时空分布

（一）时间总体演化特征

从时间维度看区域间耦合协调度，由于2005—2014年十年跨度较大，为避免计算过于烦琐，故采取相邻4个年份耦合协调值来看我国区域时间变化情况，如表6-2所示。

表6-2　科技创新能力与经济发展水平耦合协调度时间变化

年份 区域	2005				2008			
	A	B	协调度	等级	A	B	协调度	等级
北京	0.41	0.36	0.62	Ⅳ	0.49	0.49	0.70	Ⅳ
天津	0.10	0.22	0.34	Ⅱ	0.12	0.33	0.37	Ⅱ
河北	0.10	0.12	0.33	Ⅱ	0.14	0.18	0.39	Ⅱ
山西	0.05	0.12	0.25	Ⅱ	0.05	0.19	0.24	Ⅱ
内蒙古	0.06	0.15	0.25	Ⅱ	0.05	0.23	0.21	Ⅱ
辽宁	0.14	0.16	0.39	Ⅱ	0.16	0.23	0.42	Ⅲ
吉林	0.10	0.12	0.32	Ⅱ	0.12	0.18	0.37	Ⅱ
黑龙江	0.12	0.11	0.34	Ⅱ	0.15	0.17	0.40	Ⅲ
上海	0.23	0.31	0.51	Ⅲ	0.26	0.42	0.55	Ⅲ
江苏	0.23	0.20	0.46	Ⅲ	0.31	0.29	0.55	Ⅲ
浙江	0.14	0.22	0.40	Ⅲ	0.17	0.32	0.45	Ⅲ
安徽	0.13	0.11	0.34	Ⅱ	0.12	0.16	0.37	Ⅱ
福建	0.06	0.16	0.26	Ⅱ	0.08	0.24	0.30	Ⅱ
江西	0.06	0.10	0.26	Ⅱ	0.1	0.15	0.34	Ⅱ
山东	0.15	0.17	0.40	Ⅲ	0.19	0.25	0.46	Ⅲ

续表

年份\区域	2005				2008			
	A	B	协调度	等级	A	B	协调度	等级
河南	0.13	0.12	0.36	Ⅱ	0.2	0.18	0.43	Ⅲ
湖北	0.18	0.13	0.38	Ⅱ	0.23	0.19	0.45	Ⅲ
湖南	0.11	0.14	0.35	Ⅱ	0.16	0.20	0.41	Ⅲ
广东	0.14	0.25	0.41	Ⅲ	0.16	0.34	0.43	Ⅲ
广西	0.03	0.11	0.18	Ⅰ	0.05	0.16	0.22	Ⅱ
海南	0.08	0.09	0.29	Ⅱ	0.08	0.16	0.30	Ⅱ
重庆	0.07	0.13	0.29	Ⅱ	0.11	0.19	0.36	Ⅱ
四川	0.12	0.12	0.34	Ⅱ	0.15	0.17	0.40	Ⅲ
贵州	0.04	0.10	0.21	Ⅱ	0.04	0.17	0.20	Ⅱ
云南	0.04	0.10	0.21	Ⅱ	0.05	0.16	0.24	Ⅱ
陕西	0.18	0.13	0.39	Ⅱ	0.22	0.19	0.45	Ⅲ
甘肃	0.07	0.10	0.28	Ⅱ	0.08	0.13	0.31	Ⅱ
青海	0.02	0.10	0.12	Ⅰ	0.03	0.15	0.16	Ⅰ
宁夏	0.02	0.09	0.11	Ⅰ	0.02	0.18	0.13	Ⅰ
新疆	0.03	0.11	0.19	Ⅰ	0.05	0.15	0.24	Ⅱ

注：1. A 表示高等教育科技创新能力，B 表示经济发展水平。2. Ⅰ表示低度协调，Ⅱ表示基本协调，Ⅲ表示中度协调，Ⅳ表示高度协调，Ⅴ表示优质协调。

（续）表 6－2　　**科技创新能力与经济发展水平耦合协调度时间变化**

年份\区域	2011				2014			
	A	B	协调度	等级	A	B	协调度	等级
北京	0.59	0.64	0.78	Ⅳ	0.63	0.80	0.84	Ⅴ
天津	0.15	0.44	0.41	Ⅲ	0.13	0.52	0.37	Ⅱ
河北	0.17	0.26	0.45	Ⅲ	0.17	0.31	0.44	Ⅲ
山西	0.07	0.25	0.27	Ⅱ	0.08	0.29	0.29	Ⅱ
内蒙古	0.04	0.30	0.18	Ⅰ	0.07	0.36	0.26	Ⅱ
辽宁	0.21	0.32	0.49	Ⅲ	0.22	0.40	0.51	Ⅲ
吉林	0.14	0.24	0.41	Ⅲ	0.15	0.29	0.41	Ⅲ

续表

年份 区域	2011				2014			
	A	B	协调度	等级	A	B	协调度	等级
黑龙江	0.19	0.24	0.46	Ⅲ	0.19	0.28	0.47	Ⅲ
上海	0.31	0.56	0.61	Ⅳ	0.32	0.74	0.62	Ⅳ
江苏	0.42	0.43	0.65	Ⅳ	0.53	0.68	0.77	Ⅳ
浙江	0.25	0.47	0.54	Ⅲ	0.26	0.61	0.55	Ⅲ
安徽	0.14	0.24	0.41	Ⅲ	0.19	0.30	0.47	Ⅲ
福建	0.1	0.35	0.33	Ⅱ	0.15	0.44	0.41	Ⅲ
江西	0.14	0.22	0.41	Ⅲ	0.13	0.28	0.39	Ⅱ
山东	0.24	0.37	0.52	Ⅲ	0.26	0.51	0.55	Ⅲ
河南	0.23	0.25	0.49	Ⅲ	0.3	0.36	0.57	Ⅲ
湖北	0.25	0.28	0.51	Ⅲ	0.29	0.37	0.56	Ⅲ
湖南	0.19	0.27	0.46	Ⅲ	0.2	0.34	0.48	Ⅲ
广东	0.21	0.47	0.50	Ⅲ	0.24	0.72	0.51	Ⅲ
广西	0.06	0.22	0.25	Ⅱ	0.08	0.28	0.29	Ⅱ
海南	0.07	0.23	0.26	Ⅱ	0.1	0.28	0.34	Ⅱ
重庆	0.15	0.27	0.41	Ⅲ	0.16	0.37	0.44	Ⅲ
四川	0.18	0.25	0.45	Ⅲ	0.21	0.35	0.50	Ⅲ
贵州	0.04	0.23	0.20	Ⅱ	0.05	0.27	0.22	Ⅱ
云南	0.07	0.23	0.27	Ⅱ	0.09	0.28	0.31	Ⅱ
陕西	0.27	0.26	0.51	Ⅲ	0.32	0.33	0.57	Ⅲ
甘肃	0.09	0.19	0.33	Ⅱ	0.08	0.24	0.31	Ⅱ
青海	0.04	0.18	0.20	Ⅱ	0.05	0.22	0.22	Ⅱ
宁夏	0.03	0.23	0.16	Ⅰ	0.03	0.25	0.16	Ⅰ
新疆	0.05	0.21	0.23	Ⅱ	0.06	0.28	0.23	Ⅱ

注：1. A 表示高等教育科技创新能力，B 表示经济发展水平。2. Ⅰ 表示低度协调，Ⅱ 表示基本协调，Ⅲ 表示中度协调，Ⅳ 表示高度协调，Ⅴ 表示优质协调。

北京作为国家首都，是国内高水平大学的集聚地，受国家政策导向，经济发展的区位条件因素，在4个时间点上其科技创新能力与经济发展水平为全国首位，耦合协调值均发展到 Ⅴ 类；江苏从前两个时间点Ⅲ类过渡到后两个时间段的Ⅳ类，有较大的发展潜力并在努力追赶北京，一方面在全国经济综合竞争力研究中心发布的《中国省域经济综合竞争力发展报告（2013—2014）》蓝皮书显示，江苏经济综合竞争力居全国第一位，另一方面，重点高校集聚地为其高校科技创新带来巨大的支撑。上海与江苏同步发展，上海作为经济中心，其经济的发达为科技创新提供了更多的资源，同时重点高校的数量优势为其带来了较大的发展潜力，发展态势较好；浙江、广东和山东位于Ⅲ类，受沿海优越的经济发展水平和优质高校集聚效应的影响，这些地区持续强化的良性发展机会较大，有望突破中度协调。辽宁、黑龙江、山东、河南、湖北、湖南、陕西和四川8个省份从2005年的轻微失调到后三个时间点上都为中度协调，发展潜力较大，特别是作为中西部地区省份，如湖北、湖南和陕西、四川应发挥其引领效应，同时也要进一步加强与东部地区产业合作。天津、河北、吉林、安徽、江西、重庆从前两个时间点的Ⅱ类过渡到后两个时间点上的Ⅲ类，协调发展步步上升，未来还有可能继续提升。海南、内蒙古、广西、青海、山西、贵州、云南、甘肃和新疆8个省份发展动力不足，一直处于Ⅰ类和Ⅱ类。宁夏始终位于Ⅰ类，不管是科技创新能力或者是经济发展水平都靠后，导致两者的耦合协调度极其低下，受资源的有限性和创新能力的制约，要达到基本协调还需要漫长的时间。

（二）空间总体演化特征

为进一步探索区域耦合协调度的空间动态变化，对我国区域东中西部（按照国家统计局2011年的划分办法，将中国内地划分为四大地区：东部地区包括京、津、冀、沪、苏、浙、闽、鲁、粤和琼；中部地区包括晋、皖、赣、豫、鄂和湘；西部地区包括蒙、桂、渝、川、黔、滇、藏、陕、甘、青、宁和新；东北地区包括辽、吉和黑）耦合协调度进行分等级统计，如表6-2所示。

1. 2005年和2014年两个时间点上只有北京市达到Ⅴ类，Ⅳ类有北京和江苏两省市，两个时间点上Ⅳ类区域均以东部省份为主，两个时间点的Ⅳ类分布的东中西部省份数量之比分别为1∶0∶0和2∶0∶0。在Ⅲ类上，两个时间点上以东部省份为主，中西部省份为辅，两个时间点上Ⅲ类分布的东中西部省份数量之比分别为5∶0∶0和8∶4∶3，主要这些省份作为中国经济发展水平较发达和重点高校的集聚地，科技创新能力较强，充分体现了社会经济因素和高等教育发展的良好交互效应。

2. 2005年和2014年Ⅱ类区域以中西部省份为主，东部省份为辅，两个时间点的Ⅱ类分布的东中西部省份数量之比分别为7∶6∶7和2∶2∶7。东部的海南省、吉林省始终处于这一类，与东部整体协调方向相背离。山西落后于中部其他省份，西部的广西、云南、重庆、甘肃始终位于这一类，整体发展较稳定。西部地区的内蒙古、贵州、新疆、青海和宁夏始终处于此类区域，西部地区的整体发展处于劣势。

从三大地区的空间分布来看，关于科技创新能力与经济发展水平之间的耦合协调度，东部地区Ⅳ类和Ⅲ类要多于中西部，Ⅱ类比例东中部相对持平，而Ⅰ类主要位于西部地区。

五 耦合协调度的影响因素分析

表6-3　　　　人力、财力、物力资源与耦合协调度的回归分析

地区类型	拟合方程	拟合优度	p 值
东部地区	$Y = 0.255 - 1.020R + 3.501C + 2.851W$	$R^2 = 0.890$	0.000*
			0.000*
			0.000*
中部地区	$Y = 0.191 - 0.510R + 1.856C + 4.682W$	$R^2 = 0.966$	0.535
			0.000*
			0.000*
西部地区	$Y = 0.120 + 1.414R + 2.925C + 5.056W$	$R^2 = 0.915$	0.179
			0.000*
			0.000*

注：R^2表示回归方程的拟合优度，p表示t统计量的p值；*表示在1%水平上显著；R表示人力资源，C表示财力资源，W表示物力资源。

东部地区人力、财力和物力资源可以解释耦合协调度的89%，模型的拟合优度较高。人力、物力和财力的t值和p值均小于0.01，人力、财力和物力资源与耦合协调度均出现相关，即在其他变量不变的情况下，每增加1个单位（标准化前财力资源各指标下数值最大的为1个单位）的财力资源，耦合协调度会增加3.501个单位，每增加1个单位（标准化前物力资源各指标下数值最大的为1个单位）的物力资源，耦合协调度会增加2.851单位，而我们看到人力资源与耦合协调度呈负相

关，这启发我们并不是越多的人力投入就能带来耦合协调度的增加，因为人力的投入势必会影响财力及其他物力资源的人均减少，降低科研人员的积极性，对于东部地区而言，应该加大对科研经费的投入，以保证高等教育科技创新能力与经济发展的协调发展；中部地区人力、物力和财力资源可以解释耦合协调度的 96.6%，财力与物力的 t 值和 p 值均小于 0.01，说明东部地区人力、物力和财力与耦合协调度均相关，即在其他变量不变的情况下，每增加 1 个单位的财力资源指数，协调度会增加 1.856 个单位，每增加 1 个单位的物力资源指数，协调度会增加 4.682 个单位，而与东部地区相一致的是，中部地区协调度与人力资源呈现负相关，说明对于东中部地区而言人才可能已经达到相对饱和，更需要的是投入财力和物力资源。西部地区的人力、物力和财力资源对耦合协调度可以解释的有 91.5%，其中财力、物力资源回归系数 t 值和 p 值均小于 0.01，说明西部地区物力和财力资源与耦合协调度呈正相关，即每多投入 1 个单位的财力资源，协调度会增加 2.925 个单位，每多投入 1 个单位的物力资源，协调度会增加 5.056 个单位，西部地区对物力和财力资源都有很强的需求，两者都存在资源匮乏现象，国家应对西部地区的科技资源实施有效的宏观调控。

  东部地区论文、专著和鉴定成果数可以解释耦合协调度的 89.2%，论文回归系数 t 值和 p 值均小于 0.01，说明论文与耦合协调度是相关的，其中，东部地区的每多产出 1 个单位（标准化前论文数值最大的为 1 个单位）的论文，对协调度就会增加 12.313 个单位，可知，论文的产量对东部地区的协调度影响是最大的，中部地区论文、专著和鉴定成果数对协调度的解释变量有 74.2%，而且论文、专著回归系数 t 值和 p 值均小于 0.01，说明三者在中部地区对协调度的影响是相关的，其中，每多投入 1 个单位的论文，可以为协调度带来 9.415 个单位的增加，每多投入 1 个单位的专著（标准化前专著各指标下数值最大的为 1 个单位），协调度增加 0.463，对于中部地区而言，更多的是在论文和专著上能有所突破。西部地区论文、专著和鉴定成果数可以解释协调度的数量为 82.9%，其中三者的回归系数 t 值分别为 0.000、0.002 和 0.038，说明三者对协调度的相关性较大，而在西部地区每增加 1 个单位的论文，协调度会相应增加 8.398 个单位，每增加 1 个单位的专著，协调度会相应增加 7.936 个单位，每增加 1 个单位的鉴定成果数（标准化前技术鉴定成果数各指标下数值最大的为 1 个单位），协调度会增加 3.940 个单位，对于西部地区而言，要想能够保持高等教育科技创新能力与经济发展水平的协调发展，需要在论文和鉴定成果数上显著增加产出。

表 6-4　论文、专著和鉴定成果数对耦合协调度的回归分析

地区类型	拟合方程	拟合优度	p 值
东部地区	Y = 0.280 + 12.313L - 7.43Z + 0.273J	$R^2 = 0.892$	0.000 * 0.405 0.318
中部地区	Y = 0.256 + 9.415L + 0.463Z + 1.459J	$R^2 = 0.742$	0.000 * 0.000 * 0.681
西部地区	Y = 0.165 + 8.398L + 7.936Z + 3.940J	$R^2 = 0.829$	0.000 * 0.002 ** 0.038 **

注：R^2 表示回归方程的拟合优度，p 表示 t 统计量的 p 值；* 表示在 1% 水平上显著；** 表示在 5% 水平上显著；L 表示论文，Z 表示专著，J 表示鉴定成果数。

表 6-5　人才培养和科技进步对耦合协调度的回归分析

地区类型	拟合方程	拟合优度	p 值
东部地区	Y = 0.291 + 8.905R + 4.661K	0.875	0.000 * 0.000 *
中部地区	Y = 0.294 + 6.622R + 5.864K	0.475	0.065 0.081
西部地区	Y = 0.178 + 23.809R - 2.024K	0.888	0.000 * 0.391

注：R^2 表示回归方程的拟合优度，p 表示 t 统计量的 p 值；* 表示在 1% 水平上显著；R 表示人才培养，K 表示科技进步奖。

东部地区人才培养和科技进步奖可以解释协调度的 87.5%，回归系数 t 值和 p 值小于 0.01，可知对于东部地区而言，人才培养和科技进步奖

与协调度是高度相关的,其中,人才培养每增加1个单位(标准化前人才培养各指标下数值最大的为1个单位),协调度将增加8.905个单位,科技进步奖每增加1个单位(标准化前科技进步奖各指标下数值最大的为1个单位),协调度将增加4.661个单位,而中部地区回归分析结果显示并没有达到最低标准的相关性,对于西部地区而言,人才培养和科技进步奖可以解释协调度为88.8%,人才培养每增加1个单位,协调度将增加23.809个单位,而科技进步奖与协调度无明显相关性。

表6-6 技术转让与专利对耦合协调度的回归分析

地区类型	拟合方程	拟合优度	p 值
东部地区	Y = 0.359 + 4.066J + 4.028Z	$R^2 = 0.683$	0.000 *
			0.000 *
中部地区	Y = 0.314 + 2.232J + 9.359Z	$R^2 = 0.652$	0.010 **
			0.000 *
西部地区	Y = 0.216 + 7.291J + 8.826Z	$R^2 = 0.733$	0.000 *
			0.000 *

注:R^2表示回归方程的拟合优度,p表示t统计量的p值;* 表示在1%水平上显著;** 表示在5%水平上显著;J表示技术转让,Z表示专利。

东部地区的技术转让与专利可以解释协调度的变量为68.3%,回归系数t和p值均小于0.01,即技术转让、专利与协调度呈现较强的相关性,其中,技术转让每增加1个单位(标准化前技术转让各指标下数值最大的为1个单位),协调度将增加4.066个单位,而在专利上,每增加1个单位(标准化前专利各指标下数值最大的为1个单位),协调度将增加4.028个单位,说明东部地区对专利的依赖性较大。中部地区技术转让与专利可以解释协调度的变量为65.2%,回归系数技术转让的t和p值均小于0.05,专利的回归系数t和p值均小于0.01,每增加1个单位的技术转让,协调度将会增加2.232个单位,而每增加1个单位的专利,协调度将会增加9.359个单位。西部地区的技术转让与专利可以解释协调度的73.3%,回归系数t和p值均小于0.01,即技术转让与专利与协调度呈现较强的相关性,其中,每增加一个单位的技术转让,协调度将会增加7.291个单位,而每增加1个单位的专利,协调度将会增加8.826个单位,无论对东部或是西部地区,高等教育科技创新能力与经济发展水平的相互发展在很大程度上依赖于专利数量增加，而中部地区对于两者模型拟合度不高。

六　结论

（一）从高等教育科技创新能力与经济发展水平协调度分析的现状看，随着时间的推移，两系统综合评价值都在上升。总体而言，高等教育科技创新能力始终落后经济发展水平。空间上，东部地区无论是高等教育科技创新能力或是经济发展水平都显著高于中西部地区，而西部地区最低，两者都呈现非均衡格局。

（二）从高等教育科技创新与经济发展水平的相关性分析结果看，整体上呈现强正相关性，大多数省份位于第一和第三象限。

（三）从时间上看，4个时间点上，北京、上海、江苏3个省市高等教育科技创新能力与经济发展水平之间耦合协调度已达到高度及优质协调阶段，两系统评价都较高，而东部沿海地区广东、浙江、山东等省份，以湖北和辽宁为代表的华中和东北区，以四川和陕西为代表的西部内陆省份耦合协调也有良好的发展态势。2005—2014年间我国区域两系统耦合协调度跨越5个等级；空间上，区域耦合协调度东部的福建、海南较弱，与整个东部地区的趋势相背离，中部的山西和江西发展较落后，整体上东部耦合协调度显著高于中西部，西部整体处于劣势。

（四）耦合协调度的多元回归分析结果表明，东中部地区的R&D研究人员与协调度均呈现负相关，说明R&D研究人员已出现某种饱和状态，西部地区的人力资源与协调度不具有相关性，东部地区对财力资源，中部地区对物力资源的依赖性较大，而西部地区对财力和物力资源的需求都较大；在科学研究上，东部地区对论文、中部地区对论文和鉴定成果数和西部地区对论文和专著的依赖性较大；东部地区对人才培养和科技进步奖的需求量较大，而西部地区对人才培养的依赖较大；在社会服务能力上，东西部地区无论是专利数量还是技术转让的需求性依赖性都较大，还有提升的空间，未来在保持高校科技创新能力与经济发展水平的协调可持续发展上，不同地区需在不同方面有不同程度的改进或突破。

第二节 与科技发展水平耦合协调分析

高等教育科技创新能力是增强国家综合实力,促进科技发展水平提升的重要保障。高校的科技创新能力不仅受到经济发展水平的影响,同时也影响着科技发展水平的进步。高等教育科技创新能力与科技发展水平相互促进、相互提高。一方面,高校的科技创新能力提升能为当地的科技发展提供技术人才支撑,带来新的科研成果;另一方面,区域科技发展水平的提升能为高校科研成果的转化提供较好的环境,增加科技资源的配置,更好地实现产学研的一体化。一个地区的高等教育科技创新应与当地的科技发展方向相一致,然而,高等教育科技创新作为科技发展水平提升的动力,若超越科技发展水平,较多的科技创新投入可能会影响区域科技发展;若滞后科技发展水平,科技创新能力落后会导致科技发展动力不足。鉴于两者相互促进又相互制约的关系,区域高等教育科技创新必须与科技发展相适应,那么如何衡量两者是否相适应或适应性强弱成为迫切需要解决的问题。本节继续运用耦合协调模型测算出各省域的协调度,并通过多元回归分析探索影响耦合协调度的影响因素。

一 区域高等教育科技创新能力与科技发展水平现状

(一)时间分布特征

根据 2011 年国家统计局关于东中西部的划分,以各区域为单位,分别测算出东中西部科技资源投入与产出的十年综合发展熵权值。

整体上,区域科技发展水平与科技创新能力呈现非均衡格局,如图 6-5 所示,随着时间的推移,科技发展水平不断提高,根据曲线的斜率可以看出西部比东中部地区增长的速度慢,并且西部地区相对于东中西部的增长差异有扩大趋势。而在图 6-6 中,三大地区的高等教育科技创新能力逐步提升,东部地区增长速度快于中西部,整体上西部地区的科技创新能力明显低于中东部,并且差距正在拉大。

(二)空间分布特征

科技发展水平和科技创新能力评价均值空间分布如图 6-7 所示,十年间我国科技发展水平均值为 0.096,而科技创新能力均值为 0.153,整

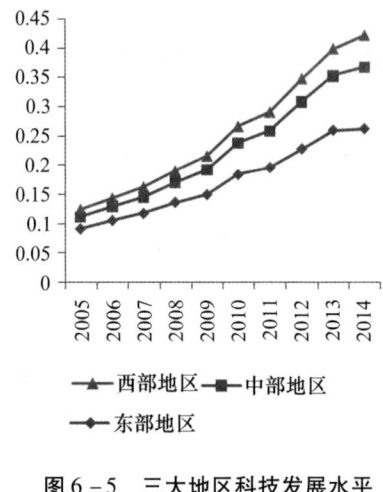

图6-5 三大地区科技发展水平时间变化

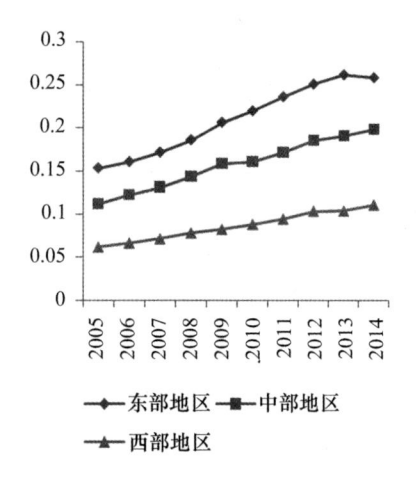

图6-6 三大地区科技创新能力时间变化

体来说，区域科技发展水平低于高等教育科技创新能力。从各区域科技发展水平指数看，东部地区除黑龙江、河北、吉林、海南和福建外，其他省份投入值都位于均值之上，中西部省市科技发展水平低于均值，中部和西部地区的其他省份科技投入上都达不到均值。从高等教育科技创新能力分布规律看，东部地区除吉林、河北、天津、福建和海南5省份外均达到均值，中部地区湖北、河南、湖南、安徽达到了均值，西部地区以陕西、四川为代表高等教育科技创新能力也达到了均值，而除这些之外的中西部地区省市高等教育科技创新能力不容乐观。

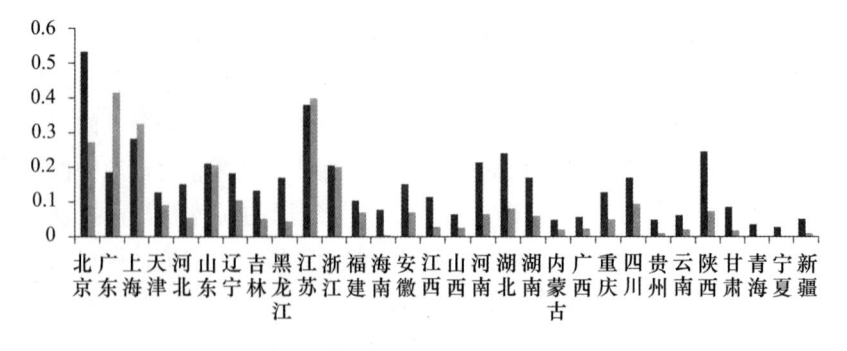

图6-7 区域高等教育科技发展水平和科技创新能力均值

二 区域高等教育科技创新能力与科技发展水平的相关性

为了对科技创新能力与科技发展水平关系的类型进行划分,将十年科技创新能力和科技发展水平平均指数分别表征在散点图上。以高等教育科技创新能力排名为 X 轴,科技发展水平排名为 Y 轴,绘制出不同省份的象限图,如图 6-8 所示。

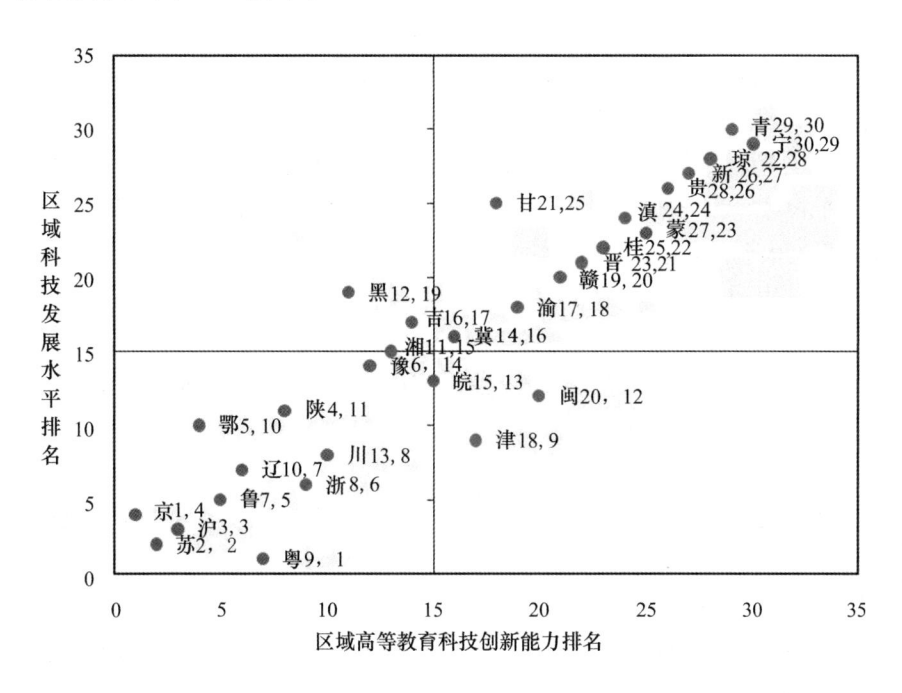

图 6-8 科技创新能力与科技发展水平指数均值排名

位于第一象限的有北京、上海、江苏、辽宁、湖北、广东、浙江、山东、四川、陕西、安徽、湖南和河南 13 个省市,北京、上海和江苏、湖北高等教育科技创新能力与科技发展水平的耦合协调度数值较高,高等教育科技创新能力与科技发展水平的综合评价指数相对较高。广东、浙江、湖南需充分利用强大的科技资源优势,辽宁、山东、河南、陕西应充分利用科技创新能力方面优势,促进两者有序发展。

位于第二象限的有天津、福建两省,其区域高等教育科技创新能力相对较低,科技发展水平相对较高,需要把区域间科技发展优势转化为高校科技创新能力,加强企业、科研机构的科技创新对高校的辐射能力,搭建产学研合作平台,促进高校科技成果得到转化。而高等教育科技产出成为经济发展的潜在优势,未来应注重科技产出由数量到质量的转变,政府应逐步提升科技资源方面的投资力度。

位于第三象限的有吉林、重庆、甘肃、江西、广西、山西、云南、内蒙古、贵州、新疆、海南、宁夏、青海13个省市,这些地区的高等教育科技创新能力与科技发展水平评价指数都相对较低,两者的提高都面临较大的困难,这13个省市更多来源于西部地区和少量中部地区,未来国家需要在政策上给予一定的扶持力度,包括科研经费、科技人才等,另一方面应该完善这些地区科技成果转化机制,为科技发展服务。

位于第四象限的河北和黑龙江的高等教育科技创新能力较强,但科技发展水平相对落后,未来重点是如何把区域高等教育科技创新成果优势转变为科技发展水平,重点提高高校科技成果的转化能力,促进两者耦合协调发展。

从象限图来看,我国30个省市区出现双高与双低的现象,东西部分别位于第一和第三象限明显,我国绝大多数省份高等教育科技创新能力与科技发展水平相匹配,即高等教育科技创新能力与科技发展水平正相关,科技发展水平无疑成为影响区域高等教育科技创新能力的重要原因。

三 区域高等教育科技创新能力与科技发展水平的耦合协调度时空分布

（一）时间总体演化特征

从时间维度看区域间耦合协调度,由于2005—2014年十年跨度较大,为避免烦琐,故采取四个时间节点来看我国区域时间变化情况,如表6-7所示。

表6-7　科技创新能力与科技发展水平耦合协调度的时间分布

年份 区域	2005				2008			
	A	B	协调度	等级	A	B	协调度	等级
北京	0.41	0.22	0.51	Ⅲ	0.49	0.24	0.53	Ⅲ
天津	0.10	0.06	0.26	Ⅱ	0.12	0.07	0.29	Ⅱ
河北	0.10	0.03	0.17	Ⅰ	0.14	0.04	0.20	Ⅱ
山西	0.05	0.01	0.10	Ⅰ	0.05	0.02	0.14	Ⅰ
内蒙古	0.06	0.01	0.06	Ⅰ	0.05	0.01	0.11	Ⅰ

续表

年份 区域	2005				2008			
	A	B	协调度	等级	A	B	协调度	等级
辽宁	0.14	0.05	0.25	Ⅱ	0.16	0.09	0.32	Ⅱ
吉林	0.10	0.03	0.16	Ⅰ	0.12	0.04	0.21	Ⅱ
黑龙江	0.12	0.02	0.13	Ⅰ	0.15	0.03	0.18	Ⅰ
上海	0.23	0.24	0.49	Ⅲ	0.26	0.30	0.53	Ⅲ
江苏	0.23	0.14	0.41	Ⅲ	0.31	0.28	0.54	Ⅲ
浙江	0.14	0.08	0.31	Ⅱ	0.17	0.15	0.40	Ⅲ
安徽	0.13	0.03	0.15	Ⅰ	0.12	0.04	0.21	Ⅱ
福建	0.06	0.04	0.21	Ⅱ	0.08	0.06	0.25	Ⅱ
江西	0.06	0.01	0.10	Ⅰ	0.1	0.02	0.13	Ⅰ
山东	0.15	0.09	0.32	Ⅱ	0.19	0.14	0.40	Ⅲ
河南	0.13	0.02	0.13	Ⅰ	0.2	0.04	0.18	Ⅰ
湖北	0.18	0.04	0.19	Ⅰ	0.23	0.06	0.25	Ⅱ
湖南	0.11	0.02	0.14	Ⅰ	0.16	0.04	0.19	Ⅰ
广东	0.14	0.18	0.40	Ⅲ	0.16	0.33	0.43	Ⅲ
广西	0.03	0.01	0.09	Ⅰ	0.05	0.01	0.12	Ⅰ
海南	0.08	0.00	0.01	Ⅰ	0.08	0.00	0.01	Ⅰ
重庆	0.07	0.02	0.15	Ⅰ	0.11	0.03	0.18	Ⅰ
四川	0.12	0.04	0.22	Ⅱ	0.15	0.07	0.28	Ⅱ
贵州	0.04	0.00	0.05	Ⅰ	0.04	0.01	0.07	Ⅰ
云南	0.04	0.01	0.10	Ⅰ	0.05	0.01	0.13	Ⅰ
陕西	0.18	0.03	0.17	Ⅰ	0.22	0.05	0.22	Ⅱ
甘肃	0.07	0.01	0.08	Ⅰ	0.08	0.01	0.10	Ⅰ
青海	0.02	0.00	0.02	Ⅰ	0.03	0.00	0.02	Ⅰ
宁夏	0.02	0.00	0.03	Ⅰ	0.02	0.00	0.04	Ⅰ
新疆	0.03	0.01	0.08	Ⅰ	0.05	0.01	0.06	Ⅰ

注：1. A 表示高等教育科技创新能力，B 表示科技发展水平。2. Ⅰ 表示低度协调，Ⅱ 表示基本协调，Ⅲ 表示中度协调，Ⅳ 表示高度协调，Ⅴ 表示优质协调。

（续）表6-7　科技创新能力与科技发展水平耦合协调度的时间分布

年份 区域	2011				2014			
	A	B	协调度	等级	A	B	协调度	等级
北京	0.59	0.29	0.59	Ⅲ	0.63	0.35	0.65	Ⅳ
天津	0.15	0.10	0.33	Ⅱ	0.13	0.15	0.37	Ⅱ
河北	0.17	0.06	0.26	Ⅱ	0.17	0.10	0.35	Ⅱ
山西	0.07	0.03	0.18	Ⅰ	0.08	0.04	0.22	Ⅱ
内蒙古	0.04	0.02	0.16	Ⅰ	0.07	0.04	0.23	Ⅱ
辽宁	0.21	0.11	0.36	Ⅱ	0.22	0.15	0.42	Ⅲ
吉林	0.14	0.06	0.25	Ⅱ	0.15	0.08	0.30	Ⅱ
黑龙江	0.19	0.05	0.22	Ⅱ	0.19	0.06	0.27	Ⅱ
上海	0.31	0.37	0.58	Ⅲ	0.32	0.37	0.58	Ⅲ
江苏	0.42	0.51	0.68	Ⅳ	0.53	0.65	0.76	Ⅳ
浙江	0.25	0.23	0.49	Ⅲ	0.26	0.33	0.53	Ⅲ
安徽	0.14	0.08	0.31	Ⅱ	0.19	0.15	0.41	Ⅲ
福建	0.1	0.08	0.29	Ⅱ	0.15	0.11	0.35	Ⅱ
江西	0.14	0.03	0.18	Ⅰ	0.13	0.05	0.25	Ⅱ
山东	0.24	0.21	0.47	Ⅲ	0.26	0.39	0.55	Ⅲ
河南	0.23	0.07	0.28	Ⅱ	0.3	0.13	0.40	Ⅲ
湖北	0.25	0.09	0.32	Ⅱ	0.29	0.13	0.40	Ⅲ
湖南	0.19	0.08	0.30	Ⅱ	0.2	0.12	0.38	Ⅱ
广东	0.21	0.47	0.50	Ⅲ	0.24	0.64	0.52	Ⅲ
广西	0.06	0.03	0.18	Ⅰ	0.08	0.04	0.22	Ⅱ
海南	0.07	0.01	0.08	Ⅰ	0.1	0.01	0.08	Ⅰ
重庆	0.15	0.06	0.25	Ⅱ	0.16	0.10	0.34	Ⅱ
四川	0.18	0.11	0.36	Ⅱ	0.21	0.15	0.42	Ⅲ
贵州	0.04	0.01	0.10	Ⅰ	0.05	0.02	0.14	Ⅰ
云南	0.07	0.02	0.16	Ⅰ	0.09	0.03	0.18	Ⅰ
陕西	0.27	0.07	0.27	Ⅱ	0.32	0.15	0.43	Ⅲ
甘肃	0.09	0.02	0.13	Ⅰ	0.08	0.03	0.19	Ⅰ

续表

年份 区域	2011				2014			
	A	B	协调度	等级	A	B	协调度	等级
青海	0.04	0.00	0.04	Ⅰ	0.05	0.00	0.04	Ⅰ
宁夏	0.03	0.00	0.05	Ⅰ	0.03	0.01	0.07	Ⅰ
新疆	0.05	0.01	0.10	Ⅰ	0.06	0.01	0.12	Ⅰ

注：1. A 表示高等教育科技创新能力，B 表示科技发展水平。2. Ⅰ 表示低度协调，Ⅱ 表示基本协调，Ⅲ 表示中度协调，Ⅳ 表示高度协调，Ⅴ 表示优质协调。

整体上，我国高等教育科技创新能力与科技发展水平耦合协调跨越 4 个等级，没有省份达到优质协调阶段，北京是我国高水平大学的集聚地，亦是科学技术研究基地，在四个时间点上其科技创新能力与科技发展水平均为全国首位，耦合协调值已发展到Ⅳ类；上海市四个时间节点上都处于Ⅲ类，上海拥有较多的 211 工程重点建设高校，其中 4 所为 985 工程高校。上海市现有 100 多所科研机构，10 多万科研人员及 100 多所专业技术培训机构，这为高校的科技创新能力与科技发展带来了重大的契机；江苏从前两个时间点的Ⅲ类过渡到后两个时间点的Ⅳ类，其等级发展态势良好并在努力追赶北京，而其国家"211 工程"大学 11 所，数量仍居中国各省首位，比例占江苏省本科院校的 1/4，占中国"211 工程"大学的 1/10，极大提升了江苏高校科技创新能力。广东四个时间点保持中度协调，发展的潜力较大；浙江、山东从Ⅱ类过渡到Ⅲ类，受沿海地区优越的区位优势及优质高校集聚效应的影响，这些地区持续强化的良性发展机会较大；湖北、辽宁、河南、安徽、陕西和四川五省从Ⅰ类跨越Ⅱ类再到Ⅲ类，协调发展步步上升，未来还有可能进一步提升；河北、天津、福建始终位于Ⅱ类，河北和天津毗邻首都，可利用地理位置优势，尝试与北京市搭建小型的科技合作攻关平台，福建则应充分发挥沿海优势建立科技发展战略，充分发挥高校专业结构与科技产业结构的相互结合，而黑龙江和吉林应向耦合协调度高的辽宁省借鉴经验，山西、内蒙古、江西、广西和重庆五省，位于中西部地区，两者协调度的发展较缓慢，增长的动力不足；云南、甘肃、贵州、新疆、青海、宁夏和海南都位于Ⅰ类，不管是科技创新能力或者是科技发展水平靠后导致两者的耦合协调度极其低下，受资源有限性和创新能力的制约，要达到基本协调还需要漫长时间。

(二) 空间总体演化特征

为进一步探索区域耦合协调度的空间动态变化,对我国区域东中西部(按照国家统计局 2011 年的划分办法,将中国内地划分为四大地区:东部地区区域包括京、津、冀、沪、苏、浙、闽、鲁、粤和琼;中部地区包括晋、皖、赣、豫、鄂和湘;西部地区包括蒙、桂、渝、川、黔、滇、藏、陕、甘、青、宁和新;东北地区包括辽、吉和黑)耦合协调度进行分等级统计,如表 6-7 所示。

1. 2005 年和 2014 年两个时间点上,前两个时间点上没有省市达到 Ⅳ 类,在后面的两个时间点上江苏和北京达到 Ⅳ 类,两个时间点上 Ⅲ 类区域均以东部省份为主,中西部省份为辅,两个时间点上的 Ⅲ 类分布的东中西部省份数量之比分别为 4:0:0 和 4:3:2。主要是因为这些省份作为中国科技发展水平较发达和重点高校的集聚地,科技创新能力较强,充分体现了科技发展因素和高等教育发展的良好交互效应。

2. 两个时间点上 Ⅱ 类区域以东部省份为主,中西部省份为辅,两个时间点的 Ⅱ 类分布的东中西部省份数量之比分别为 5:0:1 和 5:3:3。

3. 两个时间点上 Ⅰ 类以西部省份为主,东中西部省份数量之比为 5:6:9 和 1:0:6。西部地区的内蒙古、贵州、新疆、青海、宁夏和西藏始终处于此区域,可以大致看出西部地区的整体发展处于劣势。

三大地区的空间分布来看,科技创新能力与科技发展水平之间的耦合协调度东部地区 Ⅳ 类和 Ⅴ 类优于中西部,Ⅲ 类和 Ⅱ 类比例东中部相对持平,而 Ⅰ 类绝大多数为西部省份。

四 耦合协调度的影响因素探索

表6-8　　人力、财力和物力对耦合协调度的回归分析

地区类型	拟合方程	拟合优度	p 值
东部地区	$Y = 0.088 - 3.633R + 4.996C + 4.706W$	$R^2 = 0.747$	0.000*
			0.000*
			0.000*

续表

地区类型	拟合方程	拟合优度	p 值
中部地区	$Y = -0.086 - 11.129R + 1.493C + 7.009W$	$R^2 = 0.826$	0.000*
			0.050**
			0.000*
西部地区	$Y = 0.012 - 0.892R - 0.281C + 7.566W$	$R^2 = 0.840$	0.496
			0.486
			0.000*

注：R^2 表示回归方程的拟合优度，p 表示 t 统计量的 p 值；* 表示在 1% 水平上显著；** 表示在 5% 水平上的显著；R 表示人力资源，C 表示财力资源，W 表示物力资源。

东部地区人力、财力和物力资源可以解释耦合协调度的 74.7%，模型的拟合优度较高。人力、物力和财力的 t 值和 p 值均小于 0.01，人力、财力和物力资源与耦合协调度均出现相关，即在其他变量不变的情况下，每增加 1 个单位（标准化前财力资源各指标下数值最大的为 1 个单位）的财力资源，协调度会增加 4.996 个单位，每增加 1 个单位（标准化前物力资源各指标下数值最大的为 1 个单位）的物力资源，协调度会增加 4.706，而我们看到人力资源对协调度呈负相关，这启发我们并不是更多的人力投入就能带来发展协调度的增加，因为人力的投入势必会影响财力及其他资源的人均减少，降低研究人员的积极性，对于东部地区而言，应该加大对经费的投入，以保证高等教育科技创新能力与科技发展的协调发展；中部地区人力、物力和财力资源可以解释耦合协调度的 82.6%，人力与物力的 t 值和 p 值均小于 0.01，财力资源在 5% 上达到显著水平，财力资源每增加 1 个单位，协调度将增加 1.493 个单位，说明东部地区人力、物力与耦合协调度均相关，即在其他变量不变的情况下，每增加 1 个单位的物力资源指数，协调度会增加 7.009 个单位的协调度，而与东部地区相一致的是，中部地区协调度与人力资源呈现负相关，说明对于东中部地区而言人才在某种程度上已经达到饱和，更需要的是物力资源投入增加。西部地区的人力、物力和财力资源对耦合协调度可以解释的有 84%，其中物力资源回归系数 t 值和 p 值均小于 0.01，说明西部地区物力资源与耦合协调度均呈相关，即每多投入 1 个单位的物力资源，协调度会增加 7.566 个单位，而在投入人力资源和财力资源上，t 统计量的 p 值均大于 0.05，均与协调性无相关性，西部地区对物力资源都有很强的需求。

表6-9　论文、专著和鉴定成果对耦合协调度的回归分析

地区类型	拟合方程	拟合优度	p 值
东部地区	$Y = 0.160 + 18.310L - 5.237Z - 0.586J$	$R^2 = 0.822$	0.000*
			0.001**
			0.208
中部地区	$Y = 0.117 + 8.181L + 0.287Z + 0.668J$	$R^2 = 0.433$	0.000*
			0.866
			0.371
西部地区	$Y = 0.063 + 16.354L - 1.408Z - 3.001J$	$R^2 = 0.825$	0.000*
			0.535
			0.085

注：R^2 表示回归方程的拟合优度，p 表示 t 统计量的 p 值；* 表示在1%水平上显著；** 表示在5%水平上显著；L 表示论文，Z 表示专著，J 表示鉴定成果数。

东部地区论文、专著和鉴定成果数对耦合协调度的解释变量为 82.2%，其中论文和专著的回归系数 t 值和 p 值均小于 0.01，鉴定成果数大于 0.05，在区域高等教育科技创新能力与科技发展水平协调度上，论文呈现强相关，每增加一个单位（标准化前论文数值最大的为 1 个单位）的论文数量，相应的协调度增加 18.310 个单位，而专著和鉴定成果的数量与协调度呈现负相关或不相关，这可能是因为专著和鉴定成果数已呈现饱和，在资源有限前提下，如果已投入一定资源到论文上，再增加资源投入到专著和鉴定成果会影响整体协调发展。所以对于东部地区而言，对论文的需求较大，应努力在论文产出上能有所提升。中部地区论文、专著和鉴定成果数对耦合协调度的解释变量为 43.3%，拟合优度不高，在这三者上回归分析效果不明显。西部地区论文、专著和鉴定成果数上对协调度的解释变量为 82.5%，在论文对协调度的回归系数为 0.000，在 1% 上拒绝原假设达到了显著水平，即每增加 1 个单位的论文数量，耦合协调度将增加 16.354 个单位，而在专著和鉴定成果数上回归系数 t 值和 p 值大于 0.05，与耦合协调度无显著相关。

表 6-10　　　人才培养、科技进步奖对耦合协调度的回归分析

地区类型	拟合方程	拟合优度	p 值
东部地区	Y = 0.150 + 7.487R + 8.705K	$R^2 = 0.629$	0.000*
			0.000*
中部地区	Y = 0.151 + 12.817R − 1.322K	$R^2 = 0.388$	0.002*
			0.718
西部地区	Y = 0.072 + 29.496R − 12.462K	$R^2 = 0.862$	0.000*
			0.000*

注：R^2 表示回归方程的拟合优度，p 表示统计量的 p 值；* 表示在 1% 水平上显著；** 表示在 5% 水平上显著；R 表示人才培养，K 表示科技进步奖。

东部地区人才培养和科技进步奖对耦合协调度的解释变量为 62.9%，其中人才培养和科技进步奖对协调度的回归系数分别为 0.000 和 0.000，在 1% 上拒绝原假设达到了显著性水平，即人才培养每增加 1 个单位（标准化前人才培养数值最大的为 1 个单位），协调度将增加 7.487 个单位，每增加 1 个单位的科技进步奖（标准化前科技进步奖数值最大的为 1 个单位），对协调度的提升将是 8.705 个单位，中部地区两者对协调度的拟合度不高，对协调度的影响无明显相关。西部地区人才培养和科技进步贡献率对耦合协调度解释变量为 86.2%，其中两者回归系数达到了显著性相关，即每增加 1 个单位的人才培养，协调度将增加 29.496 个单位。这可能是西部地区地理位置的劣势，科技进步奖的产出需投入大量资源，从而影响人才培养的投入，致使协调性受到影响。而科技进步奖对协调度呈现负相关，每增加 1 个单位（标准化前科技进步奖数值最大的为 1 个单位）的科技进步奖，协调度将减少 12.462 个单位，所以相对而言，西部地区科技人才的缺失和流失现象严重，对其耦合协调度的提高未来需要突破的方向是加大科技人才培养力度。中部地区的拟合优度不高，在这两者上回归分析效果不明显。

表 6-11　　　专利、技术转让对耦合协调度的回归分析

地区类型	拟合方程	拟合优度	p 值
东部地区	Y = 0.241 + 5.649Z + 3.108J	$R^2 = 0.600$	0.003**
			0.000*

续表

地区类型	拟合方程	拟合优度	p 值
中部地区	Y = 0.139 + 11.098Z + 1.826J	$R^2 = 0.838$	0.003** 0.000*
西部地区	Y = 0.097 + 3.633J + 9.444Z	$R^2 = 0.663$	0.001** 0.000*

注：R^2 表示回归方程的拟合优度，p 表示 t 统计量的 p 值；* 在 1% 水平上显著；** 表示在 5% 水平上显著；Z 表示专利，J 表示技术转让。

东部地区专利和技术转让对耦合协调度的解释变量为 60%，其中专利技术转让对协调度的回归系数分别为 0.003 和 0.000，两者分别在 5% 和 1% 上拒绝原假设达到了显著性水平，即专利每增加 1 个单位（标准化前专利数值最大的为 1 个单位），协调度将增加 5.649 个单位，每增加 1 个单位（标准化前技术转让数值最大的为 1 个单位）的技术转让，对协调度的提升将是 3.108 个单位，中部地区技术转让和专著贡献率对耦合协调度解释变量为 83.8%，其中两者回归系数达到了显著性相关，即每增加 1 个单位的专利，耦合协调度将增加 11.098 个单位，而每增加 1 个单位的技术转让，协调度将增加 1.826 个单位，所以相对而言，对其耦合协调度的提高未来需要突破的方向是专利数量的增加。西部地区技术转让和专著贡献率对耦合协调度解释变量为 66.3%，其中两者回归系数达到了显著性相关，即每增加 1 个单位的专利，协调度将增加 9.444 个单位，而每增加 1 个单位的技术转让，协调度将增加 3.633 个单位，这预示未来西部地区两者都应该可以进一步突破。

五 结论

（一）从高等教育科技创新能力与科技发展水平的现状看，随着时间的推移，两系统综合评价值都在上升，但是区域间非均衡显著，并且这种差距正在加大，另外，高等教育科技创新能力始终落后于科技发展水平。空间上，东部地区无论是高等教育科技创新能力或是科技发展水平都显著高于中西部地区，西部地区极低化。

（二）高等教育科技创新能力与科技发展水平的相关性分析显示，两者均呈现强正相关，大部分省份处于第一和第三象限，但是也不排除个别省份两者出现非相关性状态。

（三）4个时间点上，北京、上海、江苏3个省市高等教育科技创新能力与科技发展水平之间耦合协调度已达到优质协调阶段，两系统评价都较高，而东部沿海地区广东、浙江、山东等省份，以湖北和辽宁为代表的华中和东北区，以四川和陕西为代表的西部内陆省份耦合协调也有良好的发展态势，十年间我国区域两系统耦合协调度跨越4个等级；空间上，区域耦合协调度东部的福建、海南较弱，与整个东部地区的趋势相背离，中部的山西和江西发展较落后，整体上东部耦合协调度显著高于中西部，西部整体处于劣势。

（四）通过多元回归分析结果表明，影响各地区的发展耦合协调度的因素不一致，在科技资源上，R&D研究人员对三个地区都呈现负相关，说明R&D研究人员已处于饱和状态，东中部地区对财力、物力资源的需求量较大，在科学研究上，东中西部论文对耦合协调度的影响较大，在社会服务能力上，东西部对专利的依赖性较大，另外需要加大对人才培养的产出数量和质量，以保证两者协调可持续发展。

第三节　区域高等教育科技资源配置绩效分析[*]

一　引言

党的十九大报告中指出，创新是引领发展的第一动力，是提升经济发展水平的重要支撑。要实现创新驱动战略首先应该实现资源的合理优化配置，高校作为科技创新的集聚地，其在人才培养、科学研究和社会服务上都需要人力、物力和财力资源的支撑。而由于资源的有限性，如何实现资源效能的最大化，合理有效分配资源成为亟待解决的问题。在双一流建设实施方案中，国家明确规定要以绩效评价为杠杆进行改革，制定合理的绩效评价办法，开展动态管理，实行中期与期末的评价，在此评价上调整经费的支持方向，形成一定的激励和约束作用，从而实现高校内涵式发展[①]。科技资源作为高校一项重要资源，通过提高现有科技资源配置绩效来提升质量，逐步形成以绩效评价为导向的科技资源优

---

[*] 本节主要内容刊发在《高教探索》2019年第2期上。
[①] http：//www.moe.gov.cn/srcsite/A22/moe_ 843/201709/t20170921_ 314942.html

化配置模式,盘活存量,调控增量,提高科技资源的使用效益,有利于充分调动科研人员的积极性和激发科研人员的创新活力和潜力,实现高校的可持续发展。

当前关于科技资源配置的研究文献中,侧重于以某个省份如管燕[①](2011)、某个地区如王月秋[②](2010)、某地区科研机构如杨传喜[③](2015)和索玮岚[④](2015)、某新兴产业如喻登科[⑤](2012)和黄海霞[⑥](2015)为研究对象进行科技资源配置效率的实证分析,缺少从国家层面整体上探讨各省域的科技资源配置相对绩效。在研究指标体系上,现有研究的投入与产出指标数量较少,不能全面反映科技资源的投入与产出能力,在建立的研究指标上侧重点不一,窄口径较多,缺少全口径的指标体系。戚湧[⑦]等(2015)把研发人员、研发机构博硕士、研发外部支出和技术创新基金作为投入指标,选择专利许可与技术市场成交额作为产出指标对全国和江苏科技资源配置进行绩效评估;苑清敏[⑧]等(2016)把科技活动人员、R&D活动人员、财政拨款和R&D经费支出作为输入指标,专利申请授权和新产品销售作为输出指标来评价我国三大城市群科技资源配置效率;张勇[⑨]等(2014)把企业从业人员和总资产作为投入指标,营业收入与利润总额为产出指标来考察西部地区产业资源的配置效率。在研究方

---

① 管燕、吴和成、黄舜:《基于改进 DEA 的江苏省科技资源配置效率研究》,《科研管理》2011 年第 2 期,第 145—150 页。

② 王月秋、陈业华:《华北地区科技资源配置效率的评价》,《统计与决策》2010 年第 15 期,第 71—72 页。

③ 杨传喜、徐顽强:《湖北农业科研机构科技资源结构与配置效率研究》,《科研管理》2015 年第 S1 期,第 377—384 页。

④ 索玮岚、高军、陈锐:《科研机构科技资源使用效益评估研究——基于时滞效应和关联效应视角》,《科学学研究》2015 年第 2 期,第 234—241 页。

⑤ 喻登科、周荣、陈华:《江西省战略性新兴产业科技资源配置效率的 DEA 交叉评价》,《情报杂志》2012 年第 9 期,第 87—91 页。

⑥ 黄海霞、张治河:《基于 DEA 模型的我国战略性新兴产业科技资源配置效率研究》,《中国软科学》2015 年第 1 期,第 150—159 页。

⑦ 戚湧、郭逸:《基于 SFA 方法的科技资源市场配置效率评价》,《科研管理》2015 年第 3 期,第 84—91 页。

⑧ 苑清敏、申婷婷:《基于科技资源配置效率的城市群联动效应研究》,《统计与决策》2016 年第 21 期,第 96—99 页。

⑨ 张勇、李海鹏、姚亚平:《基于 DEA 的西部地区军民融合产业资源优化配置研究》,《科技进步与对策》2014 年第 7 期,第 89—93 页。

法上，大多学者采取定量法来测算科技资源配置的效率，如 Malmquist 指数[1]，DEA[2][3][4] 对区域科技资源配置做效率评价，揭示区域科技资源配置的规律性和异质性。其中戚湧等（2015）研究得出科技资源配置效率存在地区差异；范德成[5]等（2017）发现了工业技术创新资源配置省际间差异对总体差异有影响，并总结出各个区域间资源形成不同的集聚配置模式；陈国生[6]等（2014）发现经济发展水平和教育投入的提高是改革科技资源配置效率主因素，并且东部和西部地区的效率下降显著；沈赤[7]等（2011）得出政府的科技资源配置一直位于较高的效率水平，保持这一水平还需调整和优化投入结构。

现有对高校科技资源配置效率研究已取得很多有价值的成果，研究方法上由单一的理论性描述分析到运用数据进行定量研究，使复杂的资源配置问题变得较为清晰。但是，现有的文献在研究对象上缺少对高等教育科技资源配置的绩效评价，在研究方法上大多采用 DEA 模型，急需在研究方法上有所拓展。另外，在测算区域间科技资源配置效率问题时，缺少空间视角探讨影响区域高等教育科技资源配置的绩效。事实上，高校科技资源要达到合理配置，应遵循"绩效目标—资源配置现状—绩效评价—最优化配置"的过程，而现有的研究更多是基于定量的效率测算或是侧重于质性优化配置模式，缺乏对两者关系交互效应的研究，提出的建议宽泛且缺少针对性与具体性。本书从国家层面出发，利用我国 30 个省份的面板数据，建立我国高等教育科技资源配置投入与产出指标，尝试基于遗传算法构建科技资源配置的绩效评价模型，利用

---

[1] 范德成、杜明月：《中国工业技术创新资源配置时空分异格局研究——以经济新常态为视角》，《科学学研究》2017 年第 8 期，第 1167—1178 页。

[2] 陈国生、杨凤鸣、陈晓亮、赵晓军：《基于 Bootstrap - DEA 方法的中国科技资源配置效率空间差异研究》，《经济地理》2014 年第 11 期，第 36—42 页。

[3] 陈慧、孙琳、戴磊：《吉林省科技资源配置有效性评价研究》，《情报科学》2010 年第 5 期，第 732—735 页。

[4] 沈赤、章丹、王华锋：《基于数据包络分析 VRS 模型的我国政府科技资源配置效率评价》，《企业经济》2011 年第 12 期，第 145—150 页。

[5] 范德成、杜明月：《中国工业技术创新资源配置时空分异格局研究——以经济新常态为视角》，《科学学研究》2017 年第 8 期，第 1167—1178 页。

[6] 陈国生、杨凤鸣、陈晓亮、赵晓军：《基于 Bootstrap - DEA 方法的中国科技资源配置效率空间差异研究》，《经济地理》2014 年第 11 期，第 36—42 页。

[7] 沈赤、章丹、王华锋：《基于数据包络分析 VRS 模型的我国政府科技资源配置效率评价》，《企业经济》2011 年第 12 期，第 145—150 页。

模型估计结果探索影响绩效的重要和一般投入指标,为下一步资源配置方向提供参考。

二 评价体系与评价方法

(一) 指标体系及权重

从投入与产出的视角看,高等教育科技资源投入包含科技方面的人、财和物力资源,而产出围绕高等教育三大职能设定。投入指标上注重数量和结构指标的统一,其中R&D全时人员数反映高校对教学科研的直接投入,而博士学历占比反映教师的素质,科研经费的支出一定程度体现高校承担项目的数量和质量,物力投入对科研起着支撑和推动作用。产出指标上主要设置数量指标,代表大学的人才培养、科学研究和社会服务的职能,博士和硕士是反映高校培养科技人力的规模,论文、著作、科技奖励等反映直接的科研成果支出和影响力,专利和技术转让是对高校科研成果转化能力的考量。

根据高等教育发展的实际状况和科技资源投入产出的内涵,遵循指标数据的科学性、独立性、可操作性和可获得性原则,首先采取文献法对指标进行梳理分析,借鉴了刘玲利[1]、边慧夏[2]、李柏洲[3]、陈祺琪[4]和刘君[5]等高校科技资源配置和科技创新能力评价的相关文献确定初步指标体系;其次根据专家咨询法和德尔菲法对指标体系进行筛选。由于区域高等教育科技资源投入与产出两个系统各指标的测量单位不统一,故先对原始数据进行无量纲化,设 x_{ij} 为指标的原始数据,y_{ij} 为标准化后的数据,

$$y_{ij} = \frac{x_{ij} - x_{ijmin}}{x_{ijmax} - x_{ijmin}}$$

---

[1] 刘玲利:《对我国科技资源配置效率的测度》,《统计与决策》2008年第14期,第47—50页。

[2] 边慧夏:《长三角科技资源配置效率的时空分异研究》,《资源开发与市场》2014年第2期,第145—148页。

[3] 李柏洲、董恒敏:《协同创新视角下科研院所科技资源配置能力研究》,《中国软科学》2018年第1期,第53—62页。

[4] 陈祺琪、张俊飚、程琳琳、李兆亮:《农业科技资源配置能力区域差异分析及驱动因子分解》,《科研管理》2016年第3期,第110—123页。

[5] 刘君:《区域高等教育科技创新能力评价研究》,硕士学位论文,华南理工大学,2016年。

随后利用熵值法①来判断数据的离散程度，从而进行指标权重的计算，步骤为在数据标准化后得到 y_{ij}，首先计算第 j 项指标下的第 i 个指标的值 P_{ij}：

$$p_{ij} = \frac{y_{ij}}{\sum_{i=1}^{m} y_{ij}}$$

其次计算第 j 项指标的熵值 e_j，$k = -1/\ln(m)$

$$e_j = -K \sum_{i=1}^{m} p_{ij} \ln p_{ij}$$

紧接着测算第 j 项指标下差异性系数 h_j，

$$h_j = 1 - e_j$$

最终确定指标的权重 w_j：

$$w_j = \frac{h_j}{\sum_{j=1}^{n} h_j}$$

其中，m 表示待评价对象；n 表示指标数。

至此，本研究所构建的指标体系及权重如表 6-12 所示。

（二）遗传算法

遗传算法是应用计算机解决最优化的启发式搜索算法，按照适者生存和优胜劣汰的原则，其优势是能生成有用的解决方案来优化问题，逐步演化成最优解或满意解。其最早是由 Holland 教授根据生物进化的过程提出的一种计算模型，它根据遗传学原理和生物进化的自然选择过程来寻求最优解。遗传算法拥有自适应的功能，可以不用根据先验知识而直接对参数进行相应的编码，并沿着多条路线进行同步搜索，从而避免进入局部最优的陷阱。② 其步骤③为：

1. 定义基于高校科技资源投入产出的绩效评价模型

$$D(m_i) = \frac{a \cdot P_{产出}(m_i) + b}{c \cdot P_{投入}(m_i) + d}$$

---

① 谭婧、陶小马、陈旭：《基于改进熵值法的城市"精明增长"综合测度——以长江三角洲 16 市为例》，《长江流域资源与环境》2012 年第 2 期，第 129—136 页。

② 王春梅：《以学科为导向的高校资产资源绩效评价及优化配置研究》，《华南理工大学》2018 年，第 30—31 页。

③ 彭新一：《华南理工大学国有资产发展报告》，华南理工大学出版社 2014 年版。

表 6-12　　　　　　　　　　　　指标体系及权重

系统	目标层	指标层/单位	单位	权重
科技资源投入	人力资源	R&D 全时人员	人	0.122
		博士占专任教师比例	%	0.097
	财力资源	人均科研经费支出	万元/人	0.091
		科技投入总经费	千元	0.254
	物力资源	固定资产购置费	千万元	0.246
		人均信息化设备资产值	千元	0.096
		图书量	册	0.096
科技资源产出	科学研究	论文总数	篇	0.062
		著作产出数	部	0.059
		国家级科技奖	项	0.147
		成果登记数	个	0.093
	社会服务	技术转让	千元	0.172
		专利出售总金额	千万元	0.263
	人才培养	博士研究生	人	0.138
		硕士研究生	人	0.067

其中：$D(m_i)$ ——某省份的绩效

$P_{产出}(m_i)$ ——某省份的产出得分

$P_{投入}(m_i)$ ——某省份的投入得分

a, b, c, d ——模型待定优化参数

2. 偏差排名定义

$$F_i = \sqrt{(A_i - S_i)^2 + (B_i - K)^2}$$

F_i 为第 i 个省份的偏差；A_i 为第 i 个省份的投入得分；标准投入不固定，当投入得分低于投入得分平均值时，则 S_i 为投入得分的平均值，当投入得分高于投入得分平均值时，S_i 等于第 i 个身份的投入得分，即投入造成的偏差为 0；B_i 为第 i 个省份的产出得分；K 表示标准产出，其为 30 个省份的最大产出。

3. 参数确定

首先确定目标：把 $C_i = (a_i, b_i, c_i, d_i)$ 设置为各省份投入产出绩效评

价模型的参数,其次通过 MATLAB 软件随机生成的参数集合 $\{C_i, i = 1, 2, \cdots, N\}$ 中取一个最优参数值 $C_0 = (a_0, b_0, c_0, d_0)$;再对个体评价的适应度函数进行定义;最后进行参数确定。通过迭代 500 次不断对个体进行遗传进化,使适应度函数值大的个体被遗传到下一代(保留下来),得到最优个体对应的最优参数 $C_0 = (a_0, b_0, c_0, d_0)$。

4. 绩效测算

对各个省份的投入与产出得分组成的二维数据进行聚类分析,依据聚类分析结果分别选取距离各类中心较近的 2/3 样本作为学习样本,剩余的作为检验样本。紧接着将 2005—2015 年 30 个省份的投入得分、产出得分、偏差排名输入到模型中,分别得到每一年的最优参数 a、b、c、d 的取值,取这 10 组数据的平均值作为绩效评价模型的参数,模型计算结果的排名与偏差排名的对比曲线如图 6-9 所示。将上述得到的优化参数代入绩效模型中,输入投入与产出得分,即可得到绩效值。

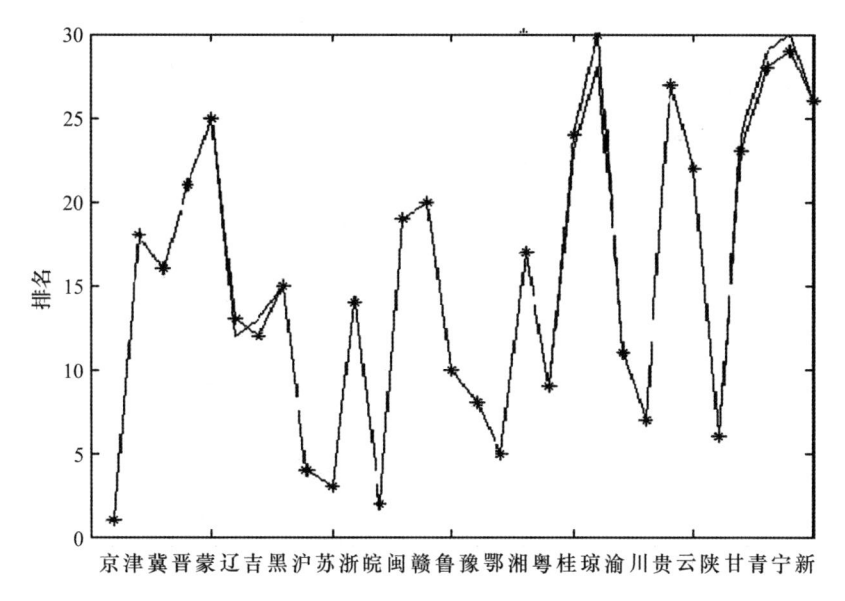

图 6-9 模型计算结果的排名与偏差排名的对比曲线

(三)数据来源

本文高等教育科技资源投入与产出数据均来源于 2006—2016 年

《中国高等学校科技统计资料汇编》[①] 和 2005—2015 年《中国教育统计年鉴》[②]。另外因西藏的经济发展水平数据有较多年份缺失，故文中实际探讨的是除西藏外我国 30 个省、自治区和直辖市的科技资源配置绩效情况。

三 区域高等教育科技资源配置绩效

（一）高等教育科技资源投入与产出指数

表 6-13　　　　　　高等教育科技资源投入与产出指数

年份 区域	2005 投入	2005 产出	2010 投入	2010 产出	2015 投入	2015 产出
北京	0.337	0.388	0.642	0.528	0.833	0.686
天津	0.110	0.072	0.200	0.096	0.282	0.083
河北	0.097	0.076	0.166	0.128	0.223	0.123
山西	0.066	0.038	0.101	0.038	0.159	0.043
内蒙古	0.049	0.013	0.074	0.025	0.125	0.033
辽宁	0.149	0.125	0.231	0.166	0.345	0.143
吉林	0.085	0.083	0.153	0.162	0.212	0.146
黑龙江	0.138	0.095	0.209	0.141	0.270	0.128
上海	0.234	0.205	0.415	0.266	0.554	0.228
江苏	0.254	0.217	0.516	0.299	0.758	0.348
浙江	0.168	0.098	0.297	0.131	0.409	0.132
安徽	0.115	0.074	0.193	0.110	0.308	0.364
福建	0.081	0.026	0.151	0.044	0.240	0.066
江西	0.083	0.023	0.158	0.045	0.208	0.057
山东	0.156	0.134	0.261	0.188	0.361	0.161

---

① 中华人民共和国教育部科学技术司：《高等学校科技统计资料汇编》，高等教育出版社 2006—2016 年版。

② 中华人民共和国教育部发展规划司：《中国教育统计年鉴》，人民教育出版社 2005—2015 年版。

续表

年份 区域	2005 投入	2005 产出	2010 投入	2010 产出	2015 投入	2015 产出
河南	0.122	0.086	0.209	0.145	0.312	0.177
湖北	0.180	0.156	0.325	0.217	0.460	0.210
湖南	0.129	0.072	0.226	0.126	0.284	0.112
广东	0.183	0.104	0.272	0.162	0.488	0.177
广西	0.055	0.020	0.101	0.034	0.157	0.033
海南	0.130	0.001	0.148	0.006	0.170	0.006
重庆	0.083	0.043	0.159	0.083	0.224	0.152
四川	0.152	0.096	0.250	0.142	0.341	0.180
贵州	0.046	0.007	0.064	0.017	0.107	0.021
云南	0.045	0.024	0.093	0.035	0.139	0.041
陕西	0.180	0.122	0.306	0.162	0.411	0.200
甘肃	0.059	0.028	0.108	0.044	0.139	0.036
青海	0.009	0.003	0.042	0.010	0.126	0.010
宁夏	0.015	0.001	0.037	0.005	0.084	0.006
新疆	0.036	0.010	0.071	0.018	0.107	0.022
均值	0.118	0.081	0.206	0.119	0.295	0.138

从2005—2015年间取2005、2010和2015三个时间点，按照区域东中西三个地区来探讨高校科技资源配置现状，如表6-13所示。总体来看，我国三大地区的高校科技资源投入与产出呈现非均衡格局；整体上说，2005—2015年间投入与产出的增长幅度都较慢。2005年，全国高等教育科技资源投入的均值为0.118，东部地区省份投入达到均值的比例为69.2%，中部地区为50%，西部地区仅为18.2%，而2015年，全国高等教育科技资源投入的均值为0.295，东部地区省份投入达到均值的比例为53.8%，中部地区为50%，西部地区仅为18.2%。在产出上2005年和2015年全国高等教育科技资源的均值分别为0.081和0.138，东部地区产出省份达到均值分别占比69.2%和53.8%，中部地区产出为33.3%和50%，西部地区产出为18.2%和27.3%。整体而言，全国高等教育科技

资源投入能力大于产出能力,东部和中部地区在科技资源投入上有一定优势,相应地在产出能力上,东中部地区也明显高于西部地区。西部地区增长态势相对于东中部更缓慢,并且三个地区的增长差距有扩大趋势,但在产出能力上三地区的增长幅度都较缓慢。另外,东中西部地区各省域内部差异较大,西部地区内部趋于稳定。

(二)绩效的时间演化特征

从时间维度看,区域间科技资源配置效率,由于2005—2015年跨度较大,为避免计算烦琐,故采取相邻4个年份求取平均绩效值来看我国区域时间变化情况。

表6-14 2005—2015年各省市高等教育科技资源配置绩效值

区域 年份	2005—2008	排名	等级	2009—2012	排名	等级	2013—2015	排名	等级
北京	0.853	1	V	1.145	1	V	1.310	1	V
天津	0.542	15	Ⅱ	0.640	14	Ⅲ	0.710	15	Ⅲ
河北	0.524	17	Ⅱ	0.590	16	Ⅱ	0.643	18	Ⅱ
山西	0.470	23	Ⅰ	0.511	24	Ⅰ	0.566	22	Ⅰ
内蒙古	0.441	27	Ⅰ	0.472	26	Ⅰ	0.509	27	Ⅰ
辽宁	0.595	10	Ⅲ	0.684	10	Ⅲ	0.790	9	Ⅲ
吉林	0.510	18	Ⅱ	0.575	20	Ⅱ	0.623	20	Ⅱ
黑龙江	0.573	12	Ⅲ	0.645	13	Ⅲ	0.719	13	Ⅲ
上海	0.740	3	Ⅳ	0.922	3	Ⅳ	1.048	3	Ⅳ
江苏	0.768	2	Ⅳ	1.035	2	V	1.288	2	V
浙江	0.626	6	Ⅲ	0.775	5	Ⅳ	0.872	6	Ⅳ
安徽	0.545	14	Ⅱ	0.630	15	Ⅲ	0.730	12	Ⅲ
福建	0.503	21	Ⅱ	0.586	18	Ⅱ	0.662	16	Ⅱ
江西	0.504	20	Ⅱ	0.587	17	Ⅱ	0.637	19	Ⅱ
山东	0.609	8	Ⅲ	0.716	8	Ⅲ	0.817	8	Ⅲ
河南	0.557	13	Ⅱ	0.660	12	Ⅲ	0.750	11	Ⅲ
湖北	0.638	4	Ⅲ	0.784	4	Ⅳ	0.893	5	Ⅳ
湖南	0.576	11	Ⅲ	0.665	11	Ⅲ	0.718	14	Ⅲ

续表

年份 区域	2005—2008	排名	等级	2009—2012	排名	等级	2013—2015	排名	等级
广东	0.623	7	Ⅲ	0.756	7	Ⅳ	0.908	4	Ⅳ
广西	0.460	24	Ⅰ	0.512	23	Ⅰ	0.553	23	Ⅰ
海南	0.532	16	Ⅱ	0.550	21	Ⅱ	0.575	21	Ⅰ
重庆	0.505	19	Ⅱ	0.578	19	Ⅱ	0.652	17	Ⅱ
四川	0.602	9	Ⅲ	0.692	9	Ⅲ	0.782	10	Ⅲ
贵州	0.441	26	Ⅰ	0.454	28	Ⅰ	0.500	28	Ⅰ
云南	0.446	25	Ⅰ	0.489	25	Ⅰ	0.539	24	Ⅰ
陕西	0.634	5	Ⅲ	0.774	6	Ⅳ	0.852	7	Ⅳ
甘肃	0.477	22	Ⅰ	0.520	22	Ⅰ	0.537	25	Ⅰ
青海	0.395	29	Ⅰ	0.437	29	Ⅰ	0.513	26	Ⅰ
宁夏	0.395	30	Ⅰ	0.425	30	Ⅰ	0.473	30	Ⅰ
新疆	0.440	28	Ⅰ	0.464	27	Ⅰ	0.496	29	Ⅰ
最大值	0.853	1	Ⅴ	1.145	1	Ⅴ	1.310	1	Ⅴ
最小值	0.395	30	Ⅰ	0.425	30	Ⅰ	0.473	30	Ⅰ

注：以上数据均为标准化后的数据，Ⅰ表示低绩效，Ⅱ表示较低绩效，Ⅲ表示一般绩效，Ⅳ表示较高绩效，Ⅴ表示高绩效，下同。

利用 Ward 聚类法，把各省域的绩效值聚类为Ⅰ、Ⅱ、Ⅲ、Ⅳ和Ⅴ共5个等级，分别表示低绩效、较低绩效、一般绩效、较高绩效和高绩效。由表6-14可知，三个时间段内，科技资源配置绩效北京始终保持在Ⅴ类，而江苏在后两个阶段内由较高绩效上升到高绩效，两省市作为全国高等教育科技创新高地，高质量的高等院校云集，并且科研院所较多，亦是经济发展水平发达省市，在投入上具有一定优势，所以绩效值相对较高。浙江、湖北、广东和陕西四省份均从Ⅲ类到Ⅳ类，湖北和陕西分别作为中部和西部地区科技创新的领头兵，其科技创新基础雄厚，并且拥有较多的高等院校，能迅速提升科技成果的转化能力。浙江省作为沿海省份，其经济发展水平居于全国前列，具备良好的经济基础，对高校的投入上有显著性提高，本身具备的科研力量在科研投入上能转化成产出，所以长期保持在Ⅳ类，未来还可以继续加大资源的支持力度。广东省由于区位优势和经济发展水平的跨步提升,近年高校实施创新驱动战略部署,全力支撑省市的战略需求,使得科技资源配置绩效提升显著,未来前景乐观。辽宁、黑龙江、山东、湖南和四川五省份三阶段长期保持在Ⅲ类,东北三省的辽宁和黑龙江三个时间段都处于Ⅲ类,吉林的发展不容乐观,三阶段均维持在Ⅱ类,东北三省既需要国家的支持同时也应发挥三方联动效应,相互合作实现资源共享,同时应大力与沿海省份开展合作,山东、湖南和四川三省分别作为东中西部地区的潜力股,未来可以尝试加大科技投入来提升科技的产出,发展潜力较大。天津从第一阶段的Ⅱ类到后两个阶段的Ⅲ类,该市处于京津冀经济圈,拥有良好的地理位置优势,还能依托北京科技创新资源的辐射效应,科技资源配置的绩效有一定的提高;安徽和河南两省从第一阶段的Ⅱ类到后两个阶段的Ⅲ类,作为中部地区后起力量,自中部崛起战略实施后,科技创新能力显著提升;海南省从前两阶段的Ⅱ类到第三阶段的Ⅰ类,呈现不稳定的发展趋势,该省的发展应引起高度重视,防止出现再度下坡的趋势;河北、吉林、福建、江西和重庆五省市三个阶段一直处于Ⅱ类,同时借助当前雄安新区新战略,促进京津冀协同发展,江西与福建较第一阶段有一定的提升作用,但是发展较缓慢,未来还需加大多方面的支持力度,有突破Ⅱ类的可能性;山西、内蒙古、广西、贵州、云南五省一直处于Ⅰ类,无论在科技资源投入与产出上都比较落后,发展停滞不前,发展动力严重不足,未来需国家更多的政策支持,加大人、物和财力资源的投入,特别是高层次人才引进的激励措施。

（三）绩效的空间演化特征

为进一步探索区域高等教育科技资源配置的空间动态变化,利用Ward聚类分析法,采用平方Euclidean距离度量标准,把2005年、2010年和2015年3年的数据进行5个等级的聚类,如表6-15所示。

表6-15　2005年、2010年和2015年各省市高等教育科技资源配置绩效聚类情况

区域	2005年绩效值	聚类等级	区域	2010年绩效值	聚类等级	区域	2015年绩效值	聚类等级
北京市	0.784	1	北京市	1.149	1	北京市	1.368	1
江苏省	0.689	2	江苏省	1.013	2	江苏省	1.311	1
上海市	0.664	2	上海市	0.888	2	上海市	1.067	2

续表

区域	2005年绩效值	聚类等级	区域	2010年绩效值	聚类等级	区域	2015年绩效值	聚类等级
广东省	0.605	3	湖北省	0.779	3	广东省	0.987	2
陕西省	0.601	3	陕西省	0.758	3	湖北省	0.950	2
湖北省	0.599	3	浙江省	0.748	3	浙江省	0.891	2
浙江省	0.586	3	广东省	0.715	3	陕西省	0.888	2
山东省	0.569	3	山东省	0.700	3	山东省	0.828	3
四川省	0.566	3	四川省	0.689	3	辽宁省	0.809	3
辽宁省	0.561	3	辽宁省	0.663	4	四川省	0.801	3
黑龙江省	0.548	4	湖南省	0.658	4	河南省	0.765	3
海南省	0.542	4	黑龙江省	0.637	4	安徽省	0.749	3
湖南省	0.538	4	河南省	0.636	4	湖南省	0.733	3
河南省	0.529	4	天津市	0.628	4	天津市	0.732	3
安徽省	0.520	4	安徽省	0.618	4	黑龙江省	0.715	3
天津市	0.514	4	河北省	0.582	4	福建省	0.680	4
河北省	0.496	4	江西省	0.576	4	河北省	0.655	4
吉林省	0.482	4	重庆市	0.575	4	重庆市	0.655	4
重庆市	0.481	4	福建省	0.567	4	吉林省	0.640	4
江西省	0.481	4	海南省	0.565	4	江西省	0.639	4
福建省	0.478	4	吉林省	0.565	4	海南省	0.593	5
山西省	0.459	5	甘肃省	0.513	5	山西省	0.577	5
甘肃省	0.450	5	广西壮族自治区	0.504	5	广西壮族自治区	0.575	5
广西壮族自治区	0.445	5	山西省	0.503	5	云南省	0.552	5
内蒙古自治区	0.437	5	云南省	0.493	5	甘肃省	0.552	5
贵州省	0.434	5	内蒙古自治区	0.469	5	青海省	0.537	5
云南省	0.433	5	新疆维吾尔自治区	0.466	5	内蒙古自治区	0.534	5
新疆维吾尔自治区	0.421	5	贵州省	0.457	5	贵州省	0.512	5

续表

区域	2005年绩效值	聚类等级	区域	2010年绩效值	聚类等级	区域	2015年绩效值	聚类等级
宁夏回族自治区	0.395	5	青海省	0.429	5	新疆维吾尔自治区	0.511	5
青海省	0.386	5	宁夏回族自治区	0.422	5	宁夏回族自治区	0.483	5

注：绩效值的5个等级：1表示低绩效，2表示较低绩效，3表示一般绩效，4表示较高绩效，5表示高绩效。

2005年、2010年和2015年三个时间点上达到高绩效值有北京市，江苏省在2015年达到了高绩效，高绩效三个时间点上东中西部省份的数量之比为1∶0∶0、1∶0∶0和2∶0∶0，较高绩效各地区省份数量之比分别为2∶0∶0、2∶0∶0和3∶1∶1，高绩效和较高绩效主要集中的省份为东部地区，这些省份作为中国经济发展的前沿并且聚集了高质量高校，推动了区域的创新集群建设，科技创新能力较强，充分体现了社会经济因素和高校发展的联动交互效应。中部的湖北和西部的陕西有凸起势头，并正努力追赶东部北京、江苏和上海等省市，未来对该两省可以尝试加大资源投入的力度，保障其继续发展的条件。三个时间点上达到一般绩效主要以东部省份为主，西部省份为辅，三个地区的省份数量之比分别为4∶1∶2、3∶1∶2和4∶3∶1。在较低绩效等级内，三个时间点主要以东中部省份为主，西部省份为辅，其中东中西部省份数量之比分别为6∶4∶1、7∶4∶1和3∶1∶1，这也可看出东部地区省份内部差距较大，发展很不平衡，如何推动东部地区落后省份追赶东部地区整体发展趋势，还需要国家及省内的科技资源配置机制体制的完善。三个时间点处于低绩效等级内的主要集中于西部省份，其中东中西部省份数量之比分别为0∶1∶8、0∶1∶8和1∶1∶8。东部的海南省在2015年出现在这一等级值得引起反思，其发展趋势与东部地区的发展趋势相背离。中部的山西也始终落后于中部其他省份，西部的内蒙古、广西、云南、甘肃、宁夏和青海等省区也始终位于这一类，整体发展较缓慢。

从三大地区的空间分布来看，高绩效与较高绩效等级主要集中于东部，一般与较低绩效东中西部地区均有，低绩效主要集中于西部地区。

四 基于空间面板模型的区域高等教育科技资源优化分析

本文利用科技资源投入与产出两方面构建了区域高等教育科技资源配置的绩效评价体系，利用遗传算法测算了科技资源配置的绩效，有助于进一步了解我国科技资源配置能力，为进一步探索下一步的资源配置方向，参考相关文献①，从投入资源的视角，以投入指标为解释变量，绩效值作为被解释变量，比较各个投入指标对区域高等教育科技资源绩效的影响差异的大小，可以为下一步的资源优化配置提供参考。

（一）模型的初步设定

因为考虑到空间的集聚效应，此处运用空间计量模型对各投入指标与产出绩效间的影响程度进行探讨。空间集聚的自相关性的表现形式分为空间滞后和空间误差模型，当某个省域的科技资源配置绩效受到相邻地区的科技资源配置能力的影响时，适合采用空间滞后模型②，其定义如下：

$$reg_{it} = \alpha_i + \rho \sum_{j=1}^{n} W_{ij} reg_{jt} + \beta X_{it} + \varepsilon_{it}$$

其中：reg_{it}——第 i 省份在 t 时期的区域高等教育科技资源配置能力

$\sum_{j=1}^{n} W_{ij} reg_{jt}$——空间滞后变量，是邻近省域的区域高等教育科技资源配置绩效的加总

W_{ij}——权重矩阵 W 的元素，其参数度量了各邻近省域的被解释变量溢出效应

X_{it}——i 省份在 t 时期对区域高等教育科技资源绩效产生影响的变量集

β——自变量集的系数

ε_{it}——随机残差项

---

① 于晓宇、谢富纪：《基于 DEA–Tobit 的区域创新系统资源配置优化策略研究》，《研究与发展管理》2011 年第 1 期，第 1—10 页；黎传国、陈收、毛超、刘端：《资源配置视角下战略调整测度及其对绩效的影响》，《中国管理科学》2014 年第 11 期，第 19—26 页；黄海霞、张治河：《基于 DEA 模型的我国战略性新兴产业科技资源配置效率研究》，《中国软科学》2015 年第 1 期，第 150—159 页。

② 李红锦、张宁、李胜会：《区域协调发展：基于产业专业化视角的实证》，《中央财经大学学报》2018 年第 6 期。

而当某省份科技资源配置能力的空间自相关性表现为相邻省份未考虑到的因素时，这些遗漏的因素可能也会影响科技资源配置能力的绩效，这时可以采用空间误差模型，其定义如下：

$$reg_{it} = \alpha_i + \beta X_{it} + \mu_{it}, \mu_{it} = \lambda W \mu_{it} + \varepsilon_{it}$$

其中：reg_{it} 表示 i 省份在 t 时期的区域高等教育科技资源配置能力；X_{it} 表示 i 省份在 t 时期对区域高等教育科技资源配置绩效的变量集；β 为自变量集的系数；μ_{it} 为误差项，W 为空间权重矩阵，$W\mu_{it}$ 为误差项的滞后变量，其系数 λ 度量了误差项的溢出效应；ε_{it} 是随机残差项。

（二）模型的适用性检验

在运用空间计量模型前，首先需对区域高等教育科技资源配置绩效是否存在空间集聚现象进行空间自相关检验，在此采用 Moran's I 指数，其定义如下：

$$\text{Moran's I} = \frac{\sum_{i=1}^{n}\sum_{j=1}^{n}W_{ij}(Y_i - \overline{Y})(Y_j - \overline{Y})}{S^2 \sum_{i=1}^{n}\sum_{j=1}^{n}W_{ij}}$$

$$S^2 = \frac{1}{n}\sum_{i=1}^{n}(Y_i - \overline{Y})^2, \overline{Y} = \frac{1}{n}\sum_{i=1}^{j}Y_i$$

构建各省份的空间权重矩阵 W_{ij}，采用 0—1 空间邻近权重矩阵。测算结果如表 6-16 所示，根据 Moran's I 指数的结果，Moran's I 指数在 2005 年通过了 10% 的显著性检验，从 2006 年起通过了 5% 的显著性检验，说明我国省份之间存在着一定的空间依赖关系，相近省份之间的科技资源配置绩效存在正相关关系，从 2005 年的 0.169 上升至 2015 年的 0.204，集聚性有所增强。

表 6-16　2005—2015 年区域高等教育科技资源配置绩效的 Moran's I 指数

年份	Moran's I 值	p 值	年份	Moran's I 值	p 值
2005	0.169	0.075	2011	0.202	0.036
2006	0.197	0.042	2012	0.250	0.012
2007	0.200	0.039	2013	0.236	0.016
2008	0.206	0.035	2014	0.253	0.011
2009	0.225	0.022	2015	0.204	0.034
2010	0.201	0.035			

随后采用 Hausman 检验来判断模型采用固定效应还是随机效应,由于 p 值显示小于 0.05,所以在 95% 水平下拒绝了原假设,适宜采用固定效应。

以三级指标为自变量,绩效为因变量,探讨各指标对绩效的影响程度,利用 stata14.0 对我国科技资源投入与配置绩效进行模型估计。在进行空间计量模型估计前需判断使用空间误差或是空间滞后模型,采用 LM 检验结果如表 6-17 所示,LM-error 的统计值为 4.745,Robust LM-error 的统计值为 4.737,且两者均达到了 10% 的显著性水平,而 LM-lag 和 Robust LM-lag 均未达到显著性检验,说明了空间误差模型对分析区域高等教育科技资源配置绩效的影响机制更加合适。

(三)空间面板计量模型的回归分析

上述检验性结果表明,本文适合使用空间误差的固定效应模型,现分别从全国、东部、中部和西部不同的区域来进行空间误差回归模型分析,结果如表 6-18 所示。

表 6-17　　　　　　　　　模型适应性检验结果

统计量	统计值	p 值
Moran's I（残差）检验	2.983	0.003
LM - lag	0.018	0.894
LM - error	4.745	0.029
Robust LM - lag	0.009	0.924
Robust LM - error	4.737	0.030

表 6-18　　　　　　　　　影响绩效的模型估计结果

自变量	全国地区	东部地区	中部地区	西部地区
R&D 全时人员	1.282*** (0.038)	1.323*** (0.023)	1.100*** (0.07)	1.305*** (0.018)
博士占专任教师比例	1.352*** (0.069)	1.327*** (0.112)	1.882*** (0.198)	1.278*** (0.032)
人均科研经费支出	1.381*** (0.049)	1.481*** (0.095)	1.335*** (0.128)	1.283*** (0.013)

续表

自变量	全国地区	东部地区	中部地区	西部地区
科技投入总经费	1.043***	1.000***	1.080***	1.185***
	(0.051)	(0.043)	(0.097)	(0.0015)
固定资产购置费	1.262***	1.255**	1.188***	1.275***
	(0.022)	(0.029)	(0.050)	(0.015)
人均信息化设备资产值	1.232***	1.243***	1.090***	1.284***
	(0.027)	(0.047)	(0.135)	(0.007)
图书量	1.299***	1.308***	1.248***	1.253***
	(0.046)	(0.056)	(0.088)	(0.031)
R^2	99.96	99.96	99.97	99.99
λ	−0.028	−0.003	−0.05	0.117***

注：***表示在1%水平上显著。

由于我国长期以来东中西部地区发展不平衡，区位优势和优质高校的不均衡分布导致东中西地区在科技资源配置方面存在严重差异，进而导致东中西部地区在科技资源产出上也存在不均衡。因此，对影响科技资源配置的绩效进行回归分析可以比较不同地区在各个解释变量上的差异程度。从东中西地区的回归结果看，解释变量 R&D 全时人员、博士占专任教师比例、人均科研经费支出、科技投入总经费、固定资产购置费、人均信息化设备资产值和图书量对科技资源配置的绩效影响显著。进一步分析，我们还发现以下结论。

一是 R&D 全时人员对科技资源配置绩效的影响系数东部地区高于中西部地区，这说明在东部地区 R&D 全时人员的运用效果要好于中西部地区，东中西部地区对科技资源配置绩效的回归系数分别为 1.323、1.100 和 1.305；博士占专任教师比例对中部地区的科技资源配置绩效的影响系数高于东西部地区，中部地区处于科技创新能力的提升期，对教师质量和结构的需求更大，东中西部地区对科技资源配置绩效的回归系数分别为 1.327、1.882 和 1.278，而东西部地区相对来说对 R&D 全时人员的需求更大，对于其投入对资源配置的绩效提升显著。

二是人均科研经费支出对科技资源配置的绩效影响均呈现显著差异，但影响东中部地区的系数逐渐递减，东中部地区 R&D 研究人员较多，所以重视人均科研经费支出更能凸显其内在需求，保证经费的充足也能较好地提升东部地区科技资源产出能力。而在科技投入总经费对科技资源配置绩效的影响系数中东中西部逐渐递增，西部地区由于区位的劣势，高校的数量少，所以对绝对增量的需求更大。

三是在固定资产购置费、人均信息化设备资产值和图书量三个物力资源指标上，东中西三地区在物力资源配置上对绩效的提升能力相当。

总体而言，东部地区的人均科研经费支出、R&D全时人员和博士占专任教师比例三者对科技资源配置绩效的提升能力显著，而在其他投入指标上对绩效的提升一般，东部地区面临着人力和财力资源的双重投入，也表明经济发展水平高的地区对研究人员和经费呈现较强的回归影响。中部地区人均科研经费支出和博士学历占专任教师比例两者对绩效的提升显著，而西部地区的回归系数表明，在各个投入指标上对绩效的提升均相当，未来，对西部地区在科技资源配置上均应加大投入。

五 结论与建议

通过构建区域高等教育科技资源投入与产出指标体系，利用熵值法对指标赋予权重，从而测算出投入与产出的综合指数值，研究发现：（1）整体上，西部地区在投入上的增长态势相对于东中部更缓慢，三个地区的增长差距有扩大趋势，但在产出上三个地区的增长幅度都较缓慢。（2）绩效时空分布上，随着时间的推移高等教育科技资源绩效逐步提升，但总体上高等教育科技资源绩效偏低，增长幅度较小。高绩效与较高绩效主要集中于东部，但是个别东部省份发展与东部整体发展趋势相悖，内部差距较大，发展不平衡，一般与较低绩效东中西地区均有，低绩效主要集中于西部地区，发展缓慢。另外，有些省份出现倒退趋势，发展不稳定。（3）全国各省份空间相关性在逐步增强，空间分布的集聚现象显著，并逐步达到了5%的显著性水平。模型估计结果表明，各投入指标均对科技资源配置的绩效有显著性的正相关作用，相对而言，东中部地区博士占专任教师比例和人均科研经费支出对绩效的影响显著，而西部地区在各个投入上对绩效的提升相当，具体到各个投入指标对绩效的影响程度不一。

综上所述，本文围绕提升高等教育科技资源配置绩效提出以下对策。

第一，东部地区高等教育应依托良好的区位和高校优势，在科技投入上继续保持一定的投资力度，完善 R&D 人员引进制度，注重国外人才引进的拓展和延伸，在强势学科领域高校应注重学术带头人的任用。进一步完善高校间人才的联合培养模式，充分发挥区位、人才和学科三者的协调作用，在科研经费投资体系应多元化，更多地拉动与企业的合作，通过项目的双向互动促进产学研结合，提高高校的科技成果转化率，从而提升科技产出能力。

第二，中部地区依然需要国家加大投资力度，特别是对有发展潜质的科技攻关项目提供充足的物质保障。中部地区高等教育对外应拓宽科技项目合作空间，加强对外与东部地区的科技交流，扩大科研经费来源渠道，形成政府、企业和校友捐赠的投资体系。对内严把科研成果筛选机制，尝试成立高校专门的科技成果转化办，与政府或企业建立良好的转化路径，或根据企业需求将科技成果产业化，从而提高效率。

第三，西部地区高等教育科技资源配置绩效的提升更多依赖国家的宏观调控政策才能保证科技投入与产出能力得到提高。建议制定有利于西部地区的人才管理和流动机制，鼓励人才的双向流动，打破单向人才流动机制；在科研经费上出台更多的扶持和优惠政策；合理均衡配置高效科技资源，完善相关科研基础设施，通过线上、线下与东中部高校搭建科技创新平台；同时西部地区高校内部也应充分利用自身资源优势，发展优势产业，带动相关科研发展。

第七章 科技创新能力提升对策建议

第一节 政策支持

有效且具有前瞻性的科技创新政策能够支持和指引区域高等教育科技创新的发展。近年来，高等教育科技创新能力提升受到国家高度重视，教育部、财政部等部门相继颁布了《关于全面提高高等教育质量的若干意见》（高教三十条）等政策，启动了"高等学校创新能力提升计划"等专项项目。我国的高等教育科技创新政策初见成效，高校的科技实力和创新能力普遍提高，在人才队伍建设、科技研发、成果转化等方面取得显著成就，但各区域高等教育科技创新能力仍存在不足之处。

第五章、第六章将我国各区域分为五个层次，分析了我国各区域高等教育科技创新能力的现状并分析其存在的问题，发现目前我国的科技创新政策明显影响各省区高等教育科技创新能力的发展，然而，政策供给在供给型政策、环境型政策和需求型政策支持方面也存在一定不足，例如，人才引进相关政策、科技资金投入分配政策、知识产权保障政策、科技成果产出与转化政策、协同创新政策等。通过进一步了解这些政策存在的问题，可以为我国各区域高等教育能力提升提供更具适切性的政策支持。

一 国家扶持提升区域高等教育科技创新能力

因发展不平衡，各区域高等教育科技创新能力均相对存在一定的缺陷。区域间高教创新能力强弱不等，尤其大多数西部省份高教创新指数偏低。国家宏观上的平衡引导非常重要，需要通过政策支持来实现各区域的协调发展。

（一）需注重供给型政策的平衡，协调资源投入分配结构

影响我国各区域高校科技创新能力的关键要素是资源的投入。尽管对

高校的各种科研投入均不断提高，但总投入额的提高并不等同于投入结构和绩效优化。我国东中西部各区域高校普遍存在不重视投入结构的情况，投入的资源未能充分利用，造成一定的资源浪费。因此国家应平衡各区域间资源配置。结合各区域高校的特点进一步调整科技投入结构，将投入的资源充分利用到高等教育的科技创新工作当中。

根据第五章的分析，对于人才已经相对饱和的东部和部分中部地区而言，继续加大人才投入所产生的边际效益较低，而加大对西部的人才投入，获得的边际效益较高。因此，国家一方面应加大对西部地区的人才政策倾斜，坚持贯彻西部大开发战略，落实《教育部关于实施"对口支援西部地区高等学校计划"的通知》的要求，增强东中部地区高校对西部地区高校人才的对口扶持，以达到省际之间、东中西部之间人才合理分配。在对口扶持过程中，应更注重整合东西部高校的优势资源，形成双赢的良性互动，实现受援高校科技创新能力的提升和支援高校利益的最大化；另一方面，西部区域高校应建立从引才到留才、养才、用才的多维政策理念[①]，吸引优秀人才的同时，实行更为灵活的用人政策，创造更为宽松的用人环境，激发学者的科研创造力。

在财税政策方面，各区域首先要落实国家税收优惠政策，降低高校科技创新的税费成本，推进研发费用税前加计抵扣；其次，政府应加大对高校科技的资金投入力度，进一步消除制约高校科技创新的阻碍；再次，通过财税政策引导，推动企业技术创新投入，同时鼓励高校科技工作者参与企业科技活动，借助市场的力量来缓解政府投入和经费不足问题。结合科研院校科技投入，带动银行、保险、风险投资、引进外资和社会集资等多元化投入，为多主体协同合作提供必要条件[②]；复次，要充分发挥政府的主导作用，通过政策倾斜和财政扶持，引导高校创新与经济社会发展相互促进，通过提高经济发展形成的社会资本来增加人财物创新资源的投入，拉动基础建设，为高等教育科技创新创造有利条件；最后，政府通过搭建平台、提供基础设施和资金的方式探索创建科技创新城，促进各创新主体互相启发和相互激励。

---

① 吕建荣、姚远、陈镱文、王强：《我国西部12省市高校科技创新能力研究》，《西安电子科技大学学报》（社会科学版）2007年第3期。

② 张林：《金融业态深化、财政政策激励与区域实体经济增长》，硕士学位论文，重庆大学，2016年。

(二) 加强环境型政策的保障，促进区域之间的协同创新

环境型政策的重点在于知识产权保护制度。国家应完善知识产权保护制度以加强知识产权的运用和保护，健全科技创新激励机制，探索建立和完善知识产权法院，营造尊重知识、保护人才的创新环境①。鼓励创新，在重点领域建立实验室，启动重大专项，提供产业创新平台，提高自主创新能力实现科技自立自强。

借助区域协同创新政策，打破地域和部门界限。一方面，在"互联网+"时代和"大众创业，万众创新"趋势下，激发高校科技创新活力，构建创新服务平台，进一步促进创业与创新相联系、线上与线下相融合，区域与区域之间高等教育相协同；另一方面，充分发挥市场在资源配置中的决定性作用，主要由市场决定技术创新的项目和经费分配以及成果评价，以此引导高校创新要素向企业跨界融合，"面向企业关键技术联合进行技术攻关、共建科技创新基地和人才培养基地、积极研发储备前沿高新技术，逐步形成完善的产学研合作服务体系"②。推动高校立足企业需求开展科技创新，发展技术市场，促进科技成果和技术转移。如《广东省人民政府办公厅关于深化高校科研体制机制改革的实施意见》提出要利用现代信息技术，搭建面向全省高校和企事业单位科研创新信息对接平台，促进科研创新供需双方有效交流与对接。广东省教育厅、广东省科学技术厅印发的《关于科教融合协同推进高校科技创新能力提升工作计划》强调支持高校建立科技成果转移转化机构和平台，构建成果池，以团组式、集成式开展行业性、产业性科技成果转移转化工作，帮助企业解决现实中的各类技术难题。

此外，创新活动的知识溢出、技术创新的不确定性、创新信息的不对称性等各种市场失灵，需要政府及时干预和弥补。技术越复杂，创新投入越高，风险越大，而市场机制的激励作用是有限的，因此需要依靠政府加强政策导向来发挥宏观调控职能，以促进区域之间协同创新平台建设。首先，可以实施促进知识产权化和市场化的政策，以形成对协同创新的政策倾斜，最大限度地发挥政策的激励和引导作用；其次，加大

---

① 朱理：《我国知识产权法院诉讼制度革新：评价与展望》，《法律适用》2015年第10期。
② 2013年11月12日，中共十八届三中全会《中共中央关于全面深化改革若干重大问题的决定》。

协同创新专项资源投入，完善协同创新平台、科研设备和基础设施的相关建设；最后，政府应促进高校与国内外其他高校之间的学术交流与合作，尤其是要引导西部地区的高校紧跟科技发展前沿，了解科技发展的动态[①]。

（三）发挥需求型政策的作用，拉动科技创新能力的提升

通过政府采购等政策促进市场需求增加，带动科技创新，促进科技成果转化。进一步完善高校科技成果转化机构服务，打通科技成果转化通道，解决"最先一公里"和"最后一公里"问题。一方面需切实提升高校科技成果实用性，促进高校创新资源和科技成果向企业流动、向产业集聚，更好地应用知识创新成果和实现产学研一体化；另一方面要加强企业、科研机构的科技创新对高校的辐射能力，搭建合作平台，促进高校科技成果转化，提高高校服务科技创新能力的贡献度。例如吉林、重庆、甘肃、江西、广西、山西、云南、内蒙古、贵州、新疆、海南、宁夏、青海等13个省市区，科技创新能力和科技发展水平评价指数相对较低，应该完善科技成果转化机制，为科技发展服务。重视发挥科技创新成果优势提升科技发展水平，尤其是提高高校科技成果的转化能力，促进两者协调发展。

二 有的放矢增强区域高等教育科技创新能力

（一）阻碍区域高等教育科技创新能力提升的因素

区域高等教育科技创新能力分为五个层次，基于各层次的特点，应有针对地采取不同措施，以促进区域高等教育科技创新能力提升。第一层次的主要有北京和江苏两个省市，该层次区域高等教育科技创新能力的发展较好，在自身资源优势的基础上取长补短，在竞争意识形态下同时取得进一步的发展。

第二层次主要包括上海、浙江、河南、湖北、陕西五个省市。上海市在资源投入、内部协同、与经济匹配度、与科技匹配度存有明显的优势，但对科技成果与贡献、对社会服务经费的投入不足；浙江合著论文数、高新技术产品出口额和国外技术引进的合同数、R&D全时人员数量不足，

[①] 安蓉、马亮：《西部地区地方高校科技创新能力评价研究》，《科研管理》2015年第1期。

国际的交流机会有待增加；河南省人力资源和平台与硬件资源投入上具有优势，但科技创新过程等其他指标大约处于末端走势；湖北省科技经费投入力度弱，内部创新指数不稳定，R&D全时人员减少，高等教育与经济的匹配程度、与科技的匹配程度较弱，专利数偏少；陕西科研结构、科技创新过程指数较低，合作意识不强、集聚的国家工程技术研究中心少，合著论文数不足、R&D全时人员减少、高层次科技人才不足、高校图书数量少，国际交流的机会有待增加。

第三层次主要有广东、山东、辽宁、四川、湖南、重庆等六个省份。相对于人均GDP，广东创新平台和硬件资源的投入力度不足，科技成果指数偏低，经济效益发展趋于停滞，国家大学科技园区需进一步建设，不重视科技成果鉴定；山东科技成果与贡献值较低，社会服务投入不足，科技经费的投入力度很弱，合著论文数少，企业对高校的投资偏少，高校的科技创新成果数下降，高层次人才少；辽宁科研经费支出偏低，合著论文数少，高校对国际交流的关注不够，教科研设备资产值和人均图书数量相对落后；四川高校科技创新发展的阻碍因素为科技成果与贡献不足，社会服务效益较低，高校科技对经济增长的推动作用很小，社会服务投入过少；湖南和重庆的内部协同创新、外部协同创新、高等教育科技创新水平与区域经济发展水平的匹配度、与区域科技发展水平的匹配度的指数均偏低。

第四层次包括安徽、黑龙江、天津、江西、河北、福建和吉林等七省市，该层次省份普遍存在内部协同创新、高等教育科技创新与区域科技发展水平之间的协调程度、社会服务效益指数偏低的缺陷。具体而论，安徽省企业对高校的资助不足；黑龙江省人均拥有教科研设备资产值与图书数量少，高新技术产品出口极少；天津高等教育科技创新能力与区域经济的匹配度低，教科研设备资产值和人均图书数量相对落后；江西科技经费投入少，成果鉴定数量少，严重缺少高层次科技人才和高学历的专任教师；河北最突出的问题是国家技术研究中心数量少，国际交流合作不足；福建高校科技经费的投入力度不强；吉林平台与硬件资源投入、人均拥有教科研设备资产值与图书数量不足。

第五层次的区域包括甘肃、海南、云南、山西、广西、内蒙古、新疆、贵州、青海、宁夏等十个省份，该类区域高等教育的科技创新资源投入、科研结构的协同、科技创新过程和高校的科技产出均存在明显不足。

(二) 各区域高等教育科技创新能力提升的政策建议

1. 供给型政策促进区域内高等教育资源优化配置

完善地方人才政策，增加高层次科技人才数量，提高科技人员的学历水平。中央政府，各级地方政府应成为因地制宜引进人才的主体，人力资源落后的陕西、江西、宁夏、青海等地方政府，应对地方人力资源进行合理分配，以促进区域经济社会的发展。

首先，地方政府应营造公平公正的人才引进和培养氛围，解决在人才流动过程中出现的障碍。出台政策，借助行政力量调动本地区资源，协调相关部门完善聘用制度，在居留和出入境、户籍、子女入学等方面为人才提供与本地居民同等的待遇，消除人才在项目申请时的障碍，创造引进人才的友好环境[1]。例如广东省人民政府出台的《关于强化实施创新驱动发展战略进一步推进大众创业万众创新深入发展的实施意见》《关于进一步促进科技创新若干政策措施》等政策都指出要推进创新人才高地建设、大力引进高层次人才，实施"珠江人才计划""广东特支计划"等重点人才工程，加强各级人才计划衔接协同；实施省人才优粤卡政策，给予持卡的高层次人才本地居民待遇，提供各类优惠便利服务等，为吸引、留住高层次人才创造了条件。

其次，结合区域高等教育特色积极引进海外优秀人才。各地方政府应结合实际情况，充分了解当地经济社会和科技创新发展中对人才的需求以及当地独有的引进高学历人才的优势，以此调整高学历创新人才的引进政策，进而突出本地人才引进政策的竞争力。同时对区域引进海外人才的标准加以把控，规划引进人才的需求结构，形成稳定有效的引进标准和评价体制，建立长效而稳定的保障机制[2]。

加大区域内科技资金投入，提高人均科研经费支出、科技投入经费的年增长率和科技经费占区域 GDP 比重。目前政策制定和执行情况，山东省、江西省、福建省和第五层次的各省份，科技经费在财政拨款中的占比相对较少，与其经济发展状况不相匹配。因此，各地政府应增加科技投入

---

[1] 张丽霞：《我国地方政府关于高层次人才引进的资金补助政策分析》，《科技管理研究》2014 年第 4 期。

[2] 马新明：《地方政府海外人才引进政策的成效与改善》，硕士学位论文，浙江大学，2015 年。

总额，保证高校科研经费供给。政府应根据自身职能安排高校财政性资金投入。教育主管部门应从培育学科建设、高层次人才引进、培养和高校创新平台建设方面投入经费，培养年轻科研骨干，培育国内同类高校领先水平的特色学科，建设工程技术研究中心等；科技主管部门应加大高校在基础研究、应用技术研究和社会公益性技术研究，以及国家和区域经济与社会发展重大关键技术攻关等方面的投入。与此同时，还要注重优化支出结构，依靠政策和管理制度来避免资源浪费。鼓励不同高校联合申报国家重点科研项目，充分利用各个高校的科技创新资源，集中优势力量联合攻关，提高投入资源利用率[①]。

加强研发平台与硬件资源建设，进一步加大相关经费投入，优化区域科技资源的综合利用情况。加强国家工程技术研究中心建设，提高人均拥有教科研仪器设备资产值和人均科技图书量均离不开经费投入，因此需进一步加大科技投入。科技创新平台经费投入量通常还影响科研成果的创新水平，然而，吉林、甘肃、海南等的科技创新平台和条件建设专项经费投入均不足。所以，这些区域的高校应当更多地争取地方政府的经费和国家相关部门的支持来进行科研平台建设。

2. 环境型政策优化科研结构协同和科技创新过程

加强知识产权保护，改善协同创新环境。知识产权政策的目的在于引导高校同企业、科研院所协同创新，深度合作。知识产权不明确，在协同创新过程中便难以实现知识共享，更无法打破企业、高校、科研院所之间的技术壁垒。因此，完善知识产权保护制度，明确知识产权归属以及利益分配，充分调动创新主体的创新主动性，才能为科学技术活动提供有利的政策环境，优化科技创新过程，间接促进科技创新产品开发[②]。

通过协同创新政策引导创新资源配置。整合高校、科研院所和企业的资源，结合各自优势在不同主体实现共享。一方面，高校、科研院所应与企业共享知识，企业将获取的知识与自身的实际情况相结合，消化为具有企业特色的新知识，进而将其运用于生产实践之中，研发出新产品、新技术和新工艺；另一方面，企业应将市场的实时需求反馈给高校和科研院

---

① 王永斌、蔡中宏：《面向创新型甘肃省高校科技创新能力建设研究——甘肃高校科技资源现状及其优化配置》，《科技与管理》2008 年第 3 期。

② 陈璐：《高等学校创新能力提升计划实施中的政策保障问题研究》，硕士学位论文，湘潭大学，2014 年。

所，促进其知识再创新①。

地方行业主管部门应搭建知识交流与资源共享的平台，促进组织间的相互借鉴与学习，积极引导企业与高校进行人才、资金、项目等方面的交流合作。增加企业资金和金融机构贷款投入，提升企业投入在高等教育科研经费中的占比，提升高校的科技产出效率。山东、安徽和西部各省份高校更应重视科研项目的实用性，吸引企业投资，增强与企业之间的横向科研任务的合作，以争取更多企业经费投入。

通过政策鼓励高等教育资源集聚与共享，促进高校之间协同创新。浙江、陕西、山东、辽宁、海南、内蒙古等省份高校协同创新不足，改变该情形首先需要认识集聚高等教育资源的优势。空间对高校间协同创新影响较大，合著论文数量对此尤为明显，地理接近的高校、相似度高的学科合著论文数更多。高等教育资源集聚必然减少空间限制，促进区域内高等资源集聚，通过互联网实现资源共享，可有效加强区域内的高校间的交流和竞争。例如积极出台政策控制招生比例、平衡经费投入等，引导本地高等教育水平的均衡发展，减少高校之间合作的障碍。区域高等教育如发展不均衡，各高校水平差距过大，不利于高等教育资源集聚效果的发挥。

此外，制定有利于高等教育资源共享的人事管理制度，能够加强教育在全省的交流和合作，尽力突破人力资源地理分布限制。地方政府可放宽对高校教师兼职的限制，破除障碍，通过政策激励强化区域内各高校的互相交流与人才共享；高校同时也要鼓励研究人员参加区域内其他高校和组织的活动。在政策制定中，改进对高校和高校研究人员的考核方式，不再仅以论文等学术成果作为单一的评价标准，而应分类评价，并增加鼓励学术人员自由流动、组建跨校团队和项目合作，促进区域内各高校之间资源共享的各项政策②。如广东在创新高校科研评价考核机制时指出，要加快建立高校自我评价与用户、市场、专家等第三方评价相结合的评价机制；实行分类评价，建立基础研究、应用研究、技术开发以及成果转化等科研业绩等效评价机制；强化服务意识，注重个人评价和团队评价相结合；建立以创新、质量和贡献为导向的高校科研分类评价机制和激励机制等政策

---

① 董波波：《我国高校协同创新模式及运行机制研究》，硕士学位论文，安徽大学，2014年。

② 吴红：《区域高等教育资源共享机制构建研究》，硕士学位论文，湘潭大学，2008年。

措施。

加大对大学科技园区建设的扶持力度。国家大学科技园依托科技创新能力强的大学建设,为高校的科技成果转化、高新技术企业孵化、创新创业人才培养、产学研结合提供平台,对区域高校科技创新能力的重要性不言而喻。《国家大学科技园"十二五"发展规划纲要》《国家中长期科学和技术发展规划纲要》《科技部教育部关于进一步推进大学科技园建设与发展的若干意见》等政策文件都提出,将推动大学科技园建设与发展纳入国家中长期科学与技术发展规划,通过科技型企业的创新基金对大学科技园给予经费支撑。

各地方政府应将大学科技园发展列入科技创新和经济社会发展总体规划,积极制定政策措施,将这些与国家高新技术开发区有关的优惠政策落实到各个大学科技园入园企业,例如在基础设施建设、经费资金投入和建设用地批复等相关方面给予其一定优惠支持。广东与北京、浙江等省市同为东部发达地区,但这些省市的大学科技园区建设相对落后,应积极支持大学科技园公共配套设施、服务设施等方面的硬环境改造和建设,积极扶持大学科技园园内企业的成长和发展[1],优先安排大学科技园新建和扩建项目的用地指标,并在财政预算和科技计划中安排一定资金用于大学科技园的建设和发展[2]。

积极促进高校国际合作交流。高校的国际交流合作是不同国别、不同文化的高等教育交流,是先进科学技术、高水平人才交流的主要形式,有利于推进高等教育国际化、增强对各学科世界前沿知识的了解和加强高端人才培养。在高校国际交流合作进程中,部分高校已经获得较充分的发展,但浙江、陕西、辽宁、河北等省份高校国际交流尚不充分,影响高校科技创新能力的提升。提升区域高校国际交流水平和科技创新能力,关键在于提高高校国际化水平,通过政策推动国际人才引进的人事制度变革,推动前沿学科、专业、团队的国际互动。

3. 需求型政策拉动区域高校科技创新成果与贡献

近年来,需求型政策日益受到重视,创新收益的不确定性得到有效降低,促进了科技成果产出和转化,拉动了科技创新活动的发展。上海、广

---

[1] 《北京市关于进一步促进大学科技园发展的若干意见》(京科发〔2006〕790号)。
[2] 《关于加快大学科技园建设和发展的若干意见》(浙科发高〔2011〕23号)。

东、山东、四川、江西等省市的科技成果指数相对偏低；安徽、黑龙江、天津、江西、河北、福建、吉林等省份的科技贡献指数相对较低。需要通过科技成果转化、科技创新激励等政策来拉动区域高校的科技创新成果与贡献，促进各区域科技创新能力的提升。

第一，构建良好的成果转化环境和平台。首先，应支持建设科技企业园、大学科技园等孵化机构，提供孵化场地和创业咨询服务等。其次，应提升孵化机构的专业化能力，加快发展科技服务业，以更好地提供认证检测、筛选评估、中试孵化、市场推广、政策辅导等服务。同时，强化市场培育，并加强高校科研工作"问题和市场相结合"的导向，周期性组织项目路演、创业大赛等活动。最后，加强各地区的科技成果转化合作，支持建设公共研究开发平台，优化创业孵化环境、整合创业孵化载体，提供技术集成、共性技术研究开发、技术推广与示范等资源共享服务。

第二，完善科技创新激励和保障政策。首先，高校和科研机构可设立专利基金，对科研发明人给予一定奖励，以此激发科研人员从事发明和专项申请积极性。为科研人员提供一定的专利项目科研经费，鼓励他们从事专利研究。其次，高校人员专利项目与科研成果在职称评定中应具有同等效用，以此吸引大量的科研人员从事专利发明，提高科研积极性。在选人用人、成果处置、薪酬分配等方面，给科研院所和高校开展科研更大自主权，可以让科研人员能够专注于科研工作[①]。如广东省提出要完善高校科研人员收入分配机制，高校科研团队在粤实施科技成果转化、转让的收益，其所得在重要贡献人员、所属单位间合理分配，用于奖励科研负责人、骨干技术人员等成果重要贡献人员和团队的收益比例不低于50%，深化高校科技创新"放管服"改革，赋予项目负责人对科研路线及团队成员等事项调整自主权，以激发高校科研人员创新活力。

第三，健全区域科技成果转化政策。一方面要避免由于科技成果转化者与投资者之间因信息不对称而造成的项目失败。投资者如果没有掌握关键的信息，他们将无法评估投资风险，以致科研成果转化者无法获得充足的资金，阻碍科技成果转化。因此，各地方高校应建立科技成果登记及转

---

① 李克强：《以深化改革更好激发广大科研人员积极性》，《学会》2016年6月15日第6版。

化报告制度，以此加强对科技成果转化活动中的关键信息的收集，充分减少信息不对称障碍。及时登记并分析当地新产生的创新成果，形成定例和标准，使后续专利申请和科技成果转化活动有所凭据。将科技成果转化情况、相关收入分配情况等纳入转化报告，加强对科技成果转化活动的跟踪和监督。

另一方面，当前区域高校科研成果转化政策部分内容中较少对科研人员与高校之间的成果转化收益予以充分规范，这在一定程度上影响到高校科技人员将其科研成果转化的积极性。因此需在法律上规范科研成果转化收益分配的比例和确定方法，充分承认科技人员在科研成果中的贡献和投入，提高科研人员成果转化收益分享比例，制定单独的科研成果转化收益分配机制。同时，科研成果转化也是提高区域高校科技创新的社会服务效益和科技进步贡献率的必然要求。以科技优势服务地方经济与社会发展是促进地方经济快速发展与高校持续发展的需要，科技服务是高校科研成果能否成功转化的重要影响因素之一。安徽、黑龙江、天津、江西、河北、福建、吉林、青海等省市社会服务情况的弱势体现了区域高校科技服务效益需要有政策的保障，才使其能稳定发展。尤其中西部各区域应提高对高校的科技创新社会服务经费投入。高校也需要相应改革，以加强科技服务意识，为高校科技成果更好地推广创造条件。

区域高校要提高科技创新能力，离不开供给型、环境型、需求型三种科技创新政策的完善，应当将三种类型政策相互结合、协调发展，尤其是应注重优化政策工具的应用结构。三种类型政策中，供给型科技创新政策较完善，尤其中部和东部的各项科技投入较为合理；环境型科技创新政策和需求型科技创新政策工具越来越受到重视，但是实际运用过程中的效果在许多区域高校科技创新能力指标中还没有得以明显地体现。另外，在科技创新政策方面科技部门相对于工商、财务等部门往往更具有超前性，因此各政府部门在为提高科技创新能力提供政策支持的同时，不能忽视各部门相关政策之间的协调，避免相互矛盾。这需要区域高等教育科技创新在机制和模式上的创新来推动政策效果的发挥。

第二节　机制保障

目前高等教育科技创新能力区域间存在层次差别，东中西部呈阶梯状分布明显。东部地区拥有资源丰富和地理位置优势，高校科技创新能力显著高于中西部，也有少数省份例外，如东部地区的福建和海南两省科技创新能力还较为落后，低于东部地区平均发展水平，位于中部地区的湖北，由于优质高校的数量较多，其科技创新能力甚至超过东部省份。而东部其他省份科技创新能力较中西部省份普遍偏高，西部省份科技创新能力相对偏低。

高校科技创新、经济发展水平与科技发展水平两两呈现明显正相关，十年间区域内三者的均值关系为经济发展水平大于高校的科技创新能力，高校科技创新能力大于科技发展水平，两者的协调性各省市也呈现不同的协调等级。十年间我国区域两系统耦合协调度跨越低度、基本、中度、高度和优质协调阶段，东部的北京、上海、江苏等三个省市高等教育科技创新能力与经济发展水平之间耦合协调度已达到高度及优质协调阶段，两系统评价都较高。东部沿海广东、浙江、山东等省份、华中湖北、东北辽宁、西部四川和陕西，耦合协同也有良好的发展态势；空间上，区域耦合协调度东部的福建、海南较弱，与整个东部地区的趋势背离，中部的山西和江西发展较落后，整体上东部耦合协调度显著高于中西部，西部整体处于劣势。

多元回归分析表明，东中西部在人力、财力和物力资源上有不同方面不同程度的需求。高校科技创新能力的提高亟待一定的机制作保障，本节主要从决策、投入、评价、创新、人才开发和积累、监督和风险机制等维度出发，提出进一步完善各方面机制功能，保障高校科技创新能力提升。

一　发挥决策机制功能，坚持正确的发展定位

把握高校的发展定位，引领区域产业发展[①]。办学理念是高校的精髓，办学定位决定高校教学与科研及社会服务的走向。根据办学定位，当

[①] 张倩：《山东省高等教育与区域经济发展互动模式研究》，硕士学位论文，河北工业大学，2008年。

前高校办学类型包括研究型、应用型和技能型三类,应根据类别特征充分挖掘人才的创新潜能。研究型大学重在强调高层次的学术人才输出和最新领域的科研成果,且紧跟前沿攻关项目,其人才素质和科研成果就是衡量研究型大学的重要标志,是知识的开拓者;应用型大学输出人才应具备将科学理论知识直接转化为现实生产力的能力,注重对知识的直接运用,看重实践导向的人才培养,动手能力强,其学科的方向和专业的设置主要依托地区的经济和产业发展,直接对接当地企业输出人才;技能型大学更侧重提升技术熟练程度。在区域高校科技创新能力与经济发展水平协调水平较低的情况下,中西部地区高校更需要根据自身的战略地位,厘清发展思路。

优化科技资源配置,培育重点学科引领区域创新。高校应实施内涵式发展战略,提高高等教育配置人财物科技资源的自身效能,即追求质量和效益的提升。与之相反,外延式发展依靠不断增加教育资源投入提升效率。在高等教育科技资源有限性和稀缺性的情况下,高等学校应建立以学科发展为导向的资源配置机制,设置专业应结合地方经济发展特色,通过学科发展促进科研发展。工科院校尤其应该注重学科间的交叉,打造跨地区、跨学科大平台。高等学校科技创新应注重学科品牌,设置专业应结合地方经济实力和产业结构,将工程技术实践和课程理论结合。建立科技创新平台和多方面的合作机制,知识互通,信息流畅,注重国外人才引进的拓展和延伸,在强势学科领域高校应注重学术带头人的任用,如广东省华南理工大学国际校区的成立重在培育新兴的强势学科,注重学科人才的引进和输出,着力构建高水平大学,支撑创新管理战略,重在服务广东经济发展。

完善高校间人才的联合培养模式,充分发挥区位、人才和学科三者的协调作用,集中人力、物力和财力,重点培育一批具有较强知识与技术创新能力的特色重点学科,诸如软件、信息、生物和材料科学等高新技术学科,发挥高校国家级和省级重点学科辐射功能,同时为区域经济社会发展培养大批高素质创新人才。在科技服务指数上中部地区排名较低,提高科技服务能力才能进一步提升科技创新能力,需增加科技投入,同时建立和优化科技成果的转化机制,可尝试进一步增加科技创新投入,改善科技创新环境,完善科技资源利用效率机制。

二 针对区域发展需求完善投入机制

完善高校科技创新平台，依托高校科技园优势。针对中西部地区缺少国家工程技术研究中心和国家大学科技园区，研发平台设施建设滞后，研究设备匮乏的问题，当地政府应依托大学加大人力和财力资源投入，着力构建区域重点实验室，工程研究中心，加强高校科技创新平台建设，为科研的发展提供良好的物质环境。

大学科技园作为高校与社会资源结合的平台，是高校科研成果转化为生产力的重要通道。大学科技园以经济发展规律为基础，借助市场机制将大学的科技成果转化为生产力。与此同时，大学科技园从高校吸收大学生实习，拓宽大学生实习基地，发挥高校孵化器作用，激发主办大学和地方政府联合开展孵化高新技术项目研究。

充分利用地区资源优势拓宽中西部高校经费来源渠道。高校科研经费的投入主要来源于中央和地方财政，地方高校经费中地方财政投入占比大于中央财政，因此地方经济发展水平成为高校科技资源的重要物质保障。借鉴京津冀、长三角和珠三角城市群模式，云桂新等边境省份可结合当地资源、能源等优势开展重大科研项目，发展优势产业，带动相关科研发展，应建立以政府为主、企业和校友为辅的高校科研经费投入体系。地方财政应成为本地高校发展经费的主要来源，数据也表明，我国企业对高校资助较少，提升空间较大。校友作为高校重要的社会资源，其捐赠经费既可以支持高校基础设施建设，又可以设置企业奖学金的方式激励学生研发，推动企业产品研发，实现双赢，中西部省份可依托"一带一路"倡议打造新的城市增长极，如成渝、陕甘宁城市群，明确自身的发展定位，自觉参与到区域科技合作平台上，推进相关的项目链、资金链和设施链的精准对接，从而提升高校参与力度，并能在参与中开展经济建设。通过线上与线下与东中部高校搭建科技创新平台，同时西部地区高校内部也应充分利用地区自身资源优势。

进一步发挥科技中介服务机构的作用，完善技术市场服务体系。区域间科技服务经费投入差异较大，东部地区高于中西部，部分高等教育科技创新能力强的区域忽视科技服务。当科技成为经济增长的核心驱动力，必然需要有专门的科技服务机构成为连接企业和高校、科研机构科研输出的桥梁。科技中介服务机构根据政府的宏观调控和政策，面向科技成果发源地和企业，促进科技要素合理配置。科技服务是高校科技成果能否成功转化的重要影响因素之一，它既可提高高校和科研机构间科技成果转化率，为其提供企业生产所需向导，提供咨询服务，将科技资源优势转化为经济或竞争优势，又能为企业生产提供高科技人才，完善人才资源的合理配置，促进企业提升科技创新能力，更好实现科技成果在企业的产业化，加快技术的扩散，促进成果在两者间转化。高等教育科技创新能力强的省市，如北京、上海和山东经济水平虽高，但对高校提供的科技服务的投入却偏少。政府需要加强对科技中介服务机构的政策支持和宏观调控，明确在其运行过程中的职能，鼓励其成立公司制和合作制，促进市场竞争；需要加大对服务机构的资金扶持，提高融资能力，健全法律支持，为科技服务机构提供制度保证，明确其权利与义务，进而推动其实现可持续发展。

三 优化标准和目标以完善人才和科研评价机制

完善高校科研人员的评价和奖励机制，促进东西部地区科研协作。尤其在人力资源上，西部省份应加大人才的引进力度，同时也需提升人才培养质量；完善科技人才评价机制，完善分配制度，真正实现多劳多得，在重大研究领域取得突破性研究进展的学科带头人和骨干应提高待遇和薪酬，形成有效的激励措施，激发科技工作人员的积极性；对违规或造假行为应予严惩，坚持赏罚分明；考核的周期适度延长，对于科研论文的"第一署名"考核分数高于排名第二或三的现象应该科学处理，打破"署名第一原则"，鼓励更多科研人员合作研究，发表学术论文或是著作不唯署名论。

分类制定不同类型的院校、学科、项目的绩效考核标准。教学与科研均重要，因评价标准过于片面，已导致目前高校存在重视研究轻视教学的现象，应针对不同类型研究成果采用不同的评价标准[1]。基础研究应更注重原始创新的科学价值，而应用研究则应偏重社会和经济效益，对不同学科也应采用不同的评价标准，目前的评价标准过于量化，导致质量参差不齐。

---

[1] 王艺：《高校科技人才创新激励制度探析》，《中国高校科技》2006 年第 11 期。

拓宽人才流动渠道以促进人才交流合作。数据分析显示，仅北京、江苏、上海、湖北和广东等省市论文数量较高，其他省市则数量偏少。高等学校科技合作意识还较淡薄。东中部高校应大力开展联合研究和对口支援活动。中西部地区由于经济发展水平和地理位置劣势，人才外流现象严重，研究队伍稳定性有待加强。国家应以提高待遇的方式吸引人才，同时鼓励学子回乡发展。东部重点高校应与西部省份建立稳定的人才培养机制，增加中西部地区生源名额。建立区域高校教师自由双向流动制度，打破中西部教师往东部的单向流动。完善中西部高校信息网络基础设施建设，以促进线上跨省份、跨区域的科学研究。鼓励东部地区高校，尤其是理工科学校与中部地区高校开展长期科研合作，利用东部地区的资源弥补中部的不足。东部地区重点高校集聚，科技人才资源优势明显。中西部地区可跨区域联合建立专家智库，共同开发新兴产业，如智能制造、云服务、新能源开发和互联网等。

制定有利于西部地区发展的人才管理和激励机制，鼓励人才双向流动；加强国际交流与合作，依托国内外重大项目开展联合研究，丰富国内外合作交流形式，提高联合培养研究生的比例，特别是同种类型和重点学科。北京、江苏和上海等省市的国际交流情况较好，但广东和辽宁尚有待进一步加强。拓宽中西部地区交流领域，增加学术会议，为科技人才跨区域学术交流创造充分条件。

高校科技评价应实行分类管理。高校应建立分类分层次的评价机制，实现分级管理。高校学科众多，由于学院之间的规模大小和发展历史存在差异，因此资源配置需综合考虑。目前资源配置方式正由行政主导调整为学院运行绩效分配，而绩效指标体系需考虑到学院间的差异，地方政府配置教育资源也需考虑不同类型大学特点，并结合当地经济产业结构。此外，《高等学校科技分类评价指标体系及评价要点》中强调，对高校科技重在师德学风、创新质量、服务贡献和科教结合、团队机制、人才队伍、管理运行、目标意义和成果转化等几方面开展评价体系[①]，对研究发展人员实行成果导向性的重点评价，分别对基础研究、应用研究和试验发展的成果建立不同的评价体系。

---

① http：//www.cutech.edu.cn/cn/rxcz/2014/07/1406742041912069.htm

四 优化创新机制以拓展创新途径

建立产学研合作新路径,提高高校科技成果的转化率。成果的转化能使潜在的生产力转换为现实,为经济提供技术支撑和活力。目前高校技术转让指数普遍偏低。如北京、江苏和上海等省市该指数在0.01—0.02之间,而宁夏与青海的指数则趋近于0,高校的技术转让情况亟待改善。在供给侧结构性改革过程中,高校科技成果应在结构上有所调整以提高科技成果转化率。高校通过成立科研成果管理处与政府、企业有效对接,满足政府和企业所需要的政策决策参考或产业技术支持、人才结构的对口培养,实现产学研一条龙服务。严格筛选科研成果,尝试专设高校科技成果转化办公室,与政府或企业建立良好的转化路径,根据企业需求将科技成果产业化,实现产学研良性互动和相互促进。

五 重视人才开发与积累

加强创业教育,培养学生创业技能。在"双创"政策背景下,高校需要把大学生的创新创业教育作为高校教育改革的重要抓手,将创业教育纳入高校长期发展规划中,设置专门的创业课程,加强对创业知识、技能和实践的指导,创业课程体系应多元化,实行弹性的学分制管理[①]。工科院校应结合区域经济产业发展,有针对性地开设创业课程,在科研上给予有力扶持,如开展研究生创新资助项目和大力宣传挑战杯等竞赛类活动,鼓励学生参加,发挥学生的创新潜能,在教学方法和模式上倡导启发式教学,围绕重要的科技领域攻关予以专门指导。要推进专业学位研究生教育综合改革,加强研究生联合培养基地建设。如广东提出要加快推进省教育厅与佛山、东莞、中山3个地市政策共建的研究生联合培养基地建设,形成集"科学研究—成果转化—企业孵化—人才培养"于一体,协同创新与协同育人并重、联合培养与多体共赢的专业学位研究生教育新体系。

拥有双一流学科的大学应发挥一流学科建设对新兴学科发展的带动作用,扩宽专业设置,促进学科之间、交叉学科间和边缘学科间的相互

---

① 刘欣竹:《我国高校科技创新促进经济发展方式转变的作用研究》,博士学位论文,辽宁大学,2016年。

渗透，为学生的发展培养综合素质；吸收各行各业的创业教师，稳定创业教师队伍建设，如聘请软件开发、能源材料科学、电子、金融经济和教育领域等专业人士作为专家，通过讲座等形式给予创业指导。

完善引进人才机制，优化科研人才队伍。人力资源是高校的第一大资源，其为高校的可持续发展提供智力支撑，高校应重视人才的引进工作，建立有效的人才引进机制需要有充分的物质保障。此外，高校专任教师学历结构也有待优化。大部分区域的高校以本科学历的教师为主，其次是硕士学历的教师，博士学历的教师在四种学历中较少。

根据对高校教师结构进行的年度调查结果制订人才引进计划，以优化教师队伍年龄、职称和学历结构。人才的引进应根据学校学科所需，结合学校发展的实际，明确本年度教师岗位编制的计划，落实引进后的责任机制，在重点考察人才的学术背景、水平和声誉，同时还应对其心理素质、实践能力与师德规范进行考查。高校人事部门和各二级学院应严把人才的筛选入口，避免资源的浪费。拓宽人才引进的渠道，当前高校引进范围主要围绕在国内外大学博士、博士后和海归队伍，但是对科研机构或是企业具有丰富经验和科研实力的人才却有所限制，缩小了选人用人的范围。坚持依托大项目、产业链、高校科研院所聚集研发人才、依托先进制造业培养百万技能人才，坚持柔性与刚性人才引进制度，加强前期的引进和后期的培养。

建立区域高校科技创新联盟。目前区域之间，高校与企业间已通过委托研究、联合攻关、共建科技合作基地等方式形成联盟，但这些方式多为临时性。企业委托高校或者科研机构对企业所需要的新产品和新材料进行研发，或者在共同依托重大科研课题的基础上，企业提供经费支持，高校提供科技人才，或者高校与企业间共同出资建立科技研发机构、工程研发中心等，有利于整合各方的科技资源优势，又可以为企业提供不同的订单式服务。区域间形成人才链、资金链和技术链，建立网络型和对链式的合作机制，如当前广东省广州市兴建的科学城，就是形成科技创新联盟的一个重要形式，通过吸收华南地区甚至拓宽到更广地区的科技人才和财力达到资源的整合，资源的共享，形成高新技术的联合体，推动科技的开发。在粤港澳大湾区发展战略与机遇下，广州市人民政府出台《关于进一步加快促进科技创新的政策措施》提出联动推进"广州—深圳—香港—澳门"科技创新走廊建设，打造中新广州知识城、广州科学城、南沙科学城、琶洲人工智能与数字经济试验区"三城一区"创新核等,这有利于进一步发挥科技创新资源的聚集效应,引领经济社会发展。

六 加强高校科技资源使用的监督

完善科技资源的监督管理机制。经费和科研项目申报管理上应有统一的行政管理机构组织统筹,避免科研经费浪费。高校在科研用房、国家重大实验室设备使用管理中,应根据各学院的国家级和省级的学科特点进行布局,在使用上可通过不同学科交叉,复合型学科特点针对性完善已有实验条件,提高土地和实验器材的配置效率。

发挥内外部经费监督作用。内部监督包括学校财务和科研处管理部门对经费的监管,外部监督包括教师自身对经费使用情况的监督。建立信息化和高效化的科研经费管理系统,从预算、开支、报销到项目验收进行全过程跟踪管理和节点控制,建立间隔性抽查制度,充分发挥管理部门的监督管理职能。

在科技评价中完善监督管理机制。科技评价人员应加强自我监督能力,秉承公正公开公平的态度和坚持高效科学的原则评价科技人员的科研成果,严格按照科研评估的规范行使。摒弃临时性巡查制度,当监督过程中发现存在的问题应公开披露,接受师生的监督。在科研项目立项和中后期检查、科技成果的应用转化都应该有明确的监督目标。

七 建立人才预警机制以加强高校人才风险管理

针对西部地区人才资源流失,尤其是高层次人才流失严重问题,西部省份应建立人才预警机制,加强人本管理理念,使科技人才感受到尊重。通过调研青年人才生活状况,进一步了解青年人才所思所想,建立需求与服务的双向反馈机制。完善高校青年人才的评职称渠道,打破看重年限而不重视自身能力与素质的提升机制。

第三节 模式优化

目前我国高等教育机构的创新能力仍然存在区域差异。弥合区域差异,需在提升高校整体科技创新能力的基础上,逐步进行。创新模式是实现创新的资源配置方式，以及链接创新理论和创新产出的中介环节。本节从当前高校存在的多元创新模式角度，提出一般意义上的高校创新模式优化建议，为提升高等教育科技创新能力整体水平提供参考。

一 大学研究院创新模式

大学研究院主要由政府与高校共建，是我国高水平大学享有"学术特区"政策的新兴科技创新机构。大学研究院有多种具体的形式，包括实验室模式、研究所模式以及多样化的研究中心模式。但无论哪种形式，均是高校进行基础研究、应用研究的重要基地，是高校知识创新的重要平台。作为高校知识创新的平台、科研成果产业化的孵化器，在新时期呈现出产学研一体化，教学、科研、开发相结合的新特点[①]。它们具有"四不像"特征，它既具有大学和企业的职能，又具有科研院所与事业单位的性质，文化与大学不同，职能科研院所不同，性质与企业不同，机制与事业单位不同。

（一）优化团队建设

构建高质量科研团队，带动整体创新能力提升。科研团队人员中既有专家、学者、也有教师和研究生，他们的学科背景不尽相同，层次水平各有高低[②]。研究院人才在团队中相互合作，进而团队整体发挥出创新能力。

大学研究院不仅需要国内高校中的高层次人才，也需要海外经历的研究员。前者为大学研究院提供大量的优秀专业人才，保证人才的数量和质量，后者为大学研究院提供国际研究前沿的信息以及较为先进的研究方法和技术，具有国内学术背景的研究员与具有国外学术背景的研究员在思想和方法上的碰撞，给大学研究院的创新发展增添了活力。科研人员的综合性素质越高，大学研究院的学术基础越扎实，学术环境越优越，学术氛围越活跃，学术领域越广泛，创新能力越能有所提高。

定期组织研究院的科研人员到海外调研学习。首先需要了解国际科技

---

① 赵希男、生奇志：《我国大学研究院创新体系研究》，《科技管理研究》2007年第6期。
② 吴杨、苏竣：《科研团队知识创新系统的复杂性及其协同机制作用机理研究》，《科学学与科学技术管理》2012年第1期。

发展状况，利用海外调研学习机会，为国内科技创新带来新讯息，借海外学习体验别国的研究环境、学术氛围、管理模式等，为国内的科技管理提供新思路。

(二) 优化经费管理

我国研究院的科研经费主要来自政府投入、企业资助、自然科学和社会科学项目基金等①。虽然经费来源种类众多，但经费投入的地区分配以及资助的研究类型不尽如人意。

1. 根据区域间高等教育科技创新能力的强弱决定政府对当地大学研究院的经费投入。东部地区在区域科技和高校科技上高速发展，科技人力与科技财力等各方面都比中西部地区完善与成熟。科技资金方面，东部地区可依赖于高新技术的转化吸引风险投资，而中西部地区因自身高校科研能力有限，想靠企业对研究院资助不现实，所以中央和地方政府对其财政投入力度相对较大，以巩固高等教育科技创新能力，并对周边城市的普通院校产生创新影响，带动它们一起创新发展。

2. 完善政府科技资金配置方式，对一般性基础研究和一般性应用研究采用开放式资助方式，对重大研究项目采取针对式资助方式②。开放式资助是一种在科研项目符合申请标准的前提下，政府对大多数合格项目进行资助的方式。它的资助金额有限，一般为200万元左右，较为适用于中部地区的大学研究院的初创阶段，既保护了科研人员的创新与创造性，又能提高欠发达地区高等教育的科研水平。针对式资助是一种对重大科研项目有选择地进行资助的方式，表现出资助范围较小、资助金额较大等③。这种资助方式适用于高等教育科技创新能力较强地区的大学研究院，因为科研能力强，其所具备的人力资源和物力资源都相对充足，加上针对性的资助方式，大学研究院对重大项目突破的可能性更大，这一突破不仅体现了当地研究院的创新能力，也为国家的科技发展留下浓墨重彩的一笔。

3. 进一步鼓励西部地区企业资助大学研究院中的一些基础研究。相

---

① 赵希男、生奇志：《我国大学研究院创新体系研究》，《科技管理研究》2007年第6期。
② 林祥：《基于源头创新目标的政府科技资金配置导向与方式》，《特区实践与理论》2013年第5期。
③ 林祥：《基于源头创新目标的政府科技资金配置导向与方式》，《特区实践与理论》2013年第5期。

对中央政府的财政收入，企业的收益金额大、速度快，对基础研究的投资若能有企业的部分投入，大学研究院的相关研究团队会更有动力。同时也减少了国家财政的投资压力。西部地区高校、企业、科研机构中的优势研究领域屈指可数，但依赖于有限的优势领域带动整体的创新发展并不现实，其他一般的研究领域也应在原有基础上有所提升，应该先大力发展薄弱领域的基础研究，积累智力资本，为后续的深入研究奠定知识基础，在自身创新能力不断提升的过程中，不断地以深入研究的科技成果回馈企业的资助。

（三）研究院创新平台建设

1. 建立研究院共享平台机制。从总体看，我国高校各类型的研究院均呈现相对封闭的状态，且由于多方原因，研究院建设水平呈现区域差异。这些客观事实一是对创新研究有效贴合实践需求、创新成果有效转化为生产力造成阻碍。同时，也会导致落后区域的优质资源向高水平区域流动，进一步增加区域之间的研究"鸿沟"。因此，构建研究院共享平台机制以应对当前困境意义重大。具体来看，一是建立高校研究院开放平台，包括实行跨学科交叉研究机制，与社会的开放合作机制，建立研究院广泛的产学研合作机制。二是建立区域间的合作共享机制。区域间高校研究院的差距，一在经费，二在人才，三在研究基础。通过构建区域间资源共享、人才共用、信息互通的合作共享平台，立足于国家需求、社会需求、市场需求，有利于实现高质量的研究能力塑造和研究成果产出。

2. 创建创新平台的协同模式。创新平台的协同是指在依托主体、创新地区以及平台要素等方面实现优化布局的基础上，在有关模式与机制的约束与促进作用下，实现不同依托主体、不同要素之间的有效交流、互动与循环促进，最大限度地发挥平台的服务功能[①]。对使用主体，需要定期对他们培训并进行考核，从而加强他们对创新平台协同发展的认识，除培训外，平台之间定期举行员工的互动活动，相互交流经验，相互学习，相互促进，给不同平台内的员工提升自我认识以及平台管理的认识。从区域角度，不同地区的平台，其主体不同，功能也不同，可以通过中间的协调组织统筹规划，统一管理，实现区域间创新平台的协同。

---

① 李文奇：《区域创新平台三维协同模式研究》，硕士学位论文，哈尔滨理工大学，2012年。

二 大学科技园模式

大学科技园是国家及区域创新体系的重要组成部分,是高校科技成果转化与产业化的重要通道,其主要功能是充分利用高校的人才、学科和技术优势以孵化科技型中小企业,加速高校科技成果转化与产业化,开展创新实践活动、培育高层次的技术、经营和管理人才。因此,大学科技园作为"孵化器"的功能是连接前端创新(高校)和后端创业(企业)的中端桥梁,由此可见大学科技园的重要作用。但一项针对全国35家大学科技园的调查显示,我国高校科技园还存在定位层次低、平台不健全、运作能力欠专业等多样化的问题[①]。基于此,提出以下优化建议。

(一)定位优化

孵化科技型中小企业是大学科技园的首要目标,但国内多数大学科技园仅把"创业"输出作为评价的第一指标,这与欧美国家以"创新集群"的输出相比,我国大学科技园的孵化定位还处于相对比较浅层的状态。因此,各地大学创业园可以探索多种形式的产业集群孵化形式,如依靠行业龙头企业进行集群孵化,或依靠同城多所高校专业异质互补的特点,进行整合式的孵化,以提升大学科技园的整体孵化水平。

(二)平台优化

虽然高校科技园把孵化企业作为第一考核指标,然而作为科技成果转化中心,我国多数大学科技园仍然面临科技成果转化难的客观问题,其中一个重要原因在于资源碎片化。因此,以怎样的平台方式将资源链接起来,成为大学科技园亟须解决的重要问题。构建有效链接多方资源的多功能平台,应着力朝着有效链接"创新链"、"创业链"和"产业链"的方向去布局。构建起有效串联产业前端—中端—后端全链条的面向信息、人才、知识、资金、技术等需求的大学科技园平台。

(三)能力优化

针对现有大学科技园对社会资源的整合能力不足,团队专业服务能力不强等客观问题。应着手从两方面进行专项优化:其一,构建畅通的"政、校、企、园"一体的资源对接机制,并着力打通与社会资源的对接

---

① 卫平、高小燕:《中国大学科技园发展模式转变研究——基于北京、上海、武汉等多地大学科技园调查及中外比较分析》,《科技管理研究》2019年第21期。

通道，使成果生产更能有效吸引社会资源，成果转化更能得到社会认可，进而增强与社会的信任关系。其二，进行专业服务团队建设，一是实施引才计划，吸引专业的科技服务人才组建专业服务团队；二是实施培育计划，针对科技园需求，进行针对性的专业服务团队建设。

三　产学研模式

产学研模式是一种跨组织类型，发挥各创新主体优势而实现创新资源异质性互补，提高创新效率、效益和市场适应性的一种合作创新模式。从主体看，产学研的创新主体包括高校、研究机构和企业。从功能看，产学研模式有效衔接了多元主体，能在技术创新上实现研究、开发与生产的一体化对接。从研究属性看，产学研模式更大程度上是面向市场需求，而进行应用性或应用性基础研究。因此，产学研模式是一种高效的合作创新模式，且研究成果能更大程度地适应社会、市场的需求而转化为实际效益。高等学校作为产学研中的知识、技术供给中心，在产学研合作中地位突出，更大程度上扮演了创新服务的供应商角色。因此，高校的创新供给能力直接决定了产学研合作的水平。结合高校产学研普遍存在的问题，提出以下优化策略。

（一）高层次人力管理

共享创新人才。在人才需求方面，以科技人才信息服务网作为桥梁，沟通高校、企业、科研机构间以及区域间各机构的人才要求等，并为各类科技活动需求提供技术服务；在人才交流方面，依法以租借方式跨区域调用科技人才。对科技人员实施股权激励以吸引人才。科技人员入股将增加科技人员的责任心，入股还可以提高科技人员收入，产生激励作用。

（二）财力资源管理

东部地区的产学研机构鼓励采用风险投资，中西部地区科研机构的资金来源为国家和地方财政。东部地区的科技发展成熟，因此风险投资适用于东部地区。东部地区的风险投资兼有内资和外资。东部地区应以吸引外商对高新技术产品的投资为目标，要求所属科研人员充分发挥自己的创新潜能。

鼓励使用众筹筹措产学研资金。股权众筹是众筹最常见的形式，是创业者在互联网平台上公开展示，吸引公众投资者，以出让股权的方式回馈投资者的融资模式①。对产学研机构也可集众人之力筹措科研经费，以入股方式分红给资助者，使资助者与机构的发展紧密相连。

（三）创新平台建设

构建一体化的产学研综合服务平台。合作与否的关键在于是否匹配，高校科研成果得不到有效转化，企业创新需求和创新问题得不到有效解决，除了客观存在的能力问题，还与创新资源得不到恰当匹配有关。因此，通过构建全国一体化的产学研综合服务平台，可以有效应对转化难、资源错配的问题。全国综合服务平台由统一标准的各省级平台汇集而成，同时具有大数据分析和精准匹配功能，企业可以发布创新需求，平台基于创新需求特征，可以推送匹配的供应商（还可以给出匹配度），企业根据实情而进行快速精准选择。高校及研究机构可以在平台发布研究成果，了解市场需求，从而增强研究成果、方向与市场的匹配性。当然，平台还可以提供诸如人才、资金等多方面的中介服务功能，为解决产学研合作最后一公里的诸多问题，提供有效服务。

鼓励在全国构建多种形式的高校创新联盟。高校作为知识和技术的供应方，只有提升高校整体的创新能力，才能更好地推进产学研合作的深入进行，也只有在此基础上才能形成广泛而活跃的产学研合作氛围。通过构建多种形式的高校创新联盟，集聚优质创新资源，可以形成创新资源高效流动的创新网络，从而助推形成优质的创新能力，为推进产学研合作创新提供底层支持。

---

① 韩一萌：《探析金融创新背景下中国科技金融的发展出路》，《浙江金融》2013年第5期。

参考文献

一 中文文献

（一）著作类

陈劲：《科学、技术与创新政策》，科学出版社2013年版。

陈强、鲍悦华等：《德语国家科技管理的比较研究》，化学工业出版社2012版。

德国科技创新态势分析报告课题组：《德国科技创新态势分析报告》，科学出版社2014年版。

高文兵、李书磊：《中国高等教育资源分布与协调发展研究》，高等教育出版社2008年版。

关晓静：《中国科技统计年鉴》，中国统计出版社2016年版。

国家统计局、科学技术部：《2014中国科技统计年鉴》，中国统计出版社2014年版。

经济合作与发展组织：《公共研究的治理：走向更好的实践》，科学技术文献出版社2006年版。

林跃平、王林雪、段利民：《科技创新创业政策环境研究》，企业管理出版社2016年版。

刘国瑞、董新伟：《东北三省高等教育区域振兴战略研究：基于东北老工业基地全面振兴与开放战略背景》，辽宁人民出版社2014年版。

卢新宁：《习近平用典》，人民日报出版社2015年版。

聂颖：《中国支持科技创新的财政政策研究》，中国社会科学出版社2013年版。

吴宣德：《中国区域教育发展概论》，湖北教育出版社2003年版。

杨晓明：《SPSS在教育统计中的应用》，高等教育出版社2004年版。

叶茂林：《科技评价理论与方法》，社会科学文献出版社 2007 年版。

易显飞：《技术创新价值取向的历史演变研究》，东北大学出版社 2014 年版。

张男星：《高等学校绩效评价报告 2012》，教育科学出版社 2013 年版。

赵庆年：《区域高等教育差异发展问题研究》，华南理工大学出版社 2010 年版。

左孝凌等：《离散数学》，上海科学技术文献出版社 1982 版。

［英］夏皮拉：《科技政策评估：来自美国与欧洲的经验》，科学技术文献出版社 2015 年版。

［美］詹姆斯·G. 麦甘：《2013 年中国智库报告》，上海社会科学出版社 2014 年版。

（二）期刊类

安蓉、马亮：《西部地区地方高校科技创新能力评价研究》，《科研管理》2015 年第 1 期。

毕亮亮、施祖麟：《长三角城市科技创新能力评价及"区域科技创新圈"的构建——基于因子分析与聚类分析模型的初探》，《经济地理》2009 年第 6 期。

曹蓓、邢晓辉、范耿：《推动高校科技国际化发展探析》，《中国高校科技》2014 年第 1 期。

巢宏、方华婵、谢华：《我国科技体制改革进程及政策演变研究》，《中国集体经济》2013 年第 24 期。

陈曦：《创新驱动发展战略的路径选择》，《经济问题》2013 年第 3 期。

戴国庆：《我国科技经费监督管理体系探讨》，《中国科技论坛》2006 年第 2 期。

丁华、孙萍：《基于熵权法的高校科技成果评价——以辽宁省高校为例》，《现代教育管理》2016 年第 7 期。

丁敬达、邱均平：《科研评价指标体系优化方法研究——以中国高校科技创新竞争力评价为例》，《科研管理》2010 年第 4 期。

杜海平：《我国高校科技成果转化研究：政策的视角》，《教育发展研究》2015 年第 1 期。

范柏乃、段忠贤、江蕾：《中国自主创新政策：演进、效应与优化》，《中国科技论坛》2013 年第 9 期。

范琼英：《高校技术转让现状分析》，《科研管理》1995年第1期。
方秀文：《广东省区域科技创新能力综合分析与评价》，《中国科技论坛》2001年第5期。
付晔、林艺文、马强：《校企科技合作对高校科技创新能力的影响分析》，《科技管理研究》2008年第2期。
高超、金凤君、傅娟、刘鹤：《1996—2011年南非人口空间分布格局与演变特征》，《地理科学进展》2012年第7期。
谷国锋、滕福星：《区域科技创新运行机制与评价指标体系研究》，《东北师大学报》（哲学社会科学版）2003年第4期。
国家科委、国家体改委：《关于分流人才、调整结构、进一步深化科技体制改革的若干意见》，《科技进步与对策》1992年第6期。
国家科委、国家体改委：《适应社会主义市场经济发展、深化科技体制改革实施要点》，《杭州科技》1994年第5期。
国务院：《关于"九五"期间深化科技体制改革的决定》，《科技进步与对策》1996年第6期。
韩奉璋、雷星晖：《科研人员成果转化分享比例与研发动力研究》，《科学管理研究》2016年第6期。
韩一萌：《探析金融创新背景下中国科技金融的发展出路》，《浙江金融》2013年第5期。
和瑞亚：《区域科技创新系统与公共金融系统耦合协调评价研究——基于中国28个省级区域的实证分析》，《科技进步与对策》2014年第7期。
贺正楚、潘红玉：《德国"工业4.0"与"中国制造2025"》，《长沙理工大学学报》2015年第3期。
胡瑞文：《高等教育应坚持适度超前和可持续发展》，《中国高等教育》2004年第13期。
扈春香：《改革开放以来中国科技政策发展回顾》，《生产力研究》2009年第12期。
黄阳华：《德国工业4.0计划及其对我国产业创新的启示》，《经济体制比较》2015年第2期。
金碧辉：《高论文量与低引文量带给我们的思考——关于科技评价的价值导向与定量指标》，《科学学与科学技术管理》2004年第3期。
李安平：《新中国科学技术发展史上的里程碑——十二年科学技术发展远

景规划》,《科学新闻》1999 年第 28 期。

李绩才、王晓波:《区域高校科技创新能力评价研究》,《科技管理研究》2007 年第 7 期。

李俊江、孟勐:《美国"再工业化"的路径选择与启示:创新驱动增长》,《科学管理研究》2016 年第 2 期。

李倩、师萍、赵立雨:《基于灰色关联分析的我国区域科技创新能力评价研究》,《科技管理研究》2010 年第 2 期。

李石勇:《广东高校科技创新与区域创新的联结效应及深化对策》,《科技管理研究》2011 年第 16 期。

李晓轩:《德国科研机构的评价实践与启示》,《中国科学院院刊》2004 年第 19 期。

李运祥:《建国以来党的科技政策的沿革及伟大实践》,《科技进步与对策》2003 年第 7 期。

李正辉:《区域科技创新与经济增长——基于省级面板数据模型的实证分析》,《科技与经济》2011 年第 1 期。

李宗璋、林学军:《科技创新能力综合评价方法探讨》,《科学管理研究》2002 年第 5 期。

李祖超、梁春晓:《协同创新运行机制探析——基于高校创新主体的视角》,《中国高教研究》2012 年第 7 期。

梁燕、耿燕、李相银:《高校科技创新能力建设研究的现状分析及研究方向的探析》,《科技管理研究》2009 年第 6 期。

梁燕、耿燕、李相银:《广东省高校科技创新能力比较研究》,《高教探索》2009 年第 4 期。

廖重斌:《环境与经济协调发展的定量评判及其分类体系——以珠江三角洲城市群为例》,《热带地理》1999 年第 6 期。

林祥:《基于源头创新目标的政府科技资金配置导向与方式》,《特区实践与理论》2013 年第 5 期。

林迎星:《我国创新政策的历史演变及其特点》,《科技进步与对策》2003 年第 1 期。

刘定惠:《区域经济—旅游—生态环境耦合协调度研究——以安徽省为例》,《长江流域资源与环境》2011 年第 7 期。

刘凤朝、孙玉涛:《我国科技政策向创新政策演变的过程、趋势与建议——基于我国289项创新政策的实证分析》,《中国软科学》2007年第5期。

刘桂云:《地方高校科技创新人才的开发与激励机制》,《研究与发展管理》2003年第3期。

刘立:《改革开放以来中国科技政策的四个里程碑》,《中国科技论坛》2008年第10期。

刘权:《美国竞争力计划及其对NSF战略规划的影响》,《中国基础科学》2008年第2期。

刘书雷、吕蔚、韩琰:《高校科技创新能力的要素构成及评价体系研究》,《科学学研究》2009年第2期。

刘伟、曹建国、郑林昌等:《基于主成分分析的中国高校科技创新能力评价》,《研究与发展管理》2011年第6期。

刘希宋:《科技成果转化风险的预警模型》,《科技管理研究》2008年第5期。

柳劲松、刘贵华:《区域高校科研质量综合评价研究》,《高等教育研究》2014年第9期。

卢山:《连云港区域科技创新能力评价与对策研究》,《中国科技论坛》2007年第11期。

吕军:《高等学校科技创新激励机制的构建》,《科技进步与对策》2006年第11期。

罗青兰、孙乃纪、于桂兰:《高层次人才成长规律与成长路径研究》,《现代经济探讨》2012年第4期。

马治梅:《浅析陕西高校科技成果转化现状与对策分析》,《企业导报》2016年第5期。

梅姝娥、仲伟俊:《科技创新政策体系及其协调性》,《科技管理研究》2016年第15期。

孟伟:《"十一五"环保科技发展与"十二五"展望》,《环境保护》2011年第23期。

孟晓华、仇国阳、崔志明:《全局主成分分析在区域科技创新能力指标体系构建中的应用》,《科技管理研究》2007年第12期。

邱均平、赵蓉英、余以胜:《中国高校科研竞争力评价的理念与实践》,《高教发展与评估》2005年第1期。

曲雁、孙燕：《高校科技创新能力转化分析与评价指标的构建》，《河南师范大学学报》（哲学社会科学版）2009年第6期。

任胜钢、胡春燕、王龙伟：《我国区域创新网络结构特征对区域创新能力影响的实证研究》，《系统工程》2011年第2期。

荣飞、刘春凤：《区域科技创新能力评价与态势分析》，《河北大学学报》（哲学社会科学版）2007年第6期。

沈菊华：《我国区域科技创新能力评价体系的研究和应用》，《经济问题》2005年第8期。

沈新尹：《关于对美国国家科学基金会基础研究绩效评价若干方法的思考》，《中国科学基金》2001年第5期。

施星国、张建华、仲伟俊：《区域高校科技创新能力的评价研究》，《研究与发展管理》2009年第4期。

史伟：《我国科技创新与经济发展的相关性研究》，《企业科技与发展》2015年第8期。

孙蕊、吴金希、王少洪：《中国创新政策演变过程及周期性规律》，《科学学与科学技术管理》2016年第3期。

孙燕、杨健安、潘鹏飞等：《高校科技创新能力评价指标体系研究》，《研究与发展管理》2011年第3期。

谭婧：《基于改进熵值法的城市"精明增长"综合测度——以长江三角洲16市为例》，《长江流域资源与环境》2012年第2期。

唐炎钊：《区域科技创新能力的模糊综合评估模型及应用研究——2001年广东省科技创新能力的综合分析》，《系统工程理论与实践》2004年第2期。

唐炎钊：《区域科技创新能力的模糊综合评估模型及应用研究》，《系统工程理论与实践》2004年第2期。

王德显：《德国工业4.0战略对中国工业发展的启示》，《税务与经济》2016年第1期。

王国维：《论国民经济协调系数体系的建立》，《统计研究》1995年第4期。

王家庭、谢郁、倪方树、赵运杰：《高等教育资源集聚对提升区域创新能力的影响研究》，《创新》2016年第5期。

王晋萍、甘霖、杨立英：《国内外科研绩效评价方法比较》，《科学学研究》2006年第24期。

王明明、张恩瑞、张文一：《我国基础研究投入格局——基于熵测度法的研究》，《中国科技论坛》2011年第2期。

王青、曹兆敏：《上海高校科技创新能力的SWOT分析》，《科技管理研究》2009年第6期。

王扬宗：《1949—1950年的科代会：共和国科学事业的开篇》，《科学文化评论》2008年第2期。

王永斌、蔡中宏：《面向创新型甘肃省高校科技创新能力建设研究——甘肃高校科技资源现状及其优化配置》，《科技与管理》2008年第3期。

王永斌：《面向创新型甘肃的高校科技创新能力建设研究——甘肃省高校科技创新新现状，问题及对策》，《教学研究》2008年第6期。

王渝生：《共和国科技奠基——中华科技六十年（一）1949—1955年》，《科学中国人》2010年第1期。

魏守华、吴贵生：《区域R&D经费空间分布及其变动特征研究》，《研究与发展管理》2008年第1期。

魏喜武、杨耀武：《全球创新政策，中国有待加强——〈2012全球创新政策指数报告〉解读》，《华东科技》2012年第7期。

吴军华、张晓磊、陆根书：《我国高校科技创新能力省际比较研究》，《高等工程教育研究》2009年第1期。

吴杨、苏竣：《科研团队知识创新系统的复杂性及其协同机制作用机理研究》，《科学学与科学技术管理》2012年第1期。

吴跃明、郎东锋、张子琦、张翼：《环境—经济系统协调度模型及其指标体系》，《中国人口·资源与环境》1996年第6期。

伍蓓：《技术政策的内涵、分类、评估和支撑体系》，《科技进步与对策》2007年第11期。

伍蓓、王姗姗：《论科学与科学政策的内涵》，《浙江工商大学学报》2006年第2期。

伍凤兰：《经济发展质量的综合评价研究——以深圳市为例》，《证券市场导报》2014年第2期。

夏天：《创新驱动经济发展的显著特征及其最新启示》，《中国软科学增刊》2009年第2期。

徐玉莲：《区域科技创新与科技金融耦合协调度评价研究》，《科学学与科学技术管理》2011年第12期。

许玲：《区域高等教育与经济发展水平协调性研究——基于2004年和2011年横截面数据的分析》，《教育发展研究》2014年第1期。

许刘俊、张益欲：《C－D生产函数的实证研究》，《科技管理研究》1993年第4期。

闫笑非、杜秀芳：《高校科技创新能力区域差异实证研究》，《科技管理研究》2009年第12期。

杨宏进、刘立群：《基于三阶段DEA的高校科技创新绩效研究》，《科技管理研究》2011年第9期。

杨剑、蒲英霞、秦贤宏、何一鸣：《浙江省人口分布的空间格局及其时空演变》，《中国人口·资源与环境》2010年第3期。

溢琳焱：《时代背景怎么把握》，《浙江经济》2013年第9期。

于化龙、薛文飞：《河北省高校科技创新能力分析》，《科技管理研究》2008年第6期。

曾春媛：《科技投入与区域经济发展水平协调性研究》，《科研管理》2013年第1期。

张朝钦：《创新政策的社会取向：德国教育研究部"创新与技术分析"（ITA）介绍》，《科技发展政策报道》2009年第3期。

张来武：《科技创新驱动经济发展方式转变》，《中国软科学》2011年第12期。

张乐平、黄跃雄：《研究型大学教育科技创新能力体系结构及创新战略》，《科技进步与对策》2006年第5期。

张力虹：《美国"再工业化"及德国、日本发展制造业对我国的启示》，《质量与标准化》2014年第2期。

张丽霞：《我国地方政府关于高层次人才引进的资金补助政策分析》，《科技管理研究》2014年第4期。

张茂林、董泽芳：《高校科技创新团队数量与科技创新能力关系实证研究》，《科技进步与对策》2011年第4期。

张为志：《非现场经济与智慧共享体系简论》，《人民论坛·学术前沿》2015年第18期。

张文霞、樊立宏、赵延东：《改革开放以来我国促进社会发展的科技政策回顾与展望》，《软科学》2013年第4期。

张晓丰、崔伟奇、吕营等：《创建中国高校科技创新体系的对策研究》，《研究与发展管理》2005年第4期。

张宇：《深圳市科技创新与经济发展的相关性分析》，《科技进步与对策》2010年第5期。

章熙春、马卫华、蒋兴华：《高校科技创新能力评价体系构建及其分析》，《科技管理研究》2010年第13期。

章熙春、马卫华、蒋兴华：《基于灰色关联度评价方法的高校科技创新能力评价实证研究》，《科技管理研究》2010年第14期。

章熙春、赵庆年：《把握高校科技创新的价值取向》，《中国高等教育》2017年第6期。

赵伟、杨宇：《创新驱动下科技政策演变趋势：由微观转向宏观》，《中国财政》2015年第16期。

赵希男、生奇志：《我国大学研究院创新体系研究》，《科技管理研究》2007年第6期。

郑雨苹、张良强、郑建锋：《福建省区域科技创新能力实证评价与分析》，《科技管理研究》2010年第20期。

中国科学院：《中国科学院科学技术研究成果管理办法》，《中国科学院院刊》1986年第3期。

钟灿涛、李强、王伟：《科研质量管理体系建设与高校科技创新能力：冲突及解决方法》，《科学学与科学技术管理》2008年第3期。

周建伦：《我国区域经济发展水平的动态综合评价》，《西安交通大学学报》2008年第5期。

周立、吴玉鸣：《中国区域创新能力：因素分析与聚类研究——兼论区域创新能力综合评价的因素分析替代方法》，《中国软科学》2006年第8期。

周叔莲、王伟光：《科技创新与产业结构优化升级》，《管理世界》2001年第5期。

周新春、蔡秀云：《我国财政基础研究投入规模分析》，《经济研究参考》2017年第5期。

朱理：《我国知识产权法院诉讼制度革新：评价与展望》，《法律适用》2015年第10期。

朱明贤：《当代创新的五个社会特征》，《华北航天工业学院学报》2000

年第 3 期。

朱效民：《科技体制改革的"体"与"用"——兼谈科技体制改革的一点思路》，《自然辩证法研究》2012 年第 7 期。

（三）学位论文类

蔡嘉伟：《改革开放以来我国产学研合作政策的演变研究》，华南理工大学，2013 年。

陈璐：《高等学校创新能力提升计划实施中的政策保障问题研究》，湘潭大学，2014 年。

储敏：《层次分析法中判断矩阵的构造问题》，硕士学位论文，南京理工大学，2005 年。

单丹：《区域科技发展水平评价研究》，硕士学位论文，吉林大学，2013 年。

董波波：《我国高校协同创新模式及运行机制研究》，安徽大学，2014 年。

高鑫：《〈2014 年德国研究与创新报告〉（节选）翻译报告》，硕士学位论文，四川外国语大学，2015 年。

呆灵敏：《区域高等教育对区域科技创新的贡献率研究》，硕士学位论文，大连理工大学，2015 年。

耿迪：《高校科技创新能力评价研究》，博士学位论文，武汉理工大学，2013 年。

黄璐：《湖北高校科技创新能力综合评价》，硕士学位论文，武汉理工大学，2007 年。

李文奇：《区域创新平台三维协同模式研究》，硕士学位论文，哈尔滨理工大学，2012 年。

林蔚：《我国高新技术产品出口的现状、问题及对策研究》，首都经济贸易大学，2015 年。

刘佳：《甘肃高校人才流失预警指标体系构建》，西北民族大学，2016 年。

刘君：《区域高等教育科技创新能力评价研究》，硕士学位论文，华南理工大学，2016 年。

刘小明：《福建省高校科技创新能力与体系研究》，硕士学位论文，福州大学，2004 年。

刘心悦：《提升福建省高校科技创新能力的对策研究》，福建师范大学，2012 年。

刘欣竹：《我国高校科技创新促进经济发展方式转变的作用研究》，博士学位论文，辽宁大学，2016年。

吕肖：《高校科技与经济协调发展综合评价》，硕士学位论文，南京信息工程大学，2013年。

马新明：《地方政府海外人才引进政策的成效与改善》，浙江大学，2015年。

任义君：《黑龙江省高校科技创新能力研究》，博士学位论文，哈尔滨工程大学，2008年。

苏为华：《多指标综合评价理论与方法问题研究》，博士学位论文，厦门大学，2000年。

吴红：《区域高等教育资源共享机制构建研究》，湘潭大学，2008年。

吴绍芬：《中国高等教育区域化研究》，硕士学位论文，华中师范大学，2001年。

余阳：《高校科技成果绩效评价研究》，硕士学位论文，武汉理工大学，2012年。

张林：《金融业态深化、财政政策激励与区域实体经济增长》，重庆大学，2016年。

张倩：《山东省高等教育与区域经济发展互动模式研究》，硕士学位论文，河北工业大学，2008年。

张文利：《江西省高校科技创新能力评价分析》，硕士学位论文，江西财经大学，2009年。

张延平：《区域人才结构动态适配区域产业结构升级研究》，博士学位论文，中南大学，2011年。

张永凯：《全球R&D活动的空间分异与新兴研发经济体的崛起》，博士学位论文，华东师范大学，2010年。

赵庆年：《区域高等教育发展差异问题研究》，博士学位论文，厦门大学，2009年。

赵晓婷：《科学知识资源对企业创新绩效的影响》，硕士学位论文，浙江大学，2013年。

郑建华：《新时期我国科技政策演变的价值取向研究》，重庆大学，2012年。

(四) 报纸类

段华明：《以创新把握机遇，以创新驱动发展》，《南方日报》2015 年 11 月 2 日。

李克强：《以深化改革更好激发广大科研人员积极性》，《学会》2016 年 6 月 15 日。

毛伟明：《"中国制造 2025"核心是抢占具有国际竞争力的战略制高点》，《经济日报》2015 年 7 月 6 日。

袁勃：《中办国办引发〈深化科技体制改革实施方案〉》，《人民日报》2015 年 9 月 25 日。

赵超：《行稳致远，驶向新航程》，《光明日报》2016 年 1 月 23 日。

赵建国：《G20：以创新引领世界经济发展》，《中国知识产权报》2016 年 9 月 7 日。

(五) 电子文献类

《高等学校科技分类评价指标体系及评价要点》（http://www.cutech.edu.cn/cn/rxcz/2014/07/1406742041912069.htm）。

高校人才网：《科研奖励可否按 20% 的偶得税率缴税》（http://www.gaoxiaojob.com/renshi/cankao/2017/0314/236038.html）。

《国家"十一五"基础研究发展规划》（http://www.most.gov.cn/kjgh/kjfzgh/200708/t20070824_52690.htm）。

《国家中长期科学和技术发展规划纲要（2006—2020 年）》的若干配套政策（http://www.gov.cn/zwgk/2006-02/26/content_211553.htm）。

《国家重大专项介绍》（http://www.nmp.gov.cn/zxjs/）。

《国务院关于积极推进"互联网＋"行动的指导意见》（http://cpc.people.com.cn/n/2015/0705/c64387-27255409.html）。

《国务院关于印发统筹推进世界一流大学和一流学科建设总体方案的通知》（http://www.gov.cn/zhengce/content/2015-11/05/content_10269.htm）。

《教育部关于公布 2013、2014 年度长江学者特聘教授、讲座教授名单的通知》（http://old.moe.gov.cn//publicfiles/business/htmlfiles/moe/s8132/201502/xxgk_183693.html）。

《经济振兴的一个战略问题》（http://www.china.com.cn/cpc/2011-04/12/content_22343770.htm）。

科技部：《科学技术评价办法（试行）》（http：//program. most. gov. cn/htmledit/BC1DB37E-3B10-E7F5-1288-24388A32590E. html）。

科技部：《科研基础条件建设》（http：//www. most. gov. cn/ztzl/kjzg60/kjzg60hhcj/xdkxtx/200909/t20090918_ 73098. htm）。

《毛泽东等中共领导人在重大历史关头的鉴史实践》（http：//www. wxyjs. org. cn/wxzj_ 1/dbzb/201602/t20160226_ 210517. htm）。

人民网：《国家高新区十二五期间实现年均增长17.4%》（http：//finance. people. com. cn/n1/2016/0724/c1004-28580176. html）。

万钢：《科研经费管理需在服务上做加法 在检查上做减法》（http://finance. sina. com. cn/roll/2017-03-11/doc-ifychavf2421786. shtml）。

辛闻：《美英日名列二十国集团（G20）国家创新竞争力前三甲》（http://news. china. com. cn/txt/2016-08/26/content_ 39170085. htm）。

徐建培：《中国特色科技创新政策框架体系初步形成》（http：//h. wokeji. com/special/2013pjcxlt/zclt/201310/t20131027_ 312517. sht ml）。

张超、罗晖、何薇、任磊：《美国〈2014科学与工程指标报告〉解读》（http：//www. crsp. org. cn/m/view. php？aid=1369）。

中国科学技术发展战略研究院：《国家创新指数报告2015》（http://www. most. gov. cn/cxdc/cxdcpjbg/201607/P020160706603195 938182. pdf）。

（六）其他类

李荣娟：《改革开放以来我国科技人才政策的演进及其时代特点分析》，湖北省行政管理学会，《湖北行政管理论坛（2012）——行政体制改革与政府能力建设研究》，湖北省行政管理学会，2011年第8期。

赵筱媛：《基于政策工具视角的公共科技政策分析框架研究》，中国科学学与科技政策研究会，《首届中国科技政策与管理学术研讨会2005年论文集（上）》，中国科学学与科技政策研究会，2005年第14期。

中华人民共和国教育部教社科：《高等学校人文社会科学重点研究基地建设计划》，〔2011〕6号。

二 外文文献

Science，Technology and Industry Scoreboard 2013：Innovation for Growth，http：//www. oecd. org/sti/sti-scoreboard-2013-japan. pdf.

Ryong L. S., Su J. S., "Comparing between OECD Member Countries Based on S&T Innovation Capacity", *International Proceedings of Economics Development & Research*, 2012.

Wang J., Yang L., "Path Choice of Constructing a Scientific and Technological Innovation System in Universities", The 19th International Conference on Industrial Engineering and Engineering Management, Springer Berlin Heidelberg, 2013: 457–465.

Fan P., Wan G., Lu M., "China's Regional Inequality in Innovation Capability", 1995–2006, *China & World Economy*, 2012, 20 (3): 16–36.

I. Feller, A. Glasmeier, M. Mark, "Issues and Perspectives on Evaluating Manufacturing Modernization Programs" Research Policy, Vol. 25, 1996.

The Global Competitiveness Report 2014–2015, http://reports.weforum.org/global-competitiveness-report-2014-2015/.

Innovation Indicator 2015, http://www.innovationsindikator.de/fileadmin/2015/PDF/Innovationsindikator_ 2015_ Web_ en. pdf.

Oz Shy, *Industrial Organization Theory Andapplication*, Cambridge, MA: MIT Press, 1995.

An Index of Science and Technology Capacity, http://arxiv.org/ftp/arxiv/papers/1501/1501.06789.pdf.

Jahresgutachten zu Forschung, Innovation und technologischer Leistungsfähigkeit Deutschlands 2016, http://www.e-fi.de/fileadmin/Gutachten_ 2016/EFI_ Gutachten_ 2016. pdf.

The Atlantic Century 2011: Benchmarking EU & U. S. Innovation and Competitiveness, http://www2.itif.org/2011-atlantic-century.pdf? _ ga = 1.64386927.1550613642.1460193731.

The Atlantic Century: Benchmarking EU & U. S. Innovation and Competitiveness, http://www2.itif.org/2009-atlantic-century.pdf? _ ga = 1.64386927.1550613642.1460193731.

National Innovative Capacity, http://www.hbs.edu/faculty/Publication%20Files/Innov_ 9211_ 610334c1-4b37-497d-a51a-ce18bbcfd435.pdf.

Global Innovation Policy Index, http://www2.itif.org/2012-global-innovation-policy-index.pdf? _ ga = 1.31421567.1550613642.1460193731.

Fan P, "Innovation in China", Journal of Economic Surveys, 2014, 28 (4): 725 – 745.

大学機関別選択評価・自己評価実施要項, http://www. niad. ac. jp/n_hyouka/sentaku/_icsFiles/afieldfile/2015/05/20/no6_1_1_daigaku7sentakujikohyouka28. pdf.

独立行政法人の評価に関する指針, http://www8. cao. go. jp/cstp/tyousa-kai/hyouka/haihu107/siryo3 – 2b. pdf.

科学技術指標 2014, http://data. nistep. go. jp/dspace/bitstream/11035/2935/114/NISTEP-RM229-FullJ_20150407. pdf.

科学技術指標体系の比較と史的展開 http://data. nistep. go. jp/dspace/bitstream/11035/789/1/NISTEP-RM085-FullJ. pdf.

平成 26 年度に実施した大学機関別選択評価の評価結果について, http://www. niad. ac. jp/sub_hyouka/ninsyou/hyoukahou201 503/sentaku/no6_1_1_kobe_d_s201503. pdf.

実施大綱・選択評価事項, http://www. niad. ac. jp/n_hyouka/sentaku/_icsFiles/afieldfile/2015/05/20/no6_1_1_daigaku6sen takutaikou28. pdf.

文部科学省における研究及び開発に関する評価指針, http://www. mext. go. jp/component/a_menu/science/detail/_icsFiles/afieldfile/2014/05/27/1314492_01. pdf.

后　　记

本书是国家社会科学基金教育学一般项目"区域高等教育科技创新能力评价与提升研究"成果，是课题组全体成员以及参与课题研究所有人员共同智慧的结晶。在本书撰写过程中，下列同仁承担了具体工作：

第一章第一节由姚伟、赵庆年撰写，第二节与第三节由刘君撰写；第二章第一节由殷越、章熙春撰写，第二节由袁紫玲撰写，第三节由姚伟、赵庆年撰写；第三章由柳一超撰写；第四章第一节由章熙春、赵庆年撰写，第二节、第三节和第四节由刘君、赵庆年撰写；第五章由王燕、赵庆年撰写；第六章由王春梅撰写；第七章第一节由殷越、章熙春撰写，第二节由王春梅、章熙春撰写，第三节由王燕、宋潇、章熙春撰写。全书由章熙春、赵庆年统稿。感谢课题组成员和撰写书稿的同仁们所付出的辛勤劳动。

在课题研究过程中，我们得到了范国睿、卢晓中、黄崴、刘晖等专家学者的大力支持，在此一并表示衷心感谢！

在课题研究和本书成稿过程中，我们部分参考和借鉴了他人的研究成果，这些成果为提高我们的研究水平奠定了重要基础。在此向所有文献的作者表述诚挚的谢意！同时，向因工作疏漏而未能对文献予以标注的作者表示歉意！

本课题是在全国教育科学规划办的资助与指导下进行的。同时得到了华南理工大学社科处的大力支持。在本书出版过程中，我们得到了中国社会科学出版社的鼎力支持。在此对以上单位和部门的出色工作表示由衷的敬意！

受作者水平所限，书中定有缺陷或疏漏甚至是错误，敬请读者批评指正！

作者

2018 年 9 月 20 日